AF569317

Gymnastik Basics
Technik – Training – Methodik

Aus Gründen der besseren Lesbarkeit haben wir uns entschlossen, durchgängig die männliche (neutrale) Anredeform zu nutzen, die selbstverständlich die weibliche mit einschließt.

Das vorliegende Buch wurde sorgfältig erarbeitet. Dennoch erfolgen alle Angaben ohne Gewähr. Weder die Autoren noch der Verlag können für eventuelle Nachteile oder Schäden, die aus den im Buch vorgestellten Informationen resultieren, Haftung übernehmen.

Wo Sport Spaß macht

Petra Beck/Silvia Maiberger

Gymnastik Basics

Technik • Training • Methodik

Meyer & Meyer Verlag

Neuauflage des Buchs „Methodik zur Gymnastik mit Handgeräten"

Gymnastik Basics

Technik – Training – Methodik

Bibliografische Information der Deutschen Bibliothek

Die Deutsche Bibliothek verzeichnet diese Publikation in der Deutschen Nationalbibliografie; detaillierte bibliografische Details sind im Internet über <http://dnb.ddb.de> abrufbar.

Alle Rechte, insbesondere das Recht der Vervielfältigung und Verbreitung sowie das Recht der Übersetzung, vorbehalten. Kein Teil des Werkes darf in irgendeiner Form – durch Fotokopie, Mikrofilm oder ein anderes Verfahren – ohne schriftliche Genehmigung des Verlages reproduziert oder unter Verwendung elektronischer Systeme verarbeitet, gespeichert, vervielfältigt oder verbreitet werden.

© 1999 by Meyer & Meyer Verlag, Aachen

3., überarbeitete Auflage 2010

4., Auflage 2017

Auckland, Beirut, Dubai, Hägendorf, Hongkong, Indianapolis, Kairo, Kapstadt,

Manila, Maidenhead, Neu-Delhi, Singapur, Sydney, Teheran, Wien

Member of the World Sport Publishers' Association (WSPA)

Gesamtherstellung: Print Consult GmbH, München

ISBN 978-3-89899-597-9

E-Mail: verlag@m-m-sports.com

www.dersportverlag.de

Inhalt

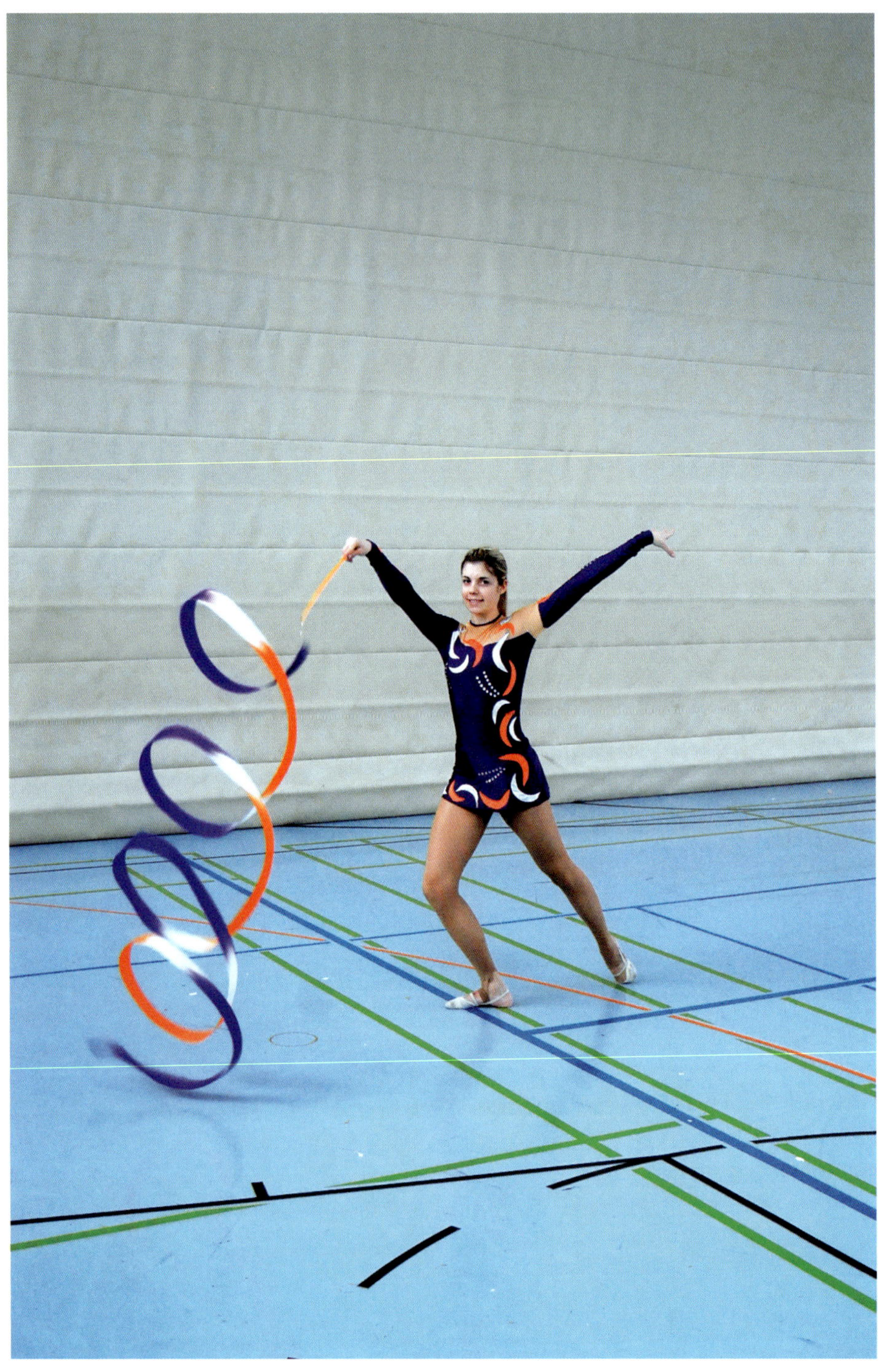

Einleitung

In den vergangenen Jahren hat sich die Gymnastik mit Handgeräten im Leistungs- und Breitensport sehr stark weiterentwickelt.

Auf der Basis moderner Musik und der kreativen Handhabung der Handgeräte dominieren zunehmend die Interpretation der Musik, die Fantasie und Showeffekte.

In den 70er Jahren selbst erfolgreiche Wettkämpferinnen, verfolgten und begleiteten wir diese Entwicklung als Trainer, in der Trainerausbildung, als Sportlehrer und in der Sportlehreraus- und fortbildung.

Als Maren Tayerle im Herbst 1989 auf einem Lehrgang ihre „Schulübungen Rhythmische Sportgymnastik" vorstellte, waren wir von den Übungen und der Idee eines Wettbewerbs der Schulen begeistert. In Zusammenarbeit mit dem Bayerischen Staatsministerium für Unterricht und Kultus und dem Bayerischen Turnverband führten wir in Bayern den ersten Schulsportwettbewerb Rhythmische Sportgymnastik durch und bauten ein bayerisches Lehrteam für Rhythmische Sportgymnastik auf. In zahlreichen Lehrgängen gaben und geben wir die L-Übungen, jetzt P-Übungen, weiter, bauten die Methodik aus und kreierten immer neue Übungsverbindungen für Einzel- und Gruppenübungen. Steigende Teilnehmerzahlen beim Wettbewerb und der Erfolg bei den Lehrgängen bestätigten uns.

Interessante Erfahrungen machten wir auch mit männlichen Schülern, Sportstudenten und Sportlehrern. Am Anfang sehr zurückhaltend, waren sie schnell zu begeistern, vor allem für die vielen „Tricks" mit den Handgeräten.

So stellt dieses Buch das Ergebnis einer jahrzehntelangen praktischen Arbeit dar, wobei sowohl die traditionellen Techniken als auch neueste Trends aus dem Leistungs- und Breitensport in die Handhabung der Handgeräte eingehen, gleichermaßen geeignet also für den Breitensport wie für das Grundlagentraining im Leistungssport.

An dieser Stelle bedanken wir uns bei allen, die sich an vielen Nachmittagen für die Fotos zur Verfügung gestellt haben und ganz besonders bei unseren Fotografen Harald Schober und Florian Beck.

Unser herzlicher Dank gilt auch Maren Tayerle, von der wir viel in der Praxis gelernt haben, die uns zahlreiche wertvolle Tipps für unser Buch geliefert, dabei viel von ihrer Zeit geopfert und wesentlichen Anteil am Gelingen dieses Buches hat.

Und natürlich ein ganz besonderer Dank an Bertl, für vielfältige Hilfen beim Lektorat.

Petra Beck und Silvia Maiberger

1 Wie arbeite ich mit dem Buch? Hinweise für die praktische Arbeit

1.1 Aufbau der Kapitel

Um den Überblick bei den Handgeräten und den gymnastischen Grundformen zu erleichtern, wurden die verschiedenen Techniken in Gruppen zusammengefasst. Jede einzelne Technikgruppe ist dann allerdings methodisch aufgebaut (vom Leichten zum Schweren). Zu Beginn jeder neuen Technik werden die wesentlichen Merkmale dieser Technik kurz beschrieben. Anschließend folgen:

•	=	Elemente mit gleicher Technik in methodischer Reihenfolge.
Ausführung	=	Übungsbeschreibung.
Auflösung	=	Wie kann ich weitermachen (z. B. nach einem Seilstopp)?
Variation	=	Weitere Möglichkeit in der Geräteführung (z. B. Stopp mit zwei Füßen/mit einem Fuß).
+	=	Das vorangegangene Element ist kombinierbar mit unterschiedlicher Körper- und Gerätetechnik.
Hinweise	=	Wesentliche Tipps, ausschlaggebend für das Gelingen einer Übung.

1.2 Körperliche Voraussetzungen

Dieses Kapitel beginnt mit den *gymnastischen Grundformen*; alle Grundformen und alle später in den Handgerätekapiteln verwendeten Begriffe und Techniken werden genau erklärt bzw. methodisch aufbereitet. Zum *Beweglichkeits- und Krafttraining* geben wir, zusammengefasst nach drei Gruppen in obere und untere Extremitäten und Rumpfmuskulatur, Übungsbeispiele. Eine Fülle von Anregungen findet man für *die Verbesserung der koordinativen Fähigkeiten* ohne und mit Handgeräten; Wert gelegt wurde hier besonders auf spielerische Übungsformen. Das Kapitel beschließt ein *„Exercise"*, in dem exemplarisch die vorher dargestellten Bereiche miteinander verbunden werden. Für die *Praxis* erhält man mit diesem Kapitel z. B. Anregungen für die Gestaltung einer Erwärmung oder die methodische Erarbeitung einzelner Grundkörpertechniken, für die spielerische Verbesserung der Koordination oder für Variationsmöglichkeiten einer Handgerätetechnik mit verschiedener Körpertechnik.

1.3 Methodik der Handgeräte

Nach einer kurzen Beschreibung der Gerätebeschaffenheit und wesentlichen Hinweisen zur Handhabung folgen, methodisch aufbereitet, die verschiedenen Technikgruppen eines Handgeräts. In der Praxis sollte ein ständiger Wechsel zwischen den verschiedenen Technikgruppen stattfinden, um einseitige Belastungen zu vermeiden, die Koordination zu verbessern und die Motivation zu erhöhen. Innerhalb einer Technikgruppe sollte aber immer vom Einfachen zum Schweren gearbeitet werden, also z. B. nicht das Prellen mit Laufschritten einführen, wenn das fortlaufende Prellen noch nicht beherrscht wird.

Schon frühzeitig sollte auch damit begonnen werden, einzelne Grundformen zu kleinen Verbindungen zusammenzusetzen, z. B.:

- Erarbeitung der Schlusssprünge mit Seildurchschlag.
- Erarbeitung sagittaler Kreise mit dem Seil vorwärts.
- Erarbeitung einer Verbindung: Zwei Schlusssprünge mit Zwischenfederung, vier Schlusssprünge ohne Zwischenfederung, vier sagittale Kreise einhändig.

Am Ende jedes Handgerätekapitels werden mehrere Beispiele für einfache und komplexe Übungsverbindungen gegeben.

1.4 Aufbau einer Unterrichtseinheit

Je nach Zielsetzung in einer Unterrichtseinheit bzw. Zielgruppe kann unterschiedlich gearbeitet werden. *Zum Beispiel*:

5. Klasse:
Einführung des Handgeräts Ball

- Rollen am Boden + Zusatzaufgaben.
- Prellen am Ort mit beidhändigem Fangen + Zusatzaufgaben.

- Balancieren auf beiden Händen und Handrücken mit Gehen frei im Raum.
- Werfen mit beidhändigem Fangen am Ort + Zusatzaufgaben.
- Rollen über die Beine im Strecksitz und Rollen über den Rücken.
- Prellen beidhändig fortlaufend.

Grundkurs Gymnastik
Werfen und Fangen mit Ball und Reifen mit einem Partner

- Allgemeine Erwärmung und Verbesserung verschiedener Grundkörpertechniken.
- Wiederholung der (schon bekannten) Wurftechniken.
- Herausarbeiten der Gemeinsamkeiten und gerätspezifischen Unterschiede.
- Werfen und Fangen partnerweise mit gleichen und verschiedenen Geräten.

Lehrgang für Lehrkräfte
Seilstopps und Wicklungen in der vertikalen Ebene

- Wiederholung der Technik vom vertikalen Kreisen und Achterkreisen vorwärts und rückwärts.
- Siehe Kapitel 3.2.4: Seilstopps und Wicklungen in der vertikalen Ebene.

1.5 Organisationsformen

Um ein möglichst effektives Üben zu gewährleisten, bieten sich, je nach Gruppe und Übungsinhalt, folgende *Aufstellungen* an:

- Freie Aufstellung.
- Blockaufstellung versetzt.
- In Reihen im Strom.
- Gasse (beim Üben mit einem Partner).

Verbindungen können fortlaufend geübt werden, wenn Anfangs- und Endstellung gleich gestaltet sind. Hierfür gibt es folgende Möglichkeiten:

- Wiederholung in die gleiche Richtung (Reihen im Strom oder einzeln nacheinander).
- Nach einer 1/2-Drehung Wiederholung in die Gegenrichtung (Blockaufstellung).

- Nach einer 1/4-Drehung Wiederholung in eine neue Bewegungsrichtung, am Ende der vierten Wiederholung ist man wieder am Ausgangsplatz.
- Die Wiederholung der Verbindung erfolgt gegengleich.

Zu beachten ist, dass manche Techniken sehr viel Platz benötigen, z.B. das horizontale Kreisen mit dem Band oder Reifen. Deshalb müssen, um dem Einzelnen genügend Platz zum Üben zu geben und die notwendige Bewegungsweite nicht einzuschränken, große Gruppen geteilt werden. Die Nichtübenden können in der Zeit mit Beobachtungsaufgaben beschäftigt werden.

1.6 Übungsverbindungen

Die meisten der Übungsverbindungen sind auf acht Takte zusammengestellt, Takte und Zählzeiten werden angegeben, ebenso die Beats und/oder ein Musikvorschlag. Diese genauen Angaben sollen die Trainer oder Lehrer nicht einengen, denn alle Faktoren sind, je nach Leistungsstand und Ziel, jederzeit veränderbar.

Möglichkeiten der Variation sind z. B.:

- Schnellere oder langsamere Ausführung.
- Veränderung des Charakters durch Wahl einer anderen Musik (modern/klassisch).
- Wiederholung einzelner Teile unter Berücksichtigung logischer Übergänge.
- Veränderung von Levels (z. B. Drehung im Hock- oder Ballenstand) oder Ausgangsstellungen.
- Veränderung einzelner Elemente zum Leichteren oder zum Schwereren (z. B. Ersetzen einer Einbeindrehung durch eine Beidbeindrehung oder umgekehrt).
- Kombination mehrerer Übungsverbindungen unter Berücksichtigung logischer Übergänge.
- Zusätzlicher Einbau von Drehungen, dadurch Variation der Raumwege.
- In Gruppen gegeneinander arbeiten oder mit kanonartigem Einsatz.

1.7 Musikauswahl

Bei der Musikauswahl für die Gymnastik ohne und mit Handgeräten orientiert man sich zuerst am *mittleren Tempo der jeweiligen Grundtechnik, am Charakter der Bewegung und des Handgeräts.* Die Musik soll die Bewegung unterstützen; keinesfalls sollte Musik nur als Hintergrundmusik eingesetzt werden. Eine überlegt ausgesuchte Musik erleichtert bei vielen Bewegungen das Erlernen und motiviert beim Üben. Allerdings kann Musikeinsatz bei manchen Elementen am Anfang auch sehr einschränkend oder sogar störend wirken, z. B. beim Werfen und Fangen wegen der unterschiedlichen Wurfhöhen oder der Konzentrationsphase. Hier sollte man darauf völlig verzichten oder Bewegungen durch Mitsprechen, Klatschen oder Trommeln unterstützen.

Vor allem im Anfängerbereich und zu Beginn eines Übungsprozesses ist auf eine *klare Struktur mit regelmäßiger Phrasierung und klar erkennbarem Rhythmus* zu achten; dies erleichtert die *Wiederholbarkeit von Bewegungen oder Verbindungen.* Ganz wichtig ist, dass die Musik den Übenden „gefällt", sie eine emotionale Beziehung zu ihr aufbauen können.

Am Ende jedes Kapitels findet man Musikvorschläge mit Angabe der Beats per Minute (Schläge pro Minute) und mit dem Hinweis „besonders geeignet für ...". Viele der Musikstücke beinhalten Gesang, sind also einsetzbar im Schul- und Breitensportbereich, nicht aber für Wettkampfübungen in der Rhythmischen Sportgymnastik, hier ist nur Instrumentalmusik erlaubt.

2 Körperliche Voraussetzungen für die Arbeit mit Handgeräten

Eine technisch richtige und gute Ausführung der verschiedensten Übungen mit Handgeräten steht in ganz engem Zusammenhang mit gewissen konditionellen und koordinativen Fähigkeiten und den gymnastischen Grundkörpertechniken (Grundformen).

So benötigen wir diese Fähigkeiten und Fertigkeiten einerseits als Voraussetzung für die Übungen mit Handgeräten, andererseits werden sie aber auch immer bei der Arbeit mit den Handgeräten mitgeschult. Hier ist allerdings oft zuerst ein Lernrückschritt in der Ausführung der Körpertechnik festzustellen, da die Aufmerksamkeit zunächst nur dem Handgerät gilt.

2.1 Fachbegriffe

Im Folgenden werden zuerst alle wichtigen Fachbegriffe wie Ebenen, Richtungen, Ausgangsstellungen, Armhaltungen und Begriffe aus dem Tanz, die in diesem Buch verwendet werden und die nicht im Kap. 2.4 „Gymnastische Grundausbildung" zu finden sind, erklärt.

2.1.1 Bewegungsebenen

a) Vertikale Ebenen: Die Flächen liegen senkrecht im Raum.
   - Frontal: Wand vor oder hinter dem Körper.
   - Sagittal: Wand rechts oder links neben dem Körper.

b) Horizontale Ebenen: Die Flächen liegen waagerecht im Raum, über dem Kopf, unter dem Körper und um den Körper herum.

c) Schräge Ebenen: Die Flächen liegen schräg im Raum zwischen der vertikalen und horizontalen Ebene oder frontalen und sagittalen Ebene.

2.1.2 Bewegungsrichtungen

a) Bewegungsrichtungen in der frontalen Ebene.
   - Auswärts: Arme aus der Hochhalte nach außen über die Seit- und Tiefhalte (rechte Hand nach rechts).

- Einwärts: Arme aus der Hochhalte nach innen (rechte Hand nach links).

b) Bewegungsrichtungen in der horizontalen Ebene:
- Auswärts: Arme aus der Vorhalte nach außen/vom Körper weg (rechte Hand nach rechts).
- Einwärts: Arme aus der Seithalte nach innen/zum Körper hin (rechte Hand nach links).
- Bei beidhändigen parallelen Übungen oder beidhändiger Fassung des Handgerätes erfolgt die Richtungsbezeichnung aus der Vorhalte nach rechts oder links.

c) Bewegungsrichtungen in der sagittalen Ebene:
- Vorwärts: Arme aus der Hochhalte nach vorwärts.
- Rückwärts: Arme aus der Hochhalte nach rückwärts.

2.1.3 Ausgangsstellungen (Stände, Sitze, Lagen)

a) Stände

- Schlussstand.
  Ausführung: Aufrechter Stand, Füße parallel.

- Ballenstand.
  Ausführung: Fersen abheben und auf dem Fußballen stehen. Beidbeinig und einbeinig möglich (Abb. 1).

- Grätschstand.
  Ausführung: Füße hüftbreit (oder weiter) auseinander, Fußspitzen zeigen nach außen.

- Schrittstellung.
  Ausführung: Ein Bein vor- oder zurückgestellt, Gewicht auf beiden Füßen.

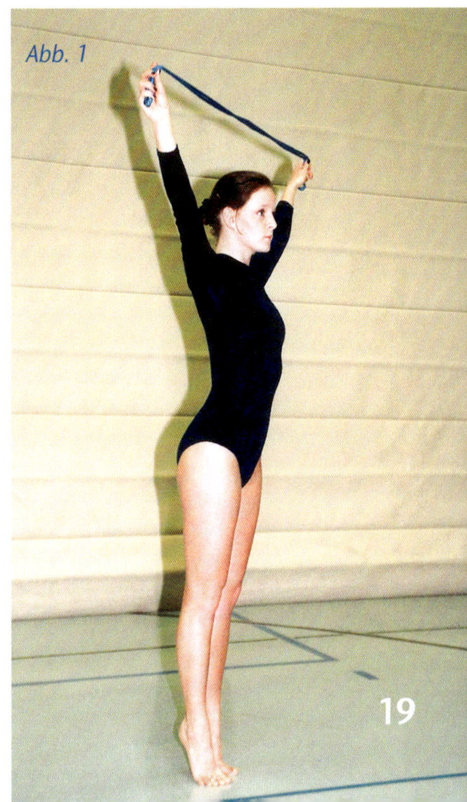
Abb. 1

- Standwaage (Abb. 2).
  Ausführung: Stand auf einem Bein, Spielbein rückgespreizt. Auch vor- und seitwärts möglich (Abb. 3).

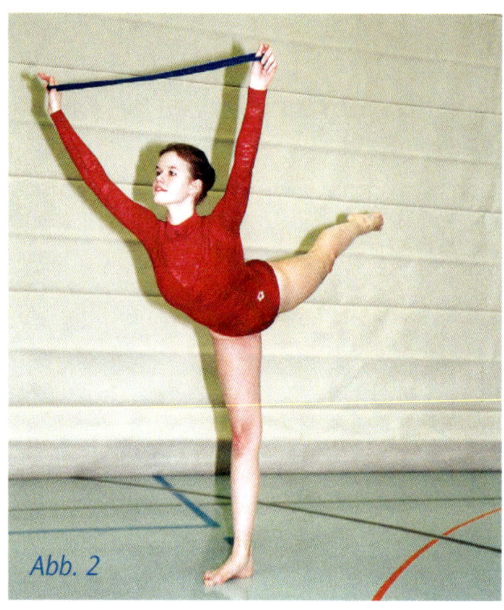
Abb. 2

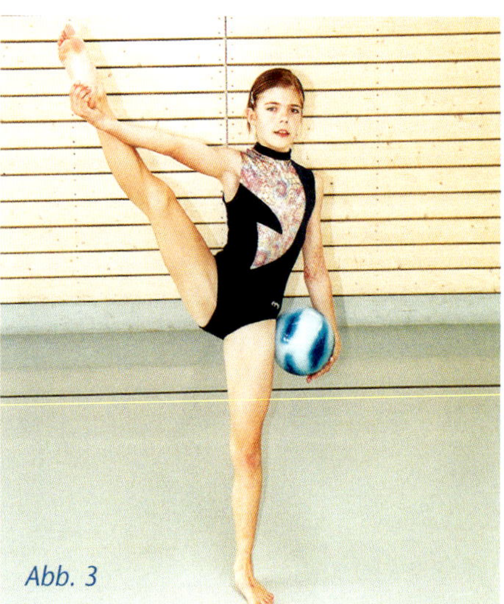
Abb. 3

- Standspagat (Abb. 4).
  Ausführung: Stand auf einem Bein, Spielbein rück hochgespreizt bis zur Spagatbreite. Auch vor- und seitwärts möglich.

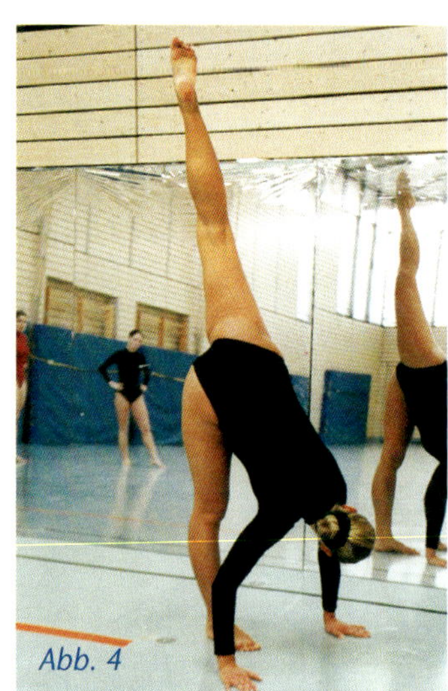
Abb. 4

- Kniestand.
  Ausführung: „Stand" auf den Unterschenkeln, diese sind geschlossen oder hüftbreit auseinander (Jazz). Auch einbeinig möglich, das andere Bein ist vor-, seit- oder rückgespreizt.

- Hockstand – Hocke.
  Ausführung: Fuß-, Knie- und Hüftgelenk gebeugt, Fußballen am Boden, Fersen und Knie geschlossen, Oberkörper aufrecht. Auch einbeinig möglich, das andere Bein ist vor-, seit- oder rückgespreizt.

b) Sitze

- Strecksitz oder Langsitz (siehe Abb. 20).
  Ausführung: Beide Beine gestreckt und geschlossen am Boden. Auch einbeinig möglich, das andere Bein gebeugt oder gestreckt angehoben.

- Grätschsitz (siehe Abb. 19).
  Ausführung: Beide Beine gestreckt und gegrätscht am Boden.

- Schneidersitz (Abb. 5).
  Ausführung: Beine gebeugt, Knie auswärts und Unterschenkel gekreuzt.

- Fersensitz (Abb. 6).
  Ausführung: Sitz auf den Fersen. Auch einbeinig möglich, das andere Bein ist vor- oder seitgespreizt.

- Hocksitz.
  Ausführung: Im Sitz am Boden beide Beine zum Körper gezogen, Fußsohlen oder Fußspitzen am Boden aufgestellt. Auch mit geöffneten Knien möglich (siehe Abb. 34).

- Hürdensitz mit gewinkelten Beinen (Abb. 7).
  Ausführung: Im Sitz am Boden beide Beine in eine Richtung beugen, der Unterschenkel des vorderen Beins ist parallel zum Oberschenkel des hinteren Beins.

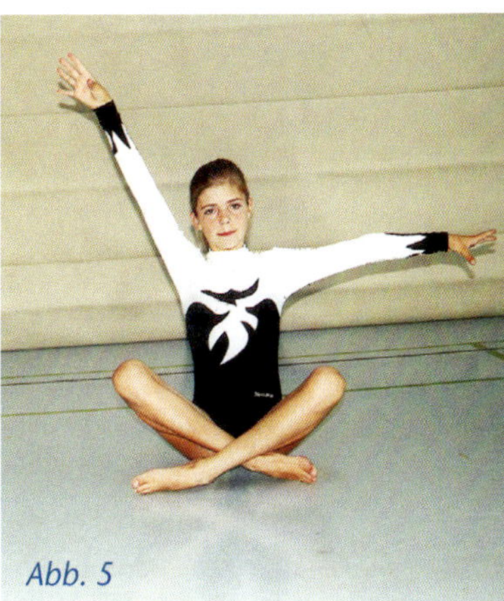

Abb. 5

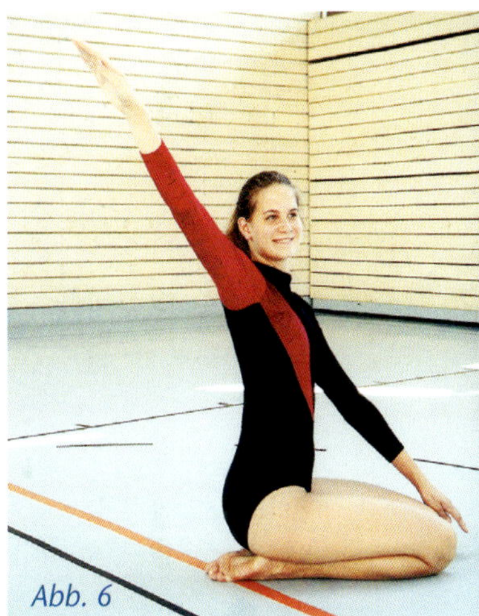

Abb. 6

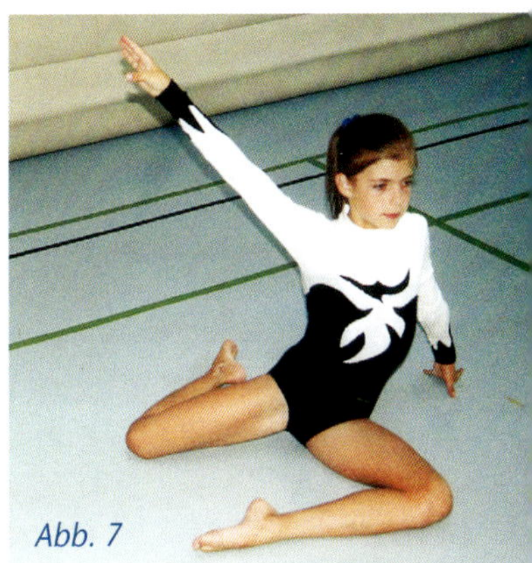

Abb. 7

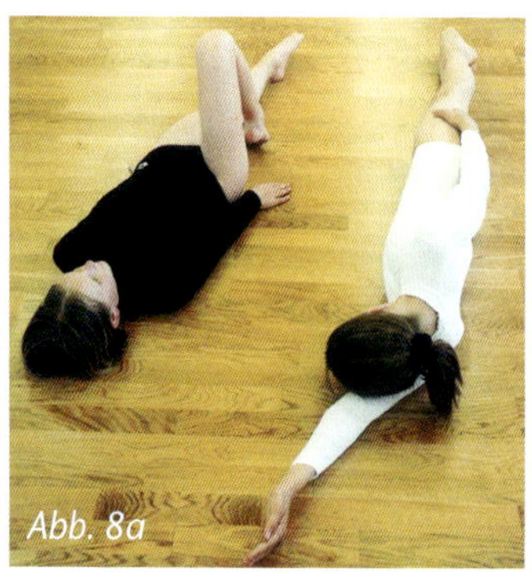
Abb. 8a

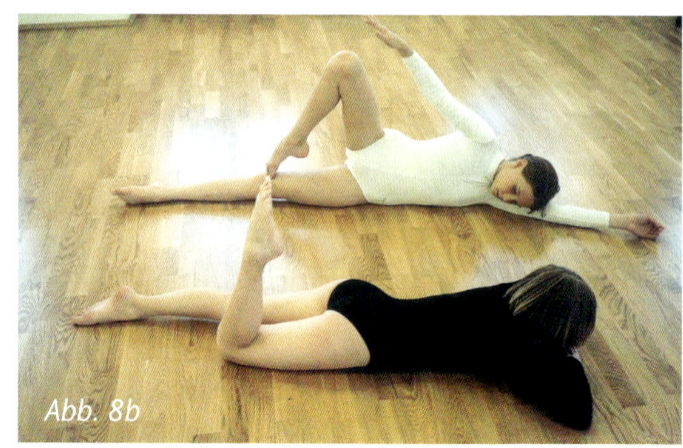
Abb. 8b

c) Lagen und Bodenelemente

- Bauchlage, Rückenlage, Seitlage (Abb. 8a und b).
  Ausführung: Mit verschiedenen Beinhaltungen (gebeugt, gestreckt, abgespreizt).
- Rolle vorwärts und rückwärts.
  Ausführung: Aus verschiedenen Ausgangsstellungen, mit verschiedenen Beinhaltungen.
- Rolle seitwärts – Jazzrolle.
  Ausführung: Mit gebeugten oder gegrätschten Beinen (s. Abb. 120).
- Spagat (Abb. 9).

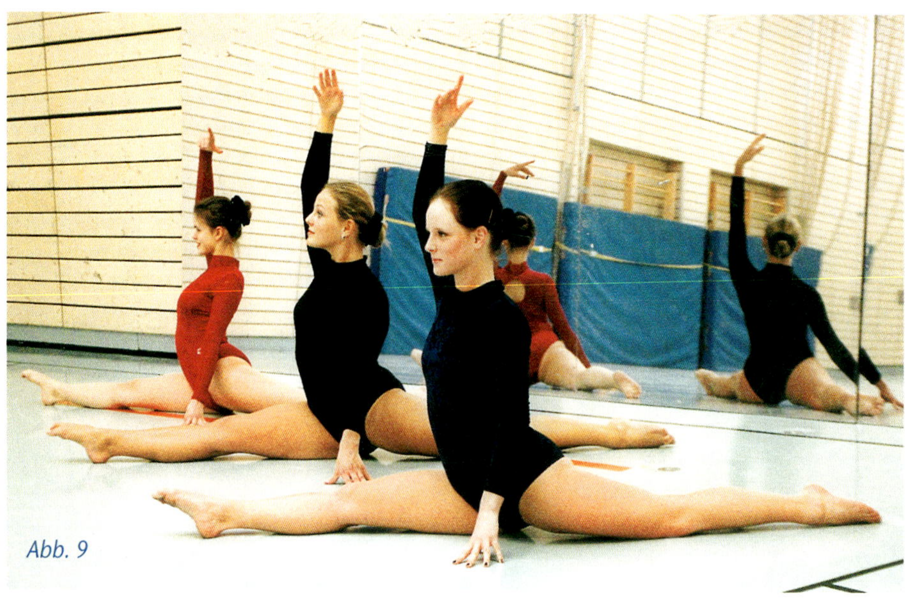
Abb. 9

2.1.4 *Armhaltungen*

- Hochhalte (Abb. 10), Seithalte (Abb. 11), Tiefhalte, Vorhalte (Abb. 12), Rückhalte (siehe Abb. 193).
- Geschlossene Armhaltung.

  Ausführung:

  Beidarmig: Die Hände sind nahe beieinander (siehe Abb. 43c).

  Einarmig: Eine Hand ist an der Gegenkörperseite (rechte Hand kreuzt vor dem Körper zur linken Körperseite, Abb. 13).
- Offene Armhaltung.

  Ausführung:

  Beidarmig: Die Hände sind weit auseinander.

  Einarmig: Eine Hand ist an der gleichen Körperseite (rechte Hand an der rechten Körperseite, Abb. 14).

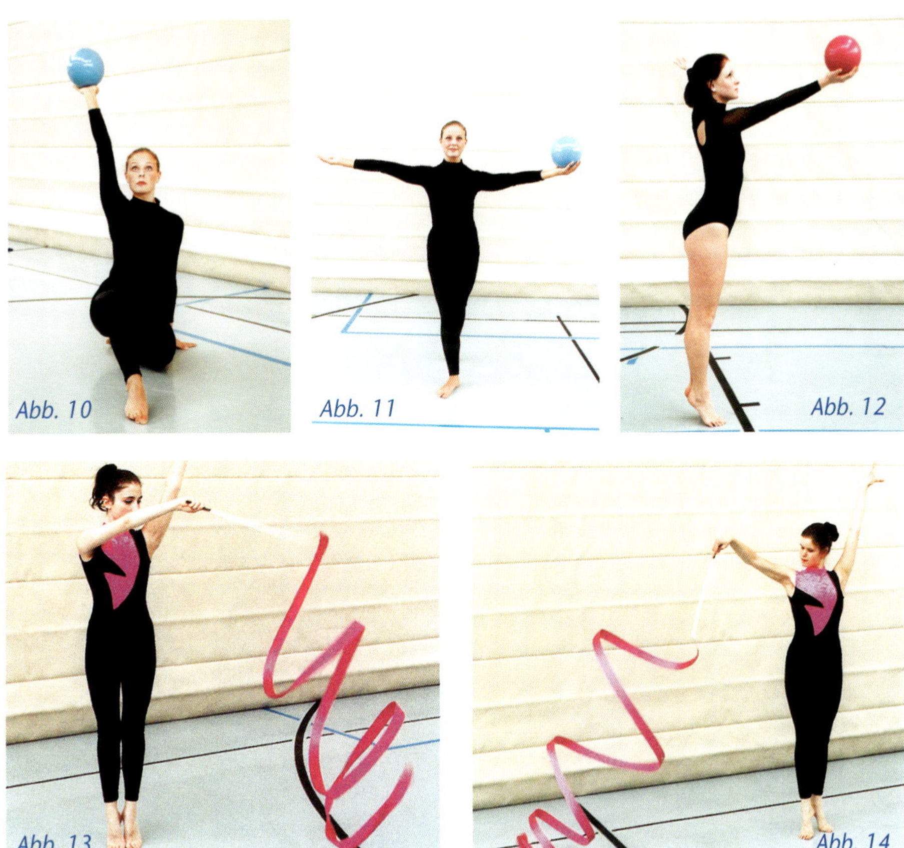

Abb. 10 Abb. 11 Abb. 12 Abb. 13 Abb. 14

2.1.5 *Begriffe aus dem klassischen und modernen Tanz*

- 1. Position (Abb. 15a).
  Ausführung: Stand Ferse an Ferse, Fußspitzen zeigen nach außen (die Auswärtsdrehung darf nicht aus den Füßen, sondern muss aus dem Hüftgelenk erfolgen).
- 2. Position (Abb. 15b).
  Ausführung: Etwa eine Fußlänge Abstand zwischen den Fersen, Fußspitzen zeigen nach außen.

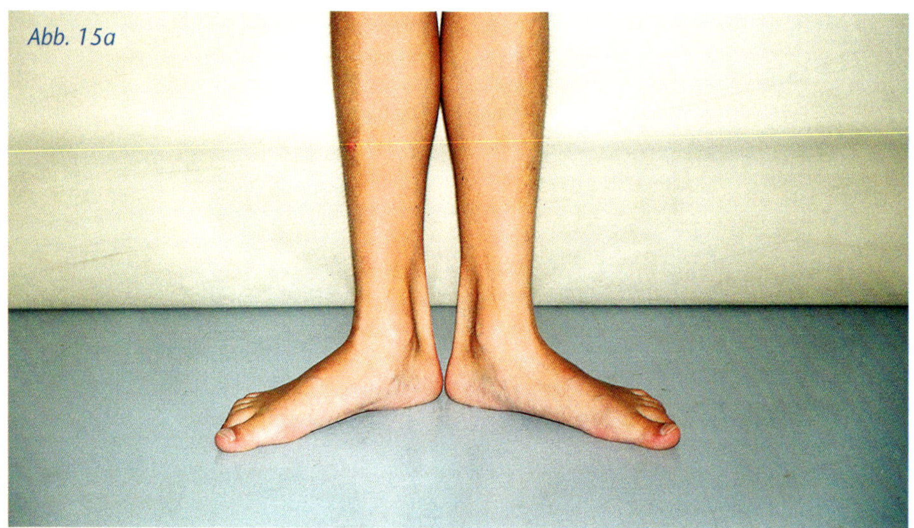

Abb. 15a

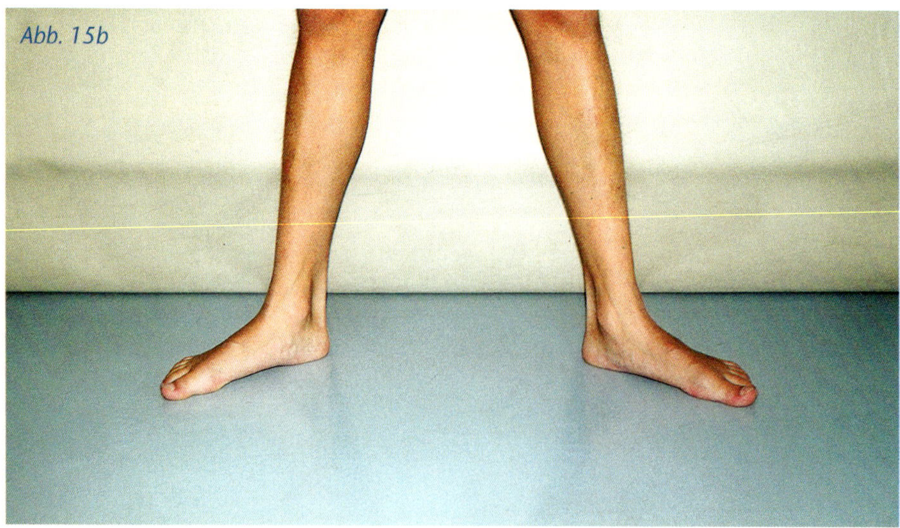

Abb. 15b

- 3. Position (Abb. 15c).
  Ausführung: Ferse des einen Beins am Mittelfuß des anderen Beins, Füße ausgedreht.
- 4. Position (Abb. 15d).
  Ausführung: Ferse des vorderen Fußes ist auf Höhe der Spitze des hinteren Fußes, etwa eine Fußlänge Abstand, Füße ausgedreht.
- 5. Position (Abb. 15e).
  Ausführung: Stand Fuß vor Fuß, die Ferse des vorderen Fußes an der Fußspitze des hinteren Fußes, Füße ausgedreht.

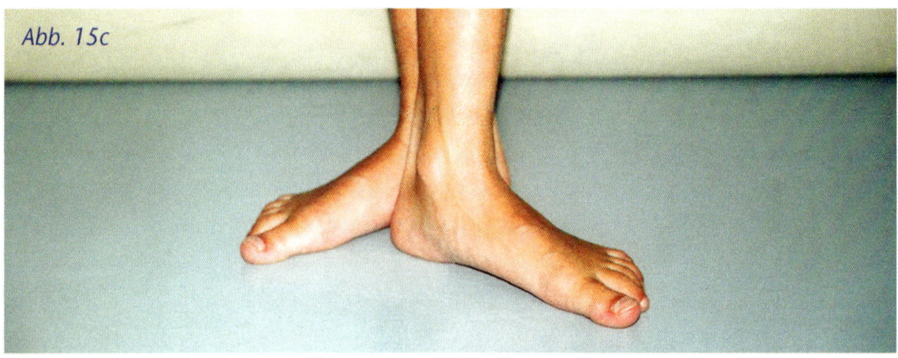
Abb. 15c

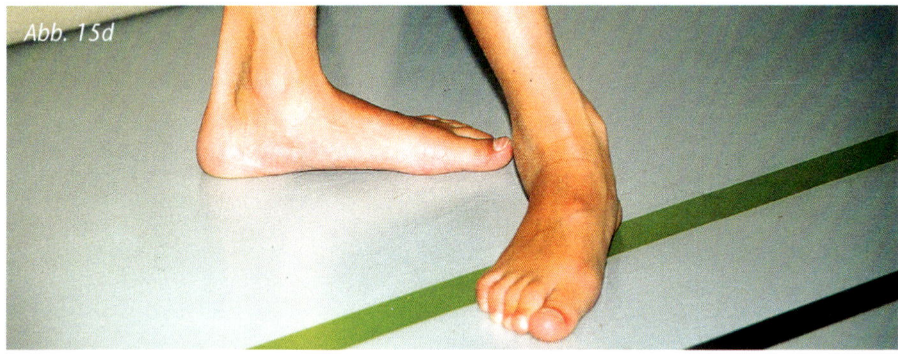
Abb. 15d

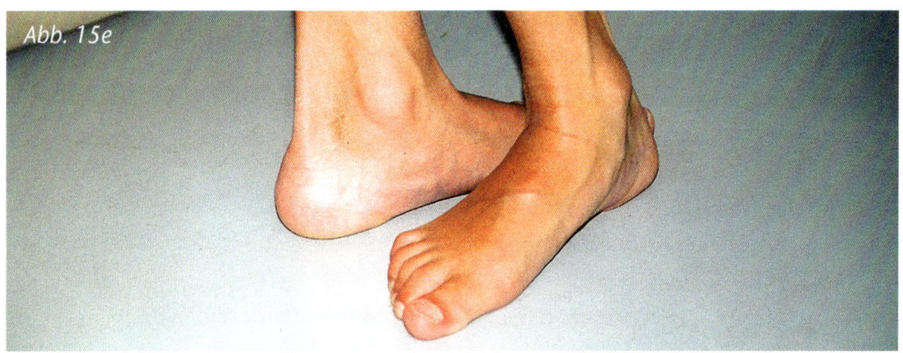
Abb. 15e

- 1. Position parallel (Abb. 16a).
  Ausführung: Wie Schlussstand.
- 2. Position parallel (Abb. 16b).
  Ausführung: Wie Grätschstand mit parallelen Füßen.

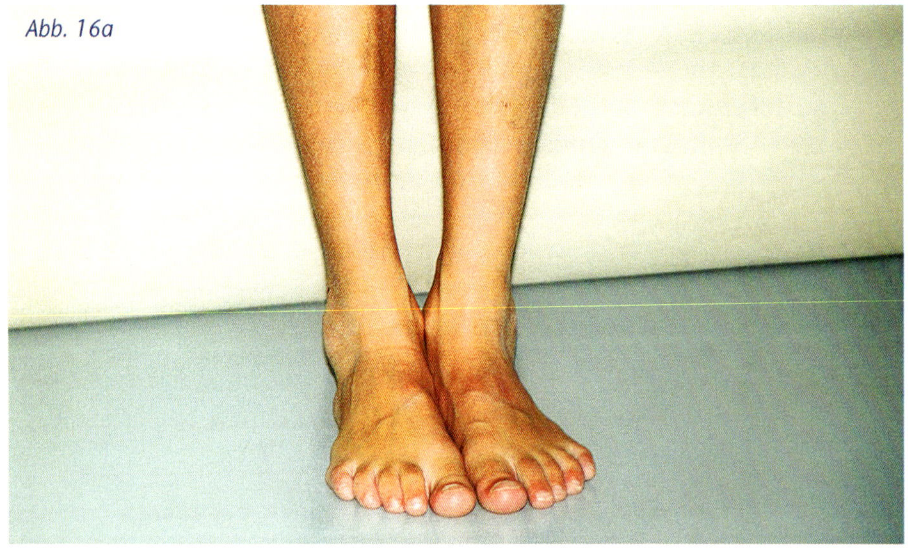

Abb. 16a

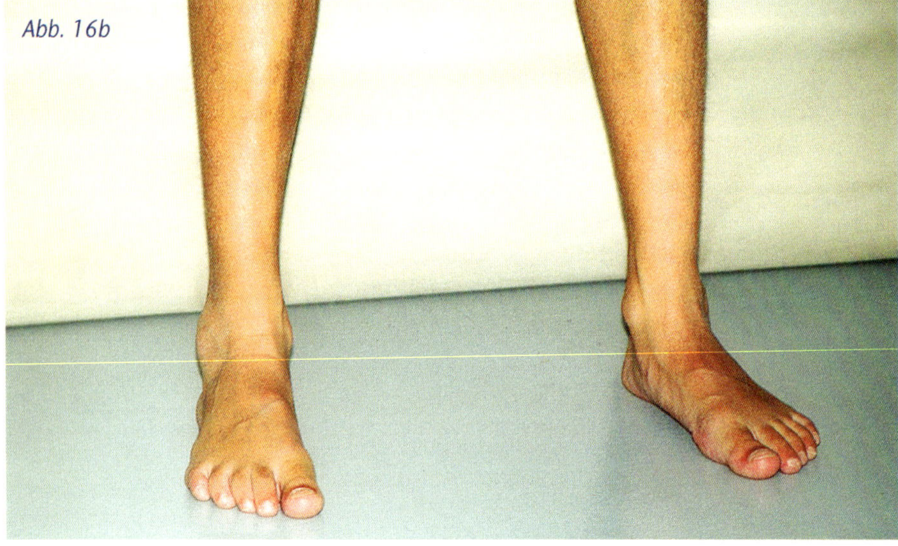

Abb. 16b

- Plié. (siehe Abb. 36a)
  Ausführung: Beugen der Knie, die Knie müssen immer über die Fußspitzen zeigen.

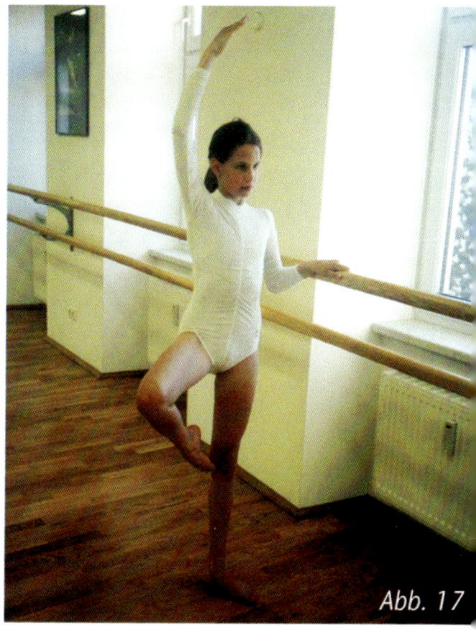
Abb. 17

- Relevé.
  Ausführung: Heben in den Ballenstand.
- Passé (Abb. 17).
  Ausführung: Stand auf einem Bein, Spielbein gebeugt und Fußspitze am Knie des Standbeins.
- Arabesque.
  Ausführung: Stand auf einem Bein, Spielbein auf mindestens 90° gestreckt vor-, seit- oder rückgespreizt, Oberkörper bleibt aufrecht (siehe Abb. 190).
- Attitude (Abb. 18a und b).
  Ausführung: Wie Arabesque, aber mit gebeugtem Spielbein. Das Spielbein berührt nicht das Standbein.

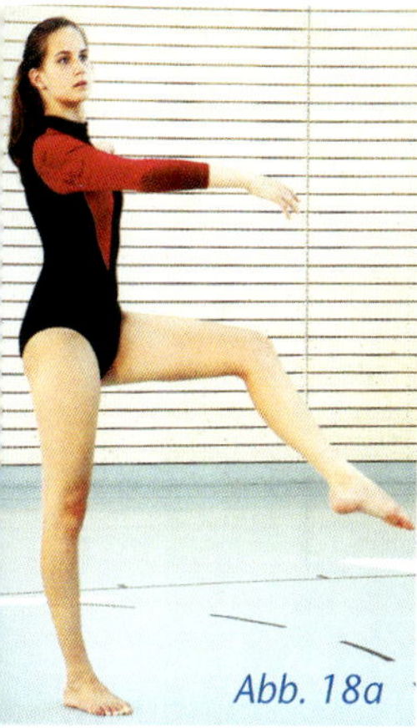
Abb. 18a

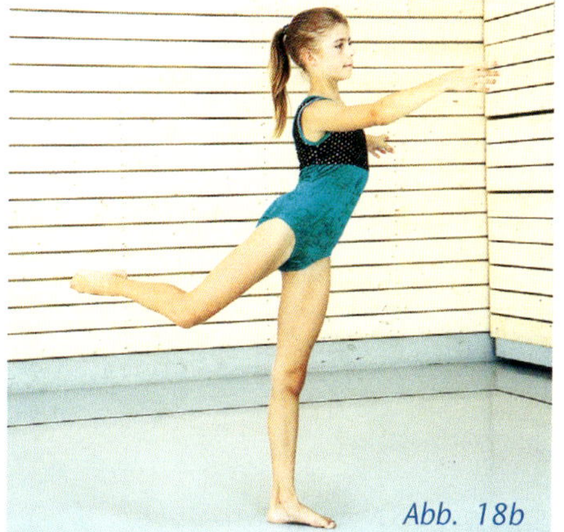
Abb. 18b

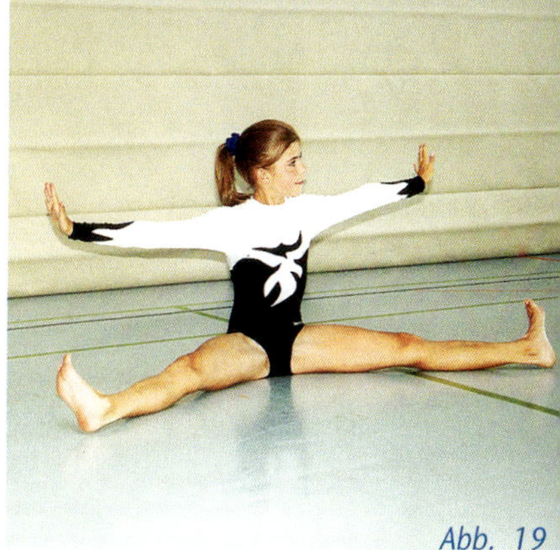
Abb. 19

- Chassé.
  Ausführung: Siehe Kap. 2.4.7 „Hüpfen und Galopp": Wechselhüpfer.
- Flexion-Flex (Abb. 19).
  Ausführung: Beugen des Fußes oder Hochstellen der Hand zum Unterarm im Winkel von 90°.
- Point (Abb. 20).
  Ausführung: Fußspitze strecken.
- Jazzhand (Abb. 21).
  Ausführung: Die Hand ist geöffnet und die Finger sind gestreckt und gespreizt.

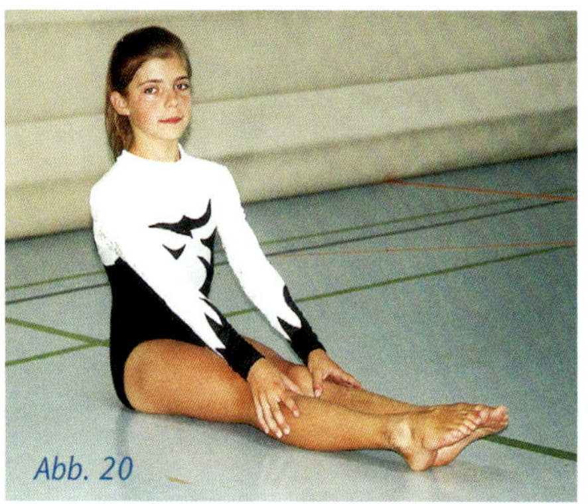
Abb. 20

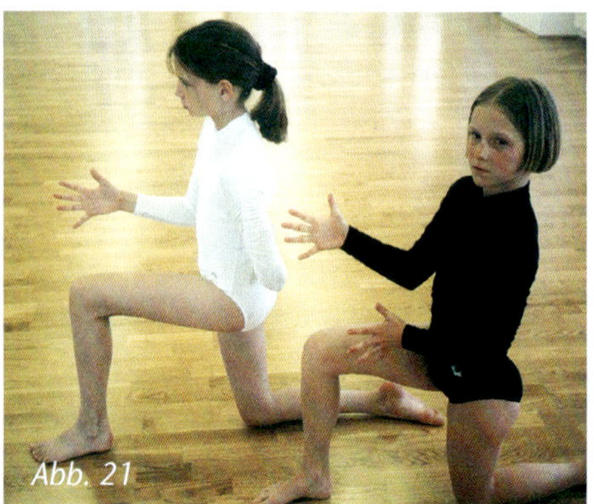
Abb. 21

- Contract.
  Ausführung: Zusammenziehen der Bauch- und Brustmuskulatur, dadurch Rundung der Wirbelsäule.
- Release.
  Ausführung: Nachvorneschieben des Brustkorbs zwischen die Schultern (bedeutet Dehnung, eine Brustkorbbewegung entgegengesetzt der Contraction).
- Isolation
  Ausführung: Bewegen eines Körperteils (Körperzentrums) unabhängig von anderen.
- Level.
  Ausführung: Stellung und Verhältnis des Körpers zum Boden (wie Sitz, Stand, Lage).

2.2 Koordinative Fähigkeiten

Die Gymnastik mit Handgeräten stellt große Anforderungen an die koordinativen Fähigkeiten. Durch die Vielzahl von Bewegungsfertigkeiten und durch die allmähliche Steigerung des Schwierigkeitsgrades der Übungsteile und Kombinationen werden aber gerade die koordinativen Fähigkeiten sehr gut geschult bzw. bei gesteigertem Schwierigkeitsgrad vorausgesetzt. Die Bewegungsfertigkeiten sind also einerseits Trainingsziel, andererseits auch Trainingsmittel.

Ebenso, wie sich Fertigkeitsschulung und Verbesserung der Koordination gegenseitig bedingen, haben die konditionellen Fähigkeiten Einfluss auf die Koordination. So benötigt man ein gewisses Maß an Kraft, um eine gewandte Bewegung ausführen zu können; Bewegungsschnelligkeit muss vorhanden sein, um auf unterschiedliche Situationen schnell reagieren zu können; ein gewisses Maß an Beweglichkeit ist notwendig, um Bewegungen in verschiedenen Amplituden ausführen zu können bzw. mehr Möglichkeiten in der räumlichen Gestaltung zu haben; nicht zuletzt ist auch die Ausdauer nicht zu unterschätzen, denn schnelle Ermüdung führt zu einer Abnahme der Bewegungsgenauigkeit und der Konzentration und damit der Koordination.

Im Folgenden werden Übungen für die verschiedenen Bereiche der Koordinationsschulung gegeben. Hierbei sind Überschneidungen nicht zu vermeiden, da z. B. eine Übung zur Verbesserung der räumlichen Orientierung gleichzeitig ebenso die Reaktion und die Ausdauer verbessern kann.

Von besonderer Bedeutung für die Differenzierungsfähigkeit, aber auch für alle anderen koordinativen Fähigkeiten ist die Wahrnehmungsfähigkeit; aus diesem Grund wird sowohl der Körper- als auch der Raumwahrnehmung bzw. Orientierung im Raum ein größerer Abschnitt gewidmet. Besonderer Wert wird gelegt auf spielerische Übungsformen, mit denen man den Unterricht sehr gut auflockern kann.

*2.2.1 **Körperwahrnehmung***

Die Grundlage aller Gymnastik ist der Wechsel von Spannung und Entspannung. Deshalb stehen am Anfang Übungen zur Körperwahrnehmung, zur Bewusstmachung des Muskeltonus und Übungen, bei denen es notwendig ist, Muskelspannung entsprechend den räumlichen, zeitlichen und dynamischen Gegebenheiten einzusetzen. Dazu kommen Übungen zur Dosierung des Krafteinsatzes und der bewussten Wahrnehmung von Entfernungen und Zeiten; diese verbessern die Differenzierungsfähigkeit, also die Fähigkeit, Techniken in der Gymnastik mit Handgeräten an die jeweilige „Idealvorstellung“ anzugleichen. Viele der folgenden Übungen sind nicht sportartspezifisch und auch mit Vorschulkindern spielerisch einsetzbar.

a) Übungsformen ohne Handgerät

- Bewegen auf Musik (gehen, laufen oder hüpfen).

  Ausführung: Wenn die Musik ausgeschaltet wird (oder leiser wird), unbeweglich stehen bleiben. Dies kann erschwert werden durch Variieren der Stände (Ballenstand, Einbeinstand usw.).

- Laufen frei im Raum.
  Ausführung: Auf ein bestimmtes Signal stehen bleiben und auf Zuruf einen Körperteil bewegen, auf ein zweites Signal den betreffenden Körperteil blockieren (fest anspannen).
- Spannung und Entspannung.
  Ausführung: Partner A liegt entspannt am Boden, B tippt oder hebt einzelne Körperteile an und prüft so, ob sie entspannt sind. Anschließend berührt er verschiedene Körperteile, die der Partner dann anspannen soll.
  Variation: Mit geschlossenen Augen und/oder mit akustischen Hinweisen (z. B. „Entspanne dein rechtes Bein!“).
- Aufrichten und Zusammensinken im Schneidersitz.
  Ausführung: Durch leichten Druck auf die Dornfortsätze der Wirbelsäule von unten nach oben gibt der Partner Hilfe beim Aufrichten bzw. Rundwerden des Rückens.
- Marionette.
  Ausführung: Partner A zusammengekauert im Schneidersitz am Boden; Partner B zieht an einem imaginären Faden, bis sich A ganz aufgerichtet hat (Rücken rund – gerade); dann „reißt der Faden“ und A fällt wieder in sich zusammen.
  Variation 1: Partner B lässt Arme oder Beine von A bewegen oder herunterfallen.
  Variation 2: Die „Marionette“ fällt aus dem Stand (Körperspannung!) in sich zusammen (üben auf einer Weichbodenmatte).
  Variation 3: Die „Marionette“ führt einen Strecksprung aus (hohe Körperspannung!) und fällt dann in sich zusammen (Weichbodenmatte!).
- Schmelzender Schneemann.
  Ausführung: Partner A bringt B in eine bestimmte Stellung im Stand (baut einen Schneemann), dann beginnt der Schneemann, ganz langsam zu schmelzen. (Auch mit geschlossenen Augen versuchen.)
- Schaufensterpuppe.
  Ausführung: Partner A stellt eine Puppe dar, Partner B bringt die Puppe in eine bestimmte Position. Partner B macht selbst die Position nach (spiegelbildlich oder gleichseitig).
  Variation: Partner A bringt sich selbst in eine Position, Partner B versucht, mit geschlossenen Augen durch Tasten die Position zu erkennen und einzunehmen.
- Brett anheben.
  Ausführung: Partner A liegt in Rückenlage am Boden mit stark angespannter Muskulatur, B hebt A an den Füßen an, A muss steif

bleiben „wie ein Brett" (Hinweis auf Streckung des Hüftgelenks und Anspannung der Rumpfmuskulatur); Vorsicht: Nicht mit rundem Rücken anheben!

Variation: Plötzlich einen Fuß loslassen (zusätzliche Anspannung).

- Baumstammrollen.

  Ausführung: Partner A liegt gespannt am Boden, B rollt ihn um die Längsachse wie einen Baumstamm.
- Vertrauensübung.

  Ausführung: Einige stehen im Kreis, einer in der Mitte. Der Mittlere spannt sich stark an und lässt sich dann von Partner zu Partner „weiterreichen" (die Füße bleiben am Platz, der Körper ist „steif wie ein Brett").
- Einen Maibaum fällen und wieder aufstellen.

  Ausführung: Partner A wird von mehreren Schülern in völliger Spannung langsam zu Boden gelassen, dann ein Stück durch die Halle „geschleift" und als „Maibaum" wieder aufgestellt; anschließend kommt leichter Wind/Sturm auf und bewegt den Baum hin und her (auch mit geschlossenen Augen).

b) Übungsformen zur Verbesserung des Bewegungsausdrucks und zur Sensibilisierung für die Körperhaltung

- Einen Luftballon aufblasen.

  Ausführung: Jedes Kind bläst einen imaginären Luftballon auf, bis er platzt. Zum Schluss bilden alle einen Kreis und blasen zusammen einen riesigen imaginären Luftballon auf, bis er platzt.
- Zeitlupenübung in Gruppen.

  Ausführung: Einer zeigt eine bestimmte Bewegung in Zeitlupe, die anderen sollen die Bewegung erraten und dann nachmachen (auch in Zeitlupe).
- Einen Deckel hochdrücken.

  Ausführung: Alle sitzen zusammen in einer imaginären Kiste und versuchen, den schweren Deckel hochzudrücken.
- Einen Schrank wegschieben.

  Ausführung: Alle versuchen, zusammen einen schweren Schrank wegzuschieben.
- Gefühle darstellen.

  Ausführung: Die Kinder stellen Menschen mit verschiedenen Gefühlen dar (z. B. Freude, Wut, Trauer, Müdigkeit).
- Tiere darstellen.

Ausführung: Das Typische bei verschiedenen Tieren soll herausgearbeitet werden (einer stellt dar, die anderen versuchen, das Tier zu erraten).

- Gegensätze darstellen.

  Ausführung: Mit Musik werden verschiedene Gegensätze wie groß-klein, laut-leise, leicht-schwer, eng-weit herausgearbeitet.

c) Übungsformen mit Handgeräten

- Balancieren verschiedener Gegenstände.

  Ausführung: Bälle in unterschiedlichen Größen, Stäbe, Keulen, auch Alltagsgegenstände in unterschiedlichen Ausgangsstellungen und auf verschiedenen Körperteilen balancieren.
- Übungen mit verschiedenen Arten von Bällen (Luftballons, Wasser-, Gymnastik-, Tennisbälle usw.).

  Anmerkung: Durch das Ausführen gleicher Elemente mit unterschiedlichen Bällen wird besonders der taktil-kinästhetische Analysator geschult; zusätzlich wird die Reaktion verbessert.
- Prellen in verschiedenen Höhen, mit Zusatzaufgaben (gegen eine Wand, im Stehen, Sitzen, Liegen, gerade oder schräg, mit Drehungen usw.).
- Werfen und Fangen mit Zusatzaufgaben.
- Rollen mit unterschiedlichem Impuls (bis zu einer Linie, an eine Wand).
- Gleichzeitiges Rollen zweier unterschiedlicher Bälle mit Partner (beide Bälle gleich schnell rollen, ein Ball soll den anderen überholen usw.).
- Gleiche Übungen mit verschiedenen Handgeräten.

  Ausführung: Partnerweise Werfen und Fangen mit Ball, dann mit Reifen oder Seil.

Hinweis:

Viele der Übungen können auch mit geschlossenen Augen ausgeführt werden. Von Anfang an ist darauf zu achten, dass abwechselnd mit der linken und rechten Hand geübt wird.

2.2.2 Räumliche Orientierung

In der Gymnastik mit Handgeräten wird die räumliche Orientierung verbessert durch die Einbeziehung des gesamten Raums in den Übungsprozess, durch unterschiedliche Aufstellungsformen und vielfältige räumliche

Variationen (Geraden, Halbkreise, Kreise, Diagonalen, Richtungswechsel mit Drehungen usw.). Übungen zur räumlichen Orientierung sind teilweise den Übungen zur Körperwahrnehmung ähnlich oder erweitern diese.

a) Übungsformen zur Verbesserung der räumlichen Orientierung ohne Handgeräte

- Langsames Bewegen im Raum mit geschlossenen Augen.
  Anmerkung: Anschließend kann über die gemachten Erfahrungen gesprochen werden.
- Raumgröße erfahren.
  Ausführung: Alle bewegen sich frei im Raum, auf Zuruf oder ein Zeichen müssen sie zu bestimmten Punkten im Raum laufen.
- Führen und Folgen.
  Ausführung:
  a) Partner A führt B (Augen geschlossen) durch den Raum, der Kontakt zwischen beiden erfolgt nur minimal, z. B. über die Fingerspitzen.
  b) Der Kontakt zwischen beiden Partnern wird durch einen Gegenstand hergestellt, z. B. verschieden große Bälle; das Gerät wird zwischen beiden Partnern transportiert ohne Gebrauch der Hände.
- Roboter.
  Ausführung:
  a) Information taktil: Partner A ist der Roboter, bewegt sich mit ruckartigen Bewegungen mit offenen oder geschlossenen Augen durch den Raum. Partner B gibt durch taktile Zeichen, die vorher vereinbart werden (z. B. Berühren der rechten Schulter = 1/4-Drehung rechts) die Bewegungsrichtung an.
  b) Information verbal: Partner B gibt die Informationen verbal, z. B. „Gehen/Stopp/1/2-Drehung rechts" usw.
  c) Mit Musik: Die Kinder bewegen sich frei im Raum als „Roboter" (abgehackte Bewegungen). Wenn der Charakter der Musik wechselt, „werden sie zu Menschen" und tanzen mit weichen Bewegungen (auch rhythmische Fähigkeiten; Musik: „Il libro" von A. Branduardi).
- Spiegelübung.
  Ausführung: Partner A bewegt sich im Raum, B in Gegenüberstellung ist das Spiegelbild (auch Reaktion).
- Folgeübung.
  Ausführung: Partner A läuft verschiedene Raumwege, B soll folgen.

- Gehen auf Linien, auch mit geschlossenen Augen (auch Gleichgewicht).
- Schnelle Richtungswechsel nach Drehungen.

b) Übungsformen mit Handgeräten

- Wege suchen.
  Ausführung: Reifen anzwirbeln, frei im Raum bewegen; kein Reifen darf zu Boden fallen.
- Raumwege erkennen.
  Ausführung: Mit Reifen verschiedene „Muster" auslegen, die dann umlaufen werden sollen.
- Entfernungen erkennen.
  Ausführung: Reifen in verschiedenen Abständen auslegen, mit jedem Schritt in einen Reifen steigen oder immer mit demselben Bein in einen Reifen treten. Ebenso mit Seilen: In verschiedenen Abständen auslegen, immer mit demselben Bein überspringen (auch mit Stäben möglich).
- Körperausdehnung erkennen.
  Ausführung: Übersteigen oder Unterlaufen von Seilen oder Stäben; Durchsteigen von Reifen; Durchschlüpfen von rollenden Reifen; Reifen anzwirbeln, hinein- und herausspringen.
- Zuspielen von Handgeräten mit Sichteinschränkung.
  Ausführung: Über eine Mauer, Fangen nach 1/2-Drehung usw.

2.2.3 Gleichgewichtsfähigkeit

Ein gutes Gleichgewichtsvermögen ist für alle Technikformen von großer Bedeutung, ganz besonders aber für Stände und Drehungen. Im Training werden also neben Übungen zum Halten des Gleichgewichts während und nach verschiedensten Bewegungsaufgaben (Standsicherheit und Balancierfähigkeit) auch Übungen stehen, die durch alle Arten von Drehungen um die Längs- und Querachse des Körpers die Widerstandsfähigkeit des vestibulären Systems gegen Drehbelastungen verbessern. Gerade diese Übungen machen Kindern sehr viel Spaß (Drehen bis zum Umfallen!) und sind äußerst effektiv.

a) Halten des Gleichgewichts in Ruhe

- Einnehmen verschiedenster Stände, Sitze, Lagen in Ruhe.
  Ausführung: Z. B. beidbeinige Stände (Sohlen-, Ballen-, Kniestand usw.). Einbeinige Stände mit verschiedenen Spielbeinhaltungen (Standwaage). Andere Ausgangsstellungen (Seitlage, Bankstellung usw.).

- Halten verschiedenster Gleichgewichtsstellungen trotz „Irritation".
  Ausführung: Z. B. Partnerkampf: In Gegenüberstellung einbeinig versuchen, sich gegenseitig aus dem Gleichgewicht zu bringen.
- Einnehmen verschiedenster Stände aus der geradlinigen Fortbewegung.
  Ausführung: Z. B. aus dem Laufen „wie erstarrt stehen bleiben" usw. Hier eignen sich für Grundschulkinder bildhafte Anweisungen wie „Stehen wie ein Baumstamm" oder kleine Spiele wie „Eine Hexe verzaubert alle zu Stein, eine Fee löst den Zauber durch Berührung".
- In den sicheren Stand kommen nach verschiedensten akrobatischen Elementen.
  Ausführung: Z. B. nach Rollen, Rädern usw.
- Einnehmen verschiedener Stände auf labiler Unterstützungsfläche.
  Ausführung: Z. B. auf Weichboden, Matten, Trampolin oder Kleingeräten aus der Psychomotorik.

b) Halten des Gleichgewichts in der Bewegung

- Balanceübungen auf verschiedenen Unterstützungsflächen.
  Ausführung: Z. B. Seil am Boden, Bank, Schwebebalken, schiefe Ebene usw.
- Balanceübungen auf labiler Unterstützungsfläche.
  Ausführung: Z. B. gespanntes Tau, schwebende Turnbank (befestigt mit Tauen oder einseitig in Ringen), Weichbodenmatte.
- Hinzunahme von Handgeräten.
  Ausführung: Z. B. einbeiniger Sohlenstand mit Prellen des Balls; Balancieren auf dem Schwebebalken mit Durchsteigen des Reifens oder mit Bandspiralen.

Hinweis:

Durch die Hinzunahme von Handgeräten wird der Schwierigkeitsgrad erhöht.

Variation: Hier gibt es unzählige Variationsmöglichkeiten, die die Kinder vor immer neue Herausforderungen stellen und ein Üben niemals langweilig werden lassen.

Hinweis:

Durch Veränderung (Verkleinerung) der Unterstützungsfläche, der Höhe und durch Schließen der Augen ergeben sich weitere Variationen.

c) Verbesserung des dynamischen Gleichgewichts durch Drehbelastungen

- Passive Drehbelastungen.
  Ausführung: Z. B. Sitz in den Ringen, eindrehen und ausdrehen lassen, auch mit geschlossenen Augen.
- Ausführen aller Arten von akrobatischen Elementen.
  Ausführung: Z. B. mehrere Rollen oder Räder hintereinander.

Hinweis:

Wichtig ist, die Drehbelastung systematisch zu steigern und Unverträglichkeitssymptome wie Blässe oder Übelkeit zu erkennen.

2.2.4 Kombinations- und Kopplungsfähigkeit

Verbessert wird die Kombinations- und Kopplungsfähigkeit durch:

- Verbindung von einzelnen Körperbewegungen zu einer Gesamtkörperbewegung.
  Ausführung: Z. B. Pferdchensprung mit bestimmter Armführung.
- Verbindung von mehreren Grundformen nacheinander.
  Ausführung: Z. B. vier Laufschritte, zwei Hüpfer, vier Laufschritte, Stand.
- Isolationsübungen aus dem Jazzdance.
- Koordination von isolierten Bewegungen verschiedener Körperpartien, z. B. Kopf, Arme und Becken (Polyzentrik).
- Verbindung von Körperbewegungen mit Handgerätetechniken.
  Ausführung: Z. B. Hüpfen vorwärts mit Seildurchschlägen.
- Kopplung verschiedener Elemente mit Handgerät.
  Ausführung: Z. B. Hüpfen mit Prellen und Rollen über den Rücken.
- Veränderung feststehender Übungsverbindungen durch Ersetzen einzelner Elemente durch andere.
  Ausführung: Z. B. Pferdchensprung durch Laufsprung.
- Veränderung der Anfangs- bzw. Endlagen.
  Ausführung: Z. B. Bandabwurf vorwärts durch Abwurf rückwärts.
- Alle Arten von Übungsverbindungen und Kombinationen mit den verschiedenen Handgeräten.

2.2.5 Rhythmische Fähigkeiten

Eine gute Rhythmisierungsfähigkeit ermöglicht es, den einer jeden Bewegung innewohnenden, eigenen Rhythmus zu erkennen und nachzuvollziehen, außerdem Musiken für Übungsverbindungen und Wettkampfübungen in Bewegung umzusetzen. Eine gute Rhythmisierungsfähigkeit ist auch am Ausdruck zu erkennen.

Übungsformen zur Verbesserung der Rhythmisierungsfähigkeit

- Verschiedene Rhythmen nachklatschen, stampfen usw.
- Eigene Rhythmen finden, diese nachklatschen oder stampfen lassen.
- In Gruppen abwechselnd einen Rhythmus klatschen, die anderen setzen ihn in Bewegung um.

Hinweis:

Den Aufbau der Musik erkennen, z. B. Phrasen, und in Bewegung umsetzen (gut in Gruppenarbeit möglich).

- In verschiedenen Taktarten vorgegebene Zählzeiten betonen.
  Ausführung: Z. B. im 4/4-Takt die erste Zählzeit oder die erste und dritte Zählzeit.
- Zur Rhythmusschulung unterschiedliche Hilfsmittel verwenden.
  Ausführung: Z. B. mitsprechen, klatschen, stampfen; Tambourin, Trommel, Klanghölzer.
- Gegensätze in der Musik darstellen.
  Ausführung: Z. B. laut-leise, langsam-schnell, wild-sanft, Spannung-Entspannung.

Hinweis:

Bei der Auswahl der Musik auf Altersgemäßheit achten.
Im Übungsprozess sollten die unterschiedlichsten Arten von Musik eingesetzt und das Typische jeweils herausgearbeitet werden.

- Auch die Handgeräte zur Rhythmisierung einsetzen.
  Ausführung: Z. B. mit Ball Rhythmen prellen, mit Keulen schlagen.

Hinweis:

Beim Erlernen neuer Techniken ohne und mit Handgerät Bewegungen bewusst rhythmisieren durch Mitsprechen oder Klatschen oder durch den Einsatz geeigneter Musik; das Erlernen eines Elements kann dadurch erleichtert werden. Achtung: Der Einsatz von Musik sollte immer bewusst erfolgen, d. h., Musik darf nicht als „Hintergrundmusik" verwendet werden.

2.2.6 Reaktions- und Umstellungsfähigkeit

Eine gute Reaktionsfähigkeit zeigt sich darin, Reize schnell wahrzunehmen (z. B. wenn ein Gerät herunterfällt) und darauf zu antworten. Die Umstellungsfähigkeit, die gut mit der Reaktionsfähigkeit zu trainieren ist, bezeichnet die Fähigkeit, sich an veränderte Situationen anzupassen (z. B. wird ein Handgerät zu kurz abgeworfen, so wird anstelle der vorgesehenen zwei Laufsprünge nur ein Hocksprung ausgeführt).

Übungsformen zur Verbesserung der Reaktions- und Umstellungsfähigkeit

- Bewegen frei im Raum mit Musik, wenn die Musik ausgeschaltet wird, unbeweglich stehen bleiben.
- Bewegen frei im Raum (mit Musik); auf ein optisches Signal hin (Vormachen) eine bestimmte Körperstellung einnehmen.
- Alle Übungen mit Handgeräten zur Fertigkeitsentwicklung.
- Werfen von Handgeräten und Fangen nach Unterbrechung des Sichtkontakts.

  Ausführung: Z. B. bewusstes Wegschauen nach dem Abwurf, ganze Drehung nach dem Abwurf usw.
- Partnerweise Zuspielen von Handgeräten, dabei die Aufgabenstellung für den Fänger auf Zuruf verändern.

  Ausführung: Z. B. „Fangen mit der rechten Hand" oder „Aufprellen lassen" usw.
- Übungen mit verkürzter Wahrnehmung des Handgeräts.

  Ausführung: Z. B. immer kürzeres Prellen (am Boden oder an die Wand).

  Variation: Immer schnellere, kürzere Würfe (mit Ball oder Reifen).
- Partner A steht mit dem Rücken zu B. B spielt ein Handgerät ab und gibt dann erst ein akustisches Signal, auf das hin sich A drehen darf und versuchen muss, das Handgerät zu fangen.
- Beim Üben von Verbindungen, Kombinationen und Wettkampfübungen immer darauf achten, kleine Fehler zu überspielen.

2.3 Konditionelle Fähigkeiten

2.3.1 Beweglichkeit

Beweglichkeit ist eine zwingende Voraussetzung für das Gelingen von Übungen mit Handgeräten. Zum Teil wird erst dadurch ein Bewegungsablauf ermöglicht.

Im Folgenden werden verschiedene Dehnungsübungen zur Verbesserung der Beweglichkeit aufgezeigt, unter besonderer Berücksichtigung der Schultergelenke (für Armschwünge und -kreise mit Handgerät), der Hüftgelenke (Vor-, Seit- und Rückspreizen für Stände und Sprünge) und der Wirbelsäule (z. B. für Rumpfkreise mit Handgerät).

a) Grundsätze beim Beweglichkeitstraining

- Vor dem Dehnen muss eine allgemeine Erwärmung erfolgt sein.
- Alle Dehnübungen müssen in langsamem Tempo ausgeführt werden (kein Reißen, keine ruckhaften Bewegungen), die Dehnstellung sollte beim statischen Dehnen zwischen 10 und 20 Sekunden gehalten werden; beim rhythmisch-dynamischen Dehnen (intermittierendes Dehnen) erfolgen ca. 10-20 Wiederholungen einer kontrollierten, leicht wippenden Bewegung in die Dehnposition.
- In der Aufwärmphase sollte ein dynamisches Dehnen im Vordergrund stehen, zum Ende und als Cool-Down einer Unterrichtseinheit wirkt ein statisches Dehnen subjektiv fühlbar entspannender.
- Die aktive Dehnung hat Vorrang vor passiven Dehnübungen.
- Bei übergroßer Beweglichkeit in Verbindung mit einer Haltungsschwäche sollte auf ein weitergehendes Beweglichkeitstraining verzichtet werden und die muskuläre Kräftigung in den Vordergrund rücken.
- Dehnen und Kräftigen müssen immer im Zusammenhang stehen. Nie sollte nur gekräftigt oder nur gedehnt werden.

b) Mobilisation der Fußgelenke

- Beugen und Strecken der Füße.

  Übung in Strecksitz oder Rückenlage: Aktives Beugen und Strecken der Füße in verschiedenen Ausgangsstellungen, parallel, nacheinander, gegengleich (siehe Abb. 19 und 20).
- Kreisen der Füße.

Hinweis:

Die Mobilisation der Füße ist zu Beginn jeder Stunde von größter Bedeutung, um Verletzungen zu vermeiden.

c) Dehnung der Gesäß- und Beinmuskulatur

- Dehnung der Gesäßmuskulatur.

  1. Übung in Rückenlage mit gebeugten Beinen: Mit den Händen die Knie in Richtung Brust ziehen, dabei die Halswirbelsäule strecken und das Kinn einziehen (Abb. 22).

  2. Übung in Rückenlage mit gebeugten Beinen: Die gebeugten Beine langsam zur Seite legen, die Schultern bleiben am Boden (Abb. 23).

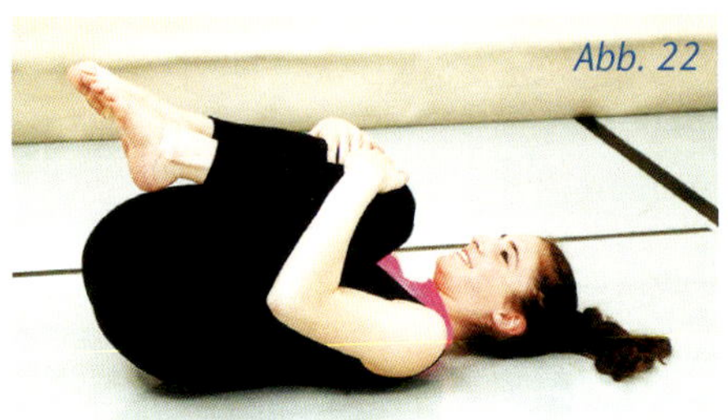

Abb. 22

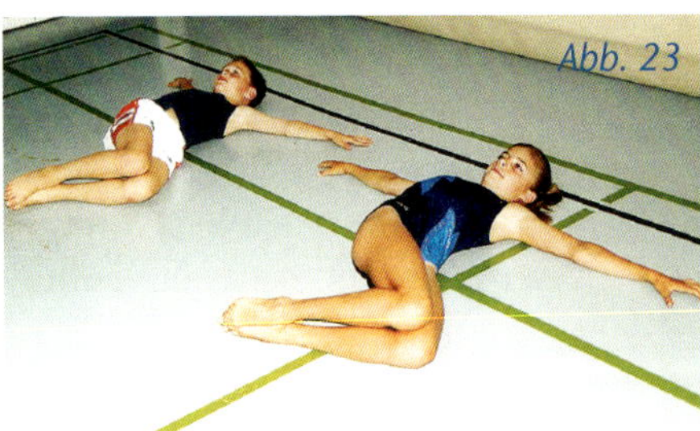

Abb. 23

- Dehnung der hinteren Beinmuskulatur.

  Übung in Schrittstellung: Mit den Händen am gebeugten vorderen Bein abstützen, das Becken nach vorne schieben; dabei zeigen die Fußspitzen nach vorne, die Fersen bleiben am Boden.

  Übung im Langsitz: Langsam den Rumpf vorbeugen, die Hände ziehen die geflexten Füße zum Schienbein.

Hinweis:

Die Wirbelsäule so gerade wie möglich halten, das Kinn so weit wie möglich nach vorne ziehen.

  Übung in Rückenlage mit gestreckten Beinen: Ein Bein gebeugt an den Körper heranziehen, dann Strecken des Beins bis zur Senkrechten oder über die Senkrechte hinaus (Abb. 24a). Die Hände halten das Bein unterhalb des Knies.

  Variation: Fuß in Flexstellung (Abb. 24b).

  Steigerung: Beide Hände fassen die Ferse.

- Dehnung der vorderen Beinmuskulatur.

  Übung in Seitlage mit aufgestütztem Ellbogen: Die Hüfte wird nach vorne geschoben, die freie Hand zieht den Unterschenkel nach hinten, das Knie ist etwa im 90°-Winkel gebeugt (Abb. 25).

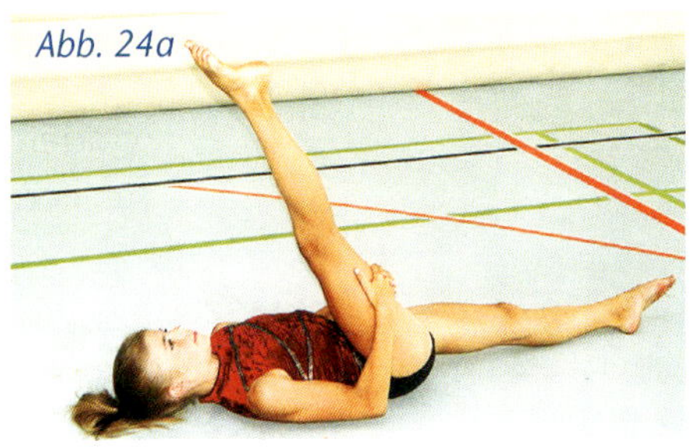
Abb. 24a

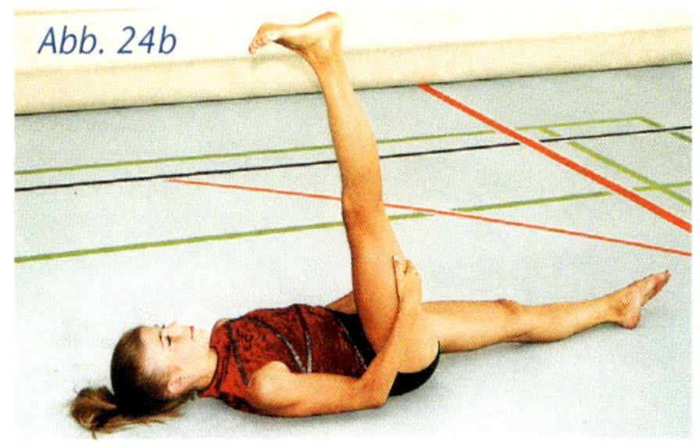
Abb. 24b

- Dehnung der Adduktoren.
  Übung im Schneidersitz: Mit den Händen die Knie zum Boden drücken, dabei den Rumpf aufrichten.
  Übung im Grätschsitz: Das Becken nach vorne kippen, leichtes Vorneigen des Oberkörpers, die Wirbelsäule gerade halten.

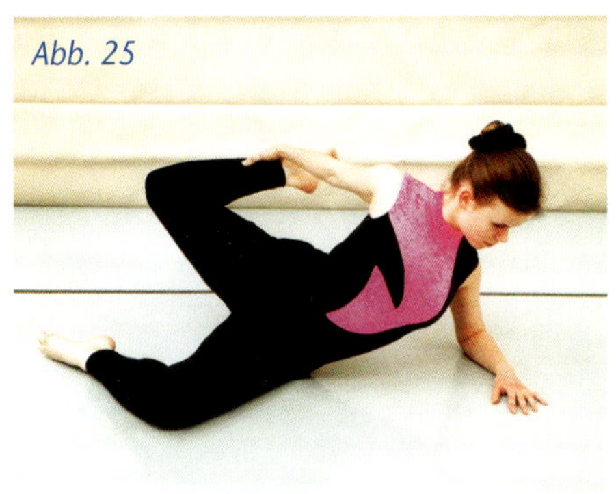
Abb. 25

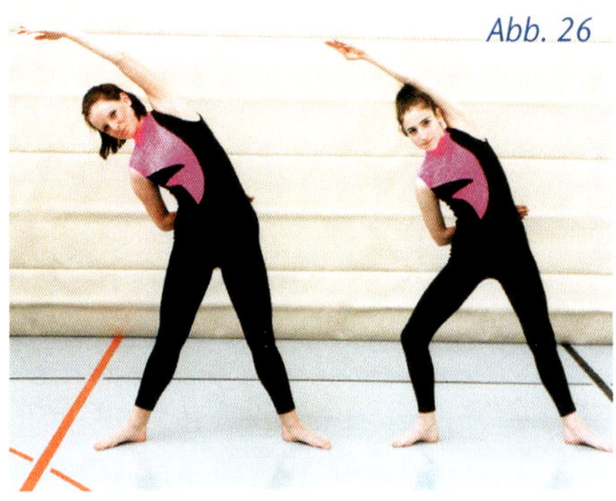
Abb. 26

d) Mobilisation der Wirbelsäule

- Rumpfseitbeugen.
  Übung im Grätschstand mit gebeugten oder gestreckten Beinen: Dabei jeweils einen Arm in die Hochhalte strecken; die Beckenachse muss gerade bleiben (Abb. 26).
- Vom Katzenbuckel in die Überstreckung.
  Übung in Bankstellung: Die Knie schulterbreit geöffnet, die Lendenwirbelsäule nach oben heben und „einsatteln“ (Abb. 27).
- Brustkorbisolation.
  Übung im Schlussstand: Beide Hände an der Hüfte, den Brustkorb nach vorne und hinten, nach rechts und links verschieben (Isolationsübung aus dem Jazzdance) (Abb. 28).

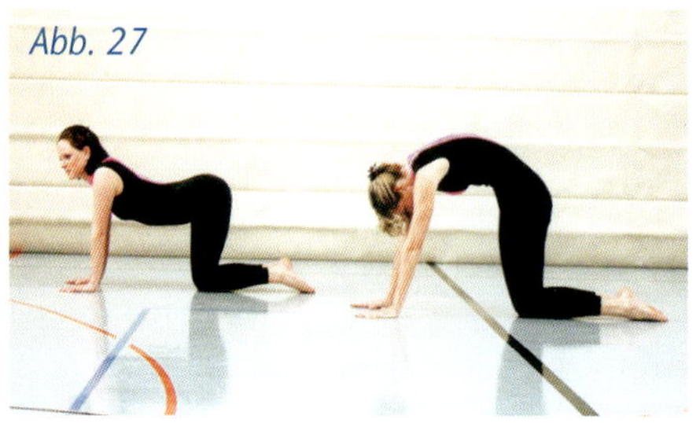
Abb. 27

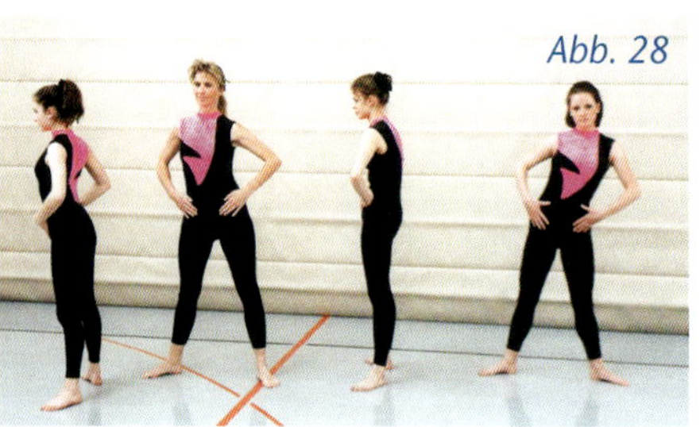
Abb. 28

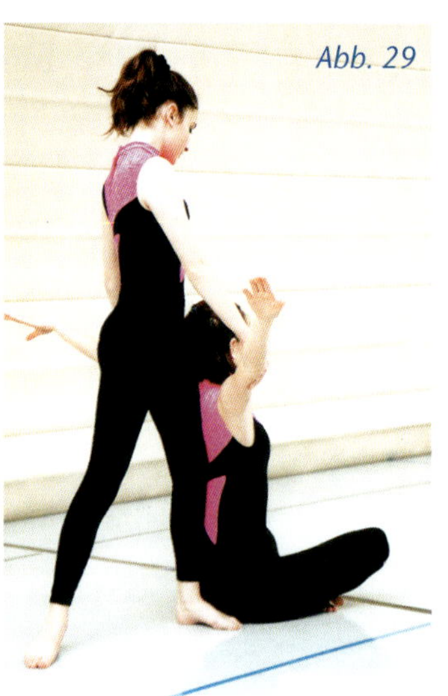
Abb. 29

- Rumpfdrehen.
  Übung im Schneidersitz: Hände im Nacken, Rücken aufgerichtet.
- Dehnung der Brustmuskulatur.
  Partnerübung im Schneidersitz: Der Partner stützt die Wirbelsäule mit dem Unterschenkel ab (seitlich anstellen) und zieht die Arme des Übenden langsam an den Ellbogen nach hinten oben; dabei auf geraden Rücken achten (Abb. 29).
  Variation: Die Arme in Schulterhöhe nach hinten ziehen/Arme nach hinten unten ziehen.
  Übung in Bankstellung: Die Arme weit nach vorne gestreckt, mit dem Brustbein zum Boden ziehen.
  Übung im Fersensitz: Mit Fassen der Füße zum Kniestand aufrichten, den Kopf dabei zur Seite drehen, um die vordere Halsmuskulatur nicht zu überdehnen.

Hinweis:

Das Becken wird nur nach vorne geschoben, die Beugung darf auf keinen Fall nur aus der Lendenwirbelsäule erfolgen, sondern die gesamte Wirbelsäule muss in die Bewegung einbezogen werden; am Ende Ausgleichsbewegung (Rumpf rund) anschließen!

e) Mobilisation des Schultergürtels und der Hände

- Heben, Senken und Kreisen der Schultern.
  Übung im Schlussstand: Wechselweise oder gleichzeitig arbeiten.

- Ein- und Auswärtsdrehen der Arme.
  Übung im Schlussstand: Arme in Seit- oder Vorhalte. Die Bewegung wird von den Schultern aus angesetzt und erfasst den ganzen Arm, die Handflächen führen eine ganze Drehung aus.
- Armkreisen frontal oder sagittal, ein- oder beidarmig.
  Übung im Schlussstand: Das Kreisen muss langsam erfolgen mit größtmöglichem Umfang und unter Einhaltung der Ebene.
- Kreisen der Hände und der Unterarme.
  Übung im Schneidersitz: Die Arme in Seit- und Vorhalte, dabei auf einen geraden Rücken achten.

2.3.2 Kraft

Großen Wert muss man auf die Verbesserung der Kraftfähigkeit des gesamten Körpers legen. So steht die Ausführung aller Übungen in engem Zusammenhang mit einer „guten" Körperhaltung und mit der Fähigkeit zur Spannung (und auch Entspannung) einzelner Körperteile und des ganzen Körpers.

a) Grundsätze beim Krafttraining

- Kräftigungsübungen sollten schon in die Erwärmungsphase – wechselweise mit Dehnungsübungen – einbezogen werden.
- Ganz besonders wichtig ist die Kräftigung der Rumpfmuskulatur, der geraden und schrägen Bauch- und Rückenmuskulatur, um Verletzungen bzw. Schädigungen der Wirbelsäule zu vermeiden.
- Da die Rumpfmuskulatur vor allem „haltende" Arbeit verrichtet, dürfen die dafür vorgesehenen Übungen nur in mäßigem Tempo ausgeführt werden (bei zu schneller Ausführung erhöht sich das Belastungsrisiko für die Wirbelsäule).
- Eine gut entwickelte Fuß- und Beinmuskulatur wird für alle Arten von Hüpfern und Sprüngen benötigt. Die dafür vorgesehenen Übungen sollen schnellkräftig erfolgen.
- Eine gute Möglichkeit, die allgemeine Muskelkraft bzw. Kraftausdauer zu verbessern, bietet z. B. das Circuittraining, wobei niemals zwei Stationen hintereinander dieselbe Muskulatur trainieren sollten.

b) Spezielle Kräftigungsübungen

- Kräftigung der Fußmuskulatur.
  Übung im Stand auf einer Bodenmatte: Wechselseitiges oder beidbeiniges Heben und Senken der Fersen bis in den Ballenstand.

Übung im Schlussstand: Mit den Zehen nach vorne ziehen – Fersen nachziehen.

Übung im Schlussstand: Fußfederungen bei gestreckten Beinen.

- Kräftigung der inneren Beinmuskulatur.

  Übung in Rückenlage, Beine in der Senkrechten: Die Beine im Wechsel grätschen und gekreuzt übereinander führen (Abb. 30).

  Partnerübung im Grätschsitz, paarweise gegenüber, Fußgelenke oder Füße aneinander gelegt: Anziehen bzw. Abspreizen eines gestreckten Beins gegen den Widerstand des Partners (Abb. 31).

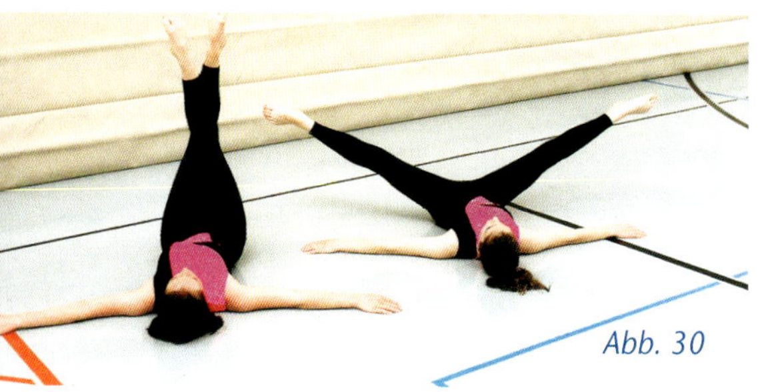

Abb. 30

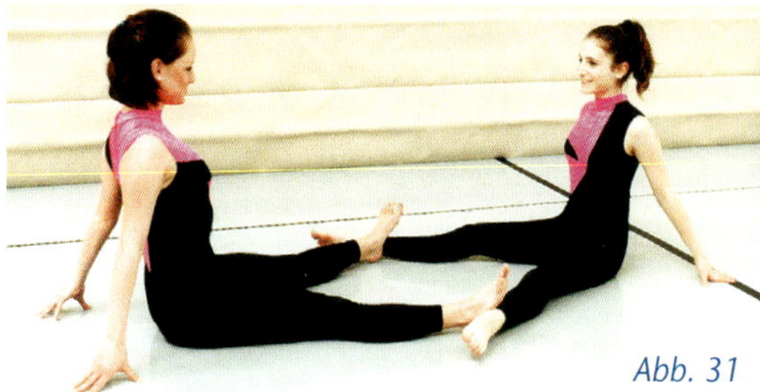

Abb. 31

- Kräftigung der Hüftbeuger.

  Übung in Rückenlage mit gestreckten Beinen: Ein Bein gestreckt in die Senkrechte führen (ohne Unterstützung der Hände) und kraftvoll wieder senken (Abb. 32). Auf völlige Streckung und eine leichte Auswärtsdrehung beider Beine achten.

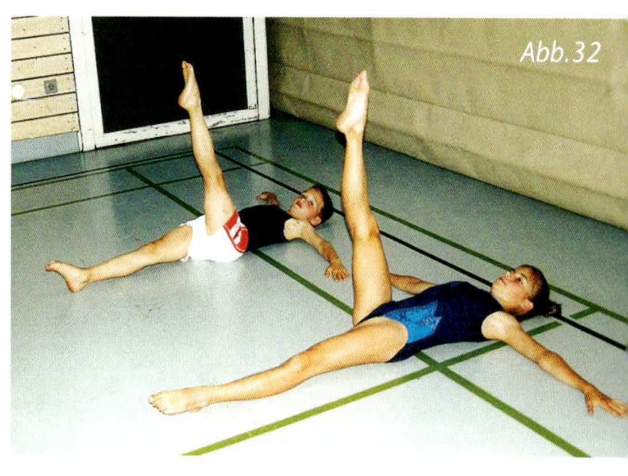

Abb.32

- Kräftigung der Gesäßmuskulatur.

  Übung im Liegestütz rücklings: Das Becken ist gehoben. Hochführen und Senken eines Beins.

  Übung in Rückenlage mit gebeugten Beinen, Arme in Seithalte am Boden: Heben des Beckens, bis die Hüfte gestreckt ist, (Abb. 33a) Strecken eines Beins bis zur Senkrechten und wieder zurück zur Ausgangsstellung.

  Variation: Wie oben, aber nur einen Unterschenkel vorstrecken, Hüfte bleibt gestreckt (Abb. 33b).

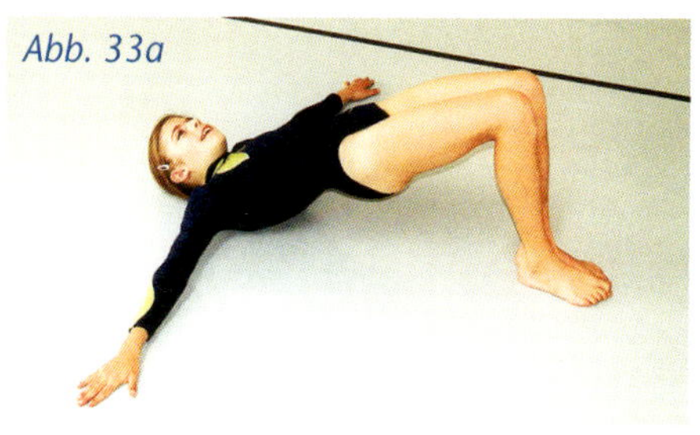
Abb. 33a

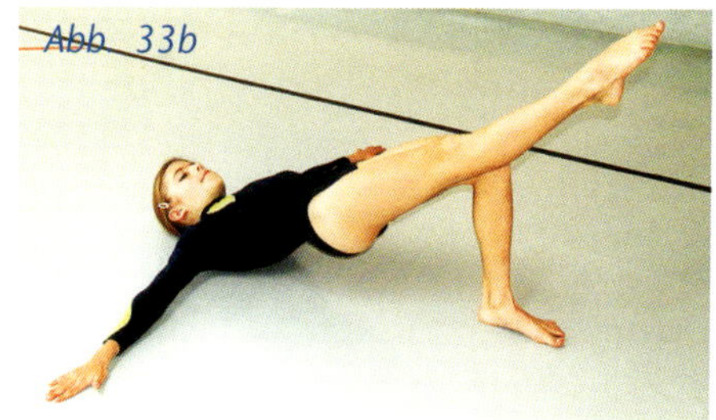
Abb. 33b

- Kräftigung der Rückenmuskulatur.
  Übung im Hocksitz mit geöffneten Beinen: Dabei ist besonders auf die Streckung im Lenden- und Halswirbelbereich zu achten (Abb. 34).
  Übung in Bankstellung: Je einen Arm und ein Bein (diagonal) bis zur Waagerechten strecken, dabei die Hüfte nicht aufdrehen (Abb. 35).

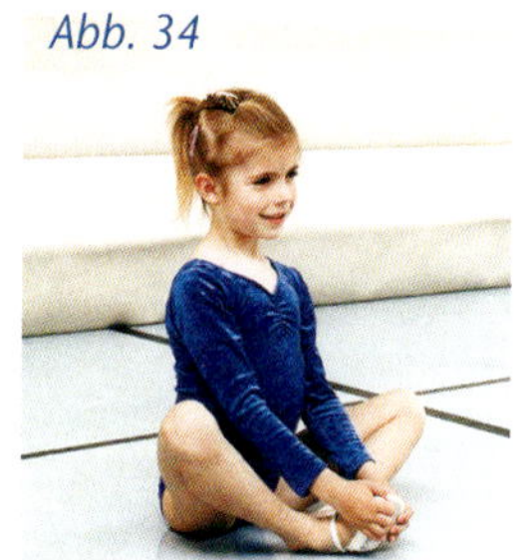
Abb. 34

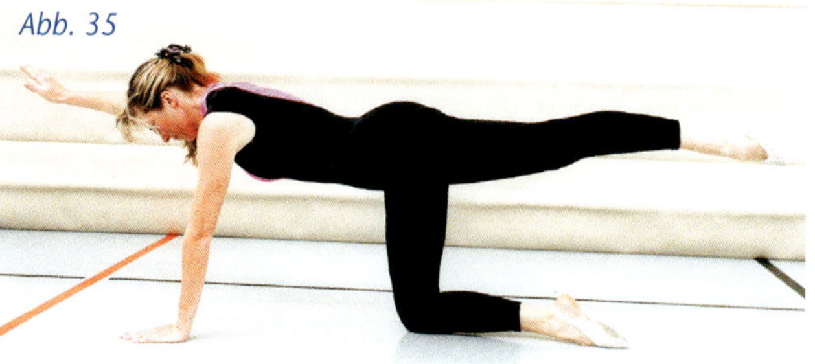
Abb. 35

- Kräftigung der geraden Bauchmuskulatur.
  Übung in Rückenlage mit gebeugten Beinen: Den Rumpf einrollen, bis der obere Beckenkamm gerade noch Bodenkontakt hat, dabei die Arme in Hochhalte überkreuzen.
  Übung in Rückenlage, die Unterschenkel liegen auf kleinem Kastenteil auf: Den Rumpf einrollen, dabei die Hände zum Kasten schieben.
- Kräftigung der schrägen Bauchmuskulatur.
  Übungen wie oben, aber schräges Rumpfeinrollen.
- Kräftigung der Schultergürtelmuskulatur.
  Übung in Bauchlage, Kopf in Verlängerung der Wirbelsäule: Heben der Arme aus verschiedenen Stellungen.

Hinweis:

Die Körperspannung muss beibehalten werden, kein „Hochwippen" des Oberkörpers.

- Kräftigung der Armmuskulatur.
  Übung in Bankstellung: Knieliegestützen.

2.3.3 *Ausdauer*

Ein nicht zu unterschätzender Faktor in der Gymnastik mit Handgeräten ist die Verbesserung der Ausdauerleistung, immer in Verbindung mit Koordination, Beweglichkeit, Kraft und Aktionsschnelligkeit, denn in ermüdetem Zustand gelingen Elemente mit Koordination nicht. Besonders hohe konditionelle Anforderungen sind beim Arbeiten mit dem Seil gegeben; in solchen Übungsstunden ist auf ausreichende lohnende Pausen, z. B. durch Schwingen oder Ein- und Auswickeln, zu achten.

2.4 Gymnastische Grundausbildung

Allgemeine Hinweise:

Bei allen Grundformen sollten von Anfang an die Arme mit einbezogen werden, damit eine gute Armhaltung bei allen gymnastischen Übungen und die Führung des freien Arms bei der Arbeit mit den Handgeräten selbstverständlich wird.

2.4.1 *Gehschritte*

Allgemeine Hinweise:

Beim gymnastischen Gehen setzt – wie beim Laufen – zuerst die Fußspitze auf, dann wird bis zur Ferse abgerollt. Die Füße werden leicht ausgedreht. Gerade jüngeren Schülern bereitet diese Grundform größere Schwierigkeiten und sie wirkt dann verkrampft und unnatürlich. Deshalb sollte man zuerst das Laufen erarbeiten und das gymnastische Gehen nicht überbetonen. Von Anfang an sollten verschiedene Armhaltungen oder -führungen geübt werden.

a) Räumliche Variationen und Variationen der Bewegungsrichtung

- Gehen frei im Raum mit Zusatzaufgaben.
  Ausführung: Blickkontakt zu den Mitschülern. Nicken („höfliches Grüßen", „freudiges Grüßen"). In Handfassung mit wechselnden Partnern einander umkreisen. Aufeinander zugehen, kurz vor der Begegnung wegdrehen (1/2-Drehung).
  Gehen und Stehen im Wechsel (Körperspannung).
  Gehen auf Geraden, Kurven, Diagonalen (Polonäse).

Hinweis:

Beim Gehen frei im Raum soll neben einer allgemeinen Erwärmung nicht die Technikschulung im Vordergrund stehen, sondern vor allem die Orientierung im Raum. Reaktion und Rhythmusgefühl sollen gefördert werden (außerdem: Ausdrucksschulung, Kommunikation).

- Gymnastisches Gehen vorwärts und rückwärts.

Hinweis:

Die Fußspitze setzt zuerst auf, dann wird abgerollt bis zum ganzen Fuß. Die Füße sind leicht ausgedreht, die Körperhaltung ist aufrecht und gespannt.

- Gymnastisches Gehen seitwärts.
  Ausführung:
  Nachstellschritte seitwärts (Schritt rechts seit, links anstellen).
  Dasselbe Bein kreuzt immer vor.
  Dasselbe Bein kreuzt immer rück.
  Kreuzschritte (abwechselnd vor- und rückkreuzen).

Hinweis:

Die Hüfte muss gerade bleiben und immer muss auf die ausgedrehten Füße geachtet werden.

b) Variationen des Gehens

- Federnde Gehschritte.
- Flache, weite Gehschritte.
- Gehschritte auf den Ballen.
  Ausführung: Geringe Schrittweite.
- Stampfen.
  Ausführung: Leicht gebeugt in den Fuß-, Knie- und Hüftgelenken, Aufsetzen mit dem ganzen Fuß.
- Ausfallschritte.
  Ausführung: Weiter Schritt vor-, seit- oder rückwärts, Körpergewicht auf dem vor-, seit- oder rückgestellten Bein, das andere Bein ist gestreckt.
- Nachstellschritte.
  Ausführung: Ein Schritt vor-, seit- oder rückwärts, das zweite Bein zur Schlussstellung anstellen.

- Wechselschritte.
  Ausführung: Ein Schritt, das zweite Bein anstellen und noch einen Schritt mit dem ersten Bein, also Schritt rechts vor, links anstellen, rechts vor (Noten 1/8, 1/8, 1/4), bei Wiederholung gegengleich.
- Pendelschritte.
  Ausführung: Schritt vor, zweites Bein anstellen, erstes Bein Schritt rück, zweites Bein anstellen, also rechts vor, links anstellen, rechts rück, links anstellen (Abb. 36a und b).
- Wiegeschritte.
  Ausführung: Schritt rechts vor mit Gewichtsverlagerung auf das vordere rechte Bein, linker Fuß bleibt am Platz, Gewichtsverlagerung auf das hintere linke Bein. Schritt rechts rück mit Gewichtsverlagerung auf das hintere rechte Bein, linker Fuß bleibt am Platz, Gewichtsverlagerung auf das vordere linke Bein (Abb. 37a und b).

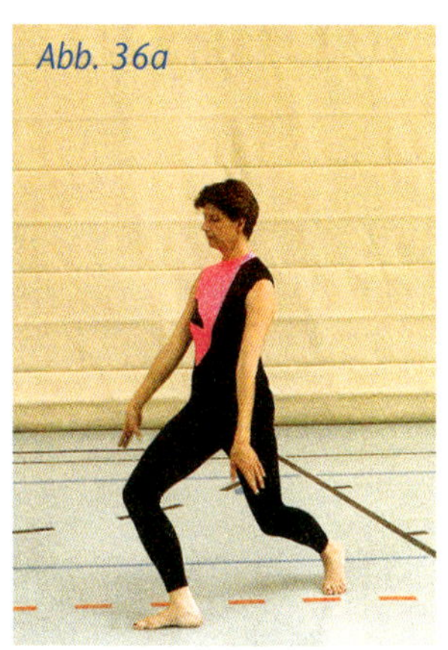
Abb. 36a

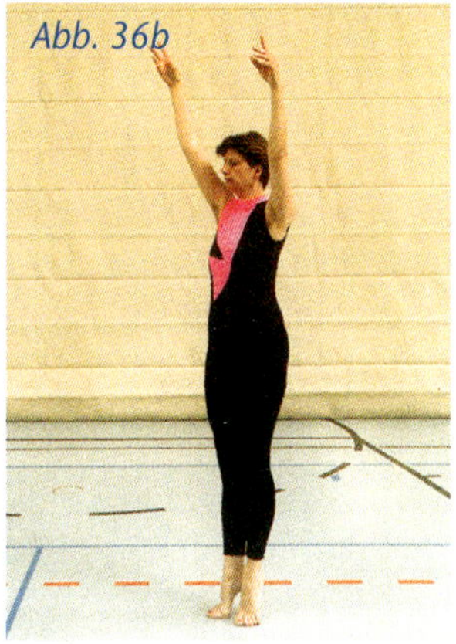
Abb. 36b

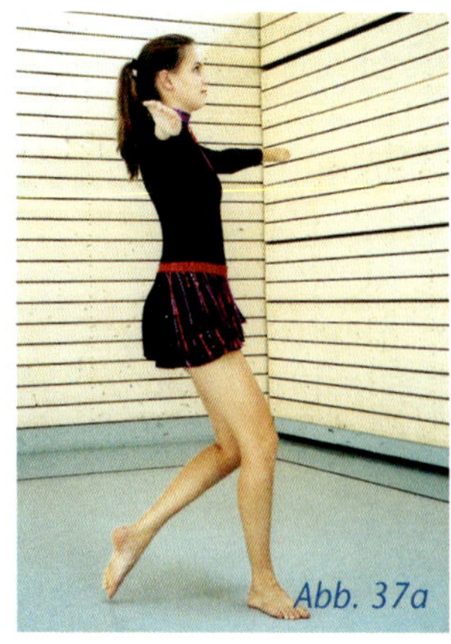
Abb. 37a

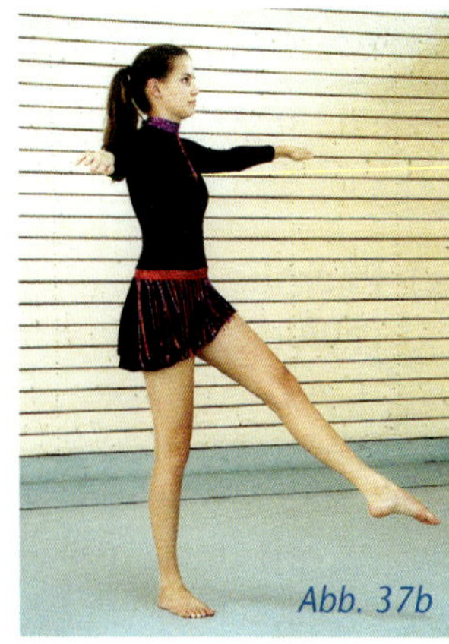
Abb. 37b

- Pivot.

  Ausführung: Schritt rechts vor, 1/2-Drehung links, dabei wird der linke Fuß kurz ent- und dann wieder balastet, bleibt aber am Platz. Wieder Schritt rechts vor und wieder 1/2-Drehung links. Die 1/2-Drehung erfolgt jeweils auf den Fußballen.
- Step-Touch.

  Ausführung: Schritt vor, seit oder rück, der andere Fuß wird ohne Belastung an den ersten Fuß angestellt; Wiederholung gegengleich.

c) Gehen mit rhythmischen Variationen

- Überzogene Schritte.

  Ausführung: Ein Schritt im halben Tempo, zwei Schritte im normalen Tempo.
- Gehen im 3/4- oder 6/8-Takt (Walzerschritte).

  Ausführung: Ein etwas weiterer, zwei kleinere Schritte.

> **Hinweis:**
>
> **Durch die Betonung des jeweils ersten Schritts eines Takts (bzw. ersten und vierten Schritts im 6/8-Takt) wird die Bewegung schwingend.**

2.4.2 Laufschritte

> **Allgemeine Hinweise:**
>
> **Typisch für das Laufen ist ein Wechsel von kurzer Stütz- und flüchtiger Flugphase. Der Abstoß ist gekennzeichnet durch schnellkräftiges Abrollen des Fußes nach oben und Abdrücken mit der Fußspitze vom Boden. Nach der kurzen Flugphase erfolgt eine elastische Landung, die durch ein Abrollen des Spielbeines von der Zehenspitze zur Ferse mit Beugen des Beins (im Fuß-, Knie- und Hüftgelenk) erreicht wird. Die Füße werden leicht ausgedreht, das Spielbein greift in die Bewegungsrichtung aus.**

a) Räumliche Variationen und Variationen der Bewegungsrichtung

- Laufen frei im Raum mit Zusatzaufgaben.

  Ausführung: In Ein- oder Beidhandfassung mit wechselnden Partnern einander umkreisen. Sich mit Partner oder mehreren Mitschülern zusammenfinden und weiterlaufen. Laufen mit Einbezug von Drehungen (1/2-, ganze Drehung).

  Laufen auf Geraden, in Kurven, mit Richtungsänderungen.

Laufen und Stehen im Wechsel, mit Musik, beim Ausschalten der Musik stehen („erstarren" – Körperspannung!).
Mit Partner spiegelbildlich laufen usw.

Hinweis:

Durch das Laufen frei im Raum wird neben der allgemeinen Ausdauer die Orientierung im Raum und die Reaktion (Ausweichen!) verbessert. Schnelle, flotte Musik verhindert künstliche und verkrampfte Laufschritte.

- Laufen vorwärts oder rückwärts.

Hinweis:

Wichtig ist die Verlagerung des Körperschwerpunkts nach hinten beim Laufen rückwärts.

- Laufen seitwärts; dabei kann ein Bein immer vor- oder rückgekreuzt oder im Wechsel gekreuzt werden (Kreuzschritte).

Hinweis:

Wichtig ist, dass der Rumpf nicht verdreht wird und die Flanke führt.
Zur besseren Korrektur kann das Laufen im Kreis, in Reihen im Strom oder durch die Diagonale ausgeführt werden.

\+ Verschiedene Armhaltungen und Armführungen.

b) Variationen des Laufens

- Federndes Laufen.
  Ausführung: Hochtiefbetonung, geringe Schrittweite.
- Flaches, weites Laufen.
  Ausführung: Große Schrittweite.
- Sprunglauf.
  Ausführung: Deutliche Beinstreckung und deutliche Flugphase.
- Kniehebelauf.
  Ausführung: Anziehen der Knie, zwischen Ober- und Unterschenkel darf der Winkel nicht kleiner als 90° sein.

Hinweis:

Die Knie dürfen nicht über Hüfthöhe gehoben werden.

- Laufen mit Unterschlagen der Unterschenkel.
- Spreizlauf.

  Ausführung: Die gestreckten Beine werden nach vorne gespreizt (circa 45°).

c) Laufen mit rhythmischen Variationen

- Laufen im 4/4- oder 2/4-Takt.
- Laufen im 3/4- oder 6/8-Takt.

Hinweis:

Das Laufen im ungeraden Takt hat eher schwingenden Charakter. Bei Betonung jedes dritten Schritts (im 4/4-Takt jedes zweiten Schritts) in Höhe und Weite kann über das Sprunglaufen zum Laufsprung hingearbeitet werden.

2.4.3 *Federungen*

Allgemeine Hinweise:

Das Federn ist eine wichtige Voraussetzung für die richtige Fußhaltung bei den Grundformen Laufen, Gehen, Hüpfen und Springen; außerdem dient es der Verbesserung der Fußgelenkbeweglichkeit und Fußkraft (Verminderung der Verletzungsgefahr!). Das Federn beginnt mit dem vollständigen Abrollen des Fußes von der Zehenspitze zur Ferse (wobei die Ferse nie belastet wird), anschließend erfolgt sofort ein intensives Abrollen in umgekehrter Reihenfolge zurück zur Zehenspitze. Das Federn ist eine Ganzkörperbewegung, bei der sich der Körperschwerpunkt intensiv hochtief bewegt. Die Hüfte darf dabei nicht zur Seite ausweichen.

- Einfachfederungen.

Hinweis:

Zuerst wird die richtige Abrolltechnik im Wechsel von einem auf das andere Bein geübt, dann mehrfach auf einem Fuß (dies verlangt mehr Fußkraft); dabei ist auf Ganzkörperspannung zu achten.

- Doppel- oder Mehrfachfederungen.
  Ausführung: Vor dem Wechseln auf das andere Bein erfolgen zwei oder mehr Bodenkontakte mit ein und demselben Fuß.
+ Verschiedene Armhaltungen und Armführungen.

Hinweis:

Hierdurch erfolgt zusätzlich eine Schulung der Koordination von Arm- und Beinbewegungen, ist aber erst zu üben, wenn die Beinarbeit in der Grobform beherrscht wird.

+ Technische Variationen durch unterschiedliche Spielbeinführungen.
  Ausführung: Spielbein nach vorne, zur Seite, nach hinten schwingen. Auftippen oder Kreuzen des Spielbeins vor dem Standbein auf dem Boden.
+ Räumliche Variationen:
  Ausführung: Einfach- oder Mehrfachfederungen vorwärts, seitwärts und rückwärts.

Hinweis:

Auch wenn sich die intensive Hochtiefbewegung in die jeweilige Bewegungsrichtung verlagert, bleibt die Bewegung vor allem eine Ganzkörperbewegung und die Hüfte darf nicht zur Seite ausweichen.

+ Drehungen.
+ Rhythmische Variationen.
  Ausführung: Je eine Doppelfederung rechts und links, vier Einfachfederungen usw.

Hinweis:

Weitere rhythmische und räumliche Variationen sind wie bei der Grundform Gehen möglich.

2.4.4 *Kreise, Schwünge, Wellen und Körperspiralen*

a) Schwünge und Kreise

Allgemeine Hinweise:

Alle Schwünge beginnen mit einer Ausholbewegung, dann folgt der eigentliche Schwung und das Ausschwingen, wobei die drei Phasen fließend ineinander übergehen und das Ausschwingen bereits die Ausholbewegung für den nächsten Schwung sein kann. Alle Schwünge sind Ganzkörperbewegungen, also werden auch die Armschwünge mit einer Beugung und Streckung der Hüft-, Knie- und Fußgelenke verbunden. Für die Arbeit mit Handgeräten sind die Armschwünge von Bedeutung; diese können auch mit Handgeräten erarbeitet werden, da durch das Gewicht die Schwungbewegung besser erfühlt werden kann. Im Gegensatz zu Führungen, bei denen die Geschwindigkeit gleich bleibt, ändert sich die Geschwindigkeit bei den Schwüngen in den verschiedenen Phasen. Der Übergang vom Schwingen zum Führen ist fließend.

Schwünge, Kreise und Achterkreise können in allen Ebenen und Zwischenebenen ausgeführt werden. Man unterscheidet:

- Schwung: Bewegungsumfang unter 360°.
- Kreis: Bewegungsumfang 360°.
- Achterkreis: Bewegungsumfang zweimal 360°.
  a) Horizontal: Ein Kreis über dem Kopf, ein Kreis vor dem Körper.
  b) Frontal: Ein Kreis vor, ein Kreis hinter dem Körper.
  c) Sagittal: Ein Kreis an der linken, ein Kreis an der rechten Körperseite.
- Schwingen, Kreisen, Achterkreisen einarmig.
  Ausführung: Durch Schwingen in Schritt- oder Grätschstellung wird die Bewegungsweite vergrößert.

\+ Gehschritte und Variationen, z. B. Pendel- oder Wiegeschritt.

- Schwingen, Kreisen, Achterkreisen beidarmig.
  Ausführung: Beim gleichzeitigen Schwingen und Kreisen mit beiden Armen unterscheidet man:
  a) Gleichkreisen und -schwingen: Paralleler Einsatz beider Arme.
  b) Mühlkreisen und -schwingen: Beide Arme legen den gleichen Weg zurück, aber zeitlich versetzt.
  c) Gegenkreisen und -schwingen: Beide Arme bewegen sich aufeinander zu bzw. voneinander weg.

b) Wellen

Allgemeine Hinweise:

Wellen erfordern ein hohes Maß an Beweglichkeit, Bewegungskoordination und differenzierter Muskelspannungsfähigkeit. Gekennzeichnet sind Wellen durch eine Beugung und Streckung in den Gelenken, bei Körperwellen mit gleichzeitiger, unterschiedlich großer Abwärts- und Aufwärtsverlagerung des Körpers.

- Armwellen (Abb. 38a und b).

  Ausführung: Die Armwelle beginnt mit einer Beugung und Abwärtsverlagerung des Ellbogengelenks, gleichzeitig wird das Handgelenk gebeugt und leicht aufwärts verlagert. Dann erfolgt das Strecken durch die Aufwärtsverlagerung des Ellbogengelenks, gleichzeitig wird das Handgelenk weit überstreckt und abwärts verlagert. Die Beugung und Streckung wird bis in die Fingergelenke fortgesetzt. Am Ende werden die Gelenke in die Ausgangshaltung zurückbewegt.

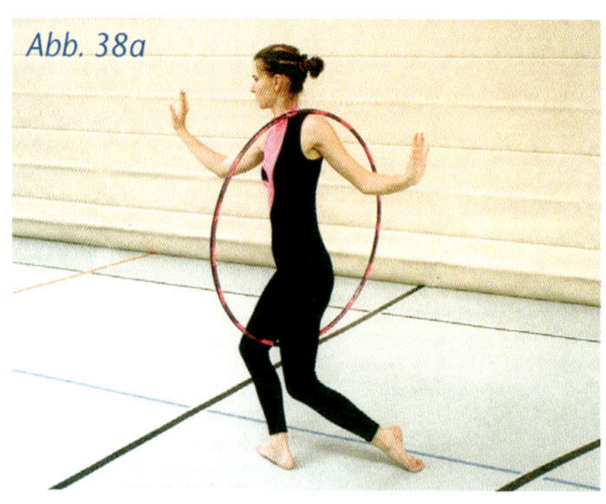
Abb. 38a

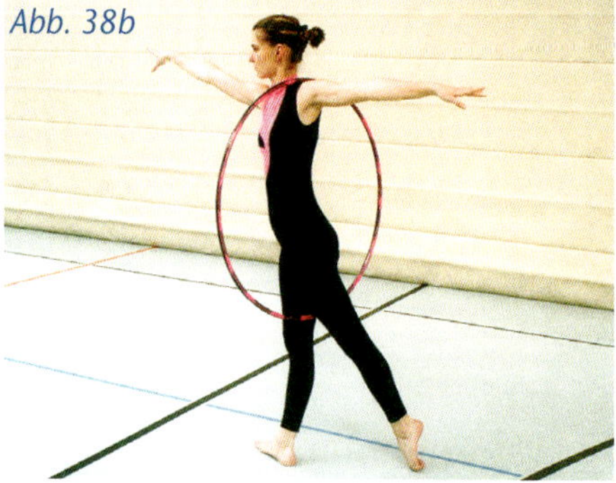
Abb. 38b

- Körperwelle vorwärts (Abb. 39a und b)

  Ausführung: Fuß-, Knie- und Hüftgelenke sind gebeugt, das Becken deutlich nach vorne gekippt, der Rumpf leicht nach vorne gebeugt (Contractstellung). Nacheinander werden Knie, Oberschenkel, Becken, Bauch und Brustkorb nach vorne geschoben, wobei sich der Rumpf zugleich aufrichtet.

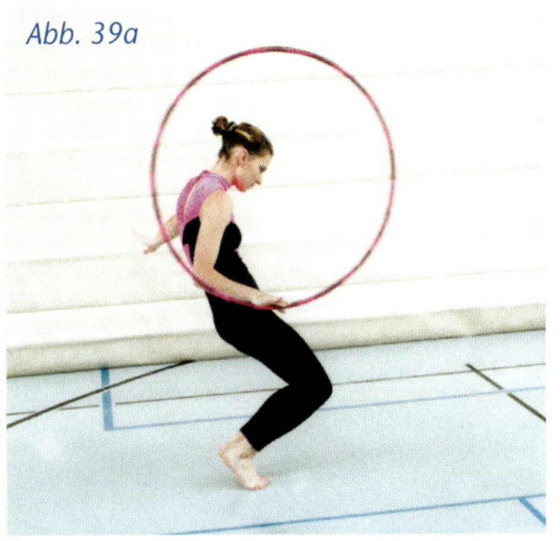

Abb. 39a

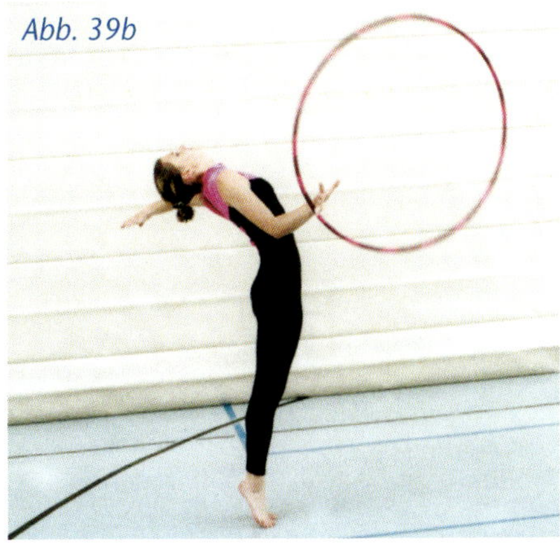

Abb. 39b

Hinweis:

Um das nacheinander erfolgende Nachvornschieben der Körperpartien zu erfühlen, ist die Sprossenwand sehr geeignet (naher Stand mit Blick zur Sprossenwand)! Nacheinander berühren die Körperpartien die Sprossen. Zugleich kann durch das Festhalten das Gleichgewicht gut gehalten werden.

Methodische Hinführung und Übungshilfen:

Bauchlage auf dem Boden: Nacheinander erfolgendes Heben von Becken, Lenden-, Brust-, Halswirbelsäule und Kopf. **Achtung:** Die schwierigste Stelle ist die Lendenwirbelsäule.

Fersensitz mit Contracthaltung: Nacheinander erfolgendes Vorschieben von Becken, Bauch und Brust mit gleichzeitigem Aufrichten in den Kniestand.

- Körperwelle seitwärts (Abb. 40a-d).

  Ausführung: Grätschstellung mit Gewicht auf dem linken Bein, rechter Fuß ist aufgezeht, der Oberkörper leicht nach rechts gebeugt.

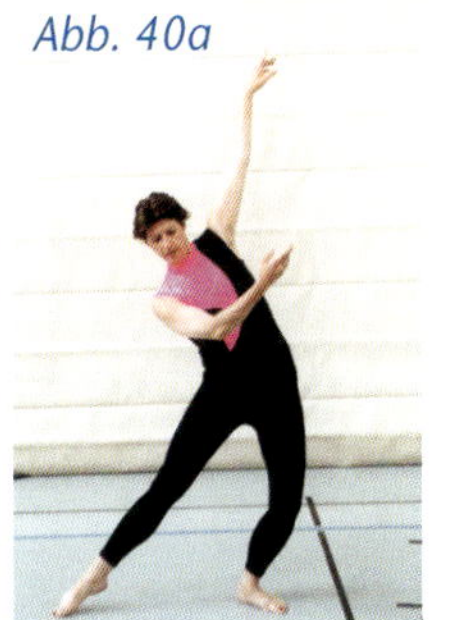

Abb. 40a

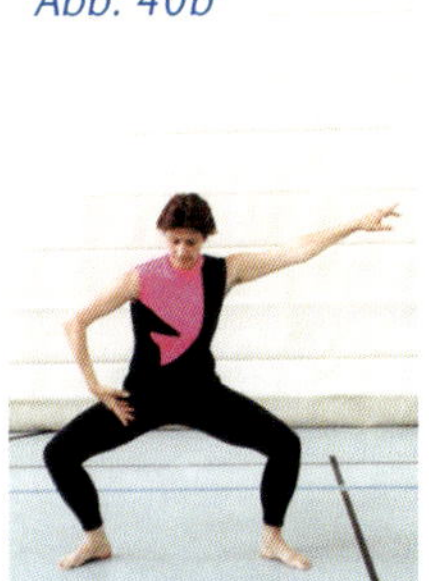

Abb. 40b

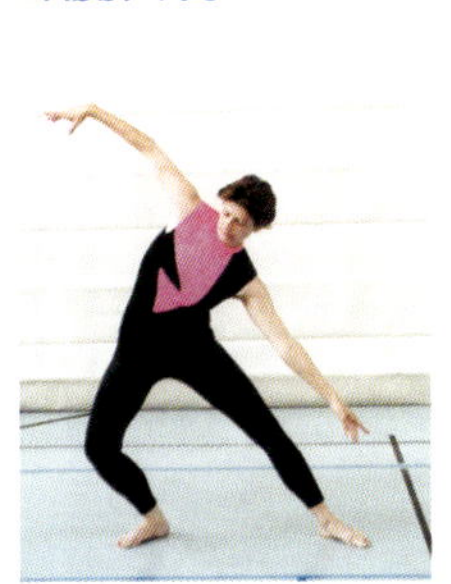

Abb. 40c

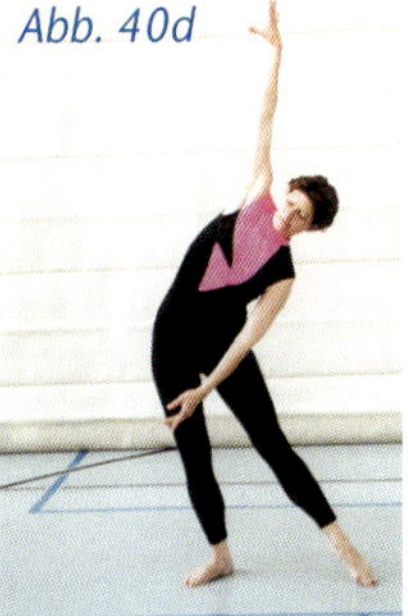

Abb. 40d

Nacheinander werden beide Knie gebeugt und mit einer Gewichtsverlagerung auf das rechte Bein werden nacheinander das rechte Knie, das Becken und die rechte Flanke nach rechts geschoben, dabei die Beine wieder gestreckt. Der Oberkörper ist am Ende leicht nach links gebeugt.

Hinweis:

Das Üben an einer Wand (enge Stellung mit dem Rücken zur Wand, auch die Schultern bleiben während der Welle an der Wand) verhindert ein Ausweichen des Beckens nach hinten.

c) Körperspiralen (Abb. 41a-e)

Allgemeine Hinweise:

Bei der Körperspirale führt das Becken eine horizontale Kreisbewegung aus, gleichzeitig wird der Oberkörper jeweils in die Gegenrichtung genommen. Bei der Vorbeuge des Rumpfs sind die Fuß-, Knie- und Hüftgelenke gebeugt, bei der Rückbeuge gestreckt.

Horizontale Kreisbewegungen mit Handgeräten können oder müssen mit einer Körperspirale verbunden werden. Dabei ist jedoch darauf zu achten, dass nicht durch eine starke Beugung der Lendenwirbelsäule eine mangelhafte Beweglichkeit im Schultergürtel und Brustwirbelsäulenbereich ausgeglichen wird. Beweglichkeit und Muskulatur des Schultergürtels sowie die Beweglichkeit der Brustwirbelsäule sind vorrangig für eine gute Bewegungsqualität verantwortlich.

Abb. 41a *Abb. 41b* *Abb. 41c*

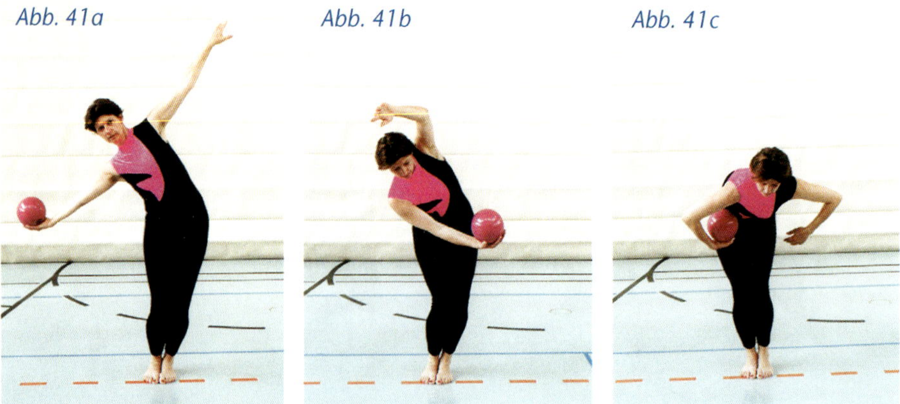

Abb. 41d *Abb. 41e*

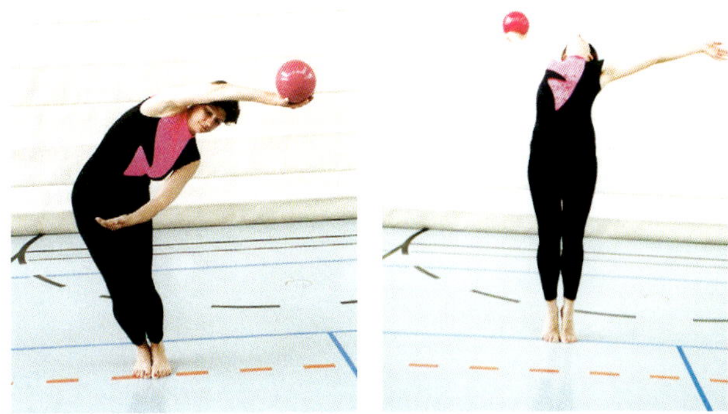

2.4.5 *Stände*

Allgemeine Hinweise:

Stände sind Gleichgewichtselemente und sind bei der Arbeit mit Handgeräten sehr wichtig. Als Voraussetzung auch für Drehungen und Sprünge ist die Gleichgewichtsfähigkeit und Ganzkörperspannung von ausschlaggebender Bedeutung.

Hinführung zum Aufbau einer Ganzkörperspannung:

1. Rückenlage, nacheinander Anspannung der gesamten Muskulatur (Wirbelsäule auf den Boden drücken), langsames Lösen der Anspannung.
2. Erarbeitung der richtigen Haltung im Stand: Becken aufgerichtet (kein Hohlkreuz), Rumpfmuskulatur (Bauch-, Rücken- und Gesäßmuskulatur) gespannt, Schultern nicht nach oben gezogen.

Weitere Übungen in den Kapiteln 2.2.1 (Körperwahrnehmung) und 2.2.3 (Gleichgewichtsfähigkeit).

- Beidbeinige Sohlenstände.
- \+ Armbewegungen.
- \+ Ganzkörperbewegungen.
- Beidbeinige Ballenstände.

Hinweis:

Die Bauch- und Gesäßmuskulatur ist angespannt, Knie und Füße werden aneinander gepresst.

+ Heben in den Ballenstand aus dem Schlussstand.
+ Heben in den Ballenstand aus dem Plié.
+ Armbewegungen im Ballenstand.
+ Ganzkörperbewegungen.
• Einbeinige Stände.

Hinweis:

Zuerst nur auf ganzer Sohle.

+ Passé (siehe Abb. 17).
+ Gestrecktes Spielbein vor-, seit- oder rückspreizen (s. Abb. 195b).
+ Zahlen beschreiben von 0-9 mit dem Spielbein.
+ Figuren beschreiben mit dem Spielbein.
+ Armbewegungen.
+ Ganzkörperbewegungen.
• Aus Gehschritten verschiedene Stände einnehmen.
• Aus Laufschritten, Hüpfern oder Sprüngen verschiedene Stände einnehmen.

2.4.6 Drehungen

Allgemeine Hinweise:

Alle Drehungen bestehen aus einer Vorbereitungsphase (Schrittansatz oder Beginn aus der 2. oder 4. Position), dem Drehansatz und der eigentlichen Drehung (Abdruck vom Boden, Heben auf den Ballen des Stützbeins, Arm- und Kopfbewegung und Spielbeinhaltung) und der Endphase (Senken auf den ganzen Fuß ins Plié). Ganz wesentlich für die Ausführung von Drehungen sind ein sehr gutes Gleichgewichtsgefühl und Ganzkörperspannung (Gefühl für den Wechsel von Spannung und Entspannung). Diese Fähigkeiten werden durch die verschiedensten Stände vorbereitet.

a) Drehungen auf beiden Füßen

• Getrippelte Drehung (Vorübung für Kopfbewegung).
• Schrittdrehungen.

Ausführung vorwärts: Schritt rechts vorwärts mit 1/2-Drehung rechts, Schritt links rückwärts mit 1/2-Drehung rechts, Schritt rechts vorwärts (kann das Ende der Drehung oder der erste Schritt der neuen Drehung sein).

Ausführung seitwärts: Schritt rechts seitwärts, 1/2-Drehung rechts, Schritt links seitwärts, 1/2-Drehung rechts, Schritt rechts seitwärts (kann das Ende der Drehung oder der erste Schritt der neuen Drehung sein).

Hinweis:

Als Orientierungshilfe kann man Linien anbieten oder einen Partner an den Zielpunkt stellen, der mit erhobenem Zeigefinger die Orientierung unterstützt; der Drehende sollte so lang wie möglich in die Drehrichtung blicken, also den Kopf später und dafür schneller drehen als den Körper und dann sofort wieder den Orientierungspunkt mit den Augen fixieren. Der Kopf läuft der Rumpfbewegung in der ersten Phase hinterher und in der zweiten Phase voraus. Die Arme werden aus der Seithalte während der Drehung in Vorhalte geschlossen und nach der Drehung wieder in Seithalte geöffnet.

- Schrittdrehungen seitwärts mit Piquéansatz (siehe Abb. 42a und b).

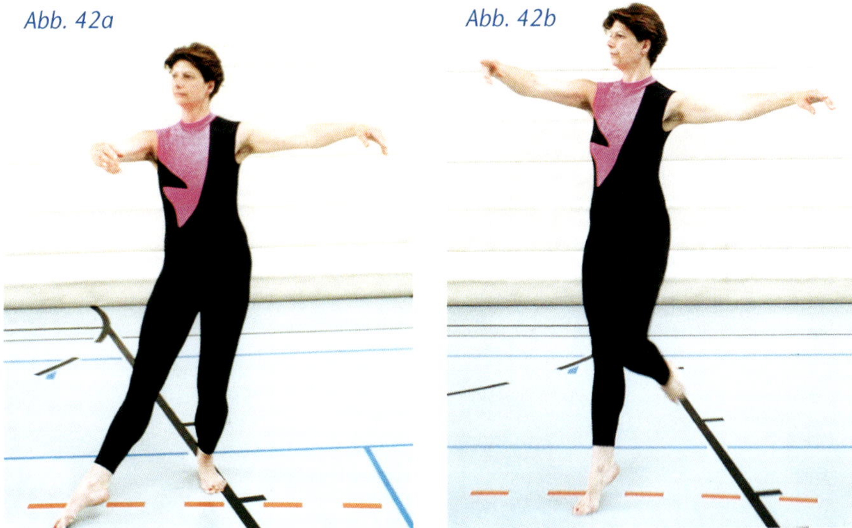

Abb. 42a *Abb. 42b*

Hinweis:

Piquéansatz: Aus einem Plié oder einem Gehschritt links wird das Stützbein (rechtes Bein) nach vorne leicht abgespreizt, dann steigt man schnellkräftig auf den Ballen des völlig gestreckten (gestochen aufsetzenden) Stützbeins und beginnt die Drehung.

- Beidbeinige Drehungen mit Heransetzen eines Beins.
  Ausführung: Die Drehung beginnt mit einem Schritt vorwärts oder seitwärts, nach 1/2-Drehung wird der zweite Fuß an den ersten Fuß herangesetzt. Der Drehansatz kann mit Piqué oder Relevé erfolgen.
- Im Plié.
- Beidbeinige Drehung mit Überkreuzen eines Beins.
  Ausführung: Nach dem Vorkreuzen des rechten Fußes vor den linken Fuß Drehung links auf beiden Ballen, am Ende der Drehung wird der rechte Fuß leicht entlastet und an den linken Fuß herangesetzt.

b) Einbeinige Drehungen

- Methodische Hinführung: Préparation (Vorbereitung).
  Ausführung: Aus der 1. Position „öffnen" (= rechter Fuß Point seit) gleichzeitig die Arme zur Seite öffnen (Abb. 43a). Rechter Fuß Point rück, dabei plié mit dem linken Fuß (Standbein) und gleichzeitig einen Arm in die Vorhalte führen (Abb. 43b). Heben ins Passé-Relevé, gleichzeitig den anderen Arm zum Ersten in die Vorhalte führen (Abb. 43c) – Spannung! Schließen in 1. Position.

Hinweis:

Relevéansatz: Schritt rechts auf das Stützbein, ins Plié (Vorbereitung) und schnellkräftige Streckung in den Ballenstand (Relevé) und Drehbeginn. Wichtig ist, dass der Rumpf frontal bleibt.

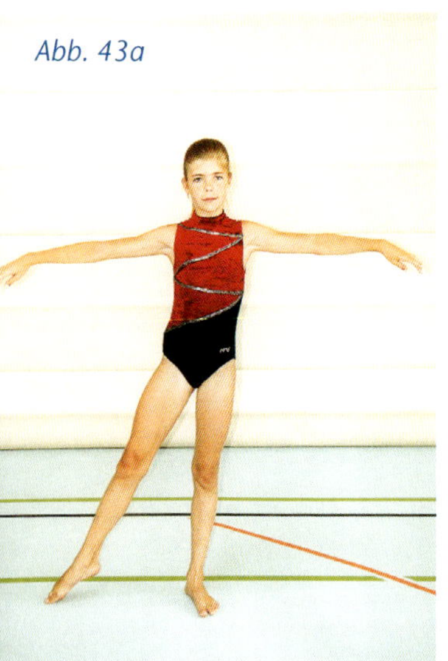

Abb. 43a

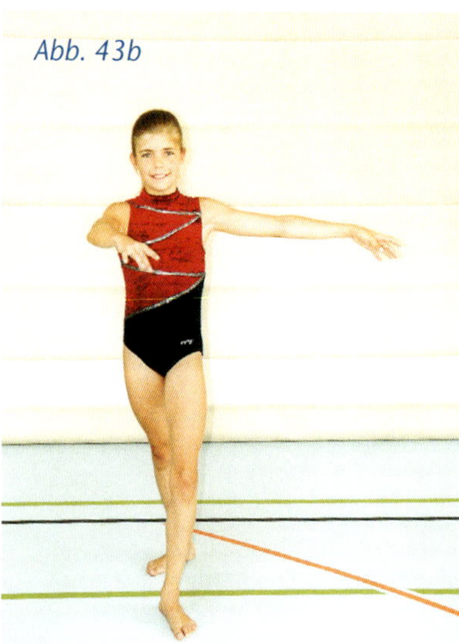

Abb. 43b

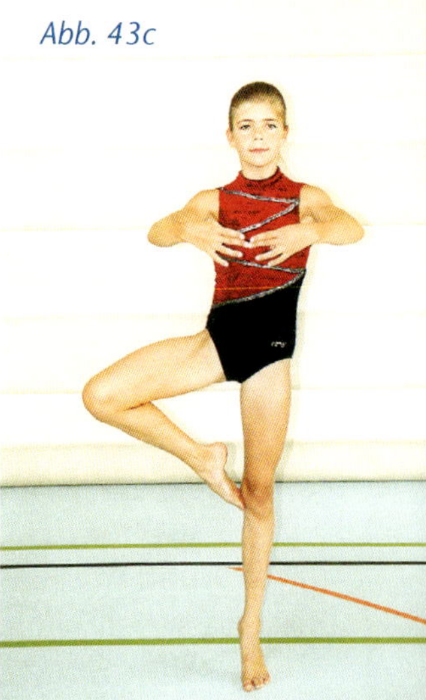

Abb. 43c

Hinweis:

Soll die Drehung als Linksdrehung auf dem linken Bein (en dedans) ausgeführt werden, muss bei der Préparation der linke Arm in die Vorhalte geführt werden. Soll die Drehung als Rechtsdrehung auf dem linken Bein (en dehors) ausgeführt werden, muss bei der Préparation der rechte Arm in die Vorhalte geführt werden.

- Passédrehungen.

  Ausführung: Mit dem Heben ins Passé-Relevé (siehe oben) wird die Drehung angesetzt.

Hinweis:

Als methodische Hilfe für die Endphase der Drehung sollte man die Stange oder Sprossenwand nutzen. Die Drehung beginnt mit Blick/Front zur Stange ohne Handfassung, erst am Ende der Drehung stützen die Hände, man bleibt im Ballenstand mit der Spielbeinhalte im Passé und balanciert das Gleichgewicht aus. Erst dann darf das Spielbein abgesetzt werden.

- Arabesquedrehungen.

Hinweis:

Das rückgespreizte Bein darf während der Drehung nicht absinken. Vorbereitung wie bei Passédrehungen.

2.4.7 *Hüpfen und Galopp*

Allgemeine Hinweise:

Alle Hüpf- und Galoppformen unterscheiden sich vom Springen durch eine geringere Flugphase. Der Übergang zum Springen ist fließend und allein abhängig von der Intensität des Absprungs. Der Abdruck muss kraftvoll und nach oben gerichtet sein; in der Flugphase sind die Füße gestreckt. Bei der Landung wird der Fuß mit Gegendruck von der Zehenspitze zur Ferse abgerollt und das Fuß-, Knie- und Hüftgelenk gebeugt (Verminderung der Verletzungsgefahr!). Die Körperspannung darf im Moment der Landung nicht aufgegeben werden. Hüpfen und Galopp sind sehr kindgemäß und leicht erlernbar.

- Nachstellhüpfer vorwärts.

  Ausführung: Siehe Nachstellschritt beim Gehen, nur mit Flugphase.

Hinweis:

Es setzt immer der gleiche Fuß zum Hüpfer an. Um ein Verdrehen des Rumpfs zu vermeiden, werden die Arme in Gegenhaltung gehalten (z. B. rechter Fuß vor, linker Arm in Vor-, rechter Arm in Seithalte).

- Wechselhüpfer vorwärts (Chassé).
  Ausführung: Ein Nachstellhüpfer und anschließend ein Schritt vorwärts.

Hinweis:

Chassé wird häufig als „Anlauf" für Sprünge geturnt.

- Seitgalopp.
  Ausführung: Wie Nachstellhüpfer vorwärts, nur zur Seite. Absprung und Landung erfolgen auf verschiedenen Beinen. In der „Flugphase" sind die Beine geschlossen und gestreckt.

Hinweis:

Der Schritt seitwärts darf nicht zu groß sein, da die Seitwärtsbewegung im Wesentlichen in der Flugphase erfolgt.

+ 1/2-Drehung nach gleicher Anzahl von Seitgalopphüpfern (erst acht, dann vier und dann zwei).
+ 1/2-Drehung nach jedem Seitgalopphüpfer (Polkaschritt).

Hinweis:

Unter Polkaschritt versteht man zwei Seitgalopphüpfer, die mit 1/2-Drehung verbunden sind.

- Nachstell- oder Wechselhüpfer rückwärts.
- Einfache Sprungschritte mit verschiedener Spielbeintätigkeit.
  Ausführung: Absprung und Landung erfolgen auf demselben Bein.

Hinweis:

Variationen ergeben sich durch eine unterschiedliche Spielbeinführung, z. B. gebeugt, gestreckt, abgespreizt.

- Hüpfen vorwärts (Abb. 44) und rückwärts.

Hinweis:

Die Landung erfolgt auf dem Abdruckbein. Die Spielbeinführung kann gebeugt oder gestreckt sein. Die Flugphase ist gering. Charakteristisch für das Hüpfen ist eine ausgeprägte, nach oben punktierte Rhythmisierung.

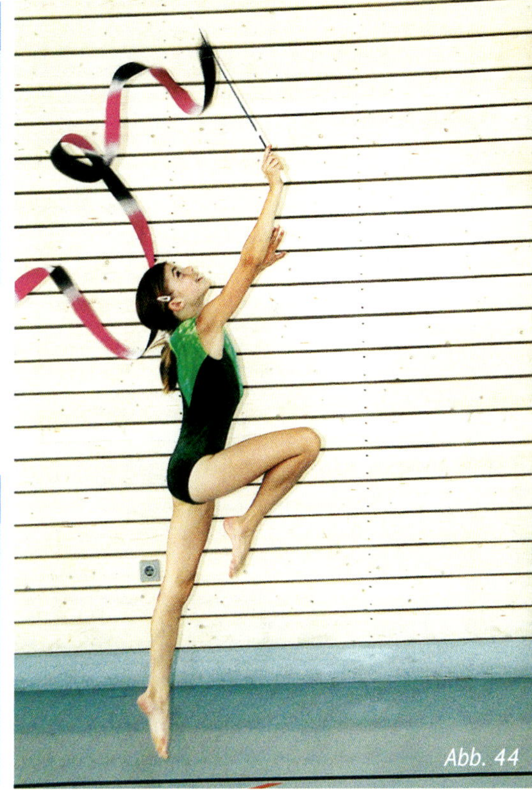
Abb. 44

- Hüpfen seitwärts.
  Ausführung: Das Spielbein kann vor- oder rückgekreuzt werden.

Hinweis:

Alle vorher angeführten Hüpfer und Galopphüpfer können, wie beim Gehen und Laufen, durch räumliche Veränderungen, durch unterschiedliche Tempi, Rhythmisierung oder durch Drehungen variiert werden. Immer ist auf die Einbeziehung der Arme zu achten.

2.4.8 *Springen*

Allgemeine Hinweise:

Jeder Sprung besteht aus drei Bewegungsphasen: Absprung, Flugphase und Landung. Der Absprung beginnt mit einer Vorphase, d. h. durch das Beugen der Fuß-, Knie- und Hüftgelenke (Demi-Plié) wird der Körperschwerpunkt abgesenkt, dabei muss die Spannung der Bein- und Rumpfmuskulatur erhalten bleiben. Der Absprung erfolgt dann durch ein explosives Strecken der Sprunggelenke. Während der Flugphase sollten im höchsten Punkt die dem ausgeführten Sprung entsprechenden Bein- und Armbewegungen kurz fixiert werden („Ballon" oder „Stehvermögen", eine zusätzliche Anspannung, um lange in der Luft zu bleiben). Bei der Landung muss unbedingt auf das Abrollen des Fußes von den Zehenspitzen zur Ferse mit Gegendruck und mit kraftvollem Beugen der Sprunggelenke geachtet werden („Leise landen!"). Die Körperspannung darf dabei auf keinen Fall aufgegeben werden. Das Springen wird durch Federn und Hüpfen vorbereitet. Die elementaren Sprünge sind Schlusssprünge, Pferdchen-, Scher-, Anschlag- und einfache Laufsprünge (Schrittsprünge). Aus der Variation der Spielbeinführung können dann weitere Sprünge entwickelt werden.

Typische Fehler beim Springen:

- Absprung von der Ferse.
- Fehlende Spannung im Mittel- und Unterkörper.
- Fehlende Erhöhung des Körperschwerpunkts.
- Fehlende Bein- und Fußspannung.
- Fehlender „Ballon" und zu geringe Bewegungsweite.
- Laute Landung, Landung ohne Gegendruck und auf dem ganzen Fuß.

- Schlusssprünge gestreckt (Strecksprünge), auch mit 1/2- oder ganzer Drehung.

Hinweis:

Hier wird besonders die Ganzkörperspannung und ein kräftiger beidbeiniger Absprung gefordert.

- Hocksprünge (Abb. 45).

  Ausführung: Nach dem Absprung werden die Oberschenkel schnell bis zur Waagerechten und höher nach vorne gehoben (angehockt), vor der Landung werden die Beine wieder gestreckt.

Hinweis:

Schlusssprünge gestreckt oder gehockt können aus dem Stand oder nach Anlaufschritten mit Einspringen (am Ende des Anlaufs ein kleiner Schlusssprung) ausgeführt werden.

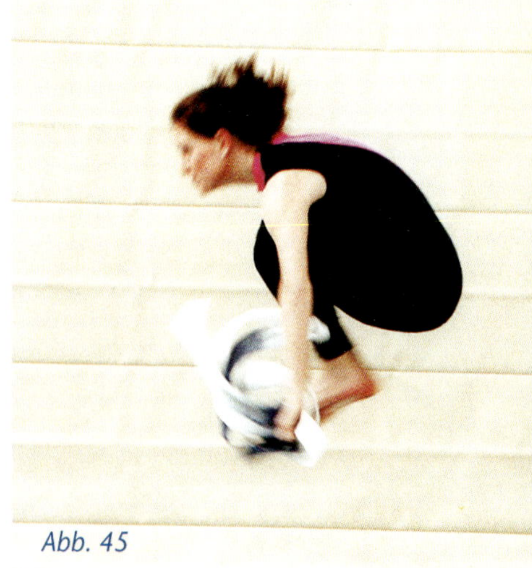

Abb. 45

- Ringsprünge.

  Ausführung: Nach dem beidbeinigen Absprung erfolgt eine Bogenspannung des Körpers nach hinten mit nach hinten gewinkelten Beinen.
- Schlusssprünge mit Vor-, Seit- und Rückspreizen und Landung auf einem Bein.

  Ausführung: Nach dem beidbeinigen Absprung wird ein Bein in die gewünschte Richtung gestreckt abgespreizt, das andere Bein bleibt wie beim Schlusssprung nach unten gestreckt. Der Oberkörper bleibt aufrecht.
- Sprünge mit einbeinigem Absprung gehockt mit Schlusslandung.

  Ausführung: Nach dem einbeinigen Absprung wird das Spielbein gehockt bis zur Waagerechten gehoben, das Sprungbein folgt schnell nach und die Beine berühren sich in der Luft. Die Landung erfolgt auf beiden Füßen.

Hinweis:

Als Vorübung kann der einbeinige Strecksprung mit leicht nach vorn gehobenem, gestreckten oder gebeugten Spielbein ausgeführt werden.

- Pferdchensprung (Abb. 46).

  Ausführung: Nach dem einbeinigen Absprung wird zuerst das Schwungbein, dann das Absprungbein nach vorne gewinkelt, wobei die Knie ungefähr bis in Hüfthöhe geschwungen werden und der Winkel zwischen Ober- und Unterschenkel etwas größer als 90° sein muss.

Hinweis:

Der Oberkörper muss in der Flugphase aufrecht bleiben. Die Knie dürfen nie höher als Hüfthöhe gehoben werden. Es ist darauf zu achten, dass sich vor allem der Körperschwerpunkt beim Sprung nach oben bewegt.

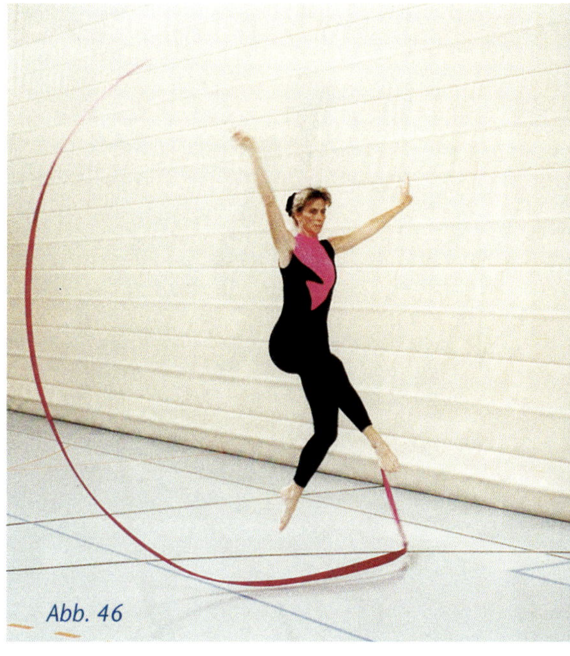

Abb. 46

Übungshilfen:

- Überspringen kleiner Hindernisse zur Steigerung der Flughöhe.
- Erarbeiten der Beinführung im Sitzen.
- Pferdchensprung mit festgelegten Anlaufschritten (Arme in Seithalte).
- Frontaler Armschwung während des Sprungs.

Typische Fehler:

- Der Körperschwerpunkt wird nicht angehoben und die Knie sind über Hüfthöhe („Sitzen" in der Flugphase).
- Sprung in die Weite.
- Die Füße sind nicht nach unten gestreckt.
- „Anfersen" statt Knieführung vor dem Körper.
- Landung auf dem ganzen Fuß.
- Landung ohne Gegendruck.
- Der Rumpf wird nach vorne gebeugt, deshalb fehlende Flughöhe.
- Absprung ohne Vorphase (Absprung von der Ferse).

- Pferdchensprung mit 1/2-Drehung (Abb. 47).
  Ausführung: Die Drehung erfolgt während der Flugphase zum Absprungbein hin.

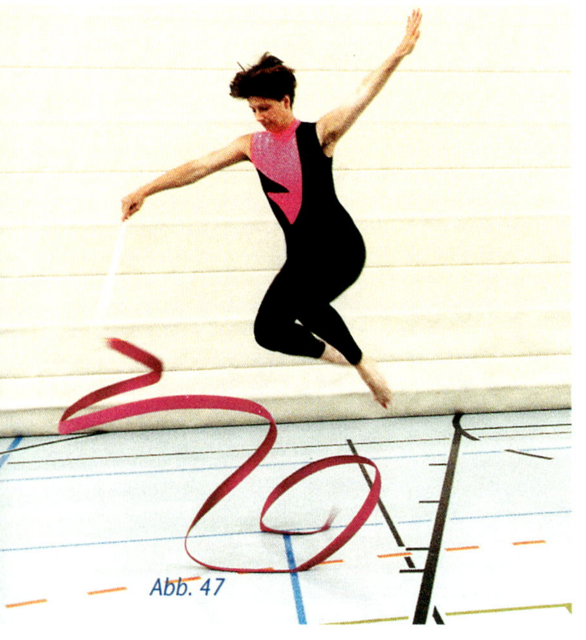

Abb. 47

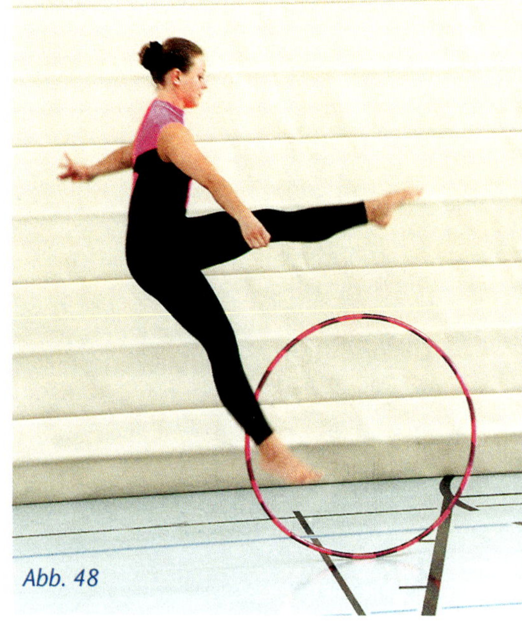

Abb. 48

- Schersprung (Abb. 48).
  Ausführung: Absprung und Landung erfolgen wie beim Pferdchensprung, in der Flugphase sind die Beine jedoch gestreckt. Die Beine werden in der Luft geschert.

Hinweis:

Auf die klare Unterscheidung von gebeugten (beim Pferdchensprung) und gestreckten Beinen (beim Schersprung) ist zu achten. Die Beinführung kann gut im Sitzen vorbereitet werden.

Typischer Fehler:

Es werden nur die Beine gespreizt, der Körperschwerpunkt sinkt.

- Grätsch- oder Spreizsprünge.
  Ausführung: Beidbeiniger Absprung, während der Flugphase werden die Beine schnellkräftig gegrätscht oder gespreizt. Vor der Landung müssen die Beine wieder geschlossen sein.
- Anschlagsprung (Abb. 49).
  Ausführung: Einbeiniger Absprung, das Schwungbein wird schnell vor-, seit- oder rückwärts abgespreizt, das Sprungbein schlägt gestreckt an das Schwungbein an. Landung wieder auf dem Sprungbein, dabei kann (muss aber nicht) das Schwungbein nochmals aufwärts gespreizt werden.

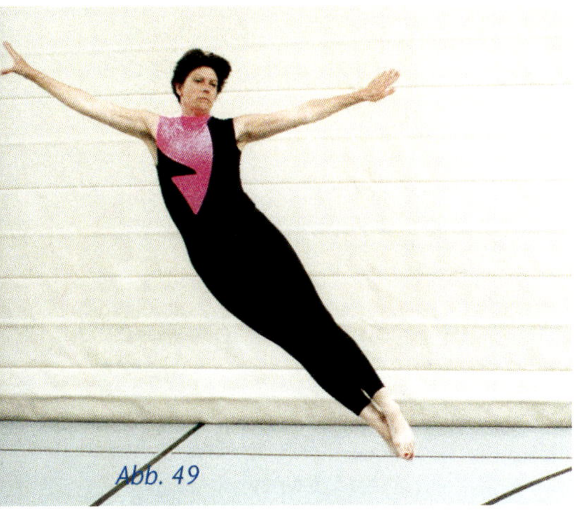
Abb. 49

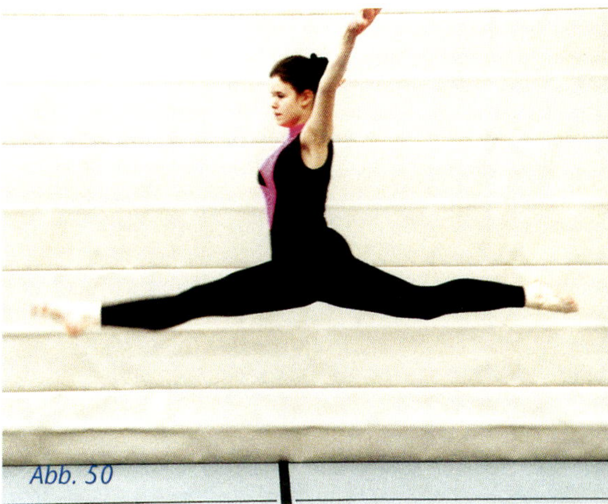
Abb. 50

- Lauf- oder Schrittsprung (Abb. 50).

  Ausführung: Während des kräftigen Absprungs von einem Bein wird das Schwungbein gestreckt nach vorne oben gespreizt, nach dem Absprung wird das Sprungbein nach hinten oben geführt und dadurch der Winkel zwischen den Oberschenkeln vergrößert. Das vordere Spielbein muss so lange wie möglich vorn gehalten werden und darf nicht sinken, bevor das Sprungbein die Position hinten eingenommen hat.

Methodische Hinführung und Übungshilfen:

- **Laufschritte, dabei jeweils den vierten Schritt als Sprungschritt ausführen (Betonung von Höhe und Weite).**
- **Überspringen von „Gräben" (Linien in der Halle).**
- **Steigesprünge (Betonung der Höhe), dabei beide Beine zum Boden strecken.**

Hinweis:

Von Anfang an muss man auf ein gestrecktes hinteres Bein und auf das Heben des Schwerpunkts achten. Die bekannte Vorübung, Sprung über einen „großen Graben" (als Markierungshilfe zwei Linien wählen), birgt in sich die Gefahr, dass die Flugphase zu flach wird. Dafür bleibt das vordere Bein lange oben! Ganz wichtig ist die „leise Landung", also das Abrollen von den Zehenspitzen zur Ferse mit nachfolgendem Beugen der Fuß,- Knie- und Hüftgelenke. Es soll nicht die Vorstellung entwickelt werden, die Beine möglichst weit zu spreizen, meist auf Kosten der Beinstreckung, sondern im Vordergrund steht die gestreckte Beinführung.

- Laufsprung rechts und links mit vorgegebener Anzahl von Anlaufschritten.

  Variationen: Arme in Seithalte; Arme hinter dem Körper verschränken; Hände im Nacken verschränken; vor und hinter dem Körper klatschen während der Flugphase.

Hinweis:

Diese Übungsformen verhindern das „Schwungholen" mit den Armen, der Oberkörper bleibt ruhig; der Rumpf bleibt frontal, die Flughöhe wird allein durch die Sprungkraft erreicht. Außerdem wird ein Aufdrehen des hinteren Beins vermieden, die Hüfte bleibt gerade.

- Laufsprung mit vorgegebener Anzahl von Anlaufschritten, dabei Gegenarm nach vorn, den anderen Arm in die Seithalte führen.

Typische Fehler:

- Hinteres Bein ist von Anfang an stark gebeugt („angeferst").
- „Ausdrehen" der Hüfte in der Flugphase.
- Unruhige Körperhaltung.
- Mangelnde Körperspannung, die sich auch auf die Fußhaltung (Zehenspitzen nicht gestreckt) auswirkt.
- Fehlende Spannung im Rumpf („Schaukelbewegung").
- Das Spielbein sinkt zu früh, die Landung erfolgt nah am Absprung (Korrektur durch Gräbenspringen).

2.5 Beispiele für die Unterrichtspraxis zum Aufbau der körperlichen Voraussetzungen

Zur Verbesserung der körperlichen Voraussetzungen für die Arbeit mit Handgeräten ist ein regelmäßiges Aufwärmprogramm unerlässlich. Dabei ist es nicht sinnvoll, in jeder Stunde neue Übungen vorzustellen. Vielmehr sollte der Übende sich an ein Programm gewöhnen, in dem er sich auf sich selbst konzentrieren kann. Der Ablauf sollte weitestgehend gleich bleiben und nur im Detail variieren bzw. sich den persönlichen Leistungssteigerungen anpassen. Im Folgenden wird ein solches Aufwärmprogramm beispielhaft vorgestellt, wobei die Reihenfolge dem individuellen Stil entsprechend auch verändert werden kann (z. B. Laufen am Anfang, dann Gehen und dann erst Stretchen).

A: Allgemeine Erwärmung (Musikvorschläge, siehe Kap. 2.6)

I) Stretching als Vorbereitung für das Gehen und Laufen

Organisationsform: Freie Aufstellung

- Schultergürtel: Schulter- und Armkreisen.
- Beinmuskulatur: Dehnung der hinteren und vorderen Beinmuskulatur.
- Mobilisation der Wirbelsäule im Grätschstand durch Körperrolle: Beine beugen, Kopf zurücknehmen, Oberkörper nach vorne fallen lassen und langsam wieder „hochrollen" (der Kopf kommt immer zuletzt).

II) Gehen

Organisationsform: Im Kreis z. B. linke Schulter zur Kreismitte

- Gehschritte vorwärts, rückwärts.
- Gehschritte mit verschiedenen Armführungen.

- Gehschritte, kombiniert mit Standposen (z. B.: Ballenstand, Arme in Hochhalte).
- Gehschritte mit verschiedenen Spielbeinführungen (Passé).
- Gehschritte mit halben und ganzen Drehungen.

III) Laufen und Hüpfen

Organisationsform: Im Kreis z. B. linke Schulter zur Kreismitte

- Laufschritte vorwärts, rückwärts, mit verschiedenen Spielbeinführungen.
- Hüpfen vorwärts, rückwärts, Seitgalopp.
- Einfach- und Doppelfederungen am Ort und in der Fortbewegung.

IV) Federn

- Einbeinige Doppelfederungen.
- Beidbeinige Federungen im Wechsel mit einbeinigen Federungen.

B: Spezielle Erwärmung

V) Mobilisation der Wirbelsäule

Organisationsform: Freie Aufstellung

- Kopfrollen in 2. Position parallel: Den Kopf zur Seite neigen, über vorne zur anderen Seite kreisen und wieder zurück.
- Rumpfseit- und -vorbeugen, Heben ins Relevé, die Arme seithoch strecken.

VI) Exercise: Füße/Beine

Fußtechnik im Strecksitz, Füße parallel

- Beide Füße in Flexstellung bringen („Zehen anziehen").
- Füße in Flexstellung auswärts drehen.
- Füße in Pointstellung bringen („Zehen strecken").
- Füße parallel drehen.
- Einen Fuß in Flexstellung bringen, gleichzeitig dasselbe Bein beugen, wobei die Ferse unverändert am Boden bleibt.
- Mit dem anderen Bein wiederholen.

+ Mit beiden Beinen gleichzeitig.
+ Wie oben im Grätschsitz.

Flex-Point in 1. Position parallel, Arme in Seithalte

- Rechten Fuß vorstrecken („tip vor"),
  rechten Fuß Flexion,

rechten Fuß strecken („Point"),
rechten Fuß heranziehen zur 1. Position parallel.

- Zur Seite wiederholen, d. h. rechten Fuß parallel seitstrecken („tip seit"), rechten Fuß Flexion,
  rechten Fuß strecken,
  rechten Fuß heranziehen zur 1. Position parallel.
- Nach hinten wiederholen.
- Zur Seite wiederholen.
- Gesamten Ablauf mit dem linken Fuß wiederholen.
- Gesamten Ablauf in Auswärtsposition wiederholen, erst rechts, dann links.

Tendus mit Pliés in 1. Position parallel

- Rechtes Bein mit gestreckter Fußspitze nach vorn strecken, die Arme zur Seite öffnen, ins Plié gehen, dabei die Ellbogen leicht beugen,
  Standbein wieder strecken, Arme seit (= Armwelle),
  schließen zur 1. Position parallel, Arme senken.
- Ablauf zur Seite ausführen, das Gewicht bleibt auf dem Standbein.
- Ablauf nach hinten ausführen.
- Ablauf zur Seite ausführen.
- Gesamten Ablauf mit dem linken Bein wiederholen.

Fußtechnik und Beinkräftigung in 1. Position auswärts (Tendu, Jeté, Battement)

- Rechten Fuß nach vorne schleifen, bis die Zehenspitzen des rechten gestreckten Fußes gerade noch den Boden berühren, dann den Fuß wieder zurückziehen, gesamten Ablauf noch 3 x wiederholen.
- Wie oben zur Seite, dann nach hinten und wieder zur Seite.
- Mit dem linken Bein wiederholen.
- Gesamten Ablauf wiederholen, aber jetzt das Spielbein vom Boden heben bis etwa 45° Grad.
- Gesamten Ablauf wiederholen, aber jetzt das Bein bis zur Waagerechten heben.

VII) Mobilisation, Kräftigung und Dehnung

- Bauchlage, Kopf auf die am Boden verschränkten Arme legen: Beine im Wechsel gestreckt heben.
- Bauchlage: Oberkörper leicht heben, Blick zum Boden, die Arme in Hochhalte, senken.

\+ Wie oben, die Arme zur Seite führen und wieder zurück.

- Unterarmstütz: Bauch und Hüfte anheben, unterstützen durch Anspannen der Gesäß- und Bauchmuskulatur.
- Bankstellung: Wirbelsäule runden und entspannen, die Fingerspitzen zeigen zueinander.
- Fersensitz: Rumpf gerade weit nach vorn neigen, den Rumpf runden und Wirbel für Wirbel in die Senkrechte aufrollen.
- \+ Bewegung umdrehen: Den Rumpf stark runden, den Rumpf stark nach vorne schieben und sich mit geradem Rücken aufrichten.
- \+ Den Rumpf nach rechts neigen (rechten Unterarm rechts aufgesetzt), den Rumpf weit über vorn (Rumpf gerade) nach links führen. Den Rumpf aufrichten in die Senkrechte (= Ausgangsstellung; der Rumpf beschreibt einen großen Kreis).
- \+ Den Rumpf stark runden: Sich Wirbel für Wirbel aufrichten mit Heben in den Kniestand. Das Becken nach vorne kippen, den Rumpf gestreckt nach vorne beugen und wieder in den Fersensitz setzen.
- Hocksitz: Den Rumpf runden, den Kopf auf die Knie, die Arme umfassen die Unterschenkel, den Rumpf aufrichten und die Arme in die Hochhalte in Verlängerung der Wirbelsäule führen.
- Rückenlage: Crunches in Variationen.

VIII) Beindehnung

- Beindehnung im Liegestütz mit stark gebeugter Hüfte: Ein Bein beugen, vom anderen Bein die Ferse auf den Boden drücken.
- Beindehnung im Stand, 1. Position auswärts, Arme seit:
  2 x Demi-Plié, dabei die Arme vor dem Körper senken,
  1 x Grand-Plié, die Arme über die Tief- und die Vor- wieder in die Seithalte führen, Heben ins Relevé, dabei die Arme über die Seite in die Hochhalte führen, wieder senken, in 2. Position gehen.
- 2. Position, wie oben wiederholen.
- 4. Position, wie oben, rechten Fuß vorne.
- 3. oder 5. Position wie oben, rechter Fuß vorne.
- Wieder 1. Position und 2. Position wie oben, 4. Position und 3. bzw 5. Position, jetzt linker Fuß vorne.

IX) Gleichgewichtsübungen (siehe Kap. 2.2.3)

X) Drehen (siehe Kap. 2.4.6)

XI) Springen (siehe Kap. 2.4.8)

2.6 Musikvorschläge zum Erarbeiten der körperlichen Voraussetzungen

Titel und Interpret	bpm	Besonders geeignet für
„Wishing you were here", Caught in the Act	88	Kräftigung und Dehnung
„Magda", René Aubry (CD Steppe)	90	Hüpfen
„Fallin' in love", La Bouche	92	Kräftigung und Dehnung
„One more night", Amber	94	Exercise
„Wake up little Susie", Everly Brothers	96	Seitgalopp
„He's unbelievable", Sarah Connor	96	Hüpfen
„Ain't it funny", Jennifer Lopez	100	Seitgalopp im Wechsel
„As long as you love me", Backstreet Boys	100	Stretching
„Ne m'oublie pas", René Aubry „Si ya se acabo", Jennifer Lopez	102	Drehungen, Führungen, Spannung-Entspannung
„Comptine d'un autre été", Yann Tiersen (CD Amelie)	104	Körperwellen
„Anyone of us", Gareth Gates (Bravo-Hits 41)	110	Gymnastisches Gehen, kombinierte Gehschritte
„Oh no", Bro'Sis „Year 3000", Busted (Dôme 25)	110	Chassé
„Lailola", José Reyes e los Reyes	116-128	Federn
„Cantaloop", Us 3	120	Gehen
„Zingaro", René Aubry	120	Springen
„Dodà, Ardelena", Gheorghe Zamfir	120-130	Gehen und Stehen im Wechsel
„Denia", Manu Chao	122	Gehen

Titel und InterpretBeats	bpm	Besonders geeignet für
„Let's talk about love", Celine Dion	123	Mobilsation der Wirbelsäule
„Mona Lisa mad hatters", Part 2 Elton John	125	Springen
„Il pleut sous la mer", René Aubry (CD Dèrives)	138	Gehen im 3/4-Takt, schwingendes Gehen
„Courant d'air", René Aubry	140	Laufsprung
„Signes", René Aubry (CD Signe)	142	Laufen, weites Laufen
„Night Run", René Aubry	144	Federn, federndes Laufen
„Passagers du vent", René Aubry	162	Dreierlauf, Laufsprünge
„Steppe", René Aubry	168	Laufen, Hüpfen
„Anyplace, anywhere, anytime", Nena & Kim Wilde (Bravo-Hits 41)	172	Laufen

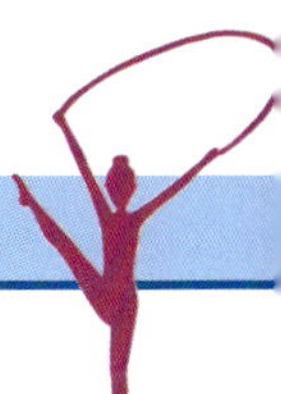

3 Das Handgerät Seil

3.1 Handhabung und Gerätebeschaffenheit

Material: Das Seil kann aus Hanf oder synthetischem Material sein.

Form: Es empfiehlt sich, Seile zu verwenden, die über die gesamte Länge den gleichen Querschnitt haben.

Enden: An jedem Ende sind bis zu zwei Knoten (keine Griffe) erlaubt, besser ist ein Knoten. Sie dürfen bis zu 10 cm mit nicht rutschendem Material umwickelt sein.

Länge: Die Länge soll der Körpergröße der Schüler angepasst sein, d. h., wenn man mit beiden Füßen auf der Seilmitte steht, sollen die Enden bis zur Armachsel reichen.

Handhabung: Die Seilknoten werden immer leicht mit einer oder beiden Händen gehalten (nicht verkrampft!). Das Seil sollte niemals mit den Enden um die Hände gewickelt werden.

Man unterscheidet verschiedene Fassungen:

- Beidhändig mit offener Seilschlinge (in jeder Hand ein Seilende).
- Beidhändig mit geschlossener Seilschlinge (beide Hände eng aneinander).
- Einhändig (beide Seilenden in einer Hand).
- Zweifach gefasstes Seil (beide Knoten in einer Hand, die Seilmitte in der anderen Hand).
- Dreifach gefasstes Seil (siehe Abb. 58a, S. 83).
- Vierfach gefasstes Seil.
- Weitere Variationen ergeben sich durch beliebige Fassungen (das Seil kann sowohl mit einer als auch mit beiden Händen an jeder beliebigen Stelle gefasst werden, z. B. Kreisen mit verkürzter Seilschlinge = beide Knoten in einer Hand, die andere Hand greift das doppelt liegende Seil in der Mitte).

Das Seil ist ein labiles Gerät, das leicht „schlingert". Eine technisch saubere Seilführung kann bei allen Schwung-, Kreis- und Wurfbewegungen und bei den Seildurchschlägen durch eine gut dosierte Übertragung der Körperbewegung auf das Seil erreicht werden.

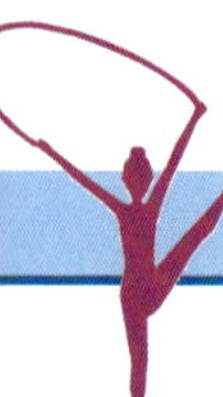

Die Bewegungsebenen müssen eingehalten werden.
Boden- und Körperberührungen müssen vermieden werden, außer, sie sind ausdrücklich gewollt (z. B. beim Umkreisen von Körperteilen oder bei Seilstopps).
Der Impuls für schnelle Seilbewegungen (z. B. schnelle Seilkreise oder Durchschläge) kommt nur aus dem Handgelenk; je langsamer die Seilbewegung, umso mehr ist der ganze Arm bis hin zu einer Ganzkörperbewegung beteiligt.
Bei allen Übungen mit Seildurchschlägen ist eine gute Fuß- und Beinarbeit besonders wichtig. Außerdem ist das Springen und Laufen mit Durchschlägen sehr anstrengend, sodass immer auf eine ökonomische Körper- und Seilarbeit zu achten ist (z. B. nicht zu großer Armeinsatz). Auf ausreichende Erholungspausen muss unbedingt geachtet werden.

3.2 Methodisches Erarbeiten der Seiltechniken in der vertikalen Ebene

3.2.1 Schwingen und Kreisen in der vertikalen Ebene

Für das vertikale Schwingen und Kreisen gilt:

Grundsätzlich wird die Richtungsbezeichnung aus der Hochhalte vorgenommen, ganz egal, wo der Kreis angesetzt wird:
Bei einhändiger oder beidhändiger Fassung in der Sagittalebene:
Kreisbewegung nach vorne = Vorwärtskreisen.
Kreisbewegung nach hinten = Rückwärtskreisen.
Bei einhändiger Fassung in der Frontalebene:
Kreisbewegung von oben nach außen = Auswärtskreisen.
Kreisbewegung von oben nach innen = Einwärtskreisen.
Bei beidhändiger Fassung in der Frontalebene:
Kreisen nach rechts oder nach links.

Um eine Bodenberührung des Seils zu vermeiden, müssen die Arme gebeugt werden, wenn das Seil seinen tiefsten Punkt durchläuft. Bei langsamem Kreisen erfolgt die Seilbewegung primär aus dem Schultergelenk, d. h., die Arme begleiten die Seilbewegung durch Armkreisen. Je schneller die Kreise werden, umso mehr verlagert sich der Impuls der Seilbewegung zum Handgelenk. Das Einhalten der Ebene ist besonders wichtig und kann durch methodische Hilfen (z. B. Kreise an der Wand) oder durch Selbstkorrektur (Spiegel) verbessert werden.

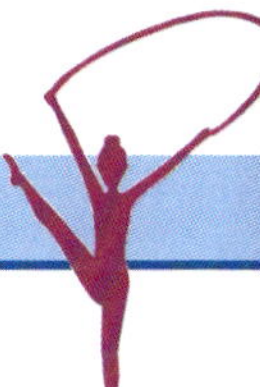

- Sagittale Kreise vorwärts oder rückwärts, einhändig oder beidhändig, mit geschlossener Seilschlinge.

Hinweis:

Aus der Ruhehaltung erfolgt eine Auftaktbewegung in die Gegenrichtung (kleiner Schwung).

- Sagittale Achterkreise vorwärts oder rückwärts einhändig.

Hinweis:

Dabei befinden sich die Knoten etwa in Schulterhöhe vor dem Körper. Bei schnellen Achterkreisen geben die Handgelenke den Impuls, bei langsamen kreisen die ganzen Arme aus dem Schultergelenk.

+ Verschiedene Schritte
  Ausführung: Laufschritte vorwärts, Laufschritte rückwärts, Step-Touch, Wiegeschritt, Pendelschritt.
- Sagittale Achterkreise vorwärts oder rückwärts beidhändig (geschlossene Seilschlinge).
- Sagittale Achterkreise ein- oder beidhändig mit 1/2 Drehung
  Ausführung: Aus sagittalen Kreisen vorwärts oder rückwärts Übergang zu Kreisen in die Gegenrichtung durch 1/2 Drehung (= Wechsel der Kreisrichtung).

Hinweis:

Beim Kreisen vorwärts erfolgt die 1/2 Drehung, wenn die Seilschlinge ihren tiefsten Punkt durchläuft. Beim Kreisen rückwärts erfolgt die 1/2 Drehung, wenn die Seilschlinge ihren höchsten Punkt durchläuft. Bei einhändiger Fassung kann die 1/2 Drehung aus offener oder geschlossener Armhaltung (jedoch immer zum Seil) erfolgen; nach der 1/2 Drehung kann das Seil an der geschlossenen oder offenen Körperseite weiterkreisen.

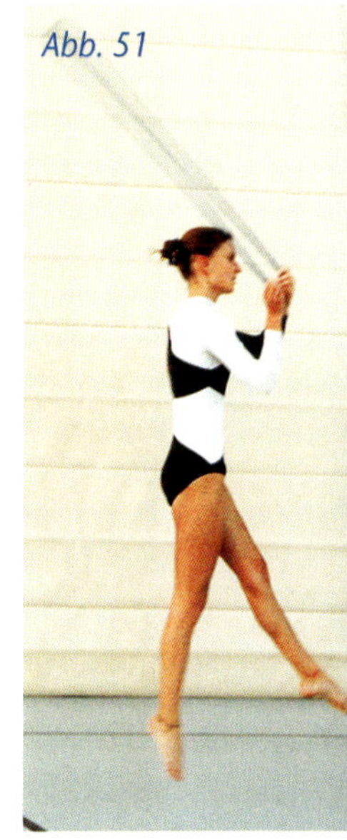

Abb. 51

- Sagittale Achterkreise mit Hüpfen vorwärts (Abb. 51).

Hinweis:

Es sollte bereits jetzt schon – im Hinblick auf das „Hüpfen mit Seildurchschlag" – darauf geachtet werden, dass kurz nach dem ersten Bodenkontakt des „Hüpfbeins" die Seilmitte beim Achterkreisen den tiefsten Punkt erreicht hat. Hierfür ist hilfreich, wenn man auf einen Hüpfer genau einen Seilkreis ausführt. Die Seilknoten dabei in Schulterhöhe führen, um eine Bodenberührung durch das Seil zu verhindern.

- Sagittale Achterkreise vorwärts beidhändig mit offener Seilschlinge.

Hinweis:

Ein Arm führt die Bewegung an, der andere folgt versetzt nach (Mühlkreisen).

- Sagittale Kreise mit verkürzter Seilschlinge.

Hinweis:

1. Möglichkeit: Beide Knoten werden in einer Hand gehalten, während die andere Hand das Seil weiter vorne fasst und kreist.
2. Möglichkeit: Eine Hand fasst einen Knoten und das Seil etwa in der Mitte, die andere Hand nur einen Knoten (1/3 des Seiles ist einfach, 2/3 als Schlinge).

\+ Hüpfer, Nachstellschritte oder Wechselschritte vorwärts.
- Pendelschwünge sagittal oder frontal, einhändig oder beidhändig.
  Ausführung: Die Arme werden gebeugt, wenn das Seil seinen tiefsten Punkt durchläuft (um eine Bodenberührung zu vermeiden); zum Umkehrpunkt hin werden die Arme kontinuierlich gestreckt. Schritt- bzw. Grätschstellung vergrößert die Bewegungsweite.

Hinweis:

Da das Seil sehr labil ist, besteht vor allem am Umkehrpunkt des Pendelschwungs die Gefahr des Schlingerns. Deshalb mit langen Armen nachgehen bis zum Umkehrpunkt und rechtzeitig abbremsen für den Schwung in die Gegenrichtung.

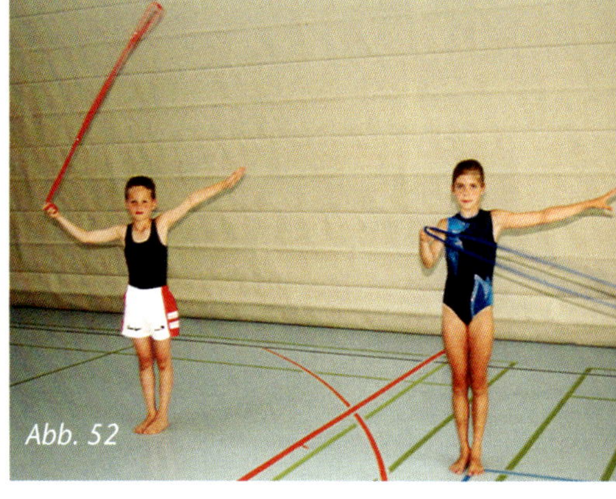
Abb. 52

- Frontale Kreise einwärts oder auswärts einhändig vor dem Körper, auch mit Übergabe (Abb. 52).

Hinweis:

Um das Seil zum Kreisen zu bringen, braucht man eine Ausholbewegung (zwei Zählzeiten) in die Gegenrichtung. Je schneller das Kreisen erfolgt, umso ruhiger bleibt der Arm und der Impuls erfolgt aus dem Handgelenk.

\+ Verschiedene Schritte
  Ausführung: Kreuzschritte, Nachstellschritte seitwärts, Step-Touch,

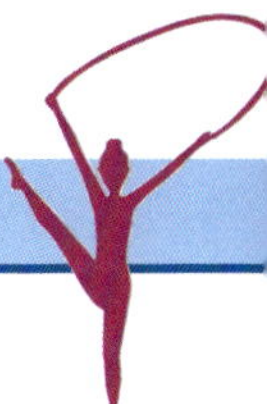

Seitgalopp, nacheinander mit rechter und linker Ferse in 2. Position gehen, nacheinander Füße in Schlussstand (Abb. 53).

- Frontale Kreise einwärts oder auswärts vor dem Körper beidhändig (geschlossene Seilschlinge).
- Aus frontalen Kreisen einwärts zu frontalen Kreisen auswärts durch Ausschwingen.

Hinweis:

Wichtig ist beim Ausschwingen die rechtzeitige Rücknahme des Bewegungsimpulses und das Mitgehen des Körpers und der Arme, eventuell durch Gewichtsverlagerung im Grätschstand, um ein Schlingern des Seils in der Umkehrbewegung zu vermeiden.

- Aus frontalen Kreisen einwärts zu frontalen Kreisen auswärts durch 1/2-Drehung.

Hinweis:

Die Drehung erfolgt am besten, wenn man den Arm in der Drehung in die Hochhalte nimmt und die Seilmitte den höchsten Punkt erreicht hat. Einfacher ist es dabei, sich mit dem Seil zu drehen.

- Frontale Achterkreise (vor und hinter dem Kopf) einhändig (Abb. 54).
- Frontale Kreise mit verkürzter Seilschlinge.
- \+ Nachstellschritte, Kreuzschritt oder Seitgalopp (Abb. 55).

Abb. 53

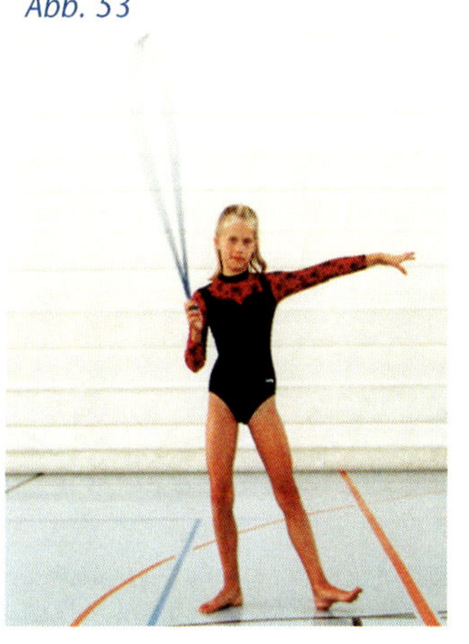

Abb. 54

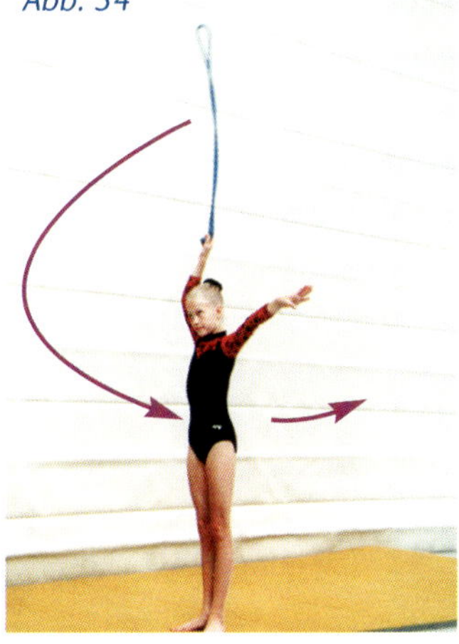

Abb. 55

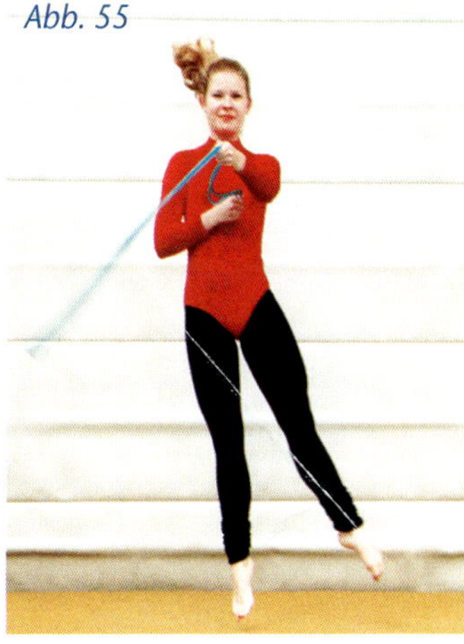

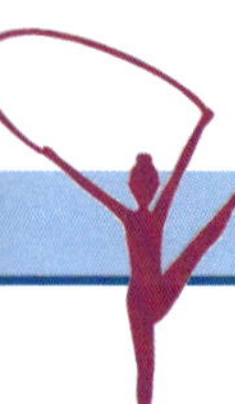

3.2.2 Durchschläge am Ort

Für Durchschläge am Ort gilt:

Durch Federn im Sprunggelenk wird das Seil leicht übersprungen. Bei der Landung wird vom Fußballen zur Ferse mit Beugen der Hüft- und Kniegelenke weich abgerollt, um unnötige Erschütterungen des Körpers und eine frühzeitige Ermüdung der Beinmuskulatur zu vermeiden („leise springen"). Die Seilbewegung erfolgt bei hohen Schlusssprüngen primär aus dem Schultergelenk, d. h., die Arme begleiten die Seilbewegung durch Armkreisen vorwärts bzw. rückwärts. Je kleiner und schneller die Sprünge werden, umso mehr verlagert sich der Impuls der Seilbewegung zum Handgelenk. Die Hände müssen immer im Blickfeld sein. Das Seil darf dabei wie beim Kreisen nie auf den Boden „knallen".

- Schlusssprünge mit Seildurchschlägen vorwärts mit Zwischenfederung (Abb. 56a-c).

Hinweis:

Beim Arbeiten mit Musik erfolgt der erste Sprung auf die Zählzeit 1 eines Takts, d. h., die Auftaktbewegung erfolgt auf die Zählzeiten 3 und 4 des vorhergehenden Takts.

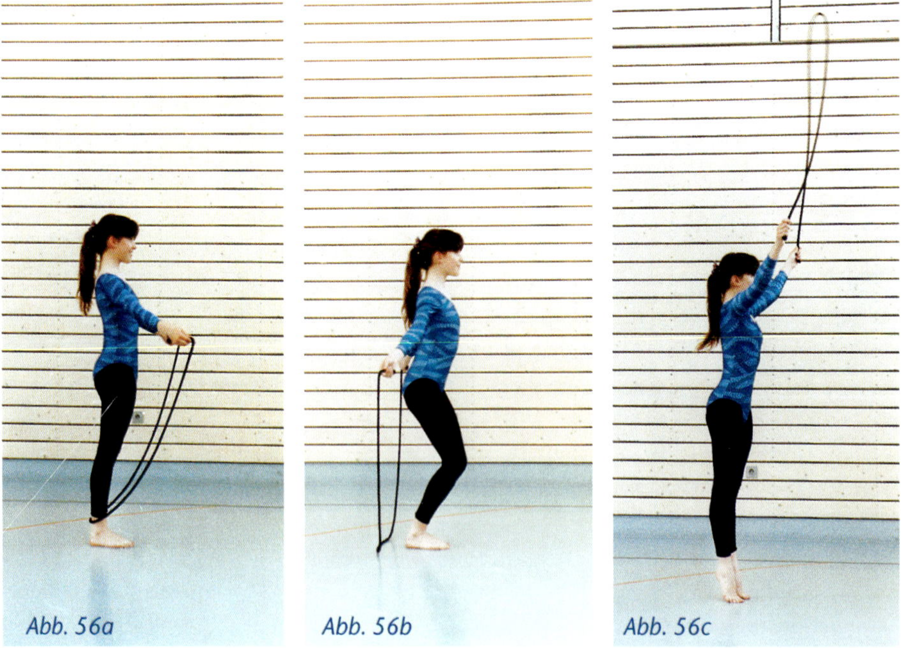

Abb. 56a *Abb. 56b* *Abb. 56c*

- Schlusssprünge mit Seildurchschlägen vorwärts ohne Zwischenfederung.

Hinweis:

Hierbei erfolgt die Seilbewegung durch Handkreisen, die Arme werden dabei ruhig gehalten.

- Schlusssprünge mit Seildurchschlägen rückwärts mit oder ohne Zwischenfederung.
- Sprünge einbeinig mit oder ohne Zwischenfederung mit Seildurchschlägen vorwärts oder rückwärts (Doppel- oder Einfachfederungen).
- Sprünge von einem auf das andere Bein mit Zwischenfederung und verschiedenen Spielbeinführungen.
- Schlusssprünge (auch gehockt) mit Seildurchschlägen rückwärts mit oder ohne Zwischenfederung mit Überkreuzen der Arme.

Hinweis:

Um ein Hängenbleiben beim Überkreuzen zu vermeiden, müssen die Arme in Schulterhöhe überkreuzt (Abb. 57) und anschließend nach unten geführt werden.

- Schlusssprünge mit Seildurchschlägengehockt mit Kreisen vorwärts mit oder ohne Zwischenfederung mit Überkreuzen der Arme.

Hinweis:

Hierbei ist ein deutliches, gleichmäßiges Überkreuzen der Arme vor dem Körper erforderlich. Mit zunehmender Fertigkeit können die Beine beim Springen gestreckt bleiben.

Abb. 57

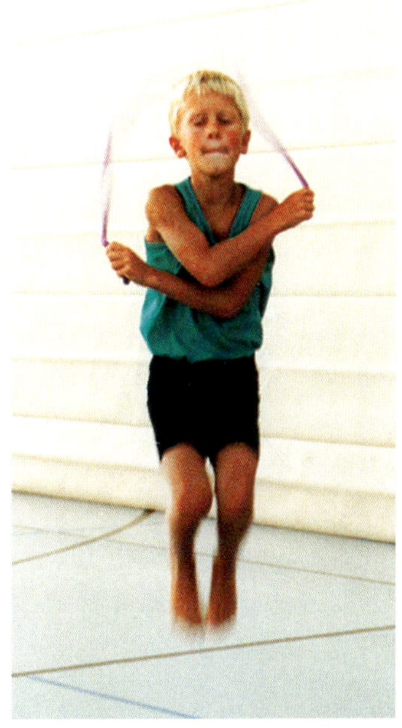

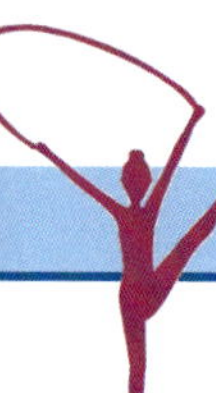

- Hocksprünge mit 1/2-Drehung mit oder ohne Zwischenfederung.
  Ausführung: Nach dem Hocksprung mit Durchschlag vorwärts wird das Seil mit geschlossener Seilschlinge schnell an einer Körperseite vorbeigeschwungen, dabei während der Zwischenfederung die 1/2-Drehung ausgeführt und ein Hocksprung mit Durchschlag rückwärts angeschlossen. Bei der folgenden Zwischenfederung werden die Arme nur in die Hochhalte genommen und die 1/2-Drehung ausgeführt.

Hinweis:

Beim Springen ohne Zwischenfederung erfolgt die 1/2-Drehung im Sprung.

- Schlusssprünge mit Doppeldurchschlag.

Hinweis:

Entscheidend für das Gelingen ist die Geschwindigkeit der Handkreise (sehr schnelle Handkreise ohne jegliche Beteiligung der Arme). Daher empfiehlt es sich zunächst, Schlusssprünge mit doppelten sagittalen Kreisen auf jeder Seite zu üben. Erst wenn dies gelingt, sollte der Doppeldurchschlag geübt werden. Bei den ersten Versuchen sollten Hocksprünge bevorzugt werden, da die sonst auftretenden Fehler (Anziehen der Zehen und Herausstrecken des Beckens nach hinten) nur schwer zu korrigieren sind. Ist die Seilgeschwindigkeit erreicht, können die Beine gestreckt werden.

- Sprünge über das zweifach oder mehrfach gefasste Seil.
  Ausführung: Hock- oder Pferdchensprung.

Hinweis:

Je enger die Seilfassung bei den Durchschlägen ist, desto beweglicher muss man im Schultergelenk sein. Eine Dreifachfassung (Abb. 58a) entsteht, wenn die Daumen das Seil über Kreuz auseinander ziehen (Abb. 58b).

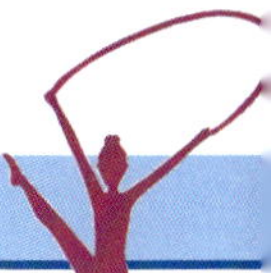

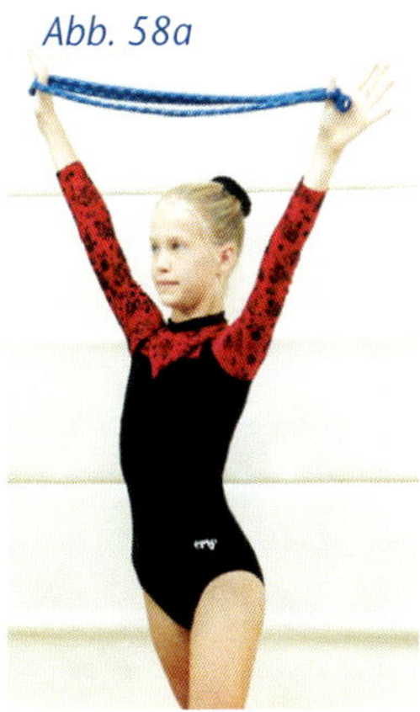

Abb. 58a

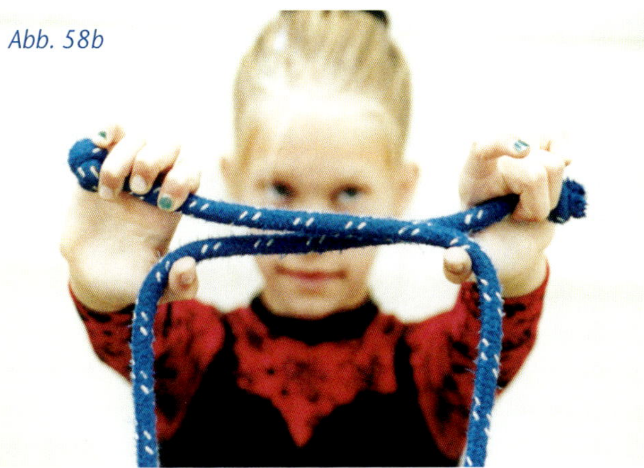

Abb. 58b

3.2.3 Durchschläge in der Fortbewegung

- Laufen im Zweierrhythmus (= pro Durchschlag zwei Laufschritte).

Hinweis:

Die Armführung ist entsprechend der Drehgeschwindigkeit einzusetzen. Schneller Zweierlauf: Seilführung aus dem Unterarm. Langsamer Zweierlauf: Seilführung primär aus dem Schultergelenk. Dabei ist auf eine saubere Lauftechnik zu achten; stark rhythmisiertes Laufen (Betonung des ersten Laufschritts) ist zu vermeiden.

- Laufen im Einerrhythmus (= pro Durchschlag ein Laufschritt).

Hinweis:

Die Seilführung erfolgt hier wie bei den Schlusssprüngen ohne Zwischenfederung aus dem Handgelenk, die Arme werden ruhig (meist gestreckt) gehalten, die Hände müssen immer im Blickfeld sein. Bei der Ausführung ist ein extremes Beugen und Hochführen des Schwungbeins zu vermeiden. Wichtig ist die aufrechte Oberkörperhaltung (kein „Sitzen").

- Laufen im Dreierrhythmus (= pro Durchschlag drei Laufschritte).

Hinweis:

Die Ausführung ist sowohl im 3/4-Takt (Betonung des 1. Schritts) als auch im 4/4-Takt (zwei Dreierschritte auf einen Takt) möglich.

- Pferdchensprung mit Durchschlag.

Hinweis:

Aus dem Zweierlauf durch Betonung jedes 1. Schritts erarbeiten.

- Laufsprung mit Durchschlag (Abb. 59).

Hinweis:

Um zu vermeiden, dass das hintere Bein hängen bleibt bzw. gebeugt wird, ist auf eine große Bewegungsweite im Schultergelenk (weites Rückziehen der Arme) zu achten. Wichtig ist außerdem, dass der Oberkörper aufrecht bleibt.

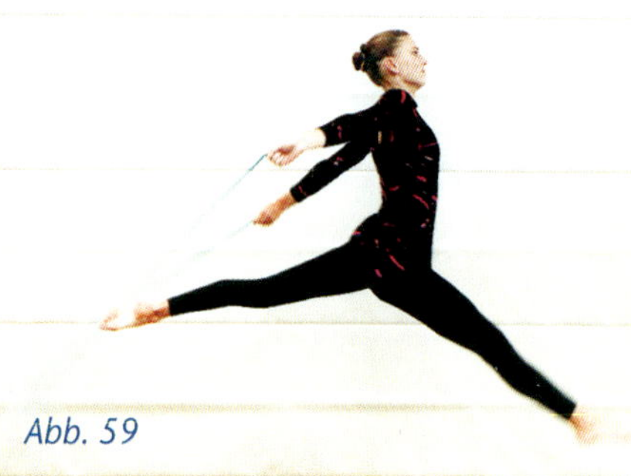

Abb. 59

- Hüpfen vorwärts mit Durchschlag.

Hinweis:

Diese koordinativ sehr anspruchsvolle Übung sollte zunächst mit Vorübungen und dann in der Ganzheitsmethode angeboten werden. Anschließend sollte der Bewegungsablauf in „Zeitlupe" demonstriert und nachvollzogen werden. Hierbei ist deutlich auf den zweimaligen Bodenkontakt eines Fußes unmittelbar vor und nach dem Überspringen des Seils hinzuweisen. Erst dann sollte die Bewegung dem Hüpfrhythmus entsprechend mit Musik rhythmisiert werden. Die Erfahrung hat gezeigt, dass ein Großteil der Übenden diesen Ablauf nach der Ganzheitsmethode erlernt.

Vorübung: Z. B. Schlusshüpfer und Hüpfer vorwärts mit sagittalen Kreisen vorwärts.

Hinweis:

Ein Hüpfer $\hat{=}$ ein Kreis; der Impuls des Hüpfers muss mit dem Impuls des Seilkreises übereinstimmen.

Ganzheitsmethode: Vier Hüpfer vorwärts mit zwei sagittalen Achterkreisen und vier Hüpfer mit Seildurchschlag im Wechsel auf Musik.

- Seitgalopp mit Durchschlag vorwärts oder rückwärts.

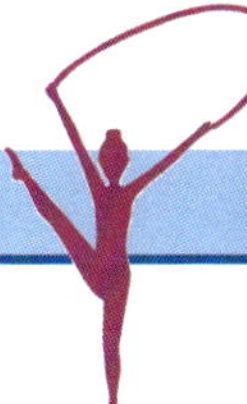

Hinweis:

Die Bewegung ist gut am Ort mit Sprüngen mit Durchschlag aus dem Grätschstand in den Grätschstand mit Schließen der Beine in der Luft zu erarbeiten.

Vorübung in der Fortbewegung: Seitgalopp mit sagittalen Kreisen.

Hinweis:

Koordination wie bei Hüpfern vorwärts mit Seildurchschlag.

3.2.4 Seilstopps und Wicklungen in der vertikalen Ebene

Für Seilstopps und Wicklungen gilt:

Seilstopps und Wicklungen können einhändig aus Schwüngen oder Kreisen, beidhändig aus Schwüngen, Kreisen oder Durchschlägen erfolgen.

- Zweifach gefasstes Seil frontal straffen.
  Ausführung: Aus frontalen Kreisen einhändig mit der zweiten Hand in das Seil greifen und sie bis zur Seilmitte gleiten lassen.
- Zweifach gefasstes Seil vertikal an einer Körperseite straffen (Abb. 60).

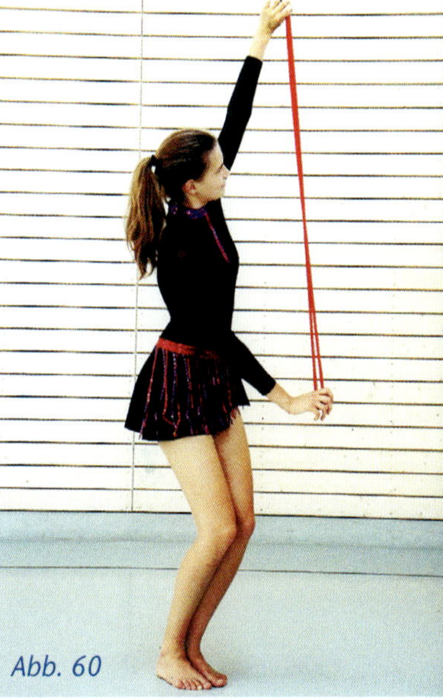

Abb. 60

Hinweis:

Die Knoten können oben oder unten gehalten werden.

- Abstoppen des frontal schwingenden Seils durch Steigen auf das Seil.
  Ausführung: Durch Aufsetzen eines Fußes im hinteren Drittel (Abb. 61) wird das Seil gestoppt, durch leichtes Heben der Arme gestrafft.
  Auflösung: Mit Durchsteigen des hinteren Fußes nach vorne Auftaktbewegung zum sagittalen Seilkreisen vorwärts oder Durchspringen mit Seildurchschlägen vorwärts.
- Seil hinter dem Körper unter den Fersen abstoppen.

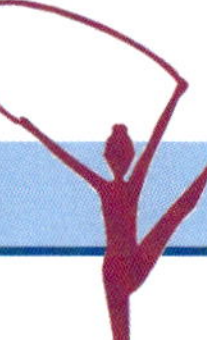

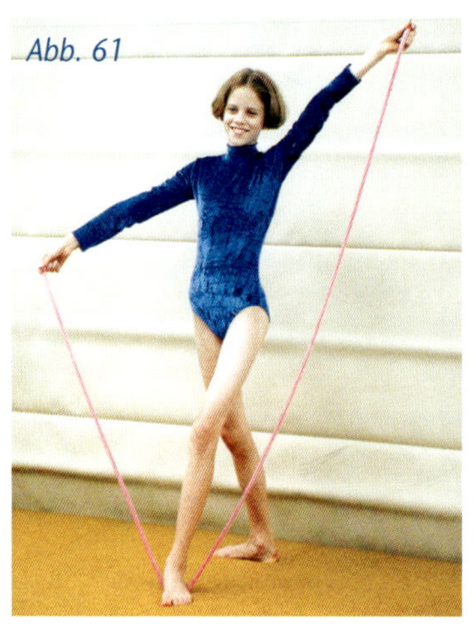
Abb. 61

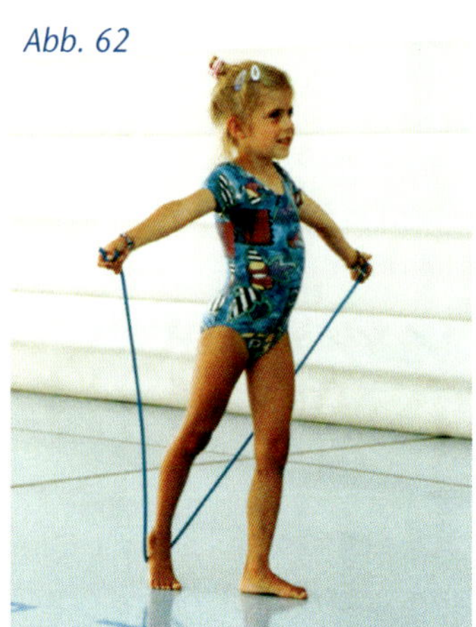
Abb. 62

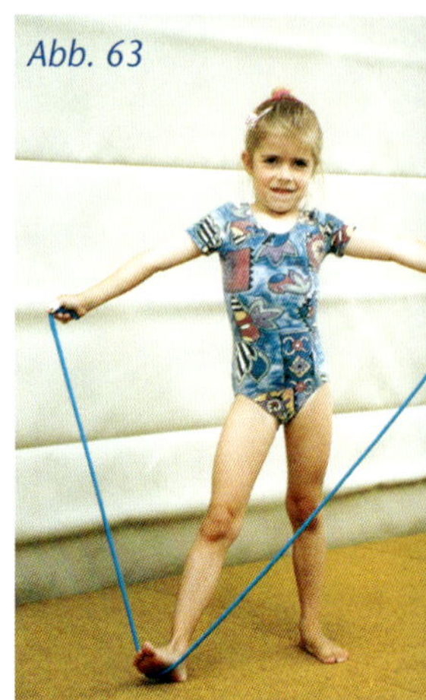
Abb. 63

Ausführung: Aus Kreisen rückwärts rechts oder links neben dem Körper die Arme öffnen, das Seil durch Heben der Fersen unter beide Füße schwingen und straff ziehen.

Auflösung: Mit Heben der Fersen Auftaktbewegung zum sagittalen Kreisen vorwärts.

Variation 1: Aus Überspringen des Seils mit Seildurchschlag rückwärts abstoppen.

Variation 2: Seil mit einer Ferse abstoppen (Abb. 62), verschiedene Posen möglich.

- Seil vor dem Körper unter einem Fuß abstoppen (Abb. 63).

  Ausführung: Das vorwärts kreisende oder durchschlagende Seil wird in Schrittstellung unter den vorderen, nur mit der Ferse aufgestellten Fuß geschwungen und durch Heben der Arme straff gezogen; das hintere Bein ist belastet.

  Auflösung: Gewichtsverlagerung auf das vordere Bein, Durchsteigen mit Auftaktbewegung zum Kreisen vorwärts oder Durchspringen durch das Seil.

  Variation: Vor dem Unterschwingen die Arme vor dem Körper kreuzen.

- Umwickeln eines Oberarms (Abb. 64).

  Ausführung: Das linke Seilende kreist mehrmals um den rechten Oberarm (offene Seilschlinge).

  Auflösung: Übergang zum Seilkreisen rückwärts durch Auskreisen.

- Umwickeln eines Oberarms, 1/2 Drehung und Auswickeln

  Ausführung: Das linke Seilende kreist ein- oder mehrmals um den rechten Oberarm (offene Seilschlinge), die Drehung erfolgt nach

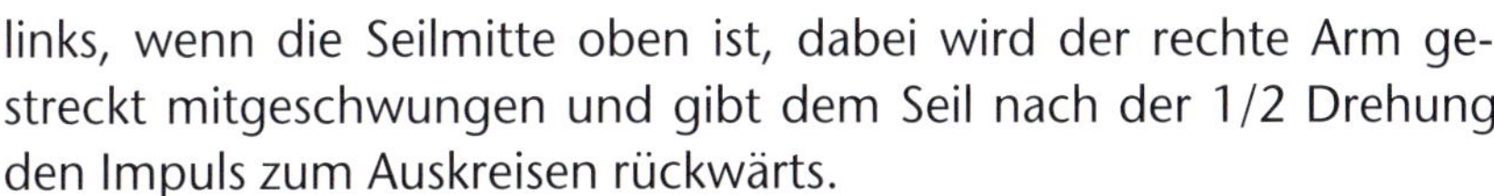

links, wenn die Seilmitte oben ist, dabei wird der rechte Arm gestreckt mitgeschwungen und gibt dem Seil nach der 1/2 Drehung den Impuls zum Auskreisen rückwärts.

- Umwickeln eines Oberarms vorwärts und Abstoppen mit dem gleichseitigen Knie, bzw. Fuß.

  Ausführung: Das linke Seilende kreist einmal um den rechten Oberarm, wird mit dem rechten Knie abgestoppt (Abb. 65a), bzw. in Vorschwung mit dem rechten Fuß (Abb. 65b) und durch Heben der Arme straff gezogen.

  Auflösung: Das Knie aus der Schlinge nehmen und Kreise rückwärts.

- Umwickeln eines Oberarms vorwärts oder rückwärts (Abb. 66) und Abstoppen mit dem gegenseitigen Fuß.

  Ausführung: Das Seil kreist einmal um den rechten Oberarm, der linke Fuß kreuzt hinter dem rechten Bein und stoppt das Seil ab, indem er in die Schlinge gesteckt wird (straffen) (Abb. 66).

  Auflösung: Linken Fuß aus der Seilschlinge heben mit Auftakt zum Seilkreisen rückwärts oder vorwärts.

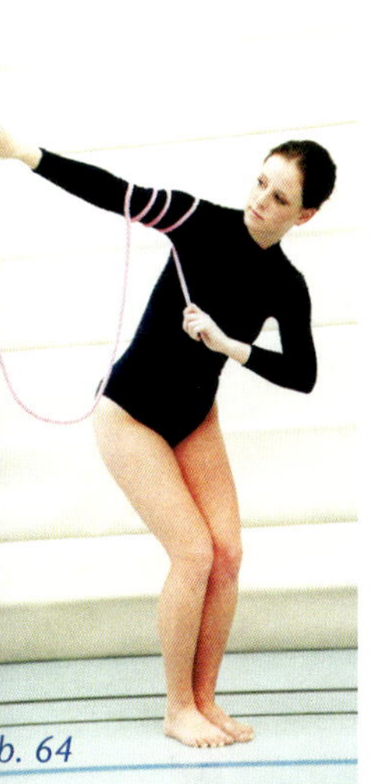

b. 64

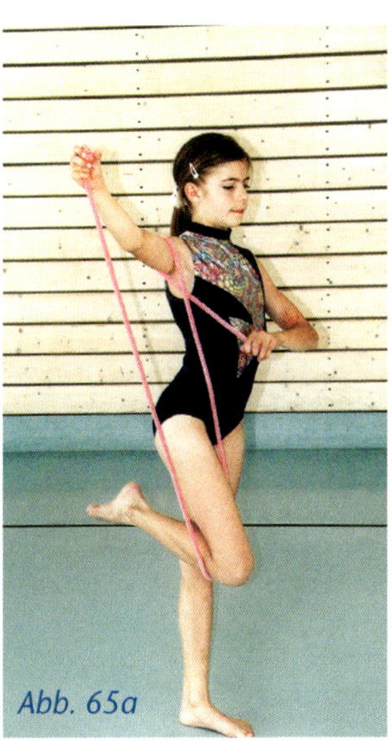

Abb. 65a

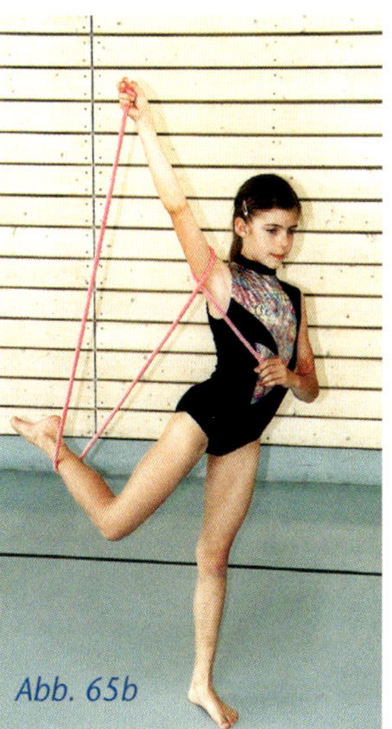

Abb. 65b

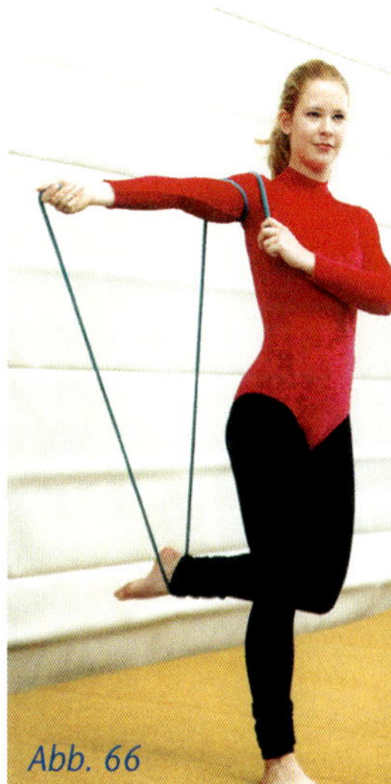

Abb. 66

- Umwickeln eines Knies vor dem Körper durch Kreuzen und Öffnen der Arme, mit einem Knie vor dem Körper das Seil straff ziehen (Abb. 67).

  Ausführung: Nach einem Durchschlag vorwärts werden die Arme vor dem Körper überkreuzt und ein Knie in die Seilschlinge gesteckt, dann die gekreuzten Arme geöffnet.

Auflösung: Das Seil lockern, das Knie herausnehmen und Seilkreisen rückwärts.

Hinweis:

Die Arme müssen schnell seitlich auseinander gezogen werden, damit das Seil nicht vom Körper abprallt.

- Umwickeln eines Unterschenkels hinter dem Körper durch Kreuzen und Öffnen der Arme.
  Ausführung: Nach einem Durchschlag rückwärts werden die Arme vor dem Körper überkreuzt, dabei schwingt das Seil weiter hinter den Körper und ein Fuß steigt rückwärts durch die offene Seilschlinge (Abb. 68a). Durch Öffnen der Arme wird das Seil um den vorderen Unterschenkel gekreuzt und abgestoppt (Abb. 68b).
  Auflösung: Schnelles Wechseln der Seilknoten vor dem Körper, nach vorne durchsteigen mit Auftaktbewegung zum Kreisen vorwärts.
- Umwickeln eines Arms mit einhändiger Fassung.
  Ausführung: Aus frontalen oder sagittalen Kreisen kann der gleichseitige (Seil in rechter Hand, Umwickeln der rechten Hand) oder der freie Unter- oder Oberarm umwickelt werden.

Abb. 67

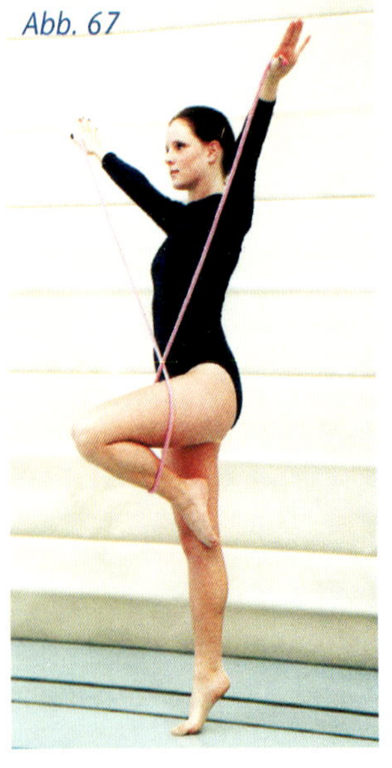

Abb 68a

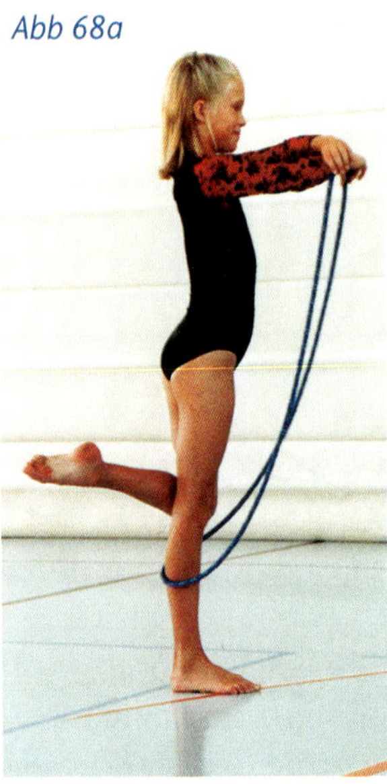

Abb. 68b

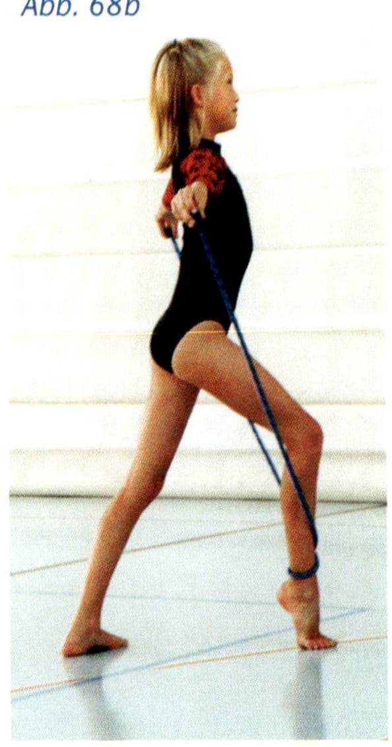

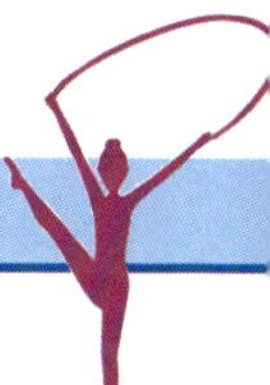

Auflösung: Durch eine Gegenbewegung der Hand oder durch Zug an den Seilknoten auskreisen.

- Frontales Umwickeln eines vorgespreizten Beins (Abb. 69a).

Hinweis:

Das Einwickeln kann entweder einwärts oder auswärts erfolgen.

Auflösung 1: Durch Zug an den Seilknoten auskreisen.
Auflösung 2: Ebenenwechsel (sagittal) durch Rückschwingen des Spielbeins (Abb. 69b).

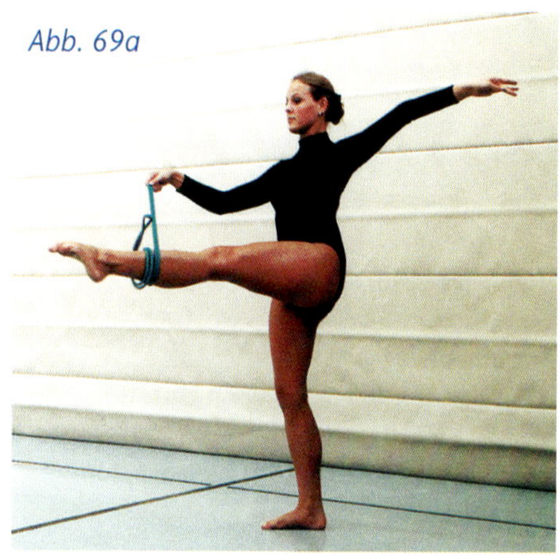

Abb. 69a

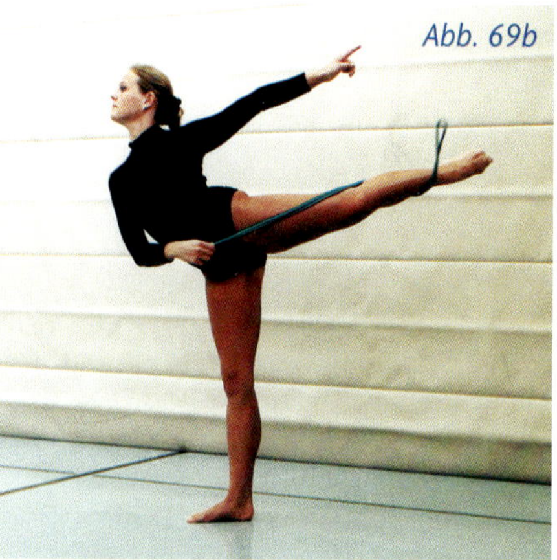

Abb. 69b

3.2.5 Werfen und Fangen eines Seilendes

- Fangen eines Seilendes vor dem Körper (Vorübung).

Ausführung: Ein Seilende in der Tiefhalte gefasst, Seil liegt in seiner ganzen Länge hinter dem Körper (Abb. 70). Durch Vorschwung des Arms (am Anfang unterstützt durch einige Schritte vorwärts) bis in die Vorhalte freies Seilende nach vorne ziehen und mit gleicher oder freier Hand fangen.

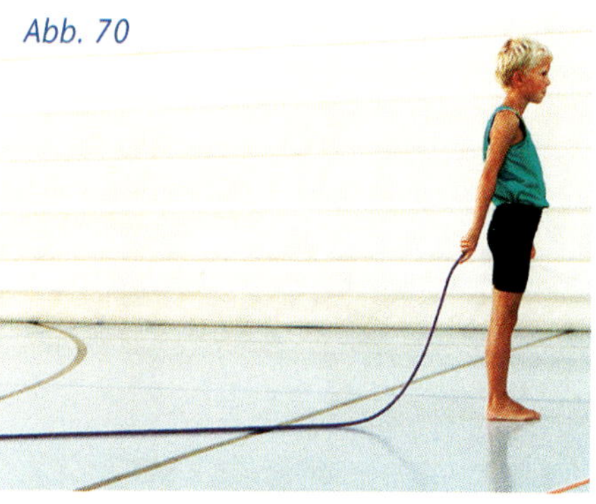

Abb. 70

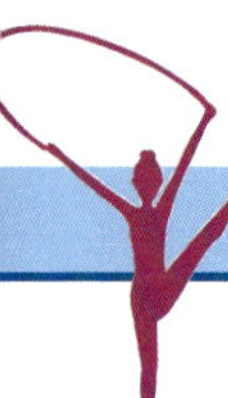

Hinweis:

Typische Anfängerfehler sind:
1. Das zu kräftige Schwingen des Arms über die Vorhalte hinaus. Dadurch kommt das freie Ende sehr hoch zurück.
2. Das Anwinkeln des Arms. Dadurch kommt das freie Ende zu schnell zurück.
Das Element kann auch als Anfang einer Verbindung geturnt werden.

- Abwerfen eines Seilendes einhändig rückwärts und Fangen vor dem Körper.

  Ausführung: Während eines sagittalen Kreises rückwärts wird ein Seilende losgelassen, nachdem der rechte Arm die Hochhalte erreicht hat (Abb. 71a).

Hinweis:

Während der gesamten Bewegung führt der rechte gestreckte (!) Arm eine Kreisbewegung rückwärts aus (hier ist eine Bodenberührung durch das Seil erlaubt bzw. notwendig), die in der Vorhalte beendet werden muss (Abb. 71b). Wichtig: Verlässt der kreisende Arm die sagittale Ebene, schwingt das Seilende diagonal zurück und das Fangen wird erschwert. Nach dem Fangen sofort zu Kreisen vorwärts übergehen; wird das Seil mit der freien Hand gefangen, kann auch durchgesprungen werden. Dann sollte das Seil mit gestreckten Armen gefangen werden, um eine Körperberührung vor dem Durchspringen zu vermeiden.

- Schleudern eines Seilendes nach vorne.

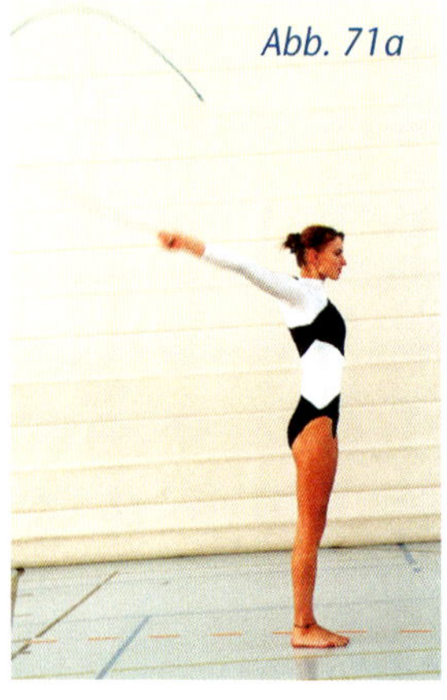

Abb. 71a

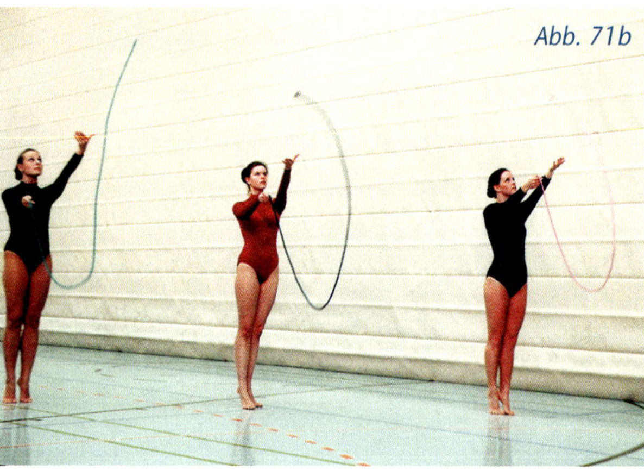

Abb. 71b

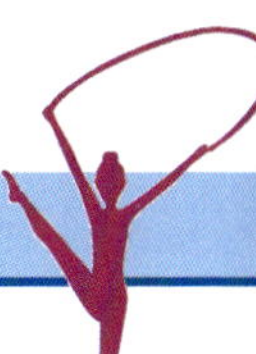

Hinweis:

Das vorhergehende Element kann auch als Schleuderelement ausgeführt werden. Dabei entfällt der erste Bodenkontakt und das Seilende wird aus einem sagittalen Kreis rückwärts erst in der Vorhalte losgelassen und nach vorne geschleudert.

- Abwerfen eines Seilendes vorwärts, Fangen vor dem Körper nach 1/2-Drehung.

  Ausführung: Aus einem sagittalen Kreis vorwärts erfolgt der Abwurf, nachdem das Seil den höchsten Punkt passiert hat, nach vorne oben durch Strecken des Arms. Durch eine 1/2-Drehung wird das Seil in der ganzen Länge hinter den Körper gebracht, über den Boden nach vorne gezogen und das freie Seilende gefangen.
- Zweimaliges Abwerfen eines Seilendes.

  Ausführung: Aus sagittalen Kreisen rückwärts Abwerfen eines Seilendes; kurz vor dem Fangen dieses Seilendes wird das 2. Seilende auch losgelassen, sofortiges Fangen des 1. Seilendes (1/2-Drehung möglich) und Fangen des 2. Seilendes.
- Abwerfen eines Seilendes frontal.

  Ausführung: Aus frontalen Kreisen auswärts oder einwärts wird ein Seilknoten losgelassen, nachdem der Wurfarm den höchsten Punkt passiert hat. Während der gesamten Bewegung führt der gestreckte (!) Wurfarm einen frontalen Kreis auswärts oder einwärts aus. Nach dem Fangen des Seilendes (gleiche oder freie Hand) Überleitung in frontales Kreisen.
- Sagittaler Kreis mit offener Seilschlinge um einen Oberarm mit Loslassen und Fassen eines Seilendes (Abb. 72).

  Ausführung: Während eines sagittalen Kreises vorwärts wird z. B. das linke Seilende auf die rechte Seite geführt und gleichzeitig der rechte Arm in die Seithalte gestreckt. Wenn das linke Seilende einmal den rechten Oberarm umkreist, wird es losgelassen. Durch den Schwung „läuft" es um den Oberarm und wird dann sofort wieder gefasst. Anschließend wird das Kreisen vorwärts fortgesetzt.

Hinweis:

Wichtig ist, dass die Seilmitte die Höhe überschritten haben muss, bevor der Knoten losgelassen werden kann (Fliehkraft) und der Knoten unter dem Arm losgelassen und über dem Arm wieder gefasst wird. Die linke Hand muss das Seil von unten und nicht von oben fassen.

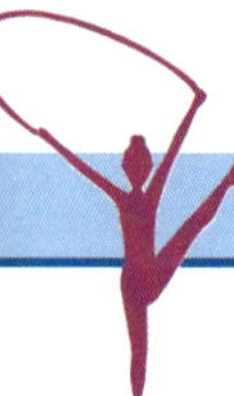

- Abwerfen eines Seilendes hinter dem Rücken (Abb. 73).
  Ausführung: Während eines Kreises rückwärts mit geöffneter Seilschlinge oder nach einem Durchschlag rückwärts kreuzt die linke Hand hinter dem Rücken (linke Hand an der rechten Körperseite) und lässt ihr Seilende los; dieses schwingt an der rechten Körperseite nach vorne und wird dort von der linken oder rechten Hand wieder gefangen.
- Abwerfen eines Seilendes mit dem Fuß nach vorne.
  Ausführung: Das Seil wird unter dem rechten Fuß vorne abgestoppt. Wechsel der Seilenden in den Händen, sodass der rechte Knoten vor dem linken kreuzt. Straffen durch Auseinanderziehen der Arme. Ein Schritt links vorwärts über das Seil in den Ausfallschritt links. Das rechte Bein wird nach vorne gespreizt, der linke Seilknoten losgelassen und wieder gefangen.

Hinweis:

Das Bein muss gefühlvoll nach vorne gezogen werden und darf nicht zu schnell geführt werden. Kurz vor dem Fangen löst sich das Seil vom Fuß (Abb. 74).

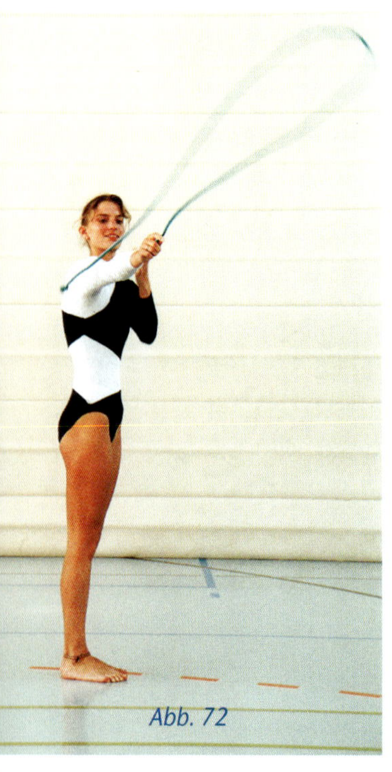

Abb. 72

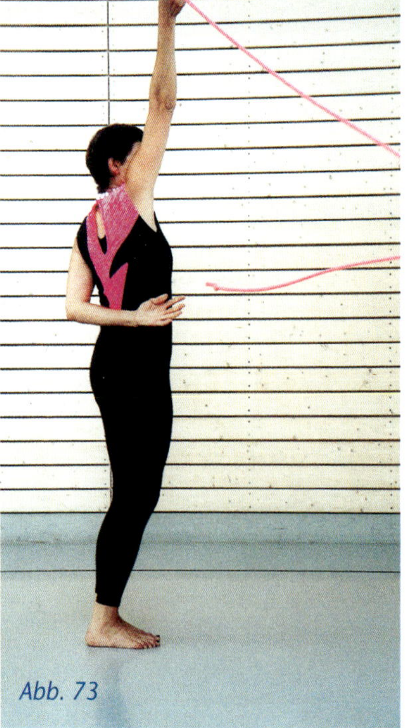

Abb. 73

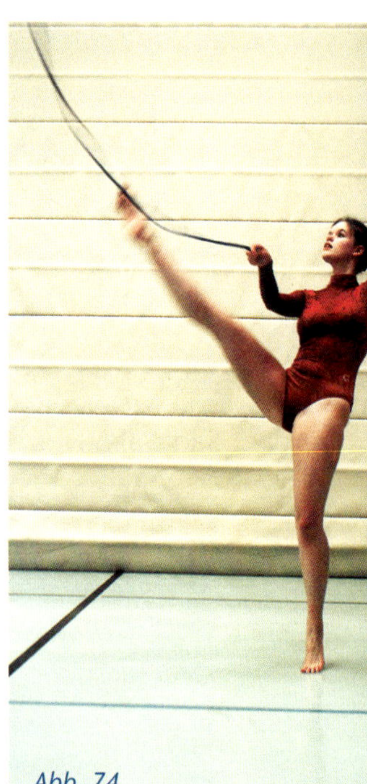

Abb. 74

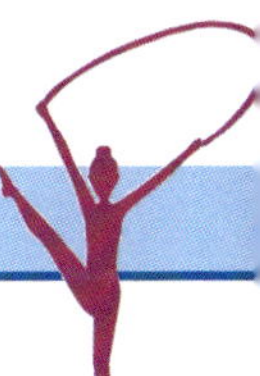

3.2.6 *Werfen und Fangen des ganzen Seils*

Für das Werfen und Fangen des ganzen Seils gilt:

Vor dem Abwurf darf die Seilmitte nicht den Boden berühren. Dabei ist auf die Einhaltung der Ebene vor dem Abwurf zu achten. Der Abwurf erfolgt mit langem Arm durch die Streckung des Körpers und des Wurfarms in die jeweilige Wurfrichtung. Beim Fangen gehen die Arme gestreckt dem Seil entgegen. Um ein Schlingern des Seiles zu vermeiden, darf die Flugbahn nicht unterbrochen, sondern muss in ein neues Element übergeleitet werden.

- Sagittaler Hochwurf einhändig aus Kreisen rückwärts, beide Knoten in einer Hand.

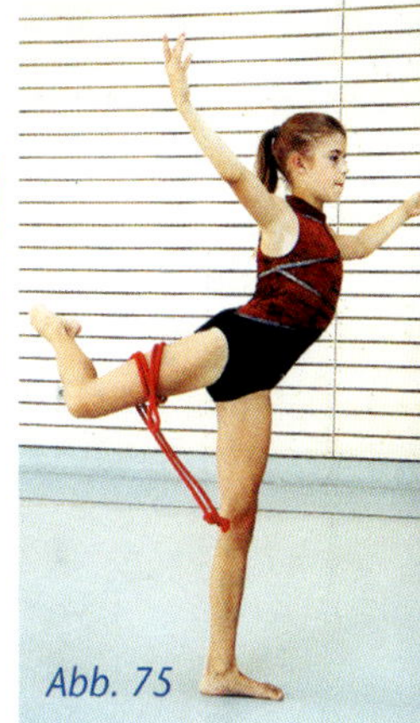

Abb. 75

Hinweis:

Aus sagittalen Kreisen rückwärts wird das Seil mit einer Ganzkörperstreckung und gestrecktem Arm nach oben abgeworfen.

+ Seil beliebig fangen (Abb. 75)
+ Seilmitte fangen und das Seil zweifach straff ziehen.
+ Einen Seilknoten fangen.
+ Mit jeder Hand einen Seilknoten fangen und in sagittale Kreise vorwärts überleiten.

Hinweis:

Das Seil sollte zu Beginn des Übens nur einmal um die Querachse rotieren. Die Verlangsamung der Seildrehung (nach dem Abwurf aus schnellen sagittalen Kreisen) erreicht man durch eine gut dosierte Streckung des Körpers und des Wurfarms. Anschließend sofort in sagittales Kreisen vorwärts übergehen. Wichtig ist, dass die Hand nur geöffnet wird und keinen Impuls zum Abwurf gibt.

- Sagittaler Hochwurf einhändig aus Kreisen vorwärts, Fangen wie oben.

Hinweis:

Vor dem Abwurf darf die Seilmitte nicht den Boden berühren. Der Abwurf erfolgt aus der Körperstreckung und der schnellkräftigen Streckung des Wurfarms (kein Impuls aus der Hand). Die Knoten werden in der Hochhalte losgelassen. Besonders zu beachten ist der Moment des Fangens, da hier das Seil sehr leicht ins Schlingern kommt. Um dies zu vermeiden, darf die Flugbahn des Seils nicht unterbrochen werden. Dies erreicht man am Anfang am leichtesten durch Überleiten in Kreise oder Achterkreise.

- Sagittaler Wurf einhändig mit Fortbewegung, Fangen beidhändig.

> **Hinweis:**
>
> **Der Abwurf kann aus Kreisen rückwärts oder vorwärts erfolgen. In der Luft führt das Seil eine oder mehrere Umdrehungen aus; immer soll es jedoch während der Flugphase straff bleiben.**

+ Laufschritte vorwärts während der Flugphase.
+ Fangen mit anschließendem sofortigen Durchlaufen durch das Seil oder mit kleinem Pferdchensprung über das Seil.

> **Hinweis:**
>
> **Wichtig ist, dass die Knoten mit gestreckten Armen in der Vorhochhalte entgegengenommen werden.**

+ Fangen im Sprung mit Durchschlag vorwärts.

> **Hinweis:**
>
> **Um ein Schlingern des Seils oder eine Körperberührung zu vermeiden, muss man dem Seil entgegenspringen, also vor dem Fangen schon den Sprung ansetzen und das Seil erst im höchsten Punkt mit langen Armen in der Vorhochhalte fangen.**

+ Abwurf im Sprung.

> **Hinweis:**
>
> **Je weiter das Seil fliegen soll, umso früher muss es losgelassen werden. Die Richtung des gestreckten Arms zum Zeitpunkt des Loslassens der Knoten gibt die Flugrichtung des Seils an.**

- Sagittaler Bogenwurf (aus sagittalen Kreisen rückwärts) über den Kopf, 1/2-Drehung und Fangen beidhändig (Abb. 76).
- Frontaler Hoch- oder Bogenwurf einhändig, Fangen beid- oder einhändig.
  Ausführung: Aus frontalen Kreisen auswärts oder einwärts wird der Wurfarm über die Seithalte zur Hochhalte geschwungen und das Seil mit gestrecktem Arm abgeworfen. Nach dem Fangen in frontale Kreise in die gleiche Richtung überleiten (kein Impuls aus der Hand).

+ Seitgalopp oder Kreuzschritte.
+ 1/2- oder 1/1-Drehung.

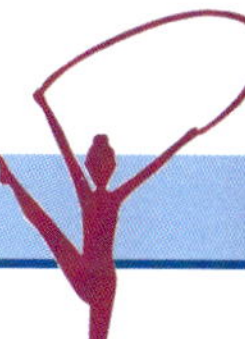

Hinweis:

Die Drehung darf erst nach dem Abwurf angesetzt werden. Die Drehrichtung sollte anfangs auch der Kreisrichtung entsprechen.

- Bogenwurf mit offener Seilschlinge.

  Ausführung: Aus Schlusssprüngen rückwärts Abwurf nach vorne oben.

+ Fangen des Seils mit beiden Händen an beliebiger Stelle.

  Auflösung: Ein Bein gewinkelt heben, die Seilmitte unter das Knie schwingen, das Seil durch die Hände bis zu den Knoten gleiten lassen (straffen).

+ Fangen der Seilschlinge im mittleren Drittel.

  Ausführung: Sofort nach dem Fangen durch eine kurze Tiefbewegung der Unterarme die Seilknoten vorwärts kreisen (Abb. 77).

  Auflösung 1: Wie oben.

  Auflösung 2: Hocksprung über das Seil, die Seilenden nach vorne straff ziehen.

  Variation: Sofort nach dem Fangen die Seilknoten rückwärts kreisen. Abwurf beider Seilknoten nach vorne oben, das Seil loslassen und die Seilknoten fangen.

  Auflösung 3: Kreisen des langen Seils um die Taille durch fortlaufendes Nachgreifen vor und hinter dem Rücken, Fassen der Seilmitte mit einer Hand und Straffen des Seils.

+ Fangen der Seilenden und sofortiges sagittales Kreisen vorwärts.
+ Fangen der Seilenden und sofort kleiner Sprung mit Durchschlag.

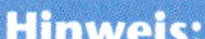

Hinweis:

Die Seilknoten müssen mit gestreckten Armen in der Vorhochhalte gefangen werden.

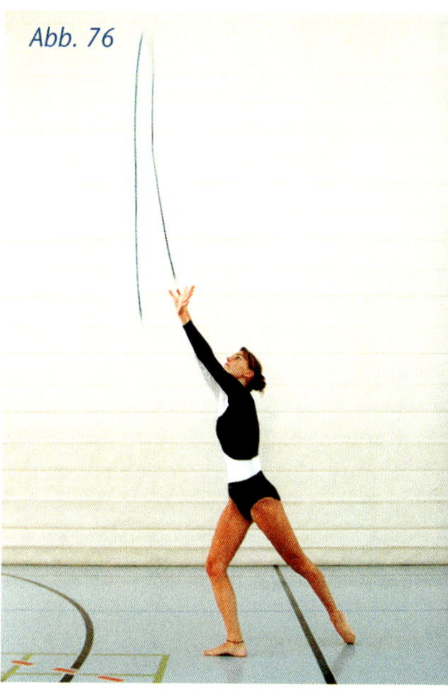

Abb. 76

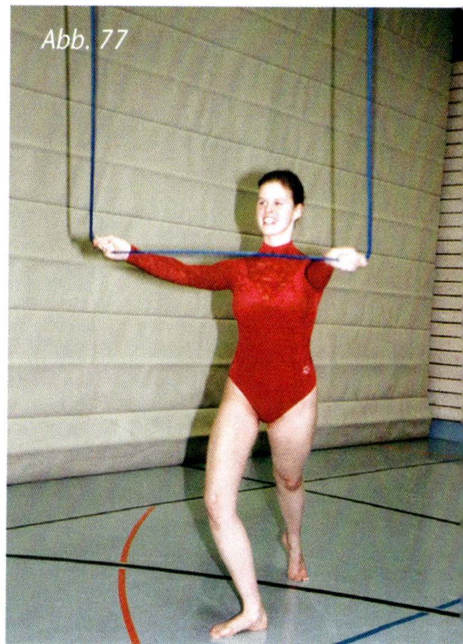

Abb. 77

- Abwurf des Seils mit einem Fuß nach hinten oben (Abb. 78).

  Ausführung: Das Seil aus sagittalen Kreisen vorwärts in Schrittstellung unter dem vorderen Fuß abstoppen. Beide Seilenden in eine Hand übergeben (gleichseitig mit dem abstoppenden Fuß), das Seil wird straff gezogen. Durch Rückspreizen des Beins und anschließendes Loslassen der Seilenden wird das Seil abgeworfen.

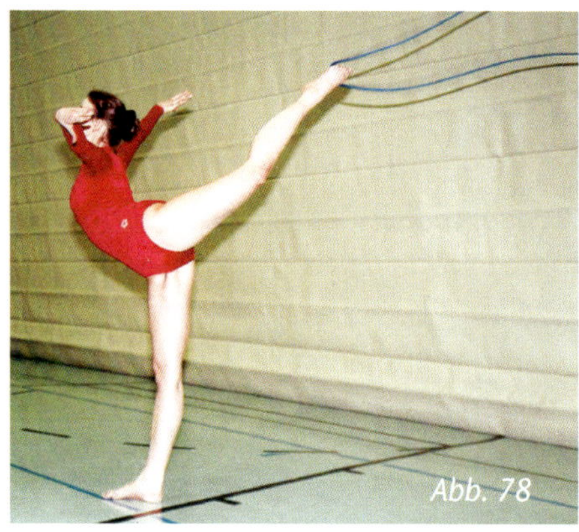
Abb. 78

Hinweis:

Notwendig für das Gelingen dieses Elements ist eine große Beweglichkeit im Hüftgelenk. Die Seilknoten werden aus der Hand gezogen, kein Impuls aus der Hand!

- Abwurf des Seils mit einem Fuß nach vorne oben.

  Ausführung: Das Seil in Schrittstellung unter dem vorderen Fuß abstoppen, mit Übergabe des Seilknotens in eine Hand 1/2-Drehung zur offenen Seite und das Seil (gleichseitig) spannen (die Seilmitte liegt jetzt auf dem Fußrist). Mit Vorhochspreizen des Beins das Seil nach vorne oben abwerfen.

Hinweis:

Das Seil muss vor dem Abwurf gespannt sein. Die Seilknoten werden aus der Hand gezogen, kein Impuls aus der Hand!

3.3 Methodisches Erarbeiten der Seiltechniken in der horizontalen Ebene

3.3.1 Kreisen in der horizontalen Ebene

- Horizontale Kreise über dem Kopf einwärts oder auswärts einhändig.

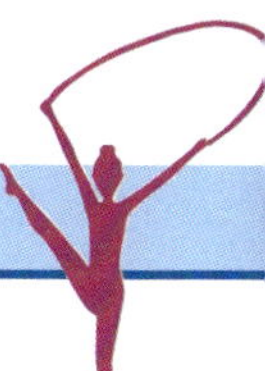

Hinweis:

Die Richtungsbezeichnung wird aus der Vorhalte vorgenommen:
Bei einhändigem Kreisen:
Vom Körper weg oder mit rechter Hand nach rechts = Auswärtskreisen.
Zum Körper hin oder mit rechter Hand nach links = Einwärtskreisen.
Bei beidhändigem Kreisen nach rechts oder nach links.
Der kreisende Arm wird senkrecht nach oben gestreckt („Arm ans Ohr"). Das Kreisen kann, je nach Geschwindigkeit, aus dem Schulter- oder aus dem Handgelenk erfolgen. Schlingert das Seil, muss es schneller gekreist werden.

- Horizontale Kreise über dem Kopf einwärts oder auswärts beidhändig.
- \+ Laufschritte vorwärts, auch in Verbindung mit einzelnen oder mehreren Sprüngen.
- \+ Verschiedene Schritte: Hüpfer, Nachstellschritte, Wechselschritte.
- Horizontale Achterkreise einwärts oder auswärts beidhändig und einhändig.

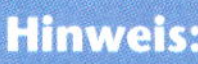

Hinweis:

Bewegungsvorstellung mit dem vierfach gefassten Seil erarbeiten. Später muss dann beim doppelt gefassten Seil der kreisende Arm beim Kreis vor dem Körper weit nach vorne geführt werden (Abb. 79), um ein Hängenbleiben des Seils an den Beinen zu vermeiden.

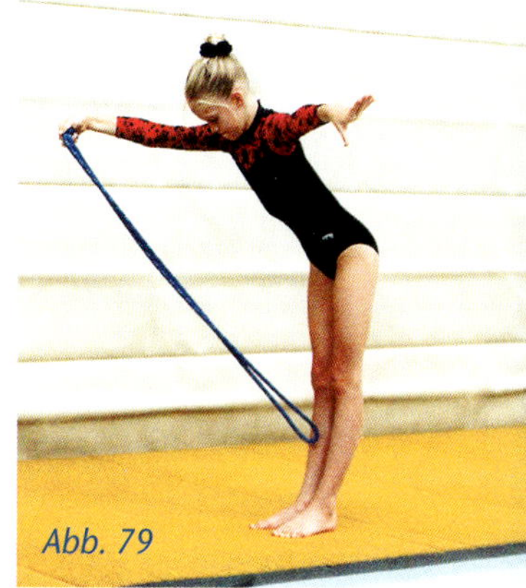

Abb. 79

- \+ Überspringen des Seils.

Hinweis:

Überspringen mit einem kleinen Pferdchensprung oder Schlusssprung. Die Seilmitte darf dabei den Boden nicht berühren. Der kreisende Arm muss gestreckt nach unten geführt werden; ein Vorbeugen des Rumpfs wird dadurch vermieden. Die Unterschenkel müssen frühzeitig angezogen werden, um ein Hängenbleiben zu vermeiden.

- Horizontale Kreise unter dem Körper im Sitz mit Rück- und Wiederaufrollen (Abb. 80).
- Horizontale Kreise im Langsitz unter dem Gesäß mit kleinem Hupf auf dem Gesäß.

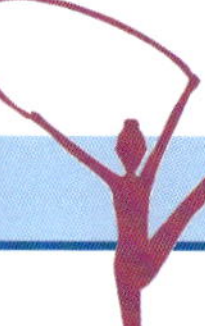

Hinweis:

Dieses Element wird vor allem von Jungs gerne geübt.

- Horizontale Kreise um ein abgespreiztes Bein in Seitlage mit Loslassen beider Seilenden.

  Ausführung: Aus der Seitlage mit Unterarmstütz mit horizontalen Kreisen einwärts über dem Kopf wird ein Bein in die Senkrechte gehoben. Wenn das Seil das Bein einmal umkreist hat, werden beide Knoten losgelassen. Durch den Schwung „läuft" es um das Bein. Die Knoten werden dann sofort wieder gefasst.

Hinweis:

Die Knoten dürfen nicht zu früh losgelassen werden, da sonst das Seil „wegfliegt" (Fliehkraft). Nach dem Wiederfassen das Bein sofort beugen, sonst verwickelt sich das Bein im weiterkreisenden Seil.

Abb. 80

- Horizontale Kreise um Körperteile mit Übergabe beider Seilenden.

Hinweis:

Beim horizontalen Kreisen einwärts mit der rechten Hand erfolgt die Übergabe vor dem Körper in die linke Hand, hinter dem Körper wieder in die rechte Hand.

+ Mit 1/2- oder ganzer Drehung.
+ In verschiedenen Ausgangsstellungen, z. B. im Hocksitz unter einem abgespreizten Bein, in der Standwaage um das Standbein usw.

- Horizontale Kreise über dem Kopf beidhändig nach links oder rechts.

Hinweis:

Dieses Element dient lediglich als Vorübung für die folgenden Übungen.

- Horizontale kanonartige Achterkreise beidhändig mit offener Seilschlinge.

Hinweis:

Bei der Ausführung ist unbedingt starker Rumpfeinsatz (Rumpfkreise) erforderlich. Der einwärts kreisende Arm führt die Bewegung an, der andere folgt versetzt (mühlkreisartig).

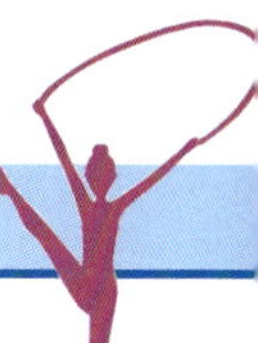

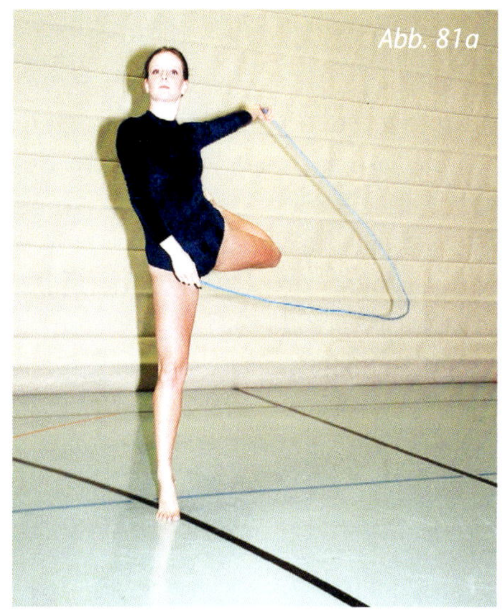

Abb. 81a

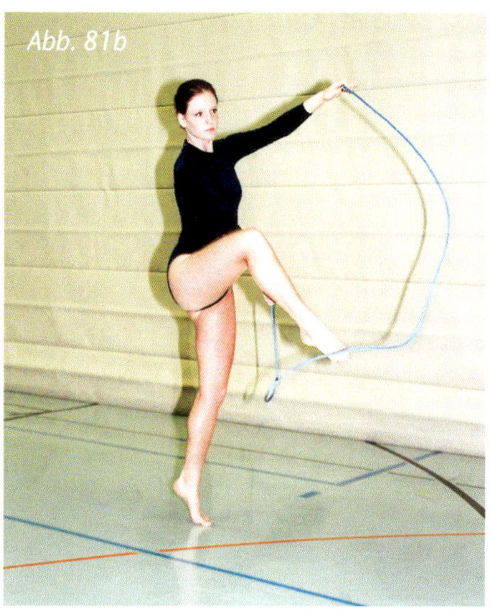

Abb. 81b

- Horizontale Kreise mit offener Seilschlinge mit „Ein- und Aussteigen" (Abb. 81a und b).

Hinweis:

Beim „Einsteigen" mit dem linken Bein wird aus dem Kreisen über dem Kopf der rechte Arm vor dem Körper linksherum nach unten geführt; der linke Arm muss die ganze Zeit oben bleiben. Das „Aussteigen" mit dem rechten Bein erfolgt, wenn die offene Seilschlinge nach vorne schwingt. Die Spielbeinführung kann verändert (gebeugt oder gestreckt, vor- oder rückgespreizt) werden.

+ Zweimal eine 1/2-Drehung.

Hinweis:

Die erste 1/2-Drehung erfolgt nach dem „Einsteigen", die zweite 1/2-Drehung mit dem „Aussteigen".

- Horizontaler Durchschlag, z. B. mit Pferdchensprung, Schrittsprung mit 1/2-Drehung.
- Horizontale Kreise mit dem langen Seil.

  Ausführung: Aus horizontalen Kreisen einhändig wird ein Seilknoten losgelassen und es wird mit langem Seil weitergekreist.

  Auflösung: Einen Fuß vorspreizen, durch das Abbremsen des Seils mit dem Fuß in der Seilmitte kann der freie Knoten gefangen werden.

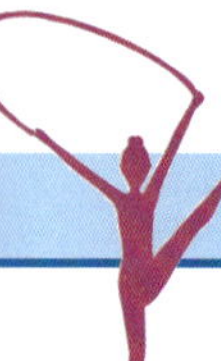

3.3.2 *Seilstopps und Wicklungen in der horizontalen Ebene*

- Umwickeln der Taille mit offener Seilschlinge.

  Ausführung 1: Aus horizontalen Seilkreisen beidhändig über dem Kopf nach links wird die rechte Hand an die linke Taillenseite geführt, der linke Arm bleibt in Hochhalte. Durch kleine Handkreise links umwickelt das offene Seil die Taille ein- bis zweimal.

  Auflösung: Nach kurzem Seilstopp (linker Arm in Seithochhalte links – Pose!) Auswickeln durch Richtungswechsel.

  Ausführung 2: Beginn wie oben oder aus einem Horizontalschwung nach links mit offener Seilschlinge: Die linke Hand wird an die Taillenseite geführt, der rechte Arm bleibt in Hochhalte. Durch kleine Handkreise rechts umwickelt das offene Seil die Taille ein- bis zweimal.

  Auflösung: Nach kurzem Seilstopp (rechter Arm Seithochhalte rechts) Auswickeln durch Richtungswechsel.

+ Kniestand (Abb. 82).

- Umwickeln der Taille mit offener Seilschlinge und Fassen der Seilschlinge.

  Ausführung: Seil, beidhändig gefasst, mit offener Seilschlinge nach links um die Taille kreisen, die rechte Hand bleibt in der Hochhalte. Die nach vorne schwingende Seilschlinge mit der linken Hand fassen und straffen (Abb. 83).

  Auflösung: Loslassen der Seilschlinge und horizontale Kreise der offenen Seilschlinge nach rechts.

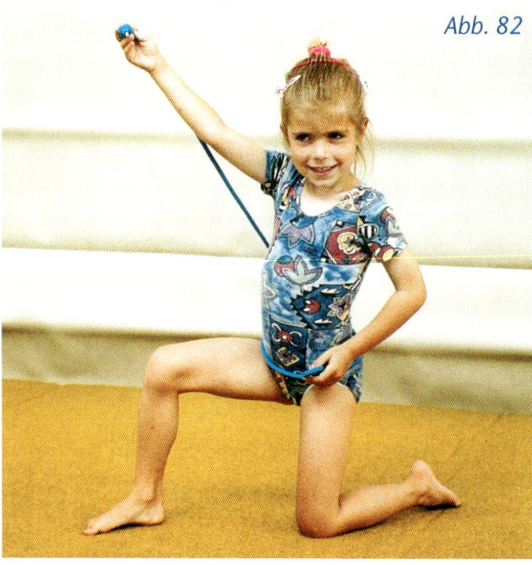

Abb. 82

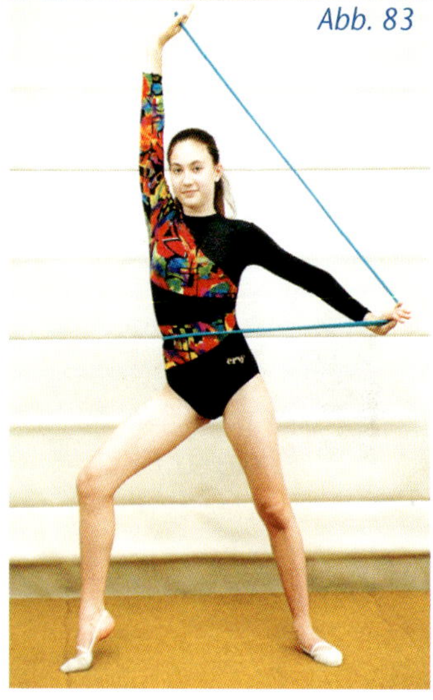

Abb. 83

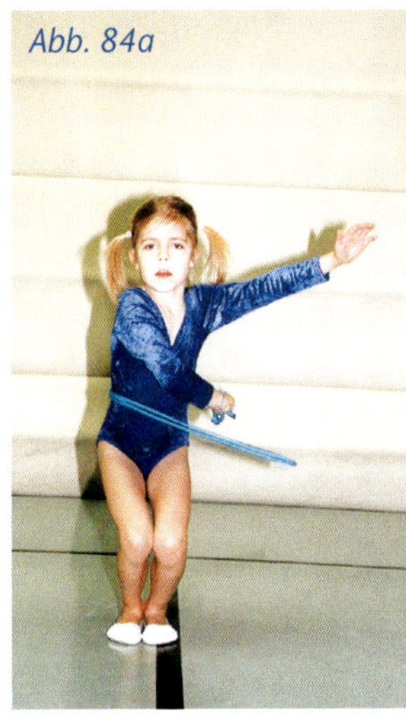
Abb. 84a

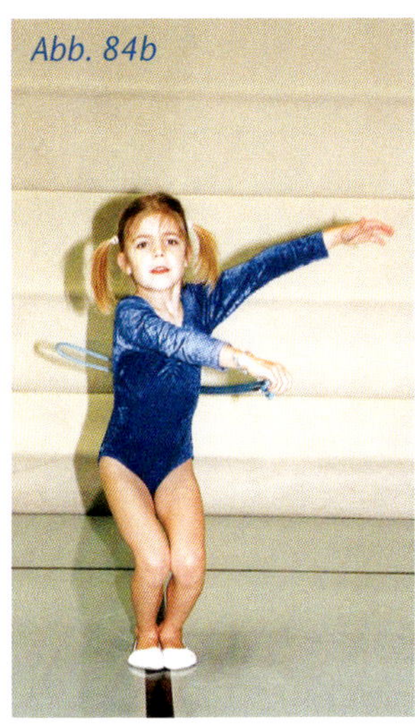
Abb. 84b

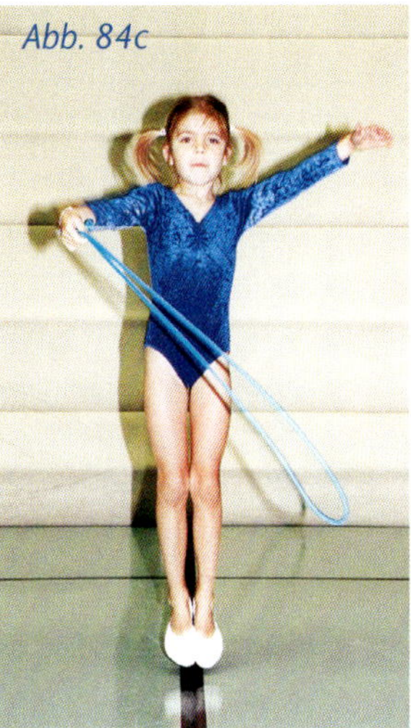
Abb. 84c

- Umwickeln der Taille einhändig (Abb. 84a).
  Auflösung: Durch Zug der Seilenden (Abb. 84b) wird der Richtungswechsel eingeleitet (Abb. 84c).

Hinweis:

Eine Drehung gegen die Bewegungsrichtung des Seils beschleunigt das Umkreisen. Bei einer Drehung in die Bewegungsrichtung des Seils muss der Impuls verstärkt werden, um ein „Abfallen" der Seilmitte zu verhindern.

- Umwickeln der Taille einhändig mit Fassen der Seilmitte (Abb. 85a).
  Auflösung: Herauswinden durch einen horizontalen Kreis einwärts über dem Kopf mit der Hand, die die Seilmitte gefasst hat (Abb. 85b), das Seil horizontal straff ziehen. *Variationsmöglichkeiten* ergeben sich

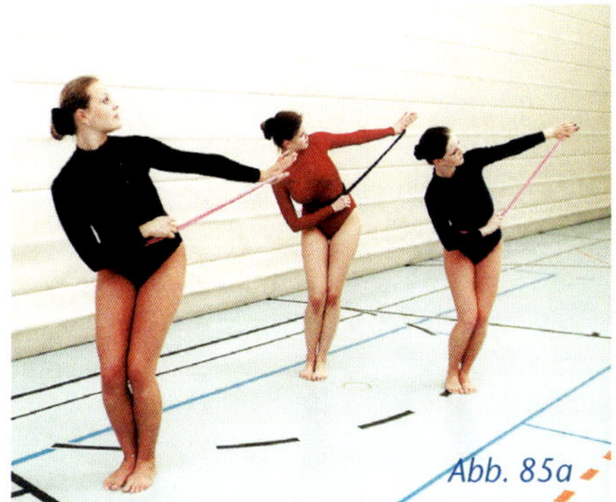
Abb. 85a

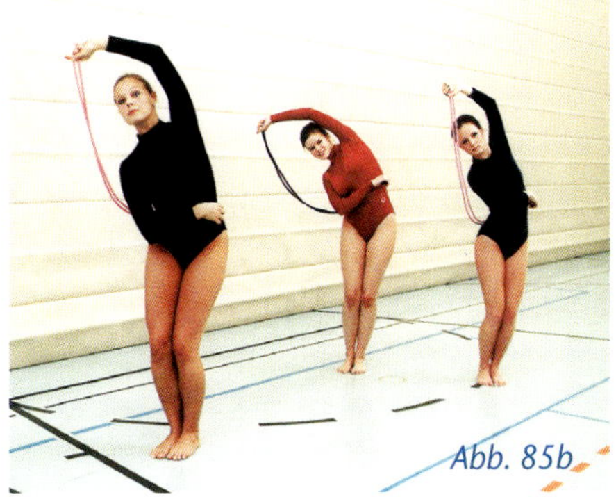
Abb. 85b

durch 1/2- und ganze Drehungen in und gegen die Bewegungsrichtung des Seils oder durch Veränderung der Ausgangsstellung.

- Umwickeln der Taille beidhändig mit geschlossener Seilschlinge.
  Auflösung: Am Ende des Auskreisens kann das Seil geöffnet werden (➔ Übergang zum „Ein- und Aussteigen").
- Umwickeln eines Oberschenkels durch Einsteigen in die offene Seilschlinge.
  Ausführung: Aus beidhändigem horizontalen Kreis nach links über dem Kopf mit dem linken Bein in die offene Seilschlinge (linker Arm in Hochhalte, rechter Arm in Tiefhalte) vorne oder hinten „einsteigen" (siehe Abb. 81a). Mit Zurücksetzen des linken Beins zum Ausfallschritt durch Auseinanderziehen der Arme (Abb. 86a) den rechten Oberschenkel umwickeln.
  Auflösung 1: Durch horizontalen Kreis nach rechts mit der linken Hand über dem Kopf und „Aussteigen mit dem linken Bein".

Hinweis:

Hierbei ist sowohl der Übergang zum horizontalen Kreisen nach rechts als auch zum sagittalen Kreisen rückwärts möglich (Abb. 86b).

Auflösung 2: Knoten wechseln, Schritt vorwärts oder rückwärts über das Seil und Übergang zu sagittalen Seilkreisen vorwärts oder rückwärts.

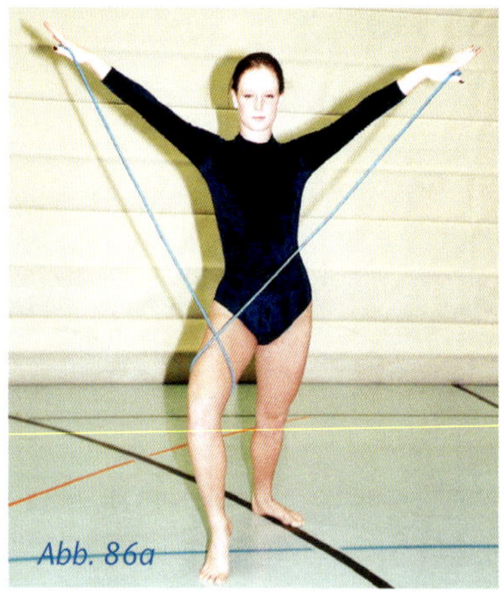

Abb. 86a

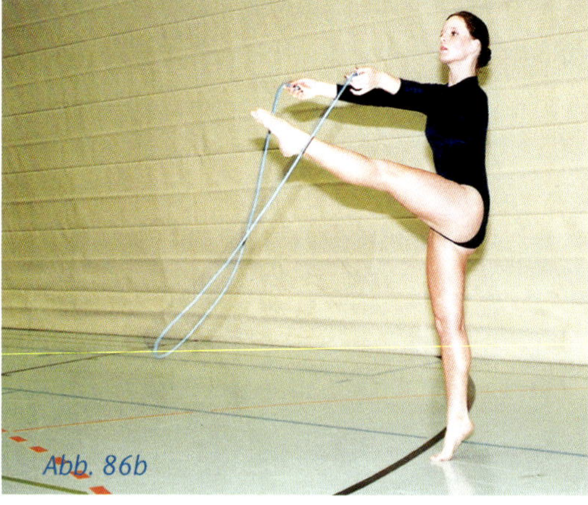

Abb. 86b

- Umwickeln beider Oberschenkel nacheinander durch Einsteigen in die offene Seilschlinge.
  Ausführung: Horizontaler Kreis mit offener Seilschlinge (rechter Arm in Hochhalte, linker Arm in Tiefhalte) von rechts nach links; mit

dem linken Bein in die nach vorne schwingende Schlinge „einsteigen“, das Seil durch Auseinanderziehen der Arme straffen (Abb. 87a).
Auflösung 1: Beide Arme kurz senken, das Seil lockern, das hintere Bein anheben und aus der Schlinge ziehen, Übergang zum sagittalen Kreisen rückwärts.
Auflösung 2: Linkes Seilende loslassen und durch Vorschwingen des rechten Beins nach vorne schleudern (Abb. 87b), mit der linken Hand fassen, bis zum Knoten durchziehen und straffen (Abb. 87c). Das Seil ist jetzt um den linken Oberschenkel gekreuzt. Auflösung durch horizontales Kreisen nach rechts mit der linken Hand über dem Kopf und gebeugtes Anheben des rechten Beins (Passé, Abb. 87d). Übergang zum sagittalen Kreisen rückwärts.

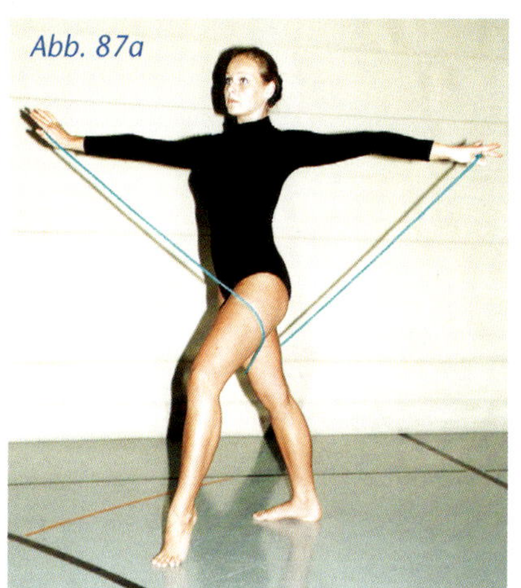
Abb. 87a

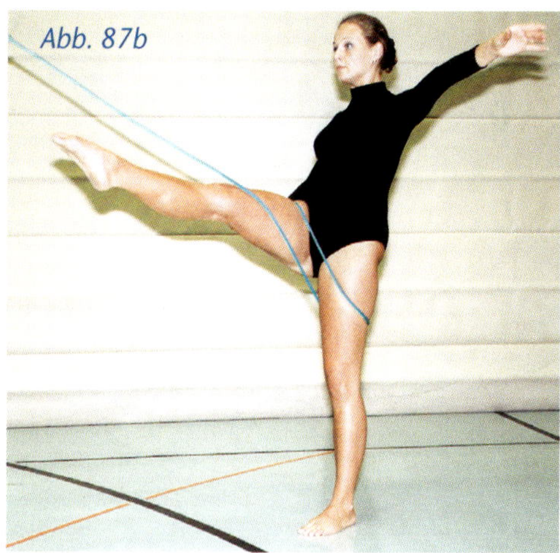
Abb. 87b

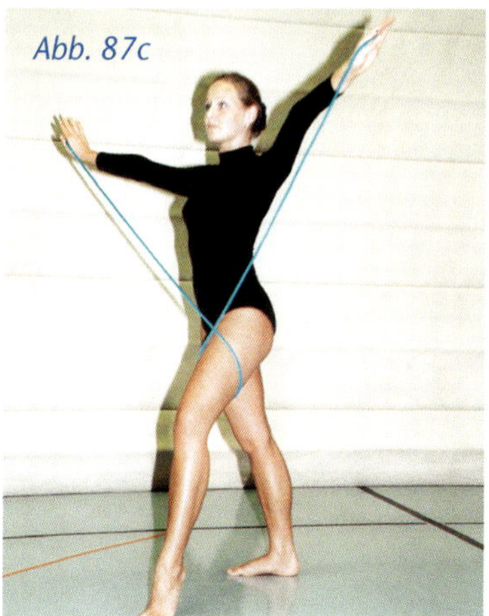
Abb. 87c

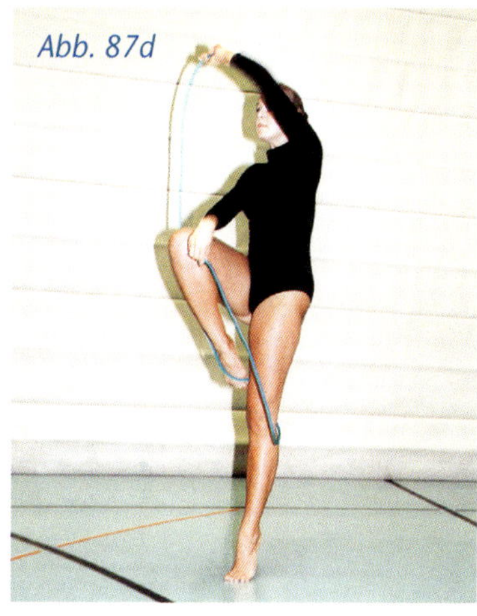
Abb. 87d

3.3.3 *Horizontale Spiralen mit dem Seil*

- Seilende „hochziehen" (Abb. 88a und b).
  Ausführung: Das Seil liegt am Boden, ein Seilende wird gefasst. Nach Hochziehen des gefassten Seilendes den anderen Knoten fangen.

Hinweis:

Die Hand, die den Seilknoten fasst, muss so lange in der Hochhalte bleiben, bis der freie Knoten gefangen ist.

Abb. 88a

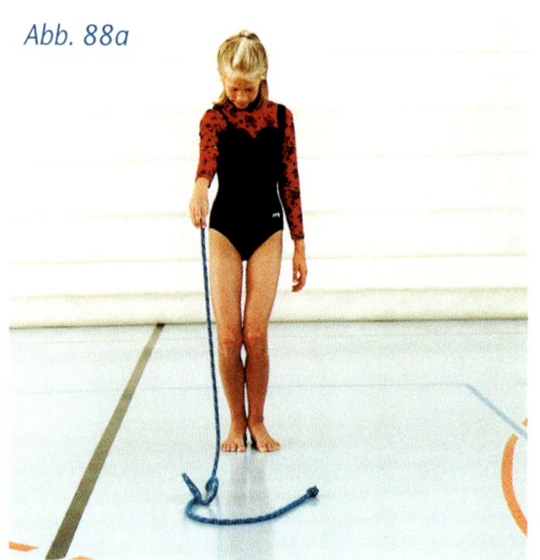

Abb. 88b

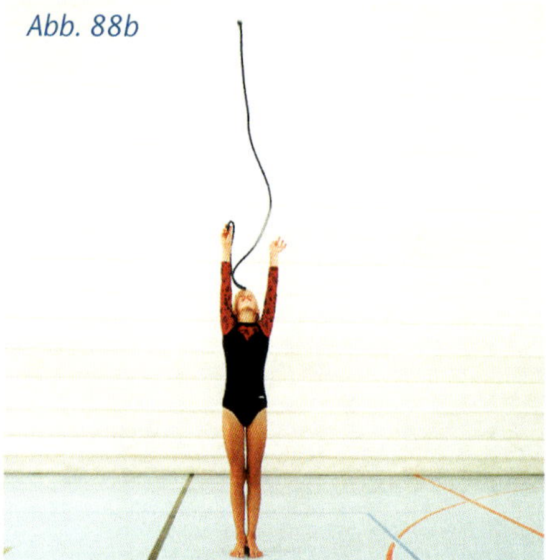

- Spirale einwärts vor dem Körper aus der Ruhelage, ein Seilknoten gefasst (Vorübung).
  Ausführung: Nach einem kleinen Handkreis einwärts vor dem Körper und anschließendem Hochziehen des Arms in die Vorhochhalte wird der andere Knoten gefangen.

Hinweis:

Durch den kleinen Handkreis beschreibt das Seil einen kleinen Kreis über dem Boden.

- Spirale einwärts mit dem Seil vor dem Körper aus dem Kreisen um die Taille.

Ausführung: Seil mit offener Seilschlinge einmal nach links um die Taille kreisen, die rechte Hand bleibt oben. Der linke Arm wird in den Rücken gelegt; das Seil wird aus der linken Hand an der rechten Körperseite losgelassen. Der rechte Arm stoppt den Seilkreis in der Vorhalte. Fortführung siehe oben (Vorübung).

- Achterspirale einwärts vor dem Körper und über dem Kopf (Schleuderelement).

  Ausführung: Begonnen wird wie in der vorhergehenden Übung. Nach der Spirale vor dem Körper (Abb. 89a) wird der eingedrehte rechte Arm in die Hochhalte genommen (Abb. 89b), mit zwei Handkreisen einwärts die spiralige Bewegung des Seils über dem Kopf fortgeführt (Abb. 89c). Gefangen wird das Seil nach dem Kreis vor dem Körper.

Hinweis:

Die Armbewegung (Kreis vor dem Körper, Kreis über dem Kopf – mit zwei Handkreisen) kann zunächst ohne Seil geübt werden. Es ist wichtig, dass zwei betonte kleine Handkreise in der Hochhalte durchgeführt werden. Der gesamte Bewegungsablauf kann fortlaufend wiederholt werden.

+ Gleichgewichtselement (z. B. Passé).
- Achterspirale auswärts vor dem Körper und über dem Kopf (Schleuderelement).

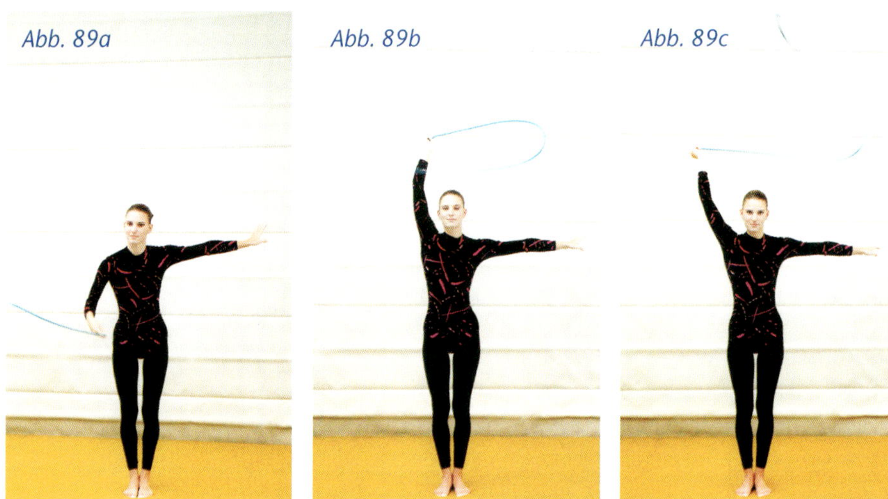

Abb. 89a *Abb. 89b* *Abb. 89c*

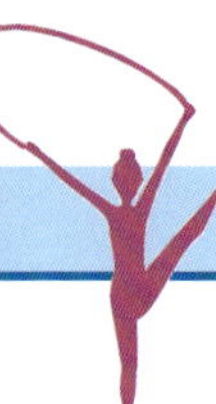

3.4 Wie entsteht eine Übungsverbindung mit dem Seil?

3.4.1 Didaktische Grundsätze

Nach dem Erlernen und Üben neuer Elemente bietet es sich an, eine kurze Übungsverbindung zusammenzustellen, um die Elemente unter veränderten Bedingungen zu üben, die Koordination zu verbessern, Übergänge zu automatisieren und die Motivation zu steigern. Beim Seil ist dies besonders wichtig, da auf Grund der Labilität des Geräts gerade die Übergänge große Schwierigkeiten machen. Je nach Technikform bzw. Element beginnt man im 4/4-Takt mit mindestens zwei Takten (z. B. zwei Schlusssprünge mit Zwischenfederung mit zwei Durchschlägen und einem sagittalen Achterkreis), besser aber mit vier Takten (z. B. acht Laufschritte vorwärts entsprechen schon zwei Takten). Bei der Musikauswahl ist vor allem zu Beginn eines Übungsprozesses und im Anfängerbereich auf eine klare Struktur zu achten, d. h., dass wiederholbare Phrasen (z. B. A-Teil und Refrain) in der Musik gleich lang sind (z. B. 4 x 4 Takte); dies erleichtert die Wiederholbarkeit.

Auf Musikteile mit Breaks (z. B. 2 x 4 Takte, 1/2-Takt, 2 x 4 Takte) sollte man zu Beginn verzichten.

Im fortgeschritteneren Stadium werden Verbindungen durch Zwischentakte, die mit „Füllseln" und Seilstopps ausgefüllt werden können, interessanter und spannender. Wichtig ist, die Auftaktbewegung bei vielen Seilelementen zu beachten, d. h., will man mit Laufschritten mit Seildurchschlag auf die Zählzeit 1 beginnen, muss man auf die Zählzeiten 3 und 4 des vorangegangenen Takts einen Anschwung ausführen.

Bei der Auswahl einer Musik für eine Übungsverbindung orientiert sich die gewählte Geschwindigkeit an der dominierenden Technik, z. B. für

- Schlusssprünge mittleres Tempo 120 bpm
- Laufschritte mittleres Tempo 130 bpm
- Hüpfen mittleres Tempo 96 bpm
- Kreisen mittleres Tempo 122 bpm

Je nach Bewegungsweite, Alter und Leistungsstand können die einzelnen Elemente auch langsamer oder schneller ausgeführt werden. Bei allen Kreisen hat man sowieso eine große Variationsbreite von sehr langsam (mit großem Körpereinsatz) bis sehr schnell (nur aus dem Handgelenk).

Innerhalb dieser verschiedenen Tempi können auf **vier Zählzeiten** z. B. folgende Elemente bzw. Technikformen angesetzt werden:

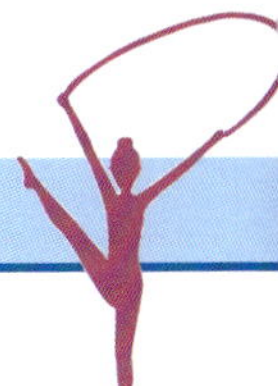

- Zwei Schlusssprünge mit Zwischenfederung mit Durchschlag.
- Vier Durchschläge im Einerlauf (also mit vier Laufschritten).
- Abwerfen und Fangen eines Seilknotens
- „Ein- und Aussteigen".
- Ein Achterkreis.
- Zwei langsame oder vier schnelle sagittale oder horizontale Kreise.
- Das Seil einmal um die Taille kreisen, die Seilmitte fassen.
- Anlauf und Sprung mit horizontalen Kreisen über dem Kopf.

3.4.2 *Wechsel der Kreisrichtung und Ebene*

Bei längeren Übungsverbindungen bzw. in Kombinationen sollten häufig Ebenenwechsel stattfinden. Dazu müssen entsprechende Übergänge gewählt werden.

Wechsel durch Seilstopps

- Stopp mit zweifach gefasstem Seil (siehe Abb. 60, S. 85).

  Ausführung 1: Aus *vertikalen* Kreisen einhändig (sagittal vorwärts oder rückwärts, frontal einwärts oder auswärts) mit der freien Hand die Seilmitte fassen und straff ziehen, die Seilmitte wieder loslassen und Kreise in die Gegenrichtung (= *Wechsel der Kreisrichtung)* oder das Seil in die gewünschte Ebene führen (= *Wechsel der Ebene).*

  Ausführung 2: Aus *horizontalen* Kreisen die Seilmitte fassen und das Seil über dem Kopf straff ziehen, die Seilmitte wieder loslassen und Kreise in die Gegenrichtung (= *Wechsel der Kreisrichtung)* oder das Seil in die gewünschte Ebene führen (= *Wechsel der Ebene).*

Hinweis:

Die Seilmitte kann aus dem Kreisen sofort gefangen werden; leichter ist es, mit der freien Hand das Seil nahe den Seilknoten locker zu umfassen und bis zur Seilmitte zu gleiten.

- Stopp mit vierfach gefasstem Seil.

  Ausführung: Aus vertikalen oder horizontalen Kreisen einhändig das Seil zweifach gefasst straff ziehen (wie oben), die Seilmitte zu den Knoten geben und das Seil dadurch vierfach nehmen; nach einem kurzen Seilstopp die Seilmitte in die neue Kreisrichtung oder Ebene auswerfen oder zu Kreisen mit verkürztem Seil in die gewünschte Bewegungsrichtung übergehen (= *Wechsel der Kreisrichtung oder der Ebene).*

- Stopp mit dreifach gefasstem Seil oder aus dem Kreisen mit verkürztem Seil (= *Wechsel der Kreisrichtung oder der Ebene).*
- *Wechsel der Kreisrichtung in der Vertikalen*: Alle in Kap. 3.2.4 beschriebenen Stopps und Wicklungen.

  Anmerkung: Bei einigen Stopps ist auch ein *Wechsel in die horizontale Ebene möglich.* Z. B. das Seil aus dem Rückschwung in Schrittstellung mit der linken Ferse stoppen, Gewichtsverlagerung auf den hinteren linken Fuß, das Seil durch einen Unterschenkelkreis auswärts um den Unterschenkel des vorderen rechten Beins wickeln und straff ziehen (Abb. 90a), durch Auswickeln mit der linken Hand auswärts (das linke Bein vom Boden lösen, zwei horizontale Kreise auswärts über dem Kopf) (Abb. 90b), Übergang zum horizontalen Kreisen. Erfolgt der Unterschenkelkreis mit dem rechten Bein einwärts, muss das Auswickeln mit der linken Hand auch einwärts erfolgen.

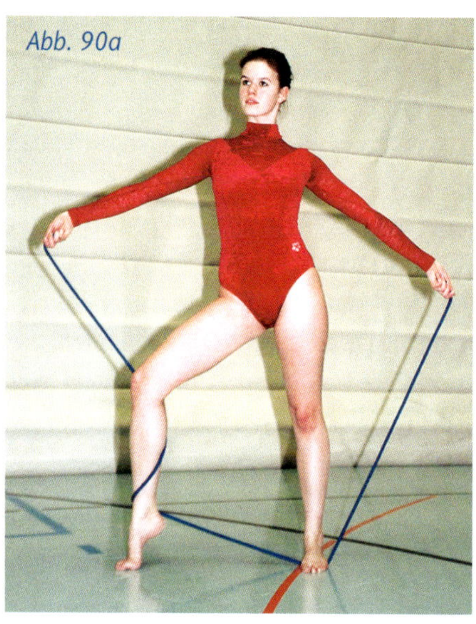
Abb. 90a

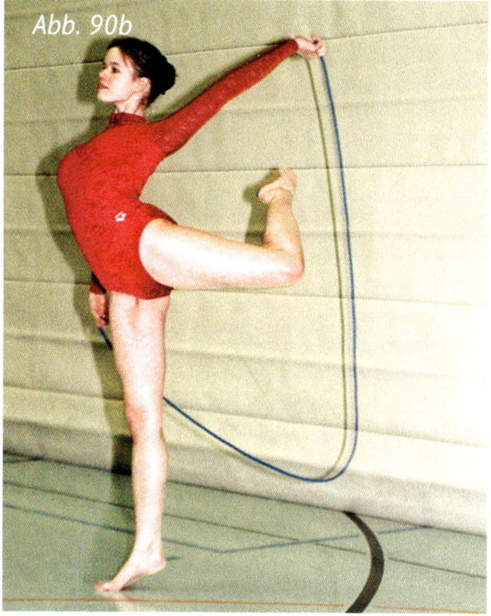
Abb. 90b

- *Wechsel der Kreisrichtung in der Horizontalen:* Alle in Kap. 3.3.2 beschriebenen Stopps und Wicklungen.

  Anmerkung: Bei einigen Stopps ist auch ein *Wechsel in die vertikale Ebene* möglich.

Wechsel durch Körperdrehung

- Aus sagittalen Kreisen vorwärts oder rückwärts Übergang zu Kreisen in die Gegenrichtung durch 1/2-Drehung (= *Wechsel der Kreisrichtung).*

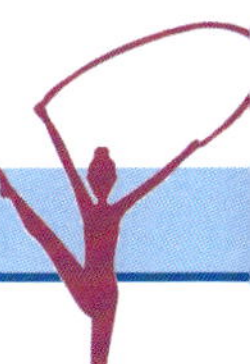

Hinweis:

Beim Kreisen vorwärts erfolgt die 1/2-Drehung, wenn die Seilschlinge ihren tiefsten Punkt durchläuft. Beim Kreisen rückwärts erfolgt die 1/2-Drehung, wenn die Seilschlinge ihren höchsten Punkt durchläuft.

- Aus frontalen Kreisen einwärts oder auswärts Übergang zu Kreisen in die Gegenrichtung durch 1/2-Drehung (= *Wechsel der Kreisrichtung).*
- Aus sagittalen Kreisen Übergang zu frontalen Kreisen durch 1/4-Drehung (= *Wechsel der vertikalen Ebene).*

Hinweis:

Am einfachsten ist es, wenn man sich zunächst zum Seil dreht (Kreisen mit der rechten Hand, rechts herumdrehen).

Wechsel durch Ausschwingen

- Aus einer vertikalen Seilbewegung (ein- oder beidhändig gefasst) das Seil an einer Körperseite oder vor dem Körper ausschwingen lassen und dann Übergang in horizontales Kreisen über dem Kopf (= *Wechsel von der vertikalen in die horizontale Ebene).*

Hinweis:

Am leichtesten ist der Ebenenwechsel durch eine Körperdrehung in der gleichen Richtung.

- Aus einer vertikalen Seilbewegung (ein- oder beidhändig gefasst) das Seil an einer Körperseite oder vor dem Körper ausschwingen lassen und Übergang in Kreisen in die Gegenrichtung (= *Wechsel der Kreisrichtung).*

Wechsel durch schnelles Kreisen

- Aus horizontalen Kreisen über dem Kopf über einen Diagonalkreis zum vertikalen Kreisen (= *Wechsel von der horizontalen in die vertikale Ebene).*

Hinweis:

Bei Kreisen linksherum mit der rechten Hand (Kreise einwärts) erfolgt der Diagonalkreis links neben dem Körper.

- Mit schnellem Seilkreisen (= *Wechsel von der vertikalen in die horizontale Ebene).*

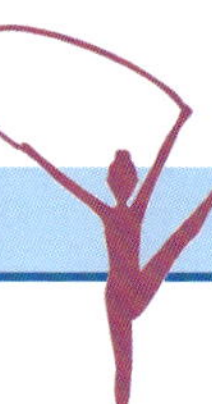

Wechsel durch Werfen

- Abwerfen eines Seilendes aus einem sagittalen Kreis rückwärts oder aus einem frontalen Kreis auswärts, fangen und sofort Kreise in die Gegenrichtung (= *Wechsel der Kreisrichtung).*
- Abwerfen beider Seilenden aus einem sagittalen Kreis rückwärts, fangen und sofort übergehen in sagittale Kreise vorwärts (= *Wechsel der Kreisrichtung).*
- Bei sehr guter Seilbeherrschung ist in Verbindung mit schnellem Kreisen auch ein *Wechsel in die horizontale Ebene* möglich.

3.4.3 „Füllsel"

Unter „Füllseln" verstehen wir Elemente, die entweder

- keine Schwierigkeit darstellen und nur als Übergang verwendet werden,
- oder zum Wechsel der Ebenen dienen,
- oder als Führungen in Verbindung mit bestimmten Körpertechniken eine Übung interessanter gestalten,
- oder keiner der bisher behandelten Technikgruppen zuzuordnen sind.

Ausgangshaltung: Verschiedene Führungen mit dem zweifach oder mehrfach gefassten, gestrafften Seil.

- Schlussstand, Seil in der Vor- oder Hochhalte, Senken eines Arms in die Tiefhalte und zurück in die Ausgangsstellung mit Schlussfederung.
- Grätschstand, Seil horizontal über dem Kopf, abwechselnd rechte und linke Hand nach vorne führen, dabei jedes Mal die Knie leicht beugen (2. Pos. Plié).
- Kreuzschritte, dabei das Seil diagonal nach rechts und links führen (Oberkörperverwringung; Abb. 91).
- Das Seil gestrafft in der Bewegung mitführen, z. B. Step-Touch nach rechts, Step-Touch nach links, Zwei-Schritt-Drehungen nach rechts (= 2 x 4 ZZ).
- Aus dem Stand in verschiedene Bodenlagen kommen.
- Gleichgewichtselemente.

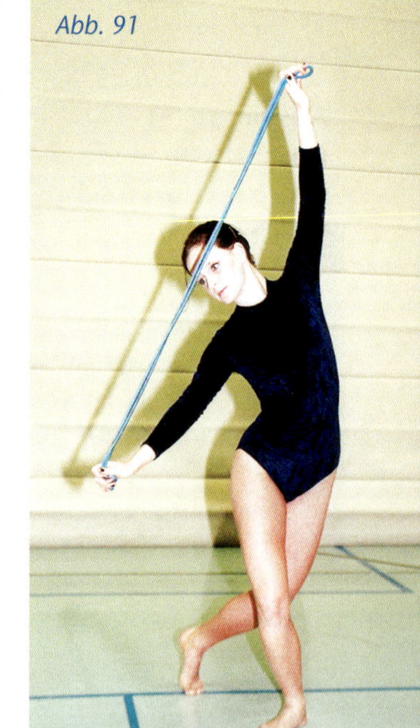

Abb. 91

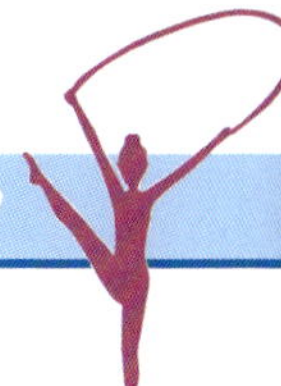

Ausgangshaltung: Das Seil zweifach oder dreifach gefasst in Vorhalte.

- Kreisen vorwärts in Vorhalte mit verschiedener Körpertechnik, z. B. Geh- oder Laufschritte oder Hüpfen.
- Kreisen vorwärts in Vorhalte in verschiedenen Lagen und Ständen (z. B. in der Rückenlage, im Kniestand, in der Standwaage).
- Kreisen vorwärts, dabei die Position des Seils verändern, z. B. von der Tiefhalte bis zur Hochhalte mit Körperwelle oder Gleichgewichtselement.
- Übersteigen des Seils eventuell mit Kreisen vorwärts.
- Überspringen des Seils eventuell mit Kreisen vorwärts.

Ausgangsstellung: Das Seil doppelt mit einem Knoten um die Taille geschlungen (die Knoten hängen nach links).

- In Verbindung mit tänzerischen Elementen (als Anfang-, Schluss- oder Zwischenteil möglich), keine Seilbewegung.

Hinweis:

Ein möglicher Übergang ist z. B. aus horizontalem Kreis über dem Kopf, das Seil um die Taille wickeln und verknoten (Drehung, Pose, usw.).

3.4.4 Kurze Verbindungen in der vertikalen Ebene

Musikvorschläge siehe Kap. 3.7.

1. Übungsverbindung: Umwickeln eines Oberarms, Seilstopps (sagittale Ebene).

Ausgangsstellung: Schlussstand, Seil hinter dem Körper beidhändig gefasst.
Bpm: 124, im 4/4-Takt

Takt	ZZ	Körperbewegung	Geräteführung
1	1-4	Schlussstand	Sagittaler Achterkreis vorwärts beidhändig.
2-3	1-8	Vier Schlusssprünge mit Zwischenfederung.	Vier Durchschläge vorwärts.
4	1-4	Laufschritte vorwärts.	Umwickeln eines Oberarms mit dem linken Seilende (Knoten bleibt gefasst) vorwärts (siehe Abb. 64).

5	1-4	Senken zum einbeinigen Kniestand und 1/2-Drehung.	Kurzer Seilstopp, dann Auskreisen des Oberarms.
6	1-6	Aufrichten zum Schlussstand.	Weiter Auskreisen des Oberarms.
7	1-4	Fersen heben und senken.	Ein sagittaler Kreis rückwärts mit offener Seilschlinge und Abstoppen des Seils unter den Fersen.
8	1-2	1/4 Drehung, gesprungen	Beide Seilenden sind straff gezogen.
	3-4	Fersen heben.	Anschwung.

Wiederholung der Übungsverbindung in eine neue Bewegungsrichtung. Nach vier Durchgängen befindet man sich wieder am Ausgangsplatz.

2. Übungsverbindung: Schlusssprünge mit Durchschlag vorwärts und rückwärts, frontale Kreise mit Kreuzschritt (mit Ebenenwechsel).

Ausgangsstellung: Schlussstand, das Seil hinter dem Körper beidhändig gefasst.
Bpm: 120, im 4/4-Takt

Takt	ZZ	Körperbewegung	Geräteführung
1-2	1-6	Drei Schlusssprünge mit Zwischenfederung.	Drei Durchschläge vorwärts.
	7-8	1/2-Drehung links.	Seil an der linken Körperseite vorbeischwingen.
3-4	1-8	Vier Schlusssprünge mit Zwischenfederung.	Vier Durchschläge rückwärts.
5	1-4	1/4-Drehung rechts.	Zwei frontale Kreise auswärts (linkes Seilende in die rechte Hand übergeben).
6	1-4	Ein Kreuzschritt nach rechts (Schritt links über Kreuz beginnen).	Zwei frontale Kreise auswärts.
7	1-4	Takt 6 wiederholen.	
8	1-4	1/4-Drehung rechts.	Sagittaler Achterkreis vorwärts einhändig, am Ende einen Knoten in die linke Hand übergeben (beidhändige Fassung).

Variation: Bewegungsablauf anstatt mit Schlusssprüngen mit Laufschritten in der Fortbewegung wiederholen („Reihen im Strom").

3.4.5 Kurze Verbindungen in der horizontalen Ebene

1. Übungsverbindung: Seil zweifach, „ein- und aussteigen".

Ausgangsstellung: Schlussstand, das Seil zweifach locker in Vorhalte.
Bpm: 112-116, im 4/4-Takt

Takt	ZZ	Körperbewegung	Geräteführung
1	1-4	Vier Gehschritte vorwärts mit Überkreuzen (Spielbein im Passé).	Kreisen des Seils in Vorhalte, am Ende hochführen in die Hochhalte.
2	1-2	1/2-Drehung links.	Linke Hand vom Seil lösen. Ein horizontaler Kreis links über dem Kopf.
	3-4	Eine Schlussfederung.	Ein horizontaler Kreis links über dem Kopf beidhändig.
3-4	1-6	Links rückspreizen mit 1/2-Drehung links, rechts vorspreizen mit weiterer 1/2-Drehung links.	Mit horizontalem Kreis mit offener Seilschlinge „ein- und aussteigen" (siehe Abb. 81a und b). Linken Knoten in die rechte Hand geben.
	7-8	Schlussstand.	Seil doppelt gefasst horizontal straff ziehen.
5	1-4	Zwei Schlussfederungen.	Horizontale Kreise über dem Kopf einhändig.
6	1-4	Anlauf, Pferdchensprung (oder Laufsprung, Schersprung usw.).	Horizontale Kreise über dem Kopf.
7	1-2	Zwei Schritte vorwärts.	Seil einmal um die Taille wickeln, Seilmitte mit der linken Hand fassen und straffen (siehe Abb. 85a).
	3-4	Schlussstand mit gebeugten Beinen, leichte Rumpfneigung seitwärts.	
8	1-4	Aufrichten.	Aus dem Seil herauswinden (siehe Abb. 85b) und Seil locker doppelt gefasst in Vorhalte.

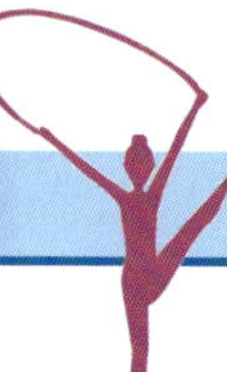
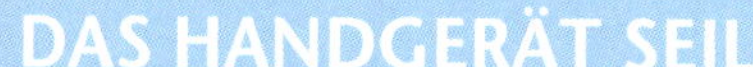

2. Übungsverbindung: Horizontales Umwickeln der Taille und der Beine, Bodenteil.

Ausgangsstellung: Schlussstand mit gebeugten Beinen, das Seil offen an der rechten Körperseite.
Beats: Etwa 116, im 4/4-Takt

Takt	ZZ	Körperbewegung	Geräteführung
1-2	1-6		Ein horizontaler Kreis über dem Kopf nach links, das Seil beidhändig mit offener Seilschlinge nach links um die Taille wickeln, rechte Hand bleibt oben.
	7-8	Ganze Drehung rechts.	Auswickeln.
3-4	1-8	Weiterdrehen und über den einbeinigen Kniestand,	Beide Seilenden in die linke Hand übergeben und weiter einwärts horizontales Kreisen über dem Kopf.
		zur Bauchlage kommen.	Das Seil über den Boden schwingen und Seilmitte mit der rechten Hand fassen (vorm Kopf).
5	1-2	Über den einbeinigen Kniestand aufstehen.	Das Seil doppelt gefasst in Tiefhalte.
	3-4	Sprung in den Grätschstand, Arme in die Tiefhalte, dann zur Hochhalte führen.	Das Seil straffen.
6	1-4	Zwei Pliés, dabei die linke, dann die rechte Hand nach vorne führen.	Das Seil bleibt horizontal gestrafft.
7-8	1-8	Schlussstand, Oberkörper vorgeneigt.	Rechte Hand von der Seilmitte lösen. Das Seil einmal um die Beine wickeln, durch Zug sofort Richtungswechsel einleiten. Kreis auswärts in der Hochhalte. Einen Knoten in die rechte Hand übergeben und horizontaler Seilkreis nach links mit offener Seilschlinge.

3.4.6 Übungsverbindungen in allen Ebenen

1. Übungsverbindung (am Ort und in der Fortbewegung): Durchschläge mit Schlusssprüngen und Laufschritten.

Ausgangsstellung: Schlussstand, das Seil zweifach in Hochhalte gespannt, Seilenden in der rechten Hand.
Bpm: 124, im 4/4-Takt

Takt	ZZ	Körperbewegung	Geräteführung
1	1-4	Zwei Schlussfederungen – Ausdruck!	Abwechselndes Senken des rechten und des linken Arms (oder umgekehrt).
2	1-4		Ein vertikaler Achterkreis, am Ende ein Seilende in die linke Hand geben.
3	1-4	Vier Laufschritte.	Zwei Durchschläge.
4	1-4	Vier Laufschritte.	Vier Durchschläge.
5	1-4	Zwei Schlusssprünge mit Zwischenfederung.	Zwei Seildurchschläge.
6	1-4	Vier Schlusssprünge ohne Zwischenfederung.	Vier Seildurchschläge.
7	1-4	Kleine Schrittstellung, vorderer Fuß mit Ferse aufgestellt.	Das Seil unter den vorderen Fuß schwingen und straff ziehen (siehe Abb. 63).
8	1-4		Die Seilenden in die rechte Hand übergeben, Seilmitte mit der linken Hand vom Fuß nehmen und horizontal über dem Kopf straff ziehen.

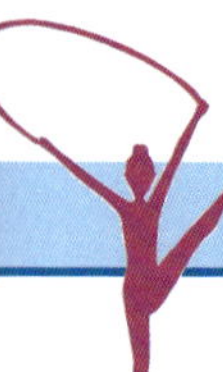

2. Übungsverbindung (am Ort): Seilstopps, Seilwurf.

Ausgangsstellung: Schlussstand, das Seil hinter dem Körper beidhändig gefasst.
Bpm: 116, im 4/4-Takt

Takt	ZZ	Körperbewegung	Geräteführung
1	1-2	Schlussstand.	Ein sagittaler Kreis vorwärts.
	3-4	1/4-Drehung links. Mit linkem Fuß auf das Seil steigen (siehe Abb. 61).	Seil beidhändig geöffnet frontal vor den Körper schwingen, (linke Seite etwa 2/3 der Seillänge), spannen.
2	1-4	Mit dem rechten Fuß auf dem Seil zum Seilende „rutschen".	Rechte Hand vom Seil lösen (Abb. 92a).
3	1-2	Rechten Arm hoch- und tiefstrecken.	
	3-4	Schritt links rückwärts (vom Seil hinunter).	Mit der linken Hand einen horizontalen Kreis rechts über den Kopf (Abb. 92b).
4	1-2	Schritt links und rechts vorwärts (vom Seil hinunter).	Seilende nach vorne ziehen und mit rechter Hand fangen (Abb. 92c).
	3-4	1/2-Drehung links.	Sofort Seil an der linken Körperseite vorbeischwingen und
5	1-2	Zwei Schlusssprünge.	zwei Durchschläge rückwärts.
	3-4	Schrittstellung.	Kleiner Wurf nach vorne oben, im mittleren Drittel fangen (Abb. 77).
6	1-4		Die Seilknoten kreisen sagittal vorwärts.
7	1-4	Hocksprung über Seilmitte.	Das Seil durch die Hände bis zu den Knoten gleiten lassen und straff ziehen.
8	1-4		Anschwung und ein sagittaler Kreis vorwärts an der linken Körperseite.

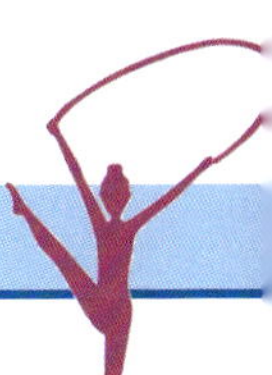

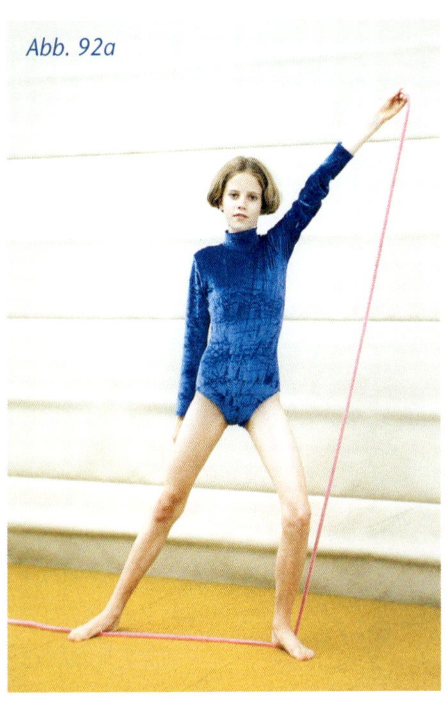

Abb. 92a

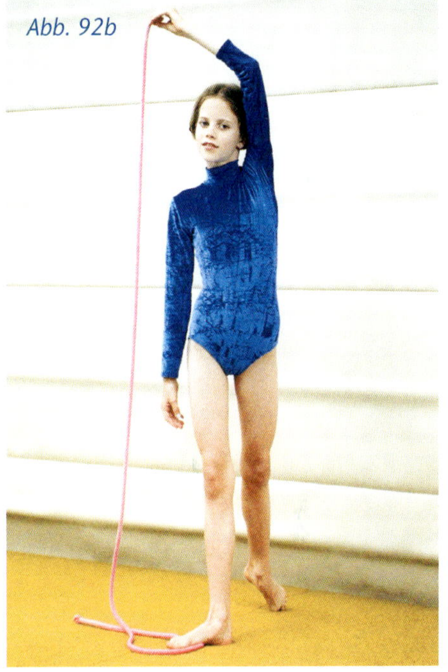

Abb. 92b

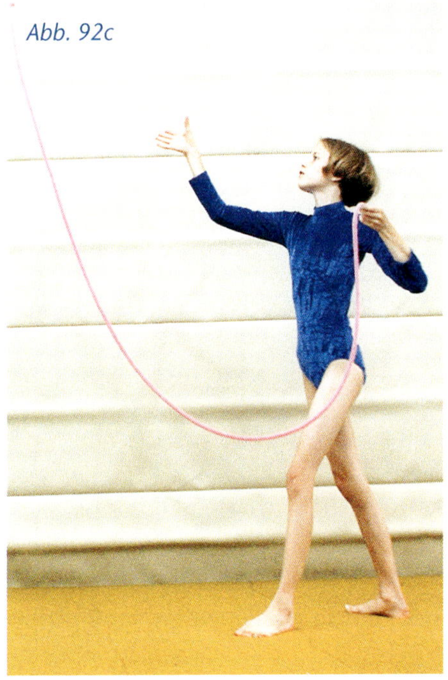

Abb. 92c

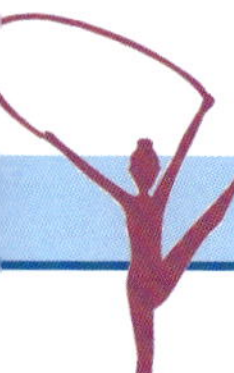
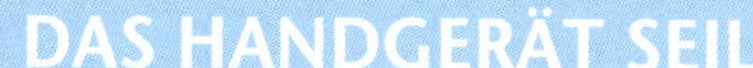

3. Übungsverbindung: Verkürzte Seilkreise, vierfach gefasstes Seil.

Ausgangsstellung: Die Seilenden in der rechten Hand gefasst.
Bpm: 108, im 4/4-Takt

Takt	ZZ	Körperbewegung	Geräteführung
1	1-4	Vier Schritte vorwärts.	Ein sagittaler Achterkreis vorwärts.
2	1-4	Vier Schritte vorwärts.	Zwei sagittale Achterkreise vorwärts (doppeltes Tempo).
3	1-2	Schritt vorwärts, Spielbein Passé.	Die Seilknoten in die linke Hand geben, mit der rechten Hand in das Seil greifen und das Seil verkürzt an der linken Körperseite sagittal kreisen.
	3-4	Wiederholen mit anderem Fuß.	Weiterkreisen.
4	1-2	1/2-Drehung zum Grätschstand.	Die Seilmitte mit der linken Hand fassen.
	3-4	Die Arme zur Hochhalte führen.	Seil vierfach gespannt.
5	1-4		Ein horizontaler Achterkreis.
6	1-4	Wiegeschritt, dabei Arme zur Tiefhalte, dann zur Hochhalte führen.	
7	1-3	Takt 6 wiederholen.	
	4		Die Seilmitte nach links auswerfen (Seil doppelt).
8	1-3		Frontaler Achterkreis auswärts (vor und hinter dem Kopf).
	4	1/4-Drehung links.	Den Seilknoten in die rechte Hand übergeben.

Wiederholung der Übungsverbindung in eine neue Bewegungsrichtung. Nach vier Durchgängen befindet man sich wieder am Ausgangsplatz.

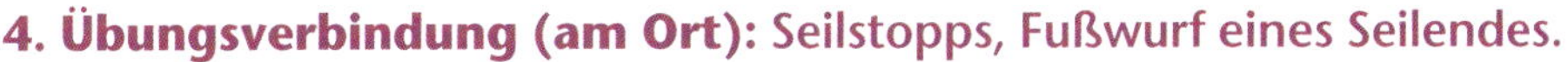

4. Übungsverbindung (am Ort): Seilstopps, Fußwurf eines Seilendes.

Ausgangsstellung: Schlussstand, Seil zweifach, auf der linken Körperseite so vertikal gestrafft, dass die Knoten oben mit der rechten und die Seilmitte unten mit der linken Hand gehalten wird.
Bpm: 130, im 4/4-Takt

Takt	ZZ	Körperbewegung	Geräteführung
1	1-4	Zwei Step-Touch vor und rück.	Linke Hand von der Seilmitte lösen. Ein sagittaler Achterkreis vorwärts, am Ende einen Knoten in die linke Hand übergeben.
2	1-2	Rechten Fuß vorstellen, linkes Bein gebeugt, rechter Fuß mit der Ferse aufgestellt.	Das Seil unter die rechte Ferse schwingen und straff ziehen.
	3-4	Fuß in Pointstellung, Oberkörper aufrichten.	
3	1	Gewicht auf den rechten Fuß. Linkes Knie im Passé durch Drehen des Beckens einwärts drehen (Abb. 93a).	
	2	Linkes Knie im Passé durch Drehen des Beckens auswärts drehen.	
	3-4	Linken Fuß wieder zurücksetzen.	
4	1-2	Hände zusammenführen, Kopf senken.	Seilenden so wechseln, dass das rechte vor dem linken Ende ist (→ Seil über Kreuz).
	3-4	Hände wieder auseinander führen, Kopf heben.	
5	1-2	Linkes Knie im Passé durch Drehen des Beckens einwärts drehen. Linkes Knie im Passé durch Drehen des Beckens auswärts drehen.	
	3	Schritt links vorwärts auf dem Ballen, Knie gebeugt (Abb. 93b).	

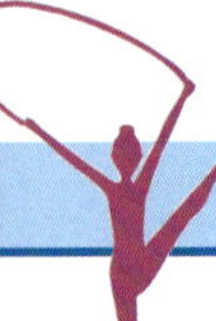

	4	Ferse aktiv nach unten drücken.	Linke Hand hinter den Rücken führen.
6	1-3	Rechtes Bein vorstrecken.	Linken Seilknoten loslassen, das freie Seilende schwingt nach vorne (siehe Abb. 74).
	4	Schrittstellung.	Linken Seilknoten vor dem Körper mit der linken Hand fangen.
7	1-4	Schließen zum Schlussstand.	Ein sagittaler Achterkreis vorwärts.
8	1-4	Beugen ins Plié, Rumpf vorbeugen.	Seil an der linken Körperseite so straffen wie in der Ausgangsstellung.

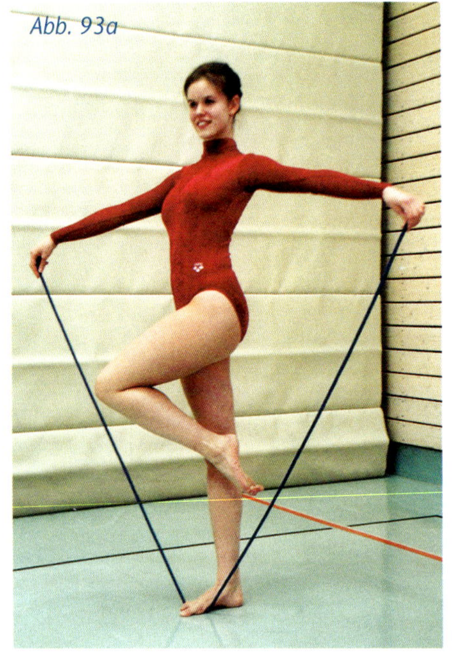

Abb. 93a

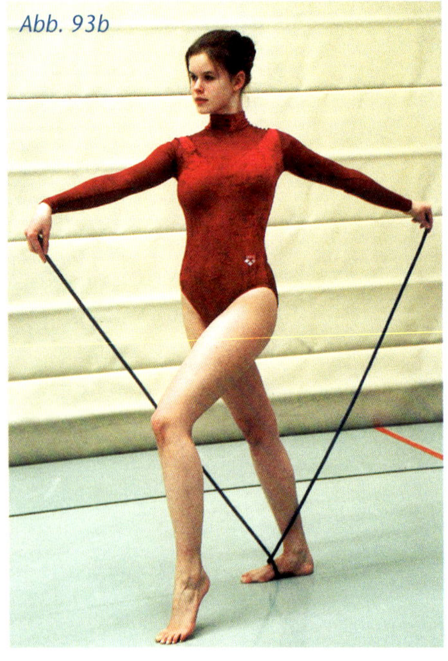

Abb. 93b

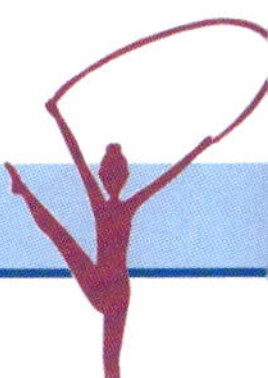

5. Übungsverbindung (am Ort): Seilstopps, Seilwurf.

Ausgangsstellung: Ausfallschritt links, das Seil beidhändig offen gefasst vor dem Körper, durch den linken Unterschenkel gestrafft.
Bpm: 122, im 4/4-Takt

Takt	ZZ	Körperbewegung	Geräteführung
1	1-4		Horizontaler Kreis nach links mit der rechten Hand über dem Kopf.
2	1-4	Mit linkem Bein in die Schlinge vor dem Körper steigen. Linker Fuß aufgezeht, Kopf senken.	Seil durch Auseinanderziehen der Arme straffen (siehe Abb. 87a).
3	1-2	Gewicht auf den linken Fuß und rechts vorspreizen.	Linkes Seilende loslassen und mit dem rechten Bein „vorschleudern" (siehe Abb. 87b).
	3-4	Rechtes Bein zum Ausfallschritt links wieder zurücksetzen.	Seilknoten vor dem Körper mit der linken Hand wieder fassen, Seil durch Auseinanderziehen der Arme straffen (siehe Abb. 87c).
4	1-4	Rechtes Bein anwinkeln.	Horizontaler Kreis nach rechts mit der linken Hand, dabei mit dem rechten Bein aus dem Seil aussteigen (siehe Abb. 87d).
5	1-4	Zum Schlussstand schließen.	Achterkreis rückwärts (auf der rechten Körperseite beginnend).
6	1-4		Das Seil nach vorne oben abwerfen und im mittleren Drittel mit geöffneten Armen fangen (siehe Abb. 77).
7	1-4	Rumpfvorbeugen im Plié.	Seil durch Parallelarmkreis rückwärts hinter den Körper schwingen, mit den Händen zu den Seilenden vorrutschen (Arme in Vorhalte) und

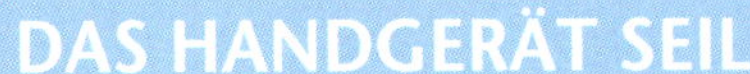

8	1 2 3-4	 Körper strecken. Ausfallschritt links.	das Seil durch das Gesäß spannen. Seil nach vorne hochschwingen. Seil beidhändig offen gefasst (Arme leicht nach hinten strecken, Seil durch den linken Unterschenkel gestrafft).

6. Übungsverbindung (am Ort): Vierfach gefasstes Seil, Wicklungen, Werfen und Fangen eines Seilendes.

Ausgangsstellung: Seil vierfach gefasst in Hochhalte (Knoten in der rechten Hand).
Bpm: 116, im 4/4-Takt

Takt	ZZ	Körperbewegung	Geräteführung
1	1-4	Wiegeschritt.	Seilmitte nach vorne auswerfen und ein sagittaler Achterkreis vorwärts einhändig rechts, einen Seilknoten in die linke Hand übergeben.
2	1-2	Zwei Laufschritte vorwärts (links, rechts).	Ein Durchschlag.
	3-4	Schritt links vorwärts und das rechte Bein ins Passé.	Aus einem sagittalen Kreis vorwärts an der rechten Körperseite linkes Seilende um den rechten Oberarm wickeln, Seilmitte mit dem rechten Unterschenkel straff ziehen (siehe Abb. 65a).
3	1-2	Mit 1/2-Drehung links kleiner Sprung auf den linken Fuß.	
	3-4	Rechtes Bein nach vorne spreizen.	Anschwung und Übergabe des linken Knotens in die rechte Hand.

4	1-4	Rechten Fuß zum Schlussstand an den linken heransetzen.	Sagittales Kreisen rückwärts an der rechten Körperseite.
5-6	1-8	Laufschritte vorwärts.	Ein Seilende nach rückwärts abwerfen und in der Vorhalte wieder fangen (siehe Abb. 71b), Rückschwung an der rechten Körperseite.
7	1-4	1/2-Drehung links gehen.	Beide Seilenden in die rechte Hand geben, mit der linken Hand die Mitte des doppelten Seils greifen und horizontale Kreise auswärts (nach links) über dem Kopf mit verkürztem Seil.
8	1-4	Schlussstand, die Arme in Hochhalte führen.	Die Seilmitte mit der rechten Hand fassen und das Seil spannen (vierfach).

3.5 Spielerische Übungsformen mit einem oder mehreren Seilen

Zu dritt mit einem Seil

- Zwei stehen sich gegenüber und kreisen das Seil, der Dritte führt Schlusssprünge über das Seil aus (Abb. 94).
- Zwei stehen sich gegenüber und kreisen das Seil, der Dritte läuft oder springt fortwährend über das Seil.

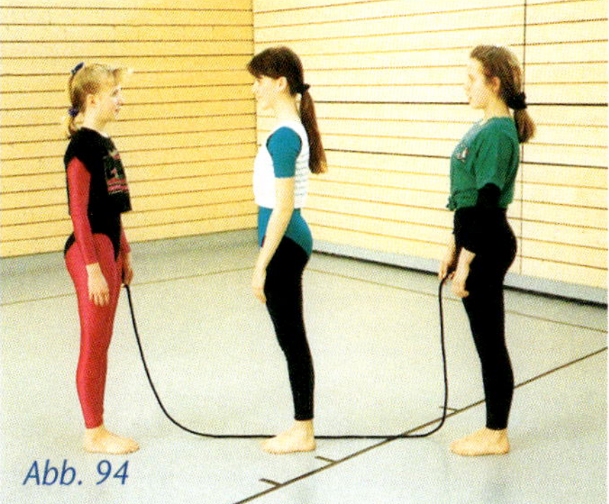
Abb. 94

- Wie oben: Während das Seil bereits kreist, muss der Dritte versuchen, hinein- und herauszulaufen oder im Seil zu springen.

Zu zweit mit einem Seil

- Jeder hält ein Seilende mit der rechten Hand, einer führt Schlusssprünge über das Seil aus.
- Beide stehen nebeneinander und halten mit der äußeren Hand je ein Seilende: Schlusssprünge mit Durchschlag vorwärts.
- Während der eine Schlusssprünge mit Durchschlag vorwärts ausführt, steht der andere dicht vor ihm und springt mit (Abb. 95); zu Beginn steht der Größere hinten.

Abb. 95

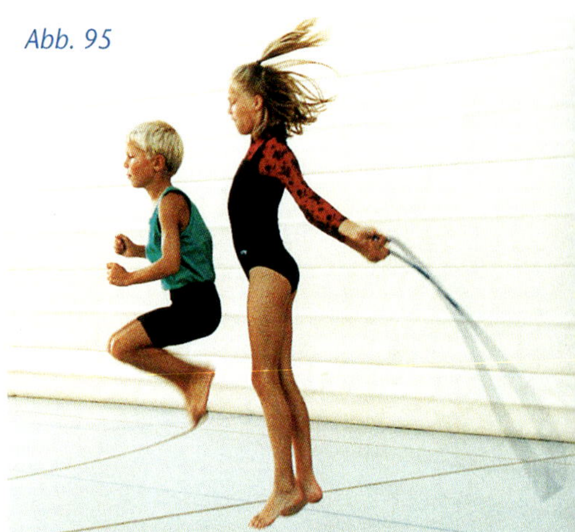

Zu zweit mit zwei Seilen

- Beide stehen nebeneinander und halten mit der inneren Hand das Seilende des Partners: Schlusssprünge mit Durchschlag vorwärts.

> **Hinweis:**
>
> **Diese Übung kann nicht unbegrenzt wiederholt werden, da sich die beiden Seile umeinander wickeln.**

Zu dritt mit drei Seilen

- Alle drei stehen nebeneinander und führen Schlusssprünge aus, wobei die beiden Äußeren das Seil des Mittleren mitkreisen und dieser, ohne ein Seil zu kreisen, mitspringt.
- Wie oben: Der Mittlere hält je ein Seilende der Äußeren (Abb. 96).

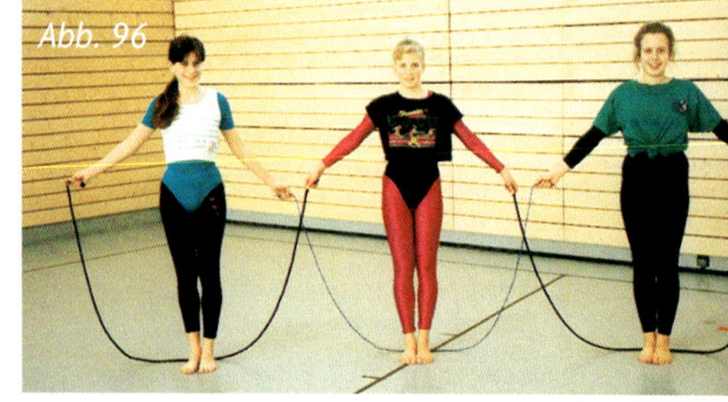

Abb. 96

Zu mehreren, jeder Zweite hat ein Seil

- Die Übenden stehen in Stirnreihe, jeweils die Ersten, Dritten, Fünften usw. kreisen die Seile, die anderen führen Schlusssprünge aus (Abb. 97).

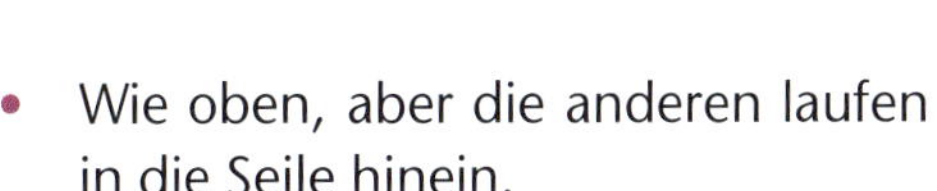

- Wie oben, aber die anderen laufen in die Seile hinein.
- Wie oben, aber die Kreisenden stehen in einem Kreis.

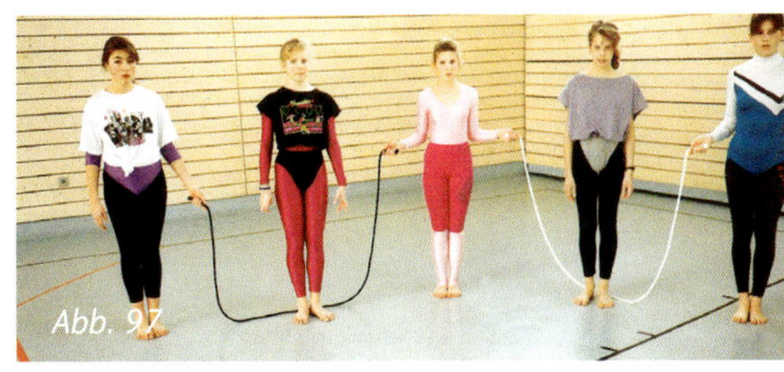

Abb. 97

3.6 Übungsformen mit dem langen Seil

3.6.1 Allgemeines

Das lange Schwungseil kann entweder aus mehreren kleinen Sprungseilen zusammengeknotet oder als Meterware bestellt werden. Die Länge sollte je nach Übungsform zwischen 9 m und 12 m betragen.

3.6.2 Übungsformen mit langen Seilen, die parallel kreisen

a) Durchlaufen

- Zwei Schüler kreisen ein langes Seil so, dass es für denjenigen, der durchläuft, rückwärts kreist.

Hinweis:

Der Schüler wartet mit dem „Hineinlaufen" so lange, bis das Seil an ihm „vorbei" ist und läuft dann mit dem Seil.

Werden mehrere Seile parallel gekreist, so ist auf einen geeigneten Abstand der Seile zu achten und darauf, dass alle Seile im gleichen Rhythmus kreisen. Dann können die Läufer, ohne anzuhalten, durchlaufen.

b) Springen

- „Hineinlaufen", einmal über das Seil springen und „herauslaufen".

Hinweis:

Das „Hineinlaufen" kann auch diagonal erfolgen oder als „Laufen in einer Acht" (der Springer läuft um die Kreisenden in einer Acht) durchgeführt werden.

- Mehrfach über das Seil springen und „herauslaufen".

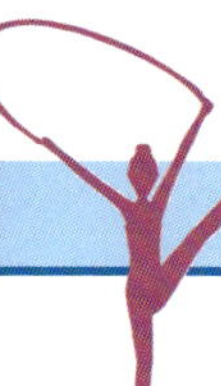

Hinweis:

Der Springer steht von Anfang an zwischen den Kreisenden.

+ „Hineinlaufen“, mehrfach über das Seil springen und „herauslaufen“.

Hinweis:

Nun können auch mehrere gleichzeitig im Seil springen, sich beim Springen drehen oder nacheinander „hineinlaufen“ und „herauslaufen“ usw.

- Ein Schüler springt im langen Seil, ein zweiter Schüler wirft ihm einen Ball von außen zu und er wirft diesen zurück.
- Zwei Schüler springen im Seil und werfen oder prellen sich einen Ball zu.

c) Springen mit „Seil im Seil“

Einzeln

- Beim Springen im großen Seil kreist das kleine Seil in die gleiche Richtung (Abb. 98).

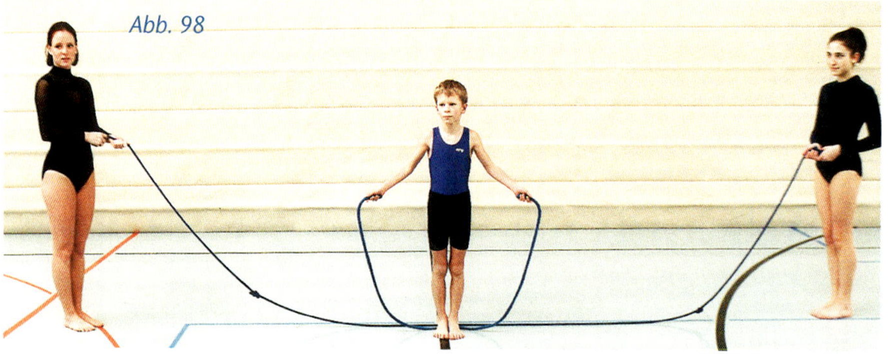

Abb. 98

Hinweis:

Um den Rhythmus des langen Seils zu erfassen, empfiehlt es sich, anfangs außerhalb mit zu springen. Beginnen sollte man mit Schlusssprüngen mit Zwischenfederung mit Durchschlag. Später kann man auch das doppelte Tempo ohne Zwischenfederungen wählen.

- „Hineinlaufen“ und Springen im Seil.

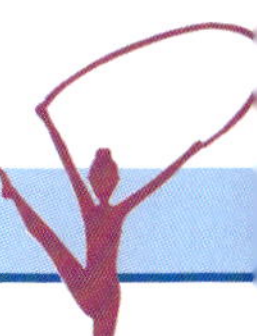

Hinweis:

Für das „Hineinlaufen" gilt das Gleiche wie oben. Anschließend sollte man eine halbe Drehung ausführen, damit man keine Durchschläge rückwärts machen muss. Aber auch das wäre möglich.

Paarweise mit je einem Seil

Hinweis:

Wie oben arbeiten jetzt zwei Schüler gleichzeitig (ohne Handfassung).

In Dreiergruppen mit einem Seil im Seil

- Zwei Schüler kreisen ein langes Seil, zwei Schüler kreisen ein kurzes Seil und springen dabei über das lange und ein weiterer Schüler springt in der Mitte über die beiden Seile fortlaufend (Abb. 99a).

Hinweis:

Die Übung kann wie oben so begonnen werden, dass die drei Schüler bereits zwischen den Kreisenden stehen (Abb. 99b).

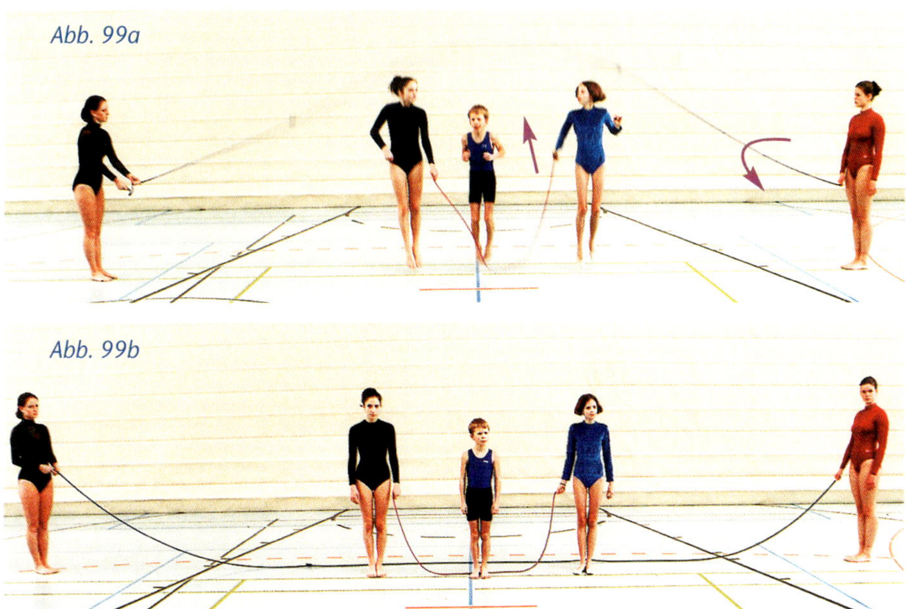

Abb. 99a

Abb. 99b

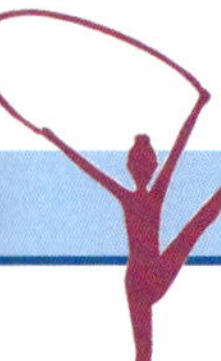

3.6.3 Übungsformen mit langen Seilen, die über Kreuz kreisen

a) Durchlaufen

- Vier Schüler kreisen zwei lange Seile so über Kreuz, dass sie für denjenigen, der durchläuft, rückwärts kreisen (Abb. 100a und b).

> **Hinweis:**
>
> **Für die Mitte sollte sowohl am Seil als auch am Boden eine Markierung gewählt werden. Es ist wichtig, dass die Seile beim Kreisen genau in der Mitte über Kreuz sind.**

b) Springen

- „Hineinlaufen", einmal über das Seil springen und „herauslaufen".

> **Hinweis:**
>
> **Die Seile müssen über der Mitte oder etwas „hinter" der Mitte übersprungen werden.**

- „Hineinlaufen", mehrfach über das Seil springen und „herauslaufen".

c) Springen mit „Seil im Seil"

- Siehe die Ausführungen unter Kap. 3.6.2 (Abb. 101).
  Alle genannten Formen können auch mit drei oder mehreren über Kreuz kreisenden Seilen geübt werden. Je mehr Seile, umso exakter muss gekreist werden.

3.6.4 Übungsformen mit zwei langen Seilen, die kanonartig kreisen („Double-Dutch")

- Zwei Schüler kreisen zwei lange Seile (in jeder Hand ein Seilende) kanonartig einwärts, ein weiterer Schüler springt abwechselnd (Abb. 102) – am besten von einem Bein auf das andere – über die Seile.

> **Hinweis 1:**
>
> **Die Seile müssen großräumig zur Seite und mit abgewinkeltem Arm nach innen gekreist werden. Für den Anfang empfiehlt es sich, die gleich langen Seile fast gespannt zu halten, bis der Rhythmus einigermaßen passt, und dann entsprechend aufeinander zuzugehen.**

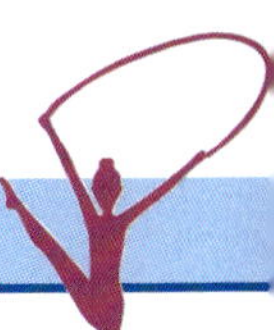

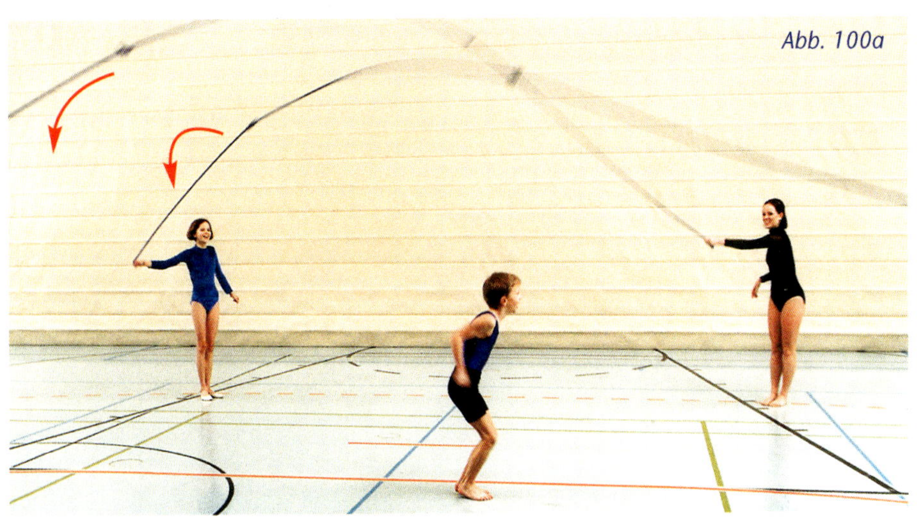

Abb. 100a

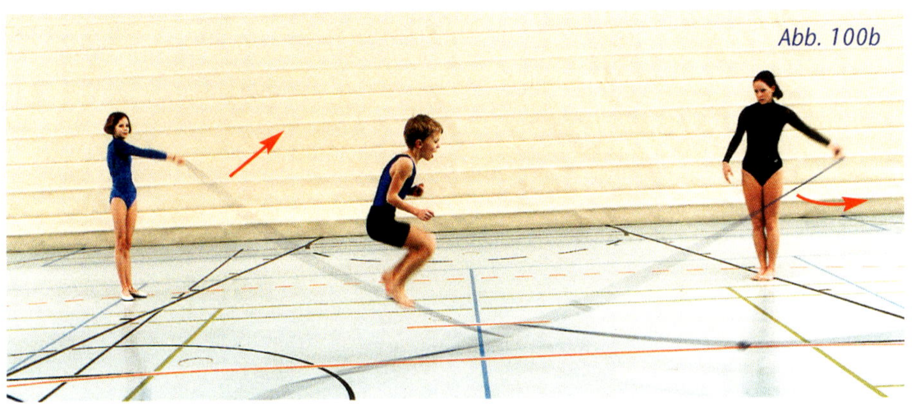

Abb. 100b

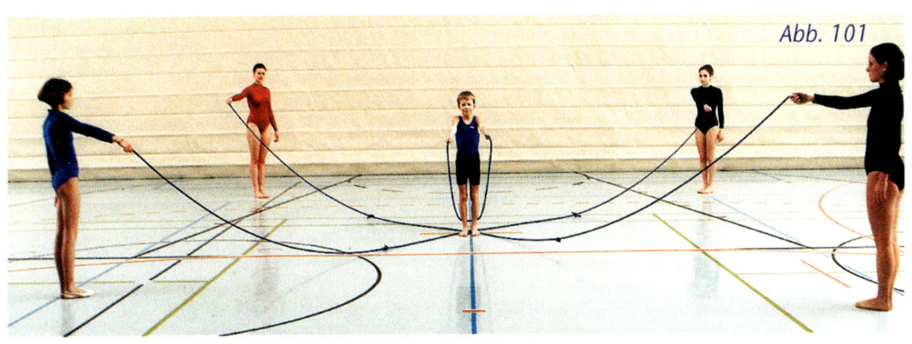

Abb. 101

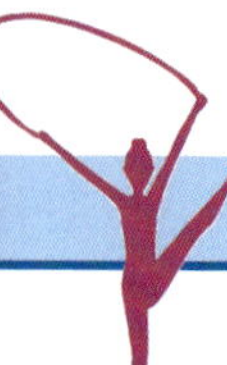

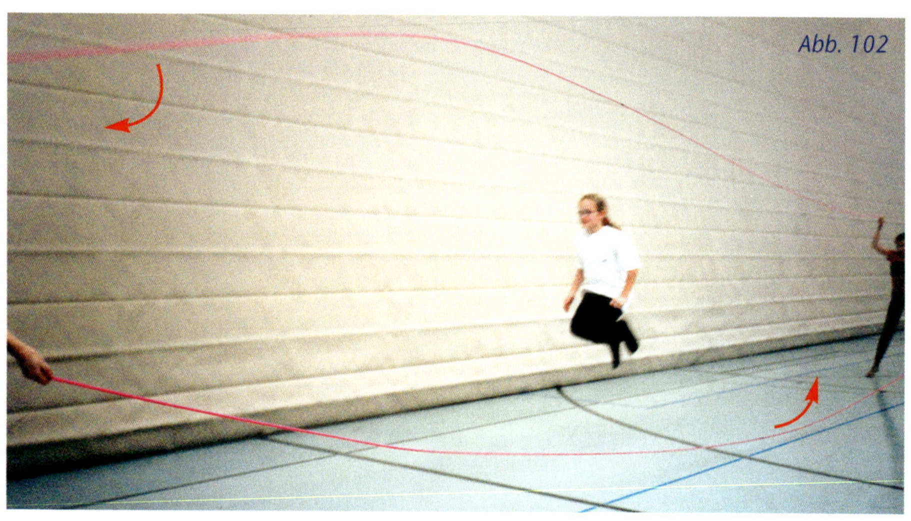

Abb. 102

Hinweis 2:

Beim „Hineinlaufen" ist es sinnvoll, sich am hinteren Seil zu orientieren und entsprechend den oben beschriebenen Hinweisen zu laufen, wenn das Seil „vorbei" ist. Gesprungen wird zuerst über das vordere Seil. Variationen werden erzielt durch Drehungen während des Springens und durch das Springen mehrerer Übender gleichzeitig.

3.7 Musikvorschläge für Übungsverbindungen mit dem Seil

Titel und Interpret	bpm	Besonders geeignet für
„La Valse d'Amelie", Yann Tiersen	3/4 Takt	Wicklungen
„Hound dog", Elvis Presley	88/176	Seitgalopp mit Durchschlägen
„Recontres", Rene Aubry (CD Dérives)	88	Hüpfen mit Durchschlägen
„Objection", Shakira	92	Hüpfen mit Durchschlägen
„Que Pasa", Orishas	104	3. Übungsverbindung Punkt 3.4.6
„Take A Chance On Me", Mamma Mia! (Soundtrack)	108	3. Übungsverbindung Punkt 3.4.6

„You can get it", Jimmy Cliff	114	Zweier- und Dreierlauf mit Durchschlag
„The Wanderer", Dion & The Belmonts	116	1. und 6. Übungsverbindung, Kap. 3.4.5
„Santa Maria", Gotan Project	118	2. und 6. Übungsverbindung, Kap. 3.4.6
„I will survive", Gloria Gaynor	120	Kreise, 2. Übungsverbindung, Kap. 3.4.4
„Hot stuff", Donna Summer	120	Kreise, 2. Übungsverbindung, Kap. 3.4.4
„Heavy Cross", The Gossip	120	Schlusssprünge mit Durchschlag
„Song for guy", Elton John	122	Sagittale Kreise, Schlusssprünge mit Durchschlag
„Jump", Madonna	122	5. Übungsverbindung, Kap. 3.4.6
„Absolutely everybody", Vanessa Amorosi	122	5. Übungsverbindung, Kap. 3.4.6
„Una noche mas", Jennifer Lopez	124	Laufen mit Durchschlag
„Ríe y llora", Celia Cruz	124	Stopps, 1. Übungsverbindung, Kap.3.4.4
„Tango", Cirque du soleil	124	Stopps, 1. Übungsverbindung, Kap.3.4.4
"Just A Little Bit Of Love", Celine Dion	124	1. Übungsverbindung Kap. 3.4.6
„Ready fort he good times", Shakira	124	1. Übungsverbindung Kap. 3.4.6
„I gotta feeling", Black Eyed Peas	128	1. Übungsverbindung Kap. 3.4.6
„Let's get loud",Jennifer Lopez	130	Laufen mit Durchschlag 4. Übungsverbindung Kap. 3.4.6
„Hush Hush", The Pussycat Dolls	132	Laufen mit Durchschlag 4. Übungsverbindung Kap. 3.4.6
„Le vent", René Aubry	134	Laufen mit Durchschlag
„Jump", The Pointer Sisters	136	Laufen mit Durchschlag und Kreise
„Night run", René Aubry	140	Laufen mit Durchschlag
„What I've Been Looking For", High School Musical	140	Laufen mit Durchschlag
„Hot'n'Cold", The Baseballs	156	Laufen mit Durchschlag
„Prima Donna", René Aubry	156	Laufen mit Durchschlag
"See You Later Alligator", Bill Haley	160	Schneller Zweierlauf

4 DAS HANDGERÄT BALL

4.1 Handhabung und Gerätebeschaffenheit

Material: Gummi oder synthetisches Material (Weichplastik). Die Bälle sollten nicht zu stark aufgepumpt werden, damit das Material nicht platzt. Alle Farben und geometrischen Zeichnungen sind erlaubt.

Handhabung: Der Ball liegt frei auf der Hand, die Finger sind geschlossen oder leicht geöffnet, die Handfläche passt sich der Form des Balls an (Abb. 103a). Ebenso muss sich bei Übungen auf bzw. mit dem Handrücken (z. B. beim Balancieren oder Fangen) die Hand dem Ball anpassen (Abb. 103b). Niemals darf der Ball mit den Fingern „gegriffen" oder zwischen Handgelenk und Unterarm „eingeklemmt" werden.

Charakteristisch ist der Ganzkörpereinsatz bei der Arbeit mit dem Ball.

Im Vergleich mit anderen Handgeräten (Seil, Reifen) ist ein Wechsel von einer in die andere Ebene ohne Schwierigkeit möglich (siehe auch Kap. 4.3.1). Von Anfang an sollte darauf geachtet werden, mit großer Bewegungsweite zu arbeiten. Ganz wichtig ist, gleichmäßig mit der linken und der rechten Hand zu üben und den freien Arm immer mit in die Bewegung einzubeziehen. Im Gegensatz zu früher dominiert heute nicht mehr das Prellen, sondern es werden daneben alle anderen Techniken (Werfen und Fangen, Rollen und Balancieren) gleichberechtigt gehandhabt.

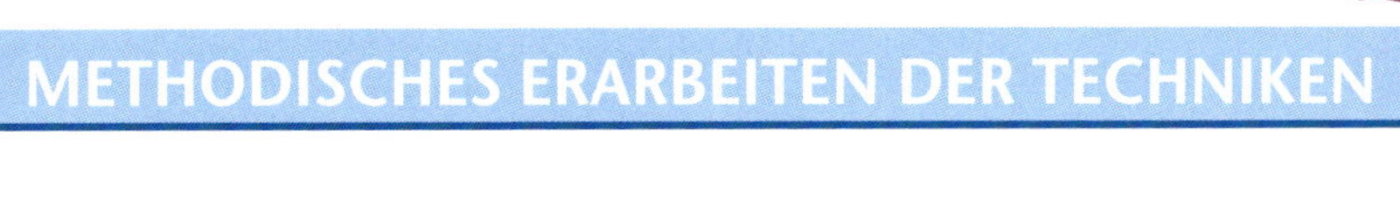

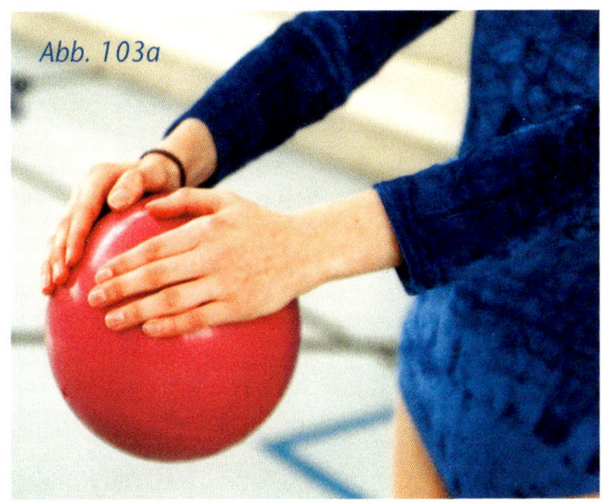

Abb. 103a

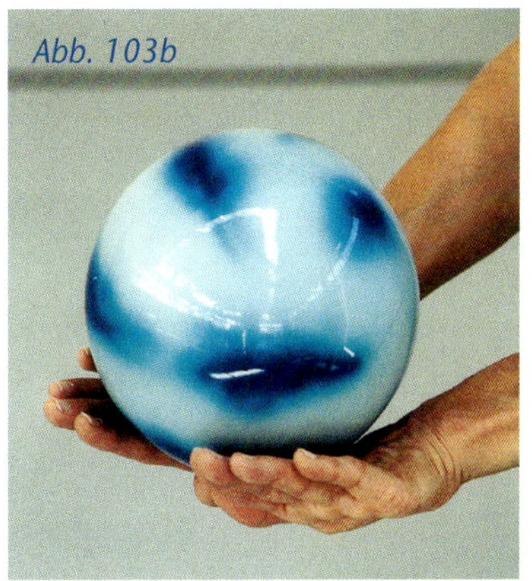

Abb. 103b

4.2 Methodisches Erarbeiten der Techniken mit dem Ball

4.2.1 *Prellen*

Für das Prellen mit dem Ball gilt:

Die Hände müssen sich der Form des Balls anpassen, ihn so lange wie möglich begleiten – zu Boden „drücken" – und ihn frühzeitig entgegennehmen. Von Anfang an sollten die Arme nahezu gestreckt sein. Dadurch kann der Ball auch besser beobachtet werden und es kann auf ein „Verspringen" des Balls geschickter reagiert werden. Beim rhythmischen Prellen hängen Raum und Zeit voneinander ab, d. h. wenig Zeit bedeutet: schnelles Tempo – kleine Preller, viel Zeit bedeutet: langsames Tempo – hohe Preller (Arme mitnehmen). Dadurch wird das Schlagen des Balls mit der gespannten Hand (Abb. 104) vermieden.

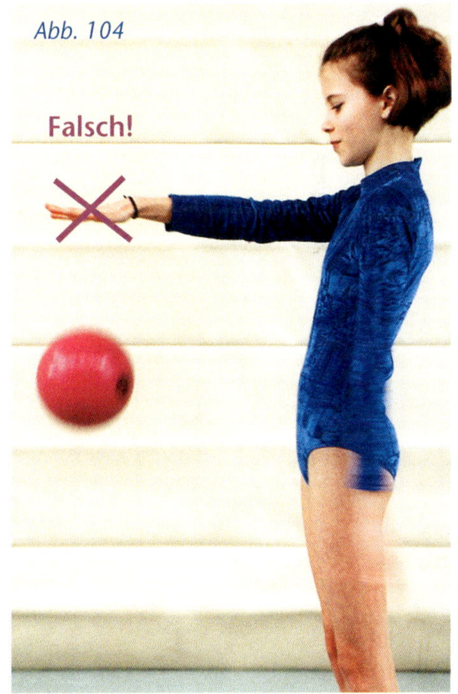

Abb. 104

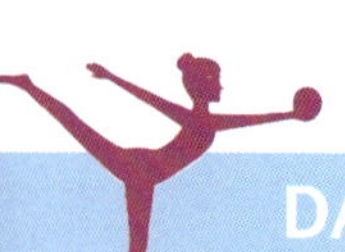

4.2.1.1 Grundtechnik

a) Prellen am Ort

- Prellen am Ort, nach jedem Prellen den Ball beidhändig fangen.
- \+ Zusatzaufgaben.

  Ausführung: Z. B. in verschiedenen Höhen prellen; eine Drehung ausführen; in die Hocke gehen; vor dem Fangen in die Hände klatschen; unter dem geprellten Ball durchlaufen, 1/2-Drehung und den Ball fangen.
- \+ Verändern der Ausgangsposition und Endstellung.

  Ausführung: Z. B. Prellen im Hockstand, Fangen im Stand.
- Prellen am Ort mehrmals hintereinander beidhändig.
- Prellen am Ort einhändig (Abb. 105).

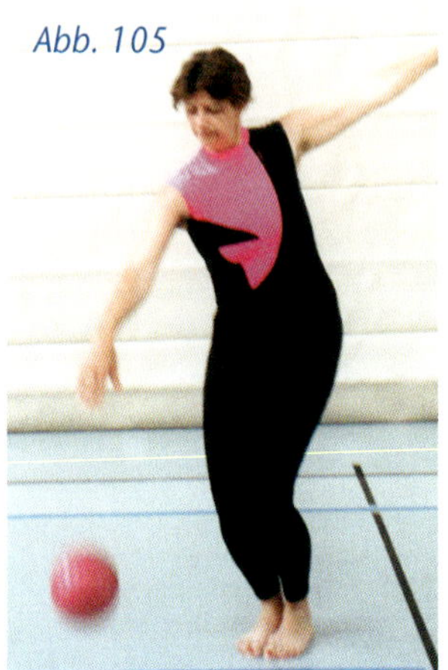

Abb. 105

Hinweis:

Abwechselnd mit der linken und rechten Hand üben.

- \+ Senken zum Kniestand, Sitz, Rückenlage, Bauchlage und wieder aufrichten.
- \+ Den Ball um den Körper prellen.

  Ausführung: Der gleichmäßige Rhythmus muss beibehalten werden. Der Ball darf nicht ohne Handdruck zu Boden fallen. Das Prellen ohne Rhythmusänderung durchführen.

Hinweis:

Bei den ersten Versuchen kann das letzte Prellen vor der Drehung stärker ausgeführt werden, um für die Drehung mehr Zeit zu haben. Zu vermeiden ist ein zu nahes Prellen am Körper.

- \+ Mit verschiedenen Sprüngen.

  Ausführung: Z. B. Streck-, Hock- oder Grätschsprung.
- Prellen am Ort nach Musik.

Hinweis:

Durch das Prellen nach Musik kann das Erlernen des richtigen Krafteinsatzes im Tempo der Musik (im doppelten Tempo, im halben Tempo) unterstützt werden. Am besten geeignet ist eine Musik im 4/4-Takt mit mittlerem Tempo (80-90 Schläge in der Minute). Der jeweilige Krafteinsatz vom ganzen Körper und den Armen muss fein dosiert werden.

- Prellen einhändig an der Körperseite mit ganzem Kreis um den Ball mit verschiedenen Grundformen.
  Ausführung: Z. B. Gehschritte, Hüpfer.
- Prellen einhändig an einer Körperseite, Handwechsel durch 1/2-Drehung.

Hinweis:

Wird mit der rechten Hand an der rechten Körperseite geprellt, so erfolgt die 1/2-Drehung nach rechts am einfachsten zum Ball hin. Mit der linken Hand kann dann sofort weitergeprellt werden. Schwieriger ist es, die 1/2-Drehung vom Ball weg (rechte Hand, Drehung nach links) auszuführen.

\+ Verbindung von Prellen mit ganzem Kreis um den Ball und Handwechsel durch 1/2-Drehung.

- Prellen mit ganzer Drehung.

Hinweis:

Das Prellen erfolgt vor dem Körper (beid- und einhändig). Wichtig ist das exakte senkrechte Prellen, dann erst darf die Drehung angesetzt werden.

- Prellen mit anderen Körperteilen, z. B. mit dem Knie (Abb. 106) oder mit dem Fuß.

Hinweis:

Soll der Ball mit dem Knie geprellt werden, lässt man ihn zuerst mit gestreckten Armen in Hüfthöhe aus den Händen auf den Boden „fallen" (nicht aktiv auf den Boden prellen, sonst kommt er mit zu viel Schwung zurück); erst am Umkehrpunkt prellt man den Ball mit einem Knie auf den Boden. Das Knie muss über dem Ball sein, sonst prellt der Ball schräg nach vorne.

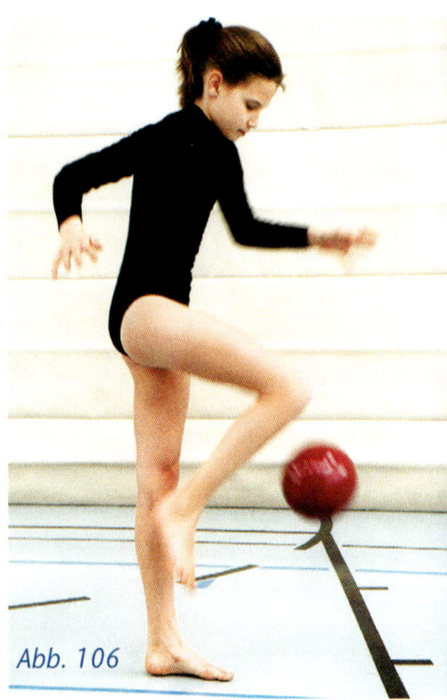

Abb. 106

- Auf Körperteilen prellen lassen.
  Ausführung: Z.B. auf dem Oberschenkel (Abb. 107), auf dem Fuß.

Hinweis:

Der Ball wird aus einer höheren Position „fallen gelassen" (nicht aktiv geprellt). Kommt der entsprechende Körperteil dem fallenden Ball entgegen, wird dadurch die Prellhöhe vergrößert.

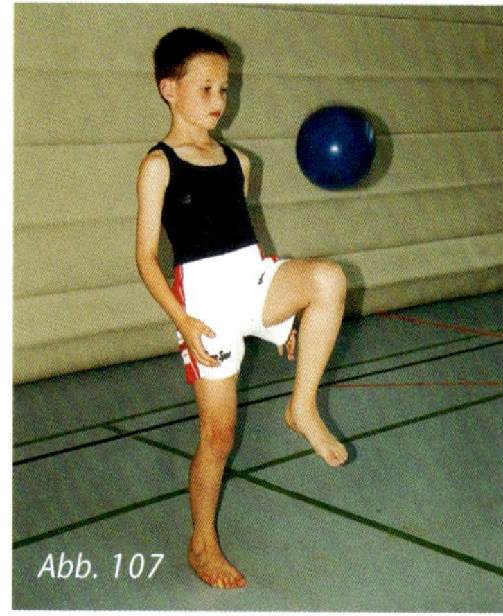
Abb. 107

- Schräges Prellen in der Frontalebene einhändig im weiten Grätschstand vor dem Körper.

Hinweis:

Beim schrägen Prellen berührt die Hand den Ball nicht senkrecht von oben, sondern wird im gleichen Winkel an den Ball aufgesetzt, in dem der Ball auf den Boden prellen soll (Ganzkörperbewegung!). Das schräge Prellen kann gut als Partnerübung in Gegenüberstellung eingeführt werden (vorwärts oder seitwärts).

- Schräges Prellen unter dem abgespreizten Bein durch.
  Ausführung: Gleichzeitig mit dem Vor-spreizen des rechten Beins wird der Ball geprellt (von rechts nach links und umgekehrt möglich).

\+ Im einbeinigen Kniestand (Abb. 108).

Hinweis:

Aus dem Kniestand links wird das rechte Bein vorgespreizt und der Ball durchgeprellt.

Abb. 108
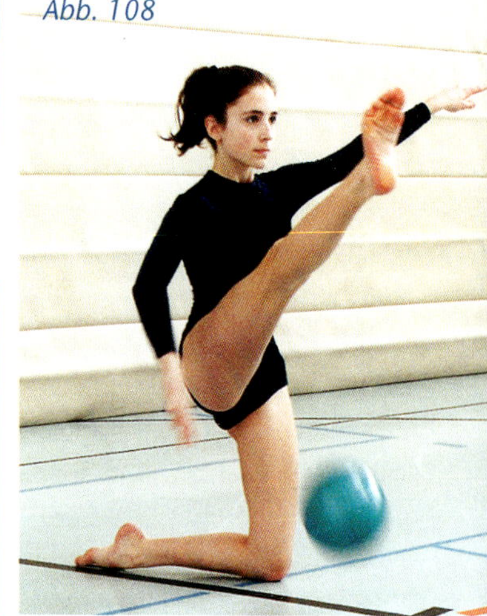

- Grätschsprung über den Ball (nach hinten prellen), 1/2 Drehung und Fangen.

Hinweis:

Leichter ist es, zuerst zu springen und dann zu prellen, sonst springt man „in den Ball". Bei der Landung sind die Beine geschlossen. Erleichtert wird die Übung, wenn der Grätschsprung etwas nach vorne erfolgt. Nach dem Sprung muss sofort die 1/2-Drehung erfolgen, um den Ball fangen zu können.

- Grätschsprung über den Ball (von hinten nach vorne prellen) (Abb. 109a).

Hinweis:

Der Impuls zum Prellen kommt aus dem Handgelenk mit starkem Druck der Finger leicht nach vorne (Abb. 109b). Erleichtert wird die Übung, wenn der Grätschsprung etwas nach hinten erfolgt.

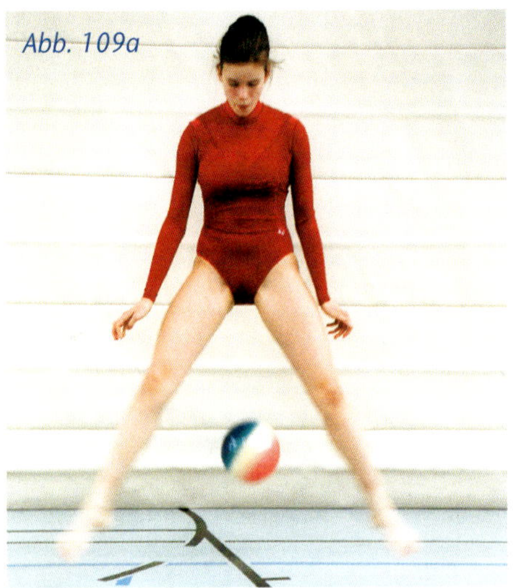
Abb. 109a

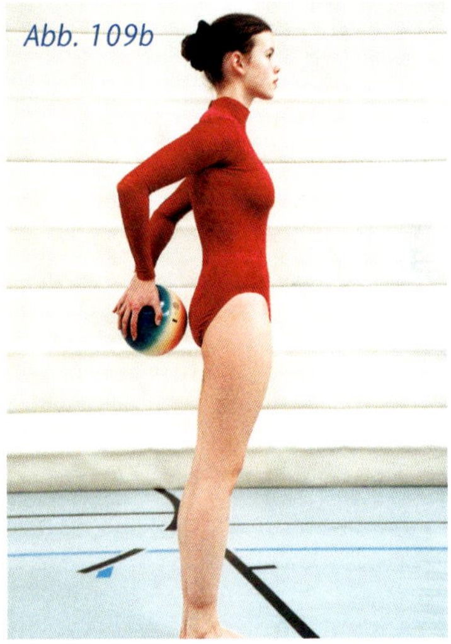
Abb. 109b

b) Prellen in der Fortbewegung

- Prellen mit Hüpfer vorwärts beidhändig (Vorübung).
- Schräges Prellen in der Frontalebene mit Seitgalopp.

Hinweis:

Das einhändige Prellen erfolgt beim Seitgalopp rechts mit der linken Hand, der rechte Arm ist in Seithalte.

- Prellen mit Hüpfer vorwärts einhändig.

Hinweis:

Der Ball wird in Verlängerung der Schulter des „Prellarms" schräg nach vorn geprellt.

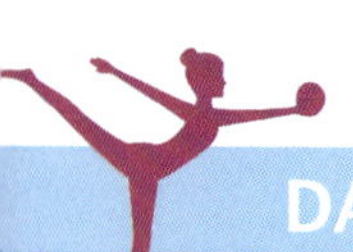

- Prellen mit Hüpfer rückwärts beidhändig und einhändig.

Hinweis:

Die Hände sind hinter dem Ball und drücken ihn in die Bewegungsrichtung.

- Prellen mit Laufschritten vorwärts einhändig.

Hinweis:

Von Anfang an sollte auf den richtigen Rhythmus Wert gelegt werden (1 x Prellen auf zwei Laufschritte). Um ein „hinkendes" Laufen zu verhindern, hilft der Hinweis „beim Laufen anfersen". Später sollte dies allerdings wieder abgebaut werden. Je schneller die Laufschritte ausgeführt werden, umso stärker muss der Ball nach vorne geprellt werden.

4.2.1.2 Weiterführende Techniken

a) Prellen am Ort

- Auf Körperteilen prellen lassen.
  Ausführung: Z. B. auf dem Rücken, auf dem Oberschenkel, auf der Schulter (Abb. 110).

Hinweis:

Nur ein gerader Rücken ermöglicht ein gezieltes Abprellen.

Abb. 110

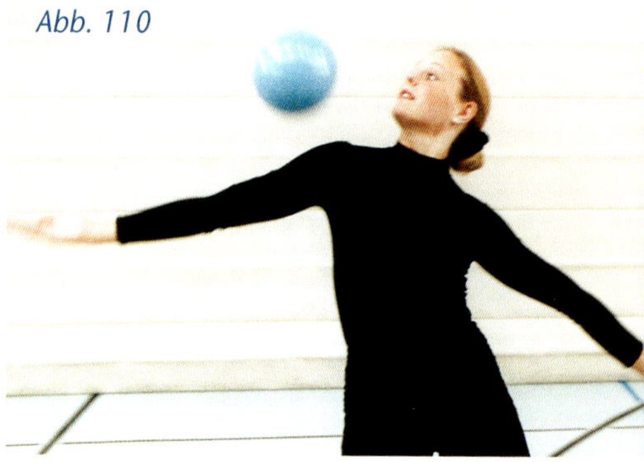

- Prellen und verdecktes Fangen beidhändig hinter dem Rücken nach 1/2-Drehung.

Hinweis:

Um ein Gefühl für das verdeckte Fangen (Fangen ohne Blickkontakt) zu bekommen, empfiehlt es sich, am Anfang nur bis knapp über Hüfthöhe nah am Körper zu prellen. Nach der 1/2-Drehung (nicht während des Prellens schon drehen!) wird der Ball hinter dem Rücken gefangen; dabei bilden die Hände ein Körbchen, die Daumen können den Rücken berühren, um zu vermeiden, dass der Ball zwischen Händen und Rücken hinunterfällt. Ein „Schauen über die Schulter" sollte von Anfang an vermieden werden. Nach einiger Zeit kann die Prellhöhe vergrößert werden.

- Prellen mit Unterlaufen des Balls und verdecktem Fangen.

Hinweis:

Um den Ball sicher fangen zu können, muss er ganz nah am Rücken „herunterfallen". Deshalb wird nach dem Prellen der Ballflug genau beobachtet (Blick nach oben) und der Ball nur ganz knapp mit einem Schritt vorwärts unterlaufen. Beim Fangen muss der Rücken gerade bleiben, da der Ball auf einem runden Rücken abprallt und nicht gefangen werden kann.

- Prellen und Fangen mit eingedrehter Hand (Abb. 111).
- Prellen und verdecktes einhändiges Fangen.

Hinweis:

Eingeführt werden kann das einhändige verdeckte Fangen an einer Körperseite: Der Ball wird mit der rechten Hand an der rechten Körperseite geprellt, die linke Hand kreuzt hinter dem Rücken und fängt den Ball an der rechten Körperseite.

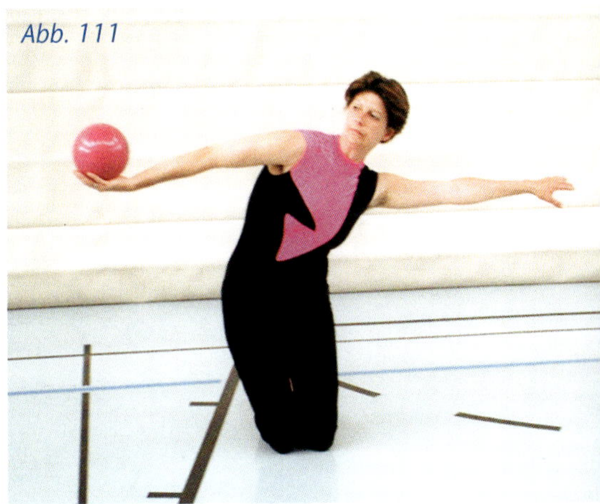
Abb. 111

- Schräges Prellen in der Frontalebene hinter dem Körper.

Hinweis:

Um den richtigen Prellwinkel zu finden, empfiehlt es sich, diese Übung zuerst als Partnerübung anzubieten. Der Übende muss sich also zuerst nur auf das richtige Prellen konzentrieren, der Partner kann korrigieren. Das Prellen sollte nicht direkt hinter dem Rücken erfolgen, sondern mit langem Arm etwas zur Seite der Prellhand hin versetzt, der Oberkörper wird mit aufgedreht.

- Prellen mit verschiedenen Sprüngen.
  Ausführung: Z. B. Arabesque, Ringsprung.

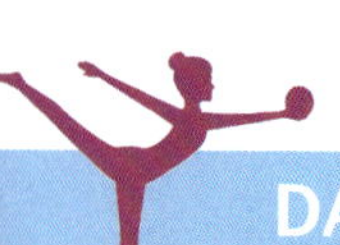

b) Prellen in der Fortbewegung

- Prellen mit verschiedenen Sprüngen.
  Ausführung: Z. B. Pferdchen- oder Laufsprung.

Hinweis:

Das Prellen erfolgt im Moment des Absprungs; beim Pferdchensprung (bzw. Hochsprüngen) mehr senkrecht, beim Laufsprung (bzw. Weitsprüngen) schräg nach vorne (Abb. 112a-c). Beim Anlauf kann der Ball auf der Handfläche getragen oder auf den ersten Anlaufschritt geprellt werden.

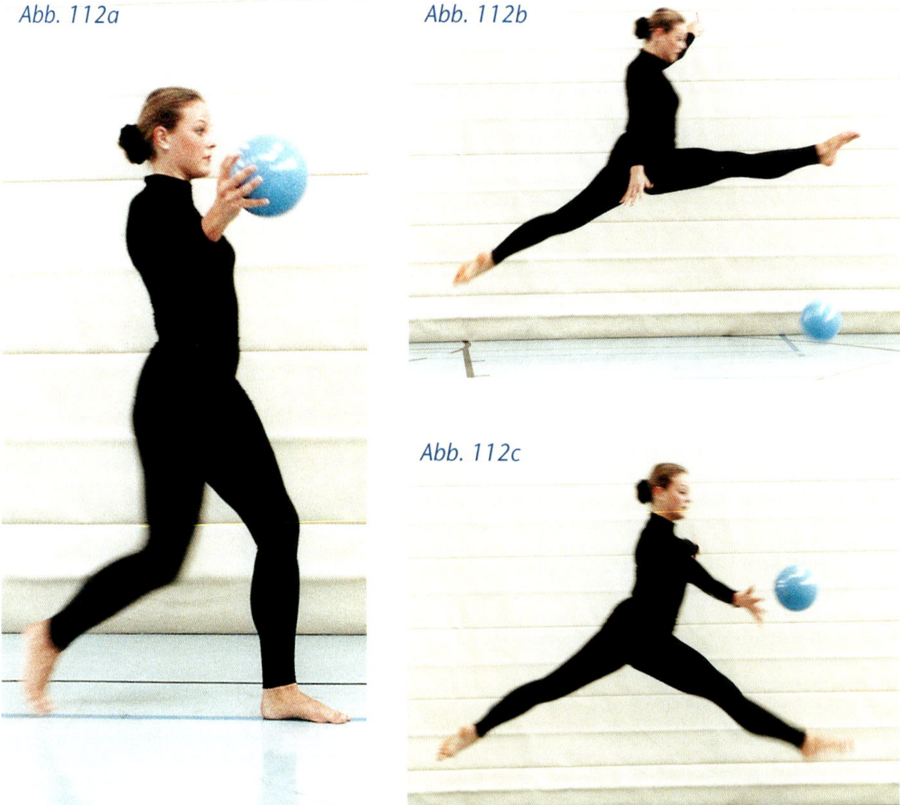

Abb. 112a

Abb. 112b

Abb. 112c

- Sprünge über den prellenden Ball.
  Ausführung: Z. B. Schersprung oder Laufsprung (Abb. 113).

Hinweis:

Im Moment des Absprungs wird der Ball beim Schersprung schräg zur Seite geprellt, erfolgt der Absprung links, wird der Ball von rechts nach links geprellt. Beim Laufsprung kann der Ball von außen nach innen und umgekehrt geprellt werden; die Prellrichtung verläuft diagonal nach vorne.

- Prellen auf verschiedenen Körperteilen.
  Ausführung: Z. B. im Laufsprung durch Fallenlassen des Balls, ihn mit dem vorderen Unterschenkel im Sprung hochprellen (Abb.114a und b).

Hinweis:

Die Flughöhe des Balls hängt von der aktiven Beinarbeit ab.

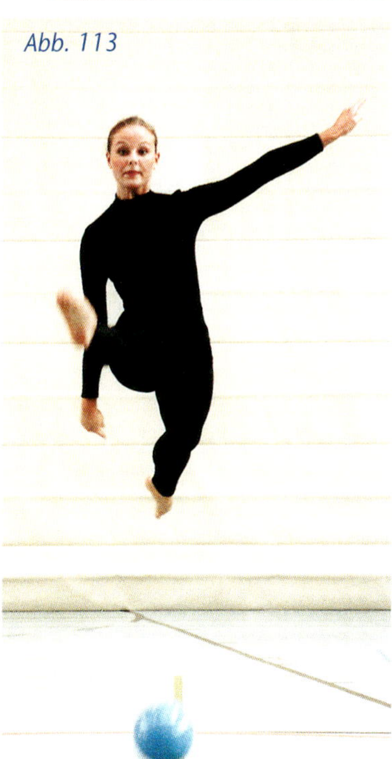

Abb. 113

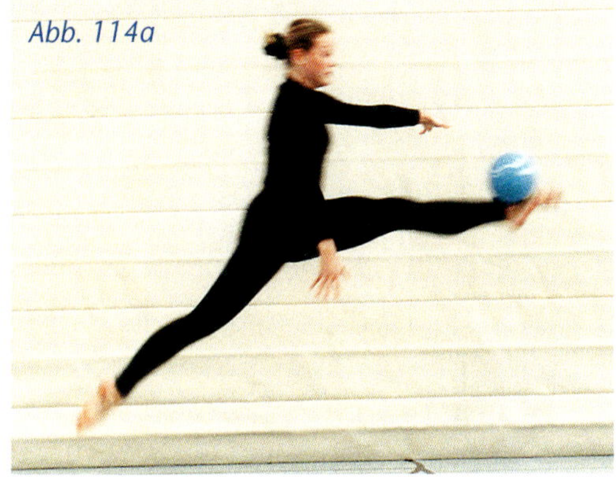

Abb. 114a

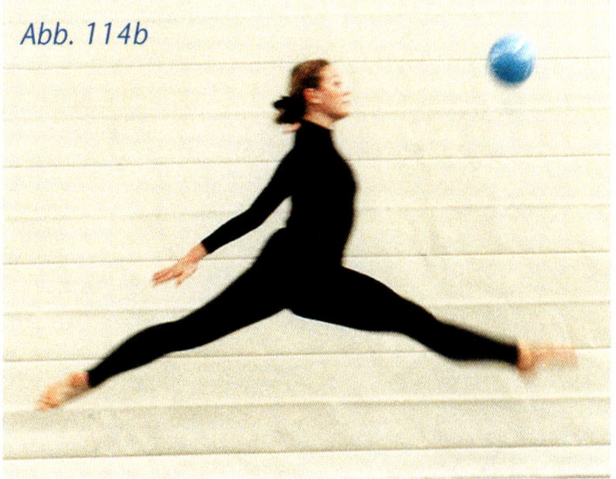

Abb. 114b

4.2.2 *Werfen und Fangen*

Für das Werfen und Fangen gilt:

Der Abwurf erfolgt mit dem langen Arm. Dabei rollt der Ball aus der Hand, die Fingerspitzen zeigen immer zum Ball. Die Hand selbst gibt dem Ball keinen Impuls. Die gestreckten Arme begleiten den Ball so lange wie möglich. Dabei unterstützt eine Ganzkörperstreckung den gesamten Ablauf. Beim Fangen rollt der Ball nahezu geräuschlos über die Fingerspitzen in die Hand (nicht über dem Kopf fangen!). Arme und Körper gehen dem Ball gestreckt entgegen, Hüft-, Knie- und Fußgelenke geben nach. Der lange, gestreckte Arm wird gesenkt und verlängert die Flugkurve. Die Flugbahn des Balls darf nicht abrupt unterbrochen werden; außer, es ist ausdrücklich gewollt (z. B. beim Fangen unter den Beinen oder mit angewinkelten Armen). Insbesondere muss nach hohen Würfen die Fallgeschwindigkeit langsam und kontrolliert abgebremst werden. Da Werfen und Fangen aus zwei zu erlernenden Techniken zusammengesetzt ist, ist es in der Methodik sinnvoll, den Ball bei neuen oder schwierigeren Übungen vor dem Fangen aufprellen zu lassen.

4.2.2.1 Grundtechnik

a) Werfen und Fangen am Ort

- Werfen, aufprellen lassen, beidhändiges Fangen (Vorübung).
+ Verschiedene Zusatzaufgaben (siehe Prellen).
- Werfen und Fangen beidhändig.
+ In die Hände klatschen während des Wurfs.
+ Verändern der Ausgangsstellung.

  Ausführung: Z. B. Hocke, Fersensitz, Strecksitz usw.
+ Verändern der Endstellung.
- Werfen und Fangen mit dem Handrücken.

Hinweis:

Auch beim Fangen mit den Handrücken rollt der Ball über die gestreckten Finger in den „Teller", der von den beiden Handrücken durch intensive Spannung der Hände gebildet wird.

- Sagittales Schwingen einhändig (Hinführung zum einhändigen Werfen und Fangen).

Hinweis:

Der Arm schwingt aus der Vorhalte über die Tiefhalte in die Rückhalte (Abb. 115a) und wieder zurück bis in die Vorhochhalte. In der Tiefhalte muss der Arm zum Rückschwung ausgedreht werden, damit der Ball nicht an den Unterarm geklemmt wird. Dabei rollt der Ball leicht mit einer Ganzkörperstreckung (Abb. 115b) zu den Fingerspitzen und zurück in die Hand (die Fliehkraft drückt den Ball gegen die Hand).

- Werfen und Fangen einhändig.

Abb. 115a

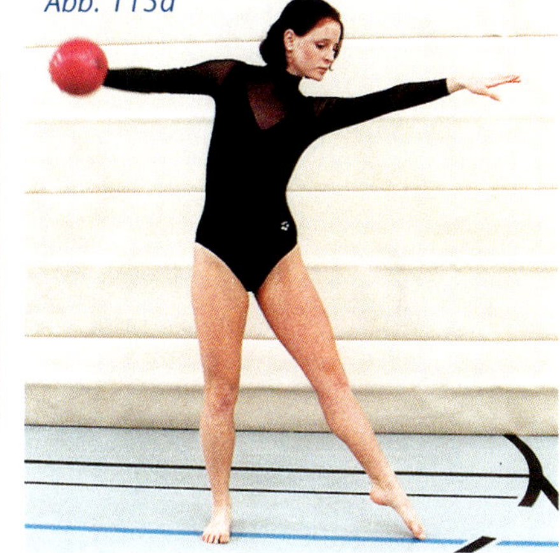

Hinweis:

Aus dem sagittalen Schwingen zuerst niedrig abwerfen.
Das „leise" Fangen wird durch Tief- und Rückführen des Arms an der Körperseite mit leichtem Beugen des Oberkörpers und Beugen der Beine unterstützt.

\+ Handwechsel nach jedem Werfen.
  Ausführung: Abwurf mit der rechten Hand, Fangen mit der linken Hand, Abwurf mit der linken Hand, Fangen mit der rechten Hand.
  Variation: 2 x rechts werfen, 2 x links werfen.

\+ Verändern der Ausgangsstellung.
  Ausführung: Z. B. Abwerfen im Kniestand.

\+ Verändern der Endstellung.
  Ausführung: Z. B. Fangen im Passé oder in einer Position am Boden.

\+ Pendelschritt oder Wiegeschritt.

Abb. 115b

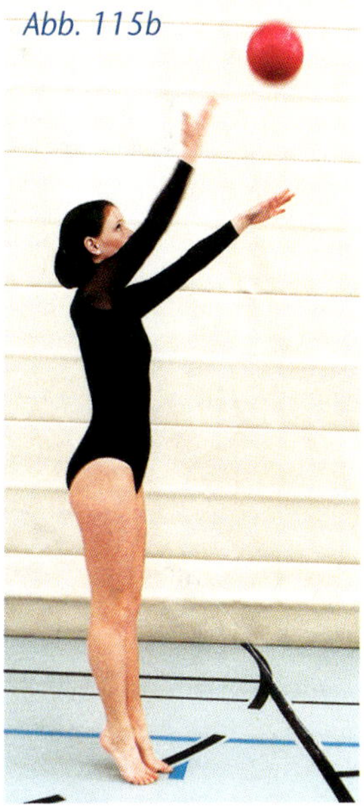

Hinweis:

Gleichseitig arbeiten! D. h. die Ausholbewegung erfolgt auf der offenen Seite (siehe Abb. 115a).

- Frontaler Bogenwurf über dem Kopf einhändig (Abb. 116).

Ausführung: Der Ball liegt auf der Handfläche in Seithalte; der gestreckte Arm wird nach der Ausholbewegung in der Tiefhalte über die Seit- in die Seithochhalte geschwungen und der Ball mit einer kleinen Gewichtsverlagerung in die andere Hand geworfen.

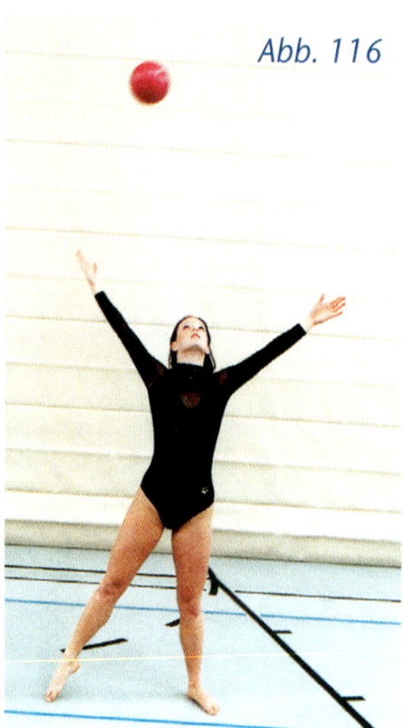
Abb. 116

Hinweis:

Geworfen und gefangen wird mit langem Arm; ein typischer Fehler ist das Fangen nahe am Körper mit gebeugtem Arm.

- Frontaler Bogenwurf über dem Kopf mit Aufprellenlassen.

Hinweise:

Die Wurfhöhe und -weite werden gesteigert, sodass der Ball vor dem Fangen auf den Boden prellen kann, bevor der Wurf mit Seitwärtsbewegungen verbunden werden kann.
Die Übung kann auch als Vorübung für den einhändigen Bogenwurf eingefügt werden.

- Frontaler Bogenwurf mit Verändern der Ausgangsstellung.
  Ausführung: Z. B. Abwurf einbeinig und Fangen im Kniestand.
- Frontaler Bogenwurf mit gleichem Abwurf- und Fangarm.
  Ausführung: Der Abwurfarm beschreibt einen frontalen Kreis auswärts.

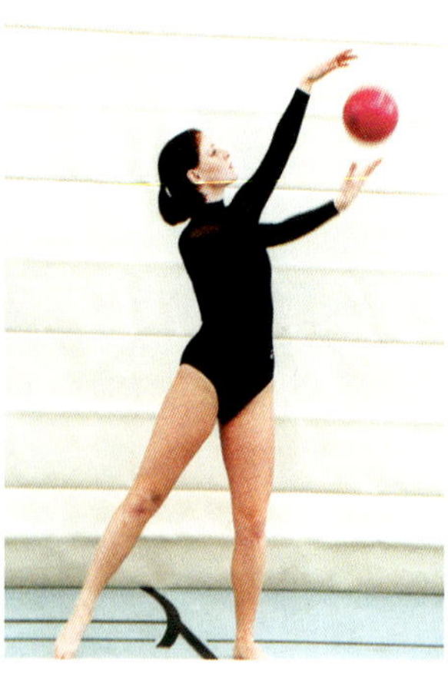
Abb. 117

Hinweis:

Dabei wird der Ball kurz vor Erreichen des höchsten Punkts abgeworfen (der Arm kreuzt vor dem Körper) und kurz nach dem höchsten Punkt gefangen.

- Frontaler Bogenwurf über die Tiefe (Abb.117).

Hinweis:

Das Fangen kann sofort der Anschwung zu einem neuen Abwurf sein (die Hand bremst den Schwung „über" dem Ball ab wie bei einer Schaufelbewegung). Der Ball kann aber auch auf der Hand gefangen und abgebremst und mit dem neuen Anschwung wieder abgeworfen werden.

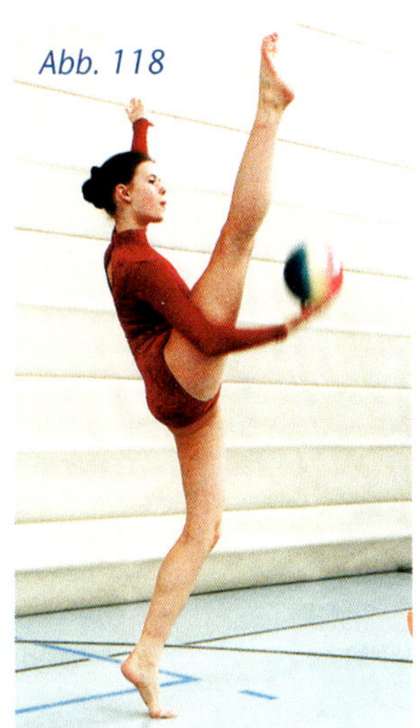

Abb. 118

- Frontale Bogenwürfe um Körperteile.

  Ausführung: Z. B. um den ausgestreckten Arm oder unter dem abgespreizten Bein (Abb. 118).

Hinweis:

Der Ball muss um den jeweiligen Körperteil im Bogen geworfen werden, nicht der Körperteil darf den Bogen ausführen.

b) Werfen und Fangen in der Fortbewegung

- Werfen und Fangen partnerweise (Abb. 119).

Hinweis:

Um ein Gefühl für das Werfen in die Weite zu bekommen, bietet sich das partnerweise Werfen in Gegenüberstellung an. Die Fingerspitzen zeigen immer in die Wurfrichtung. Gefangen wird der Ball zuerst beidhändig, dann einhändig mit Unterstützung der zweiten Hand.

- Werfen, nachlaufen, aufprellen lassen, fangen.

Hinweis:

Der Ball muss schräg nach vorne oben geworfen werden, damit er vor dem Körper gefangen werden kann. Der Abwurf erfolgt im Stand. Wichtig ist, dass man erst dem Ball nachsieht und dorthin läuft, wo der Ball hinfliegt!

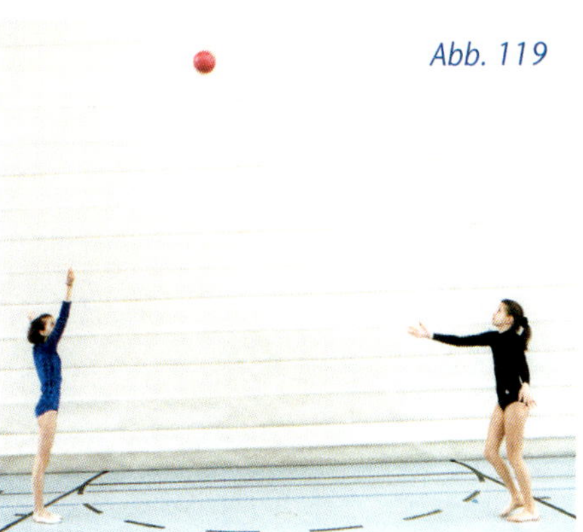

Abb. 119

- • Verändern der Fortbewegungsart.
  Ausführung: Z. B. Gehschritte, Chassé, Pferdchensprung usw.
- • Werfen, nachlaufen, fangen.
- + Verschiedene Fortbewegungsarten beim Abwerfen.
  Ausführung: Z. B. Abwerfen im Pferdchensprung.
- • Sagittaler Bogenwurf rückwärts (über den Kopf), Fangen nach 1/2-Drehung.
  Ausführung: Nach einem sagittalen Rückschwung erfolgt ein halber Armkreis rückwärts. Der Ball wird kurz vor Erreichen des höchsten Punkts nach hinten oben über den Kopf abgeworfen und nach 1/2-Drehung gefangen.

> **Hinweis:**
>
> **Fliegt der Ball zu weit nach hinten, erfolgte der Abwurf zu spät; fliegt der Ball nur hoch, erfolgte der Abwurf zu früh. Zu Beginn sollte man diesen Abwurf partnerweise ohne die Drehung üben. Wichtig ist, dass zuerst der Abwurf und dann die Drehung ausgeführt wird.**

4.2.2.2 Weiterführende Techniken

a) Werfen und Fangen in allen Ebenen

- • Werfen, ganze Drehung, Fangen jeweils einhändig.

> **Hinweis:**
>
> **Zuerst abwerfen, dann drehen! Vorübung mit aufprellen lassen vor dem Fangen.**

- • Werfen, nachlaufen, fangen.
- + Armbewegung.
  Ausführung: Z. B. Mühlarmkreisen.
- + Abwurf im Sprung.
- + Abwurf mit Drehung.
- + Abwurf mit Balanceelement.
- + Fangen mit 1/2-Drehung.
- + Fangen im Sprung.

> **Hinweis:**
>
> **Der Ball soll im höchsten Punkt des Sprungs gefangen werden.**

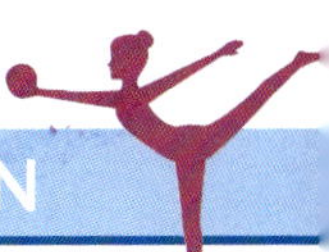

+ Fangen in einer Bodenposition.
- Werfen und Fangen jeweils im Sprung.

Hinweis:

Je nach Wurfweite und -höhe können zwei oder drei Sprünge (der zweite Sprung unter dem fliegenden Ball) ausgeführt werden.

- Werfen, Rolle vorwärts, Fangen.

Hinweis:

Zuerst wird die Rolle ohne Ball ausgeführt und Abwurf- und Fangstelle markiert. Dann wird der Wurf mit aufprellen lassen des Balls auf der „Fangstelle" geübt, um die richtige Weite zu erreichen. Erst dann werden Abwurf, Rolle und Fangen miteinander verbunden.

- Frontaler Bogenwurf in der Fortbewegung.

Hinweis:

Die Wurfhöhe und Weite werden so gesteigert, dass verschiedene Körperelemente während des Wurfs möglich sind.

+ Seitgalopp.

Hinweis:

Der Ball wird mit gestrecktem Arm in der Seithochhalte abgeworfen und entgegengenommen.

+ Ganze Drehung.

Hinweis:

Beim Abwurf mit der rechten Hand wird die Drehung links ausgeführt.

+ Verschiedene Bodenteile.
  Ausführung: Z. B. Rolle seitwärts (Jazzrolle, Sitzrolle) (Abb. 120).

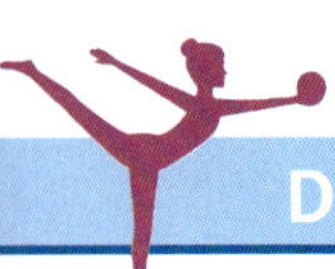

- Frontaler Bogenwurf verdeckt hinter dem Rücken nach vorn (über den Kopf).

Hinweis:

Der Abwurf erfolgt durch einen starken Impuls der Handgelenke, der Oberkörper sollte dabei nicht nach vorne gebeugt werden, um einen zu weiten Flug des Balls zu vermeiden.

- Frontaler Bogenwurf über die gegenseitige Schulter (Abb. 121).

Hinweis:

Beim Wurf über die gegenseitige Schulter (rechter Wurfarm über linke Schulter) muss der Wurfarm weit hinter den Rücken geführt und im Ellbogen gebeugt werden; der Impuls zum Wurf kommt besonders aus dem Handgelenk.

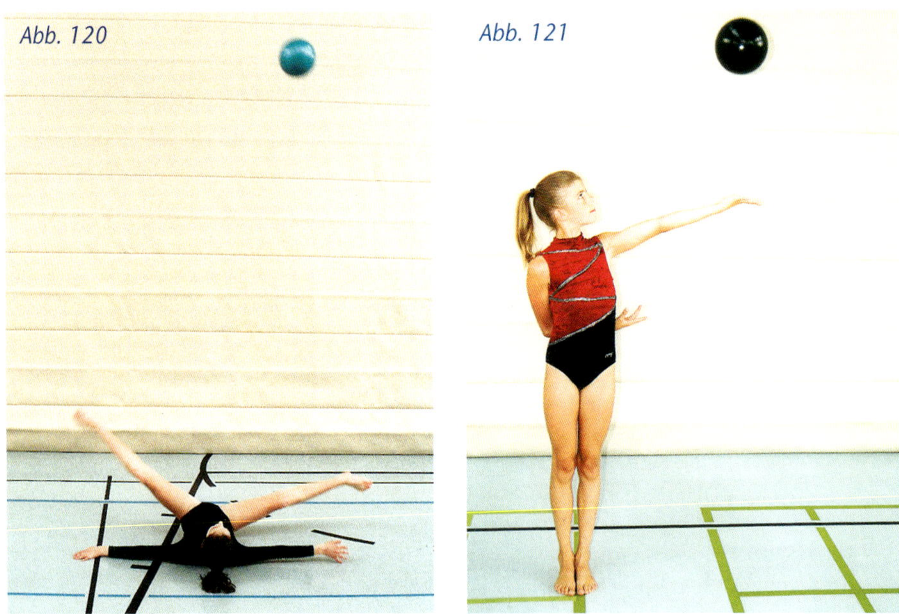

Abb. 120 *Abb. 121*

- Sagittaler Bogenwurf über die gleichseitige Schulter.
  Ausführung: Aus einem Kreis vorwärts wird beim Wurf über die gleiche Schulter der Wurfarm stark eingedreht und der Ball nach vorne abgeworfen.

b) Weitere Möglichkeiten des Werfens

- Abwerfen beidhändig oder einhändig durch Stoß.

  Ausführung: Der Ball liegt mit gebeugter Armhalte auf einer Handfläche vor der Brust oder über der Schulter.

Hinweis:

Der Impuls für den Stoß kommt durch die Streckung besonders im Ellbogengelenk.

- Abwerfen mit den Füßen.

  Ausführung: Sitz mit angewinkelten Beinen, der Ball wird zwischen die Füße geklemmt. Der Abwurf erfolgt durch Streckung der Beine in den Schwebesitz.

c) Weitere Möglichkeiten des Fangens

- Mit angewinkelten Armen fangen.

  Ausführung: Der Ball wird zwischen Unterarm und Oberarm eingeklemmt gefangen (Abb. 122).
- Mit gekreuzten Unterarmen über dem Kopf fangen (Abb. 123).

Abb. 122

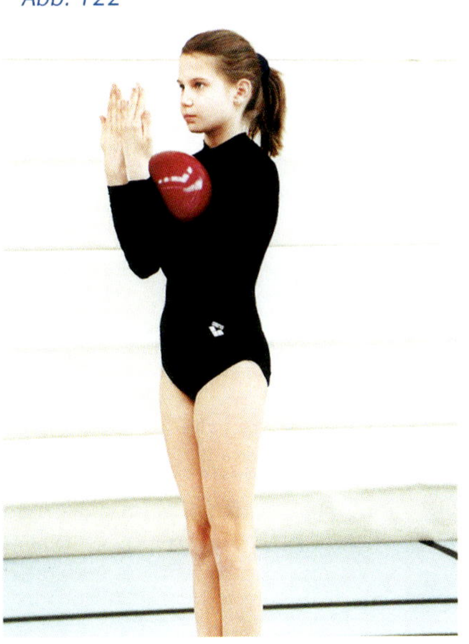

Abb. 123

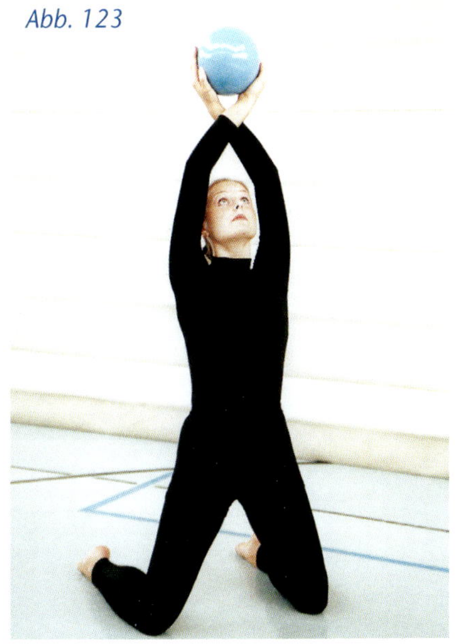

Auflösung: Durch Führen der Arme vor den Körper, gleichzeitiges Drehen der Hände zum Körper und Öffnen der gekreuzten Stellung liegt der Ball am Ende auf einer Handfläche.

- Sagittaler Bogenwurf nach rückwärts (über den Kopf), beidhändig verdecktes Fangen hinter dem Rücken.

> **Hinweis:**
>
> **Zuerst wird der Wurf als Hochwurf geübt und (wie beim Prellen mit verdecktem Fangen) der Ball knapp unterlaufen. Später kann die Wurfweite und Wurfhöhe zum Bogenwurf gesteigert werden.**

- Fangen unter den Beinen.

> **Hinweis:**
>
> **Im Sitzen werden die Beine im Moment des Herunterfallens des Balls kurz über den Ball gehoben und sofort mit dem Ball auf den Boden gesenkt.**

4.2.3 *Balancieren und Führen*

> **Für das Balancieren und Führen gilt:**
>
> **Der Ball liegt frei auf der Hand oder einem anderen Körperteil. Er darf nicht mit den Fingern gekrallt und nicht an den Unterarm angelegt werden. Die Hand bildet die Verlängerung des Unterarmes, d. h., die Hand wird nicht abgewinkelt.**

4.2.3.1 Grundtechnik

- Balancieren des Balls auf beiden Handflächen oder Handrücken.

> **Hinweis:**
>
> **Der Ball liegt frei auf beiden Handflächen oder Handrücken, er darf weder mit den Fingern gegriffen noch zwischen Hand und Unterarm geklemmt werden.**

- Balancieren des Balls auf der Handfläche oder dem Handrücken einhändig.

\+ In der Vorhalte, Seithalte, Tiefhalte, Hochhalte (siehe Abb. 10-12).

+ Gehschritte vorwärts, seitwärts, rückwärts.
+ Verändern der Ausgangs- und Endposition.

  Ausführung: Z. B. Ausfallschritt, einbeiniger Stand, im Kniestand, Fersensitz, Grätschsitz.

• Kreisen um die Taille (Abb. 124).

+ 1/2- oder ganze Drehung.

  Ausführung: Beim Kreisen um den Körper wird der Ball vor und hinter dem Körper von einer in die andere Hand übergeben.

Abb. 124

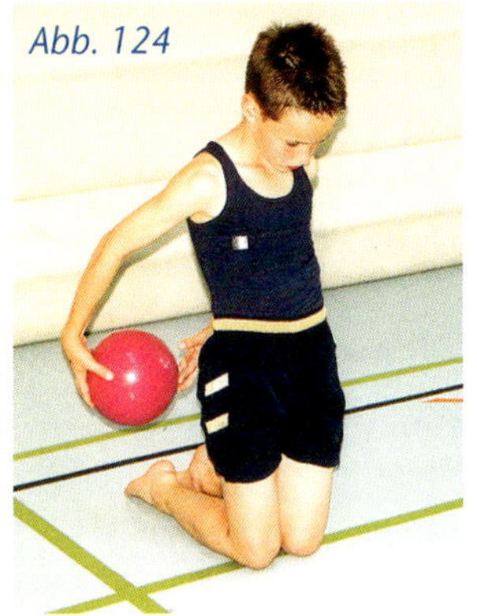

Hinweis:

Das Kreisen soll nur mit flachen Händen ausgeführt werden, d. h. den Ball niemals greifen.

• Kreisen um ein Bein oder beide Beine, um den Hals.

+ Verändern der Ausgangsstellung.

  Ausführung: Z. B. Ausfallschritt, Kniestand, Standwaage.

• Balancieren des Balls einhändig mit Ein- und Ausdrehen des Arms (Abb. 125).

Abb. 125

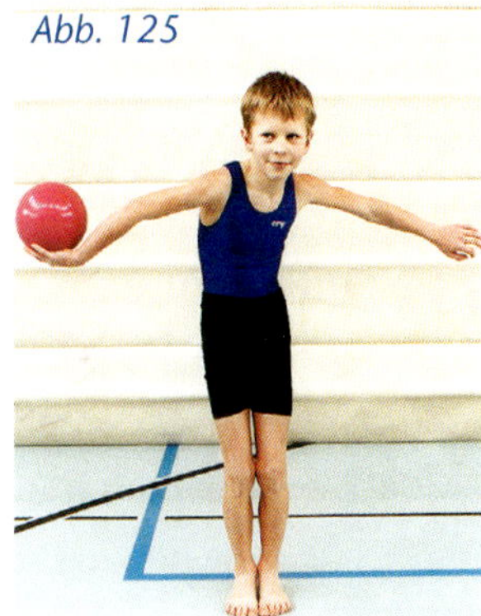

Hinweis:

Der Arm bleibt horizontal, die Bewegung wird aus der Schulter angeführt.

4.2.3.2 Weiterführende Techniken

• Armkreis horizontal auswärts über dem Kopf mit Übergabe im einbeinigen Kniestand (Abb. 126).

  Ausführung: Der Ball balanciert auf der rechten Hand im Kniestand links.

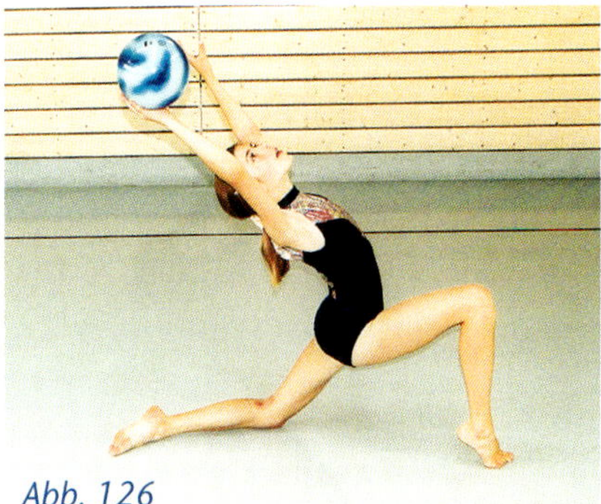

Abb. 126

Hinweis:

Der Winkel zwischen Ober- und Unterschenkel des vorne aufgestellten (rechten) Beins sollte unbedingt größer als 90° sein, dadurch kann das Becken weiter nach vorne geschoben werden und die notwendige Bogenspannung muss nicht durch eine unphysiologische Lendenwirbelsäulenbeweglichkeit erreicht werden.

- Armkreis horizontal auswärts über dem Kopf mit Übergabe im Stand.

Hinweis:

Der Rumpf geht in die Überstreckung (Spannbeuge), der Kopf ist unbedingt in Verlängerung der Wirbelsäule zu halten (nicht überstrecken!).

- Horizontaler Kreis einwärts/auswärts vor dem Körper.
  Ausführung: Aus der Seithalte mit leichter Rumpfvorbeuge und Nachgeben in den Beinen ganzen Kreis einwärts vor dem Körper beschreiben, bis zur Ellhalte in der Seithalte. Mit ganzem Kreis auswärts denselben Kreis zurück beschreiben.

Hinweis:

Den Ball immer ansehen.

- Horizontaler Kreis einwärts über dem Kopf.
  Ausführung: Aus der Ellhalte in der Seithalte ganzen Kreis einwärts über dem Kopf beschreiben.

Hinweis:

Die Bewegung wird durch einen Rumpfkreis unterstützt.

- Horizontaler Kreis auswärts über dem Kopf.
  Ausführung: Aus der Seittiefhalte links mit dem rechten Arm einen ganzen Kreis auswärts über dem Kopf beschreiben, am Ende Ellhalte auf der linken Seite.
- Achterkreis horizontal einwärts im Rehsitz (Abb. 127 a und b).
  Ausführung: Diese Übung setzt sich aus einem Kreis einwärts vor dem Körper und einem Kreis einwärts über dem Kopf zusammen.

Hinweis:

Durch die Position am Boden und das Abstützen auf dem Unterarm ist kein Rückbeugen in der Lendenwirbelsäule notwendig und das Gleichgewicht stabiler, was den gesamten Bewegungsablauf erleichtert. Sehr wichtig ist die Beweglichkeit

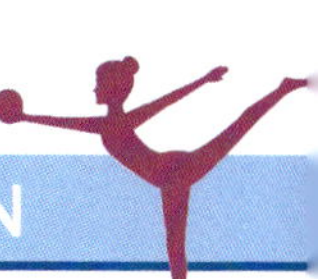

im Schultergelenk. Ein Partner kann zu Übungsbeginn durch leichtes Halten des Balls Hilfestellung geben.

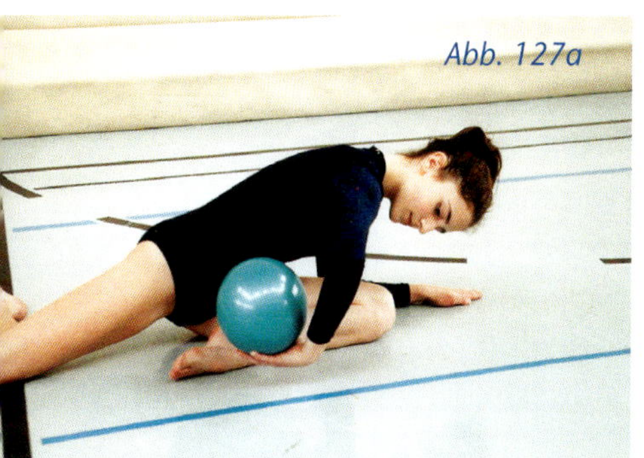

Abb. 127a

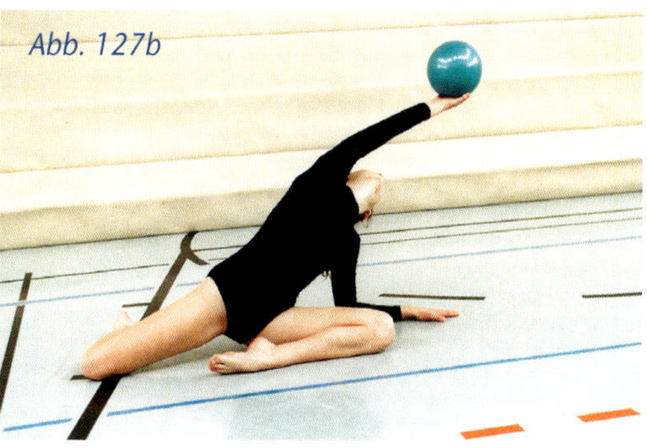

Abb. 127b

Variation: Ausführung im Stand (siehe Abb. 41 a und b).

- Achterkreis horizontal auswärts.
  Ausführung: Diese Übung setzt sich aus einem Kreis auswärts über dem Kopf und einem Kreis auswärts vor dem Körper zusammen.
- \+ 1/2- oder ganze Drehung.
- \+ Verändern der Ausgangsstellung.
  Ausführung: Z. B. im Kniestand oder in Verbindung mit einem Gleichgewichtselement.

4.2.4 *Rollen am Boden*

Für das Rollen am Boden gilt:

Beim Abrollen des Balls auf den Boden berührt der Handrücken den Boden und die Hand begleitet den Ball so lange wie möglich. Der Ball darf nicht hüpfen. Beim Aufnehmen rollt der Ball über die Fingerspitzen in die Handfläche oder auf den Handrücken, dabei kann der Ball von vorne (Blick zum Ball) oder von hinten (mit eingedrehtem Arm) aufgenommen werden.

4.2.4.1 Grundtechnik

- Den Ball mit einer Hand abrollen und Laufschritte neben dem rollenden Ball.
- \+ Umlaufen des rollenden Balls.
- \+ Hüpfen, Springen und Drehen neben und über dem Ball.
- \+ Rolle vorwärts oder rückwärts oder Rad (Handstützüberschlag seitwärts) neben dem Ball.

+ Aufnehmen des Balls mit den Füßen im Sitz am Boden.
  Ausführung: Z. B. der Ball wird zwischen Fußspann und Ballen geklemmt und (mit einem kleinen Wurf) in eine Hand übergeben.
- Mit dem Fuß anrollen (mit Zehenspitzen und Fußspann) und mit dem Fuß abstoppen, auch in Bodenposition (siehe Abb. 132).
- Den Ball mit dem Fuß begleiten.
  Ausführung: Im einbeinigen Fersensitz wird der Ball mit dem Fuß durch Strecken des gebeugten Spielbeins am Boden „gerollt" (Abb. 128).
- Im Fersensitz hin- und herrollen vor den Knien.
- Im Fersensitz den Ball vor den Knien abrollen und Jazzrolle.
- Im einbeinigen Kniestand unter dem aufgestellten Bein durchrollen (Abb. 129).
- Den Ball im Strecksitz am Körper entlangrollen und mit der Hand abstoppen.
  Ausführung: Im Strecksitz den Ball neben den Füßen ablegen, den Ball neben dem Körper nach hinten abrollen, 1/4-Drehung zum Ball zur Seitlage mit Unterarmstütz und den Ball hinter dem Kopf mit der freien Hand und langem Arm abstoppen (Abb. 130), wieder zur Ausgangsstellung zurückrollen.

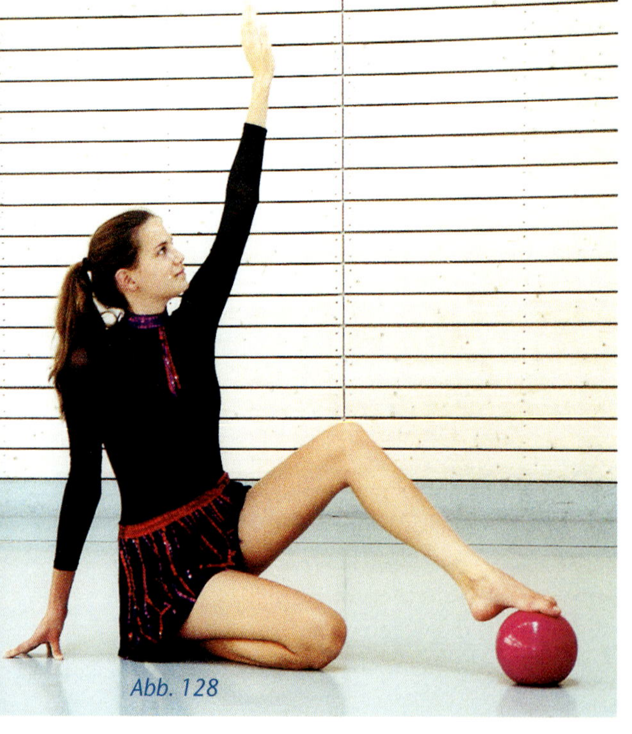

Abb. 128

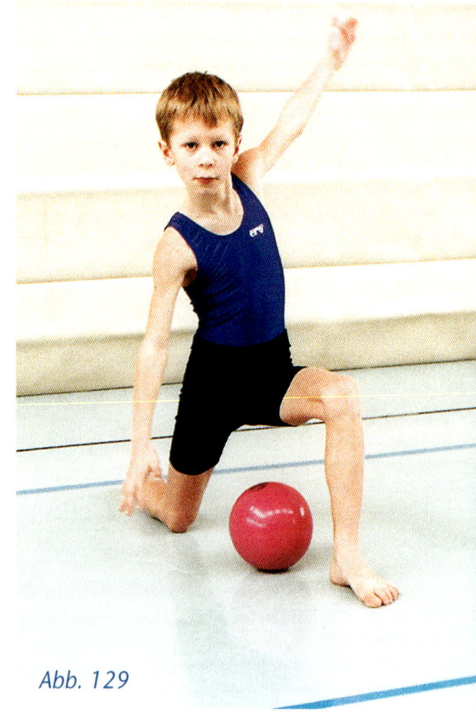

Abb. 129

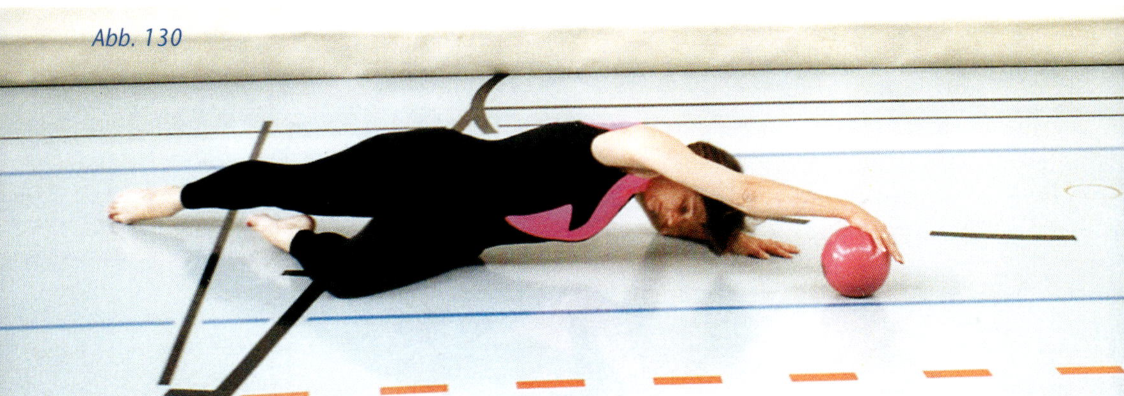
Abb. 130

+ Verändern der Ausgangs- und Endstellung.
  Ausführung: Z. B. Fersensitz oder Kniestand.
- Zwirbeln am Boden.

Hinweis:

Zum Aufnehmen wird die Hand knapp über dem Ball etwas gegen die Drehrichtung gedreht, dann erst erfolgt die Ballberührung, durch das kurze Mitdrehen der Hand unter den Ball kann dieser leicht aufgenommen werden.

4.2.4.2 Weiterführende Techniken

- Den Ball im Sitz durch Heben in den Stütz unter dem Körper durchrollen.
  Ausführung 1: Im Strecksitz: Gestrecktes Bein auf dem Ball, anderes Bein angewinkelt aufgestellt. Den Ball mit dem gestreckten Bein anrollen. Heben in den Stütz auf einer Hand in die Spannbeuge. Dabei rollt der Ball unter dem Körper durch. Absetzen und Ball aufnehmen.
  Ausführung 2: Im Grätschsitz den Ball zum Körper anrollen und unter dem Körper durchrollen, dabei in den Stütz auf einer Hand in die Spannbeuge (Abb. 131).
  Auflösung: Absenken und Drehung zum Ball hin, z. B. in den Fersensitz oder in der Spannbeuge die Beine schließen und Drehung zum Ball hin, in Seit- oder Bauchlage den Ball hinter dem Kopf abstoppen.
- In Seitlage den Ball den Körper entlangrollen, mit einem Fuß abstoppen.
  Ausführung: In der Seitlage mit Unterarmstütz links (oberes Bein gestreckt, unteres Bein gebeugt) (siehe Abb. 130), Ball den Körper nach rechts entlangrollen, mit dem rechten Fuß abstoppen (Abb.

132), mit dem Fuß wieder anrollen hinter den Körper, dabei über den Hocksitz mit 1/2-Drehung zum Fersensitz kommen und Ball abstoppen oder aufnehmen.

- Rollen über den Ball am Boden.

  Ausführung: Aus dem Kniestand (später Hockstand) durch Streckung des Körpers mit dem Rumpf und den Beinen über den Ball rollen.

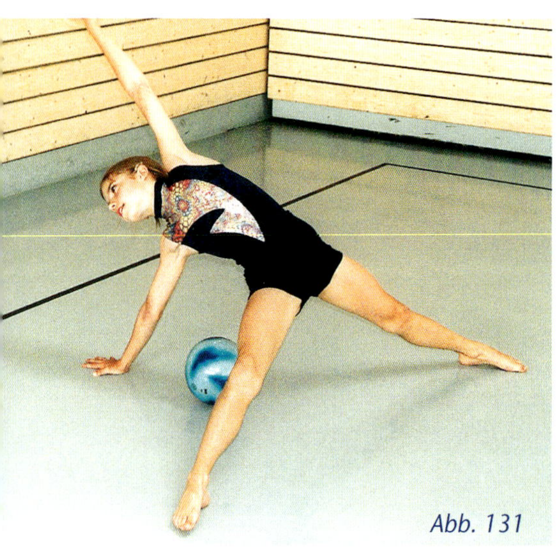

Abb. 131

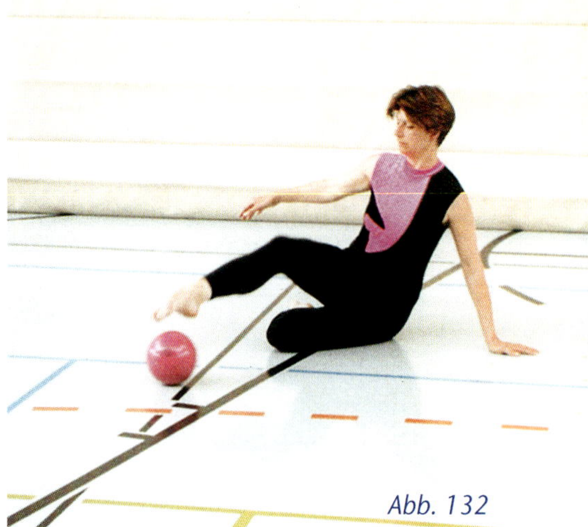

Abb. 132

Hinweis:

Zu Beginn des Rollens den Rumpf mit beiden Armen vor dem Ball am Boden abstützen.

4.2.5 Rollen am Körper

Für das Rollen am Körper gilt:

Man muss dem Ball eine (zu Beginn möglichst große) Rollebene bieten: z. B. Beine, Rücken, Arme und Rumpf. Diese Rollebene darf keinen Knick haben.

4.2.5.1 Grundtechnik

- Drehen des Balls vorwärts oder rückwärts.

  Ausführung: Ball auf einem Handrücken, andere gestreckte Handinnenfläche auf dem Ball; der Ball wird vorwärts (vom Körper weg) bzw. rückwärts (zum Körper hin) zwischen den gestreckten Händen gerollt.

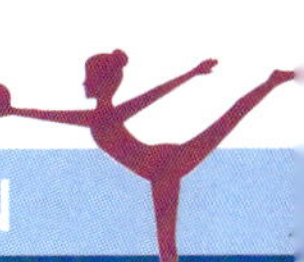

Hinweis:

Die Daumen werden angelegt und die Finger geschlossen.

+ Drehen des Balls in verschiedenen Ausgangsstellungen, z. B. mit Senken in die Hocke und Heben in den Ballenstand.
- Rollen über die Beine im Strecksitz.

  Ausführung: Der Ball kann auf die Fußspitzen gelegt und durch Anheben der Beine zum Rollen gebracht werden. Der Ball wird auf die Fußspitzen gelegt und durch leichtes Anheben der Beine zum Rollen gebracht. Durch Abstoppen mit den Händen und Anrollen oder leichtes Anheben der Hüfte rollt der Ball wieder zu den Füßen.
+ Rollen über die Beine zu den Füßen und kleiner Wurf.

  Ausführung: Der Ball rollt von der Hüfte zu den Füßen, durch einen Impuls mit den Beinen kann der Ball mit den Fußspitzen hochgeworfen und mit den Händen aufgefangen werden.
- Rollen über den Rücken und die Beine in der Bauchlage (Abb. 133a).

  Ausführung: Der Ball wird im Nacken (hinter den Halswirbeln) abgelegt. Durch Zurückneigen des Kopfs (Heben des Oberkörpers) wird der Impuls zum Rollen gegeben.

  Auflösung: Den Ball in den Kniekehlen einklemmen (Abb. 133b), in Rückenlage mit Hocksitz drehen, Beine aus der gewinkelten und gehockten Stellung in die Grätsche strecken und den Ball auf dem Bauch in die Hände nehmen (Abb. 133c).

Hinweis:

Nach dem Drehen in Rückenlage ist es wichtig, dass die Knie fast über der Brust sind, da sonst beim Öffnen der Ball verloren geht.

- Begleitendes horizontales Rollen des Balls auf den Arminnenseiten.
- Rollen auf beiden Armen von den Händen zur Brust.

Hinweis:

Durch Heben und Senken der gestreckten Arme kann die Rollgeschwindigkeit beeinflusst werden. Durch leichtes Anheben der Arme kommt der Ball ins Rollen, durch leichtes Senken kann die Rollgeschwindigkeit verringert werden.

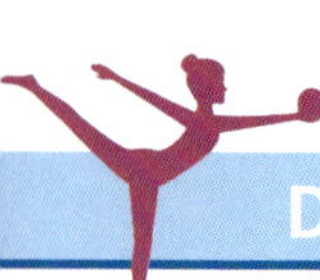

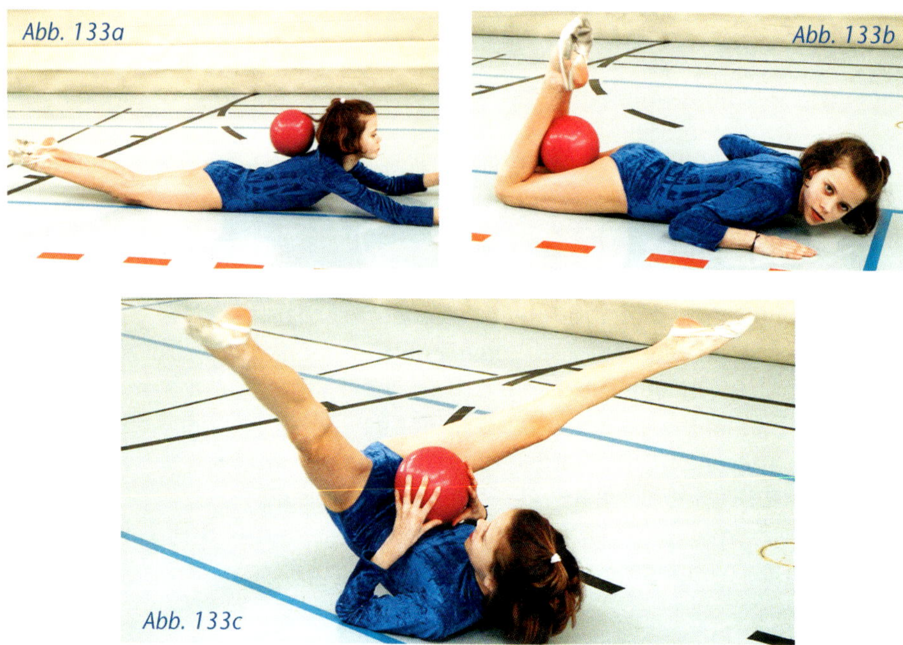

Abb. 133a

Abb. 133b

Abb. 133c

+ Rollen auf beiden Armen von der Brust zu den Händen.

Hinweis:

Durch leichtes Senken der Arme kommt der Ball ins Rollen. Durch Heben der Arme wird die Geschwindigkeit wieder verlangsamt. Um also zu verhindern, dass der Ball über die Hände rollt und herunterfällt, müssen gegen Ende der Rollbewegung die Arme wieder leicht angehoben werden. Der Ball sollte auf keinen Fall durch Krümmung der Arme oder Beugen der Handgelenke abgestoppt werden. Dieses Prinzip gilt auch für das Rollen über einen Arm oder von einem Arm zum anderen. In verschiedenen Ausgangsstellungen üben, z. B. im Fersensitz.

+ Rollen über den Rumpf und über die vorgestreckten Arme.

  Ausführung: Diese Übung erfolgt mit einer kleinen Körperwelle: Im Schlussstand wird der Ball mit leicht gebeugten Armen in Hüfthöhe gehalten. Gleichzeitig mit dem Rollimpuls durch die Finger geht der Oberkörper leicht in die Überstreckung – dadurch entsteht die Rollfläche; während der Ball rollt, werden die Arme in die Vorhalte gebracht.

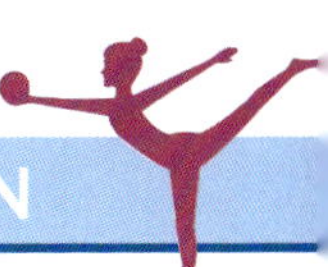

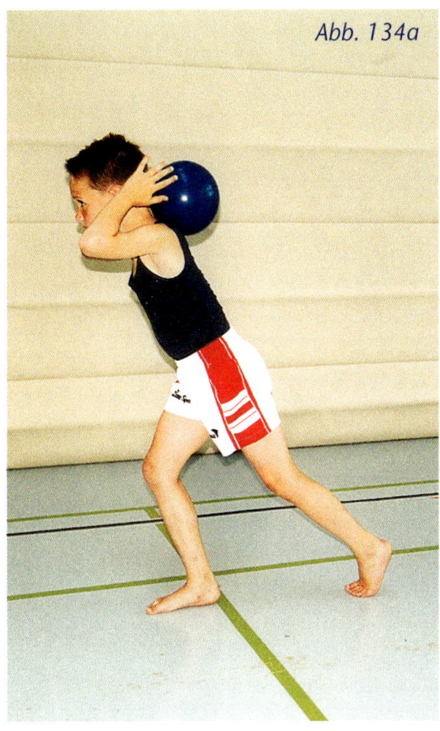
Abb. 134a

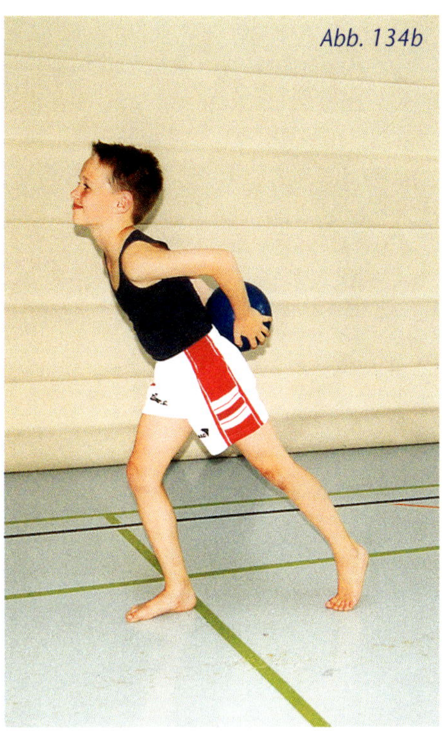
Abb. 134b

Hinweis:

Zu Beginn des Lernprozesses kann die Rollbewegung über den Rumpf von den Fingerkuppen seitlich begleitet werden, auch in dieser Form eine ansehnliche Bewegung. In der Feinform wird die Bewegung sehr weich und fließend ausgeführt.

- Rollen über den Rücken abwärts (Abb. 134a und b).

Hinweis:

Um eine geeignete Rollfläche zu haben, ist es wichtig, vor allem zu Beginn des Lernprozesses mit dem Rücken eine schräge Ebene zu bilden, z. B. im Ausfallschritt; dabei gilt: Je steiler, umso schneller rollt der Ball und je flacher, umso langsamer. Der Ball wird mit beiden Händen in den Nacken gelegt und losgelassen und im tiefen Rücken mit beiden Händen entgegengenommen. Zu Beginn kann der Partner den rollenden Ball aufnehmen und korrigieren. Senkt sich der Körper während des Rollens in die Hockstellung, gelingt die Übung leichter (längerer Rollweg!), da mehr Zeit bleibt, um die Hände in den tiefen Rücken zu nehmen.

- Rollen von der Hand zum Brustbein (Abb. 135a).
  Ausführung: Der Ball wird auf der Innenseite des Arms gerollt und mit der anderen Hand am Brustbein gehalten (Abb. 135b).

Hinweis:

Auch hier gilt das oben beschriebene Prinzip (Rollgeschwindigkeit wird bestimmt durch Heben und Senken des Arms). Die freie Hand kann am Anfang den Ball begleitend stützen.

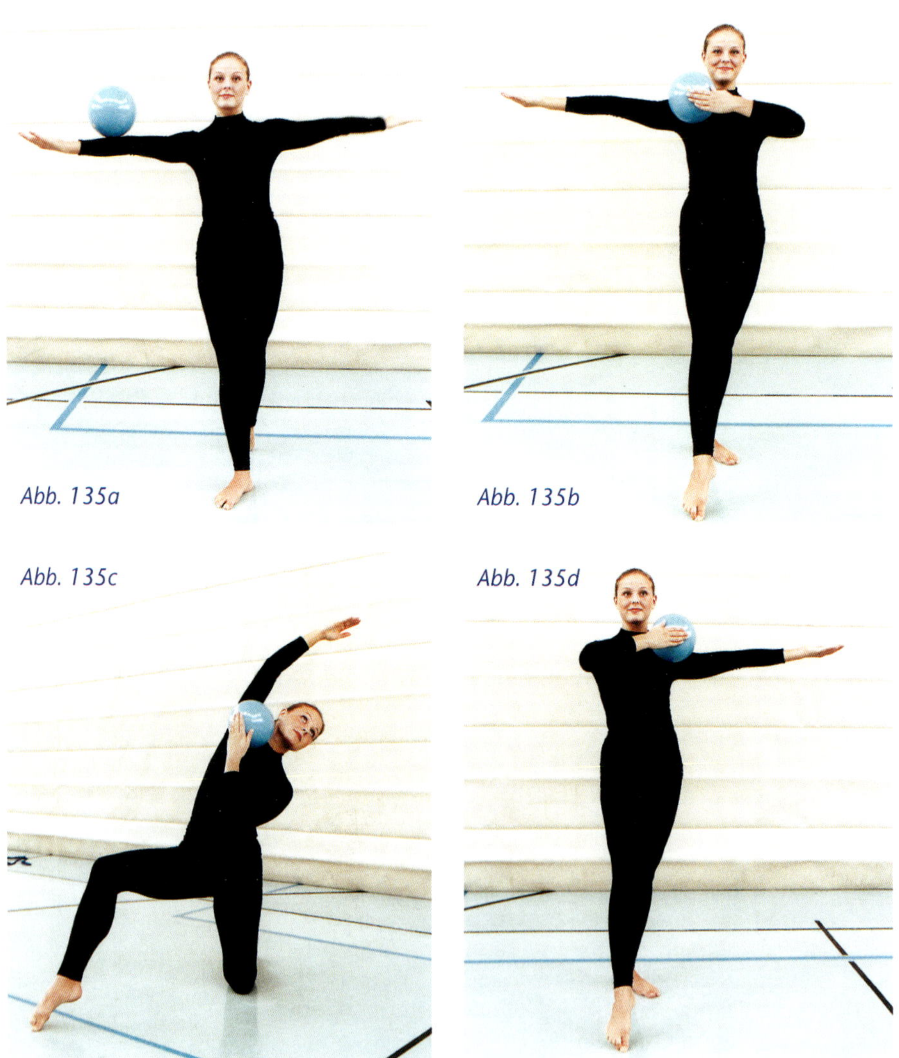

Abb. 135a

Abb. 135b

Abb. 135c

Abb. 135d

+ Armkreis über dem Kopf.
  Ausführung: Nach dem Rollen von der Hand zum Brustbein kann ein horizontaler Armkreis einwärts über dem Kopf mit Rumpfkreis mit dem Arm ausgeführt werden, auf dem der Ball gerollt ist.
+ Verändern der Ausgangsstellung.
  Ausführung: Z. B. im Ausfallschritt, im einbeinigen Kniestand (Abb. 135c) oder in Verbindung mit einem Gleichgewichtselement.

- Rollen um den Hals.

Hinweis:

Der Ball wird während des Rollens stets von einer Hand begleitet.

- Rollen von der Schulter zur Hand (Abb. 135d).
  Ausführung: Der Ball muss auf der Vorderseite der Schulter mit einer Hand aufgesetzt oder gehalten und dann auf der Innenseite des Arms zur Hand gerollt werden.
- Rollen über einen Arm (von der Hand zur Schulter), über die Schulter und über den Rücken.

Hinweis:

Kurz bevor der Ball die Schulter erreicht, wird diese leicht nach vorne gedreht.

4.2.5.2 Weiterführende Techniken

- Rollen über die Arme und den Rücken abwärts (Abb. 136).
- Rollen über den Rücken aufwärts.
  Ausgangsstellung: Schrittstellung mit gebeugten Beinen und nach vorn geneigtem Rumpf.

Hinweis:

Um eine schräge Ebene zu erreichen, muss der Oberkörper tief geneigt werden. Zusätzlich bekommt der Ball einen kräftigen Impuls mit den Händen. Ungleichmäßiger Impuls führt zum Schiefrollen.

Abb. 136

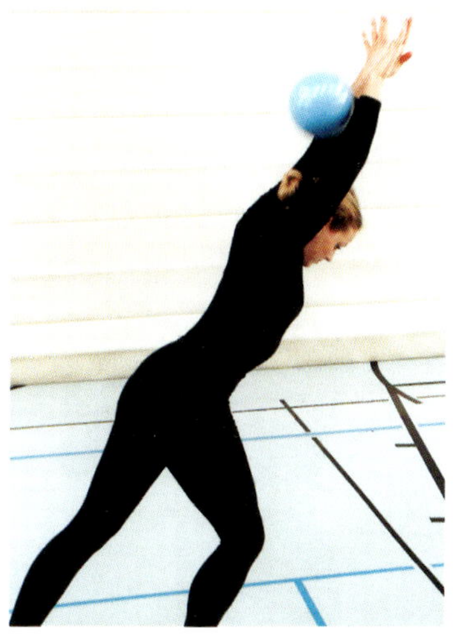

+ Weiterrollen über die Arme bis zu den Händen (Abb. 137).

Hinweis:

Die Arme müssen mit dem Rücken eine Linie bilden, der Kopf darf die Linie nicht unterbrechen (Kinn zur Brust!).

- Rollen von einer Hand zur anderen.

Abb. 137

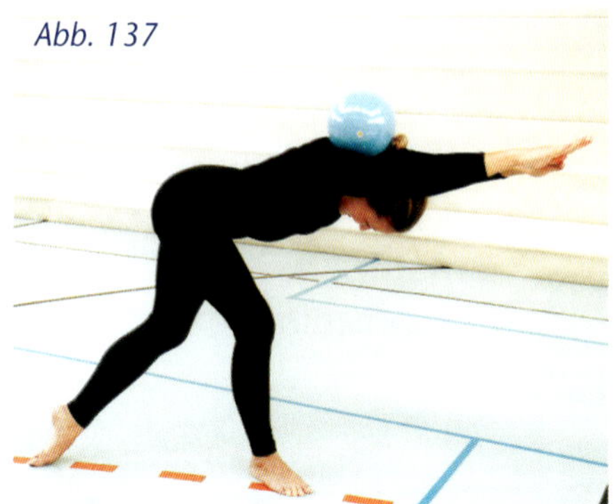

Hinweis:

Methodische Möglichkeiten:
1. Aus dem Rollen auf beiden Armen entwickeln: Dabei werden die Arme zu Beginn nur leicht geöffnet (beide Arme in Vorhalte) (Abb. 138), mit der Zeit immer mehr zur Seithalte geführt. Wichtig ist, dass der Ball immer auf den Innenseiten der Arme rollt. Ein Zurücknehmen des Kopfs und eine leichte Überstreckung der Brustwirbelsäule begünstigt die Bewegung.
2. Durch Zusammensetzen der Übungen: „Rollen von der Hand zur Schulter" (siehe Abb. 135a, b) und „Rollen von der Schulter zur Hand" (Abb. 135d) dürfte es nach wenigen Versuchen gelingen, den Ball auch ohne Begleitung durch die jeweils andere Hand von einer Hand zur anderen zu rollen.
Hauptursache für das Misslingen dieses Elements ist häufig das Missachten des Hoch- und Tiefführens der Arme für Steuerung der Geschwindigkeit des Balls (Fehlerbild: Der Ball rollt zwar von einer auf die andere Seite, kann aber dort nicht aufgehalten werden und fällt herunter.)

Abb. 138

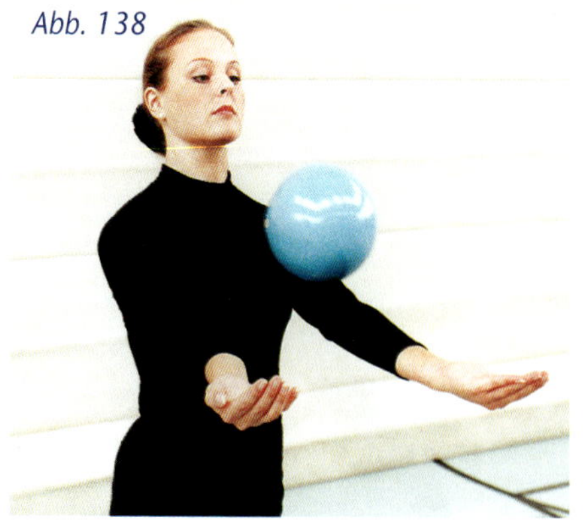

Abb. 139

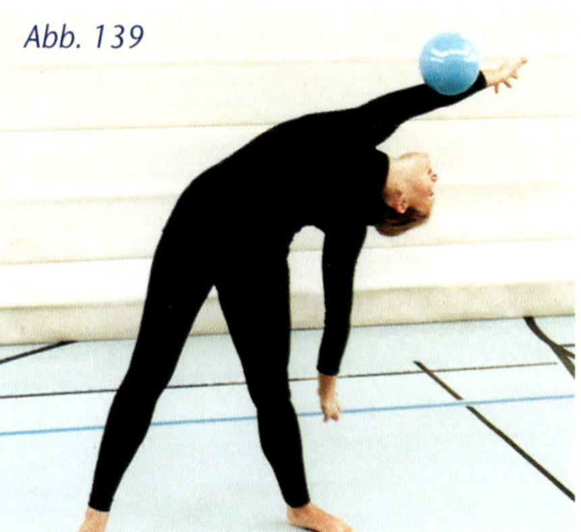

- Rollen von der Hüfte über die Flanke und über den Arm in Vorhalte in die Hand (Abb. 139).

Hinweis:

Durch einen starken Impuls mit der rechten Hand und mit einer weiten Seitbeuge links rollt der Ball von der rechten Hüfte bis zur Achsel; jetzt erfolgt ein schnelles Aufrichten des Oberkörpers mit Führen des rechten Arms in die Vorhalte, dadurch kann der Ball auf der Innenseite des rechten Arms bis zur Hand rollen.

- Rollen von der Hüfte über die Flanke und den Arm in Verlängerung der Flanke in die Hand.
- Leichtes Zusammendrücken (Knuddeln) des Balls zwischen den Händen (Abb. 140).

Hinweis:

Der Ball wird zwischen den Handinnenseiten schnell hin- und hergerollt.

Abb. 140

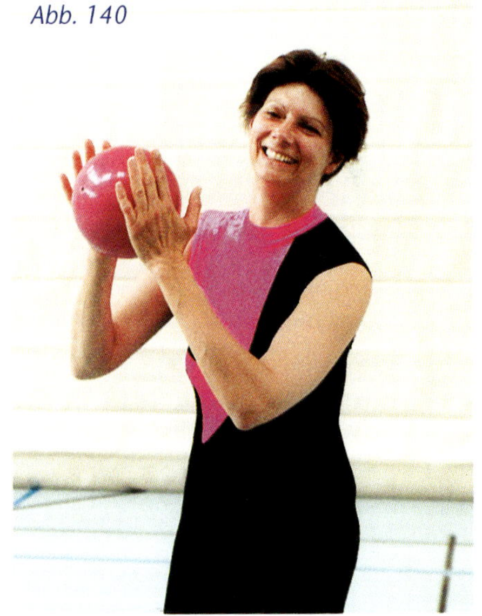

- Kreisen der Hände und Unterarme um den Ball.

Hinweis:

Unterarm und Hände werden parallel gehalten. Durch Rotieren der Unterarme und Hände umeinander wird der Ball um die Hände „gerollt".

+ Verändern der Ausgangshaltung der Arme, z. B. von der Tiefhalte zur Hochhalte.
+ Stände, Drehungen.

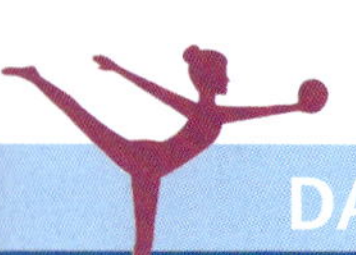

4.3 Wie entsteht eine Übungsverbindung mit dem Ball?

4.3.1 Didaktische Grundsätze

Ein Wechsel von einer in die andere Ebene ist, im Gegensatz zu Seil und Reifen, ohne Probleme möglich. Neben den Grundtechniken bieten folgende statische Elemente eine abwechslungsreiche Alternative:

- Klemmen des Balls zwischen Ober- und Unterarm beidarmig oder einarmig (Abb. 141).
- Klemmen des Balls zwischen Arm und Körper (siehe Abb. 122).
- \+ Verschiedene Ausgangsstellungen.
- \+ Ganze Drehung.
- \+ Gleichgewichtselement.
- Klemmen zwischen Spiel- und Standbein einbeinig (Abb. 142).

Hinweis:

Aus einem Prellen wird der Ball, nachdem er den höchsten Punkt überschritten hat, mit dem Fuß des gebeugten Spielbeins an das Standbein gedrückt. Auflösung: Ball fallen lassen und in Bodenposition aufnehmen.

- Klemmen beidbeinig (Abb. 143).

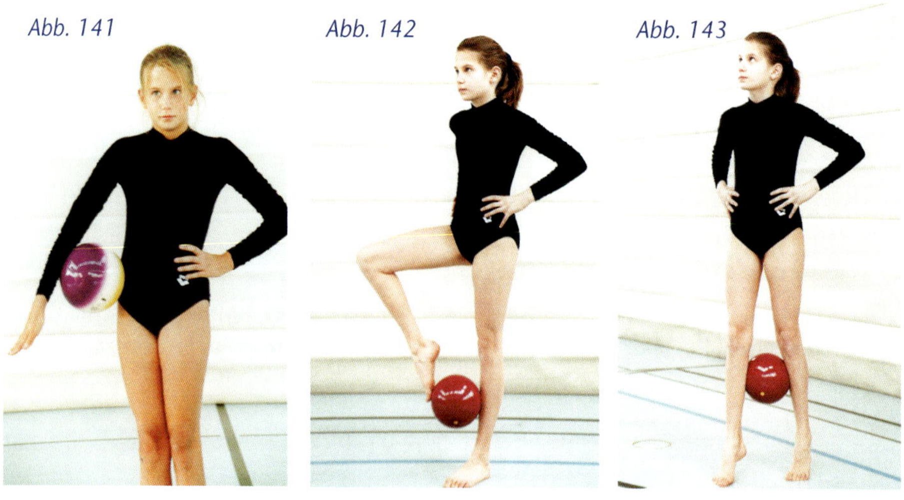

Abb. 141 *Abb. 142* *Abb. 143*

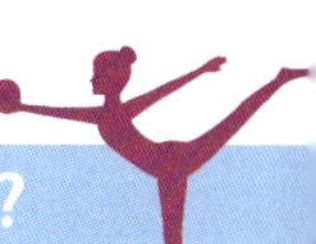

Hinweis:

Nachdem der geprellte Ball wieder nach unten fällt, wird das vordere Bein etwas angehoben und nach vorne abgespreizt, dann drückt dieses Bein den Ball an das Standbein und das Gewicht wird wieder auf beide Beine verlagert.
Auflösung: Wie oben oder kleiner Hocksprung, dabei im höchsten Punkt den Ball mit den Beinen nach oben abwerfen und mit den Händen auffangen.

- Klemmen zwischen beide Beine im Strecksitz.
+ Ganze Drehung am Boden um die Längsachse.
- Klemmen des Balls zwischen Ober- und Unterschenkel (Abb. 144).
- Klemmen des Balls zwischen Bauch und Oberschenkel (Abb. 145).

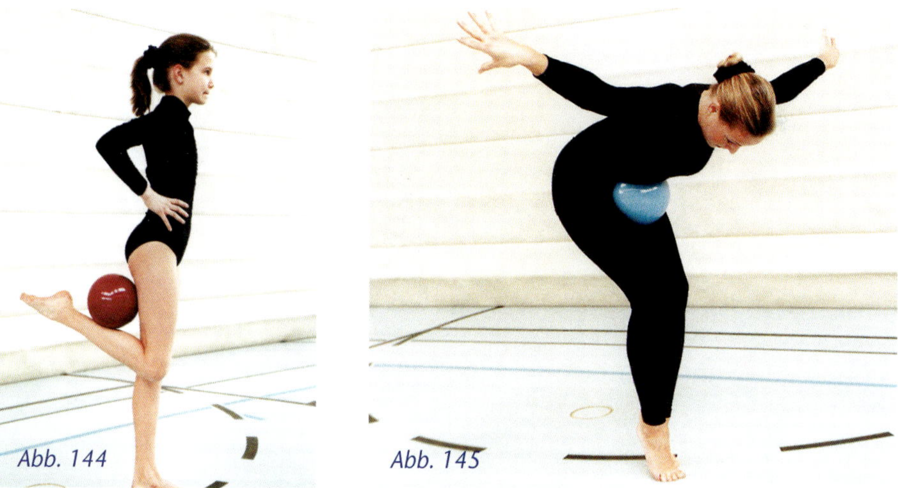

Abb. 144 *Abb. 145*

Da das Gerät in sich nicht labil ist und deshalb kein bestimmtes Tempo „braucht", um die eigene Form nicht zu verlieren, hat man eine große Variationsbreite in der Auswahl der Musik. Bei einer Musik mit mittlerem Tempo (80-90 Beats) können auf vier Zählzeiten z. B. folgende Elemente bzw. Technikformen angesetzt werden.

- 4 x prellen in Hüfthöhe
- 2 x prellen in Schulterhöhe
- Ein Kreis horizontal um den Körper
- Anlauf und Sprung mit 2 x prellen
- Anlauf und Absprung mit Abwurf des Balls
- Rollen des Balls von einer Hand in die andere
- Werfen und Fangen
- Ganze Drehung mit Ballführung

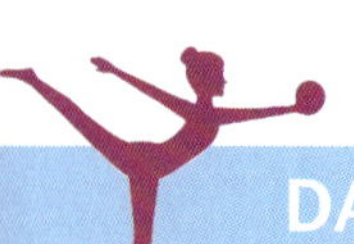

4.3.2 Einfache Verbindungen mit gleichen Techniken

Musikvorschläge siehe Kap. 4.4.

1. Übungsverbindung: Prellen.

Ausgangsstellung: Schlussstand, Ball in Vorhalte, beidhändig gefasst.
Bpm: 80, im 4/4 Takt

Takt	ZZ	Körperbewegung	Geräteführung
1	1-4	Schlussfederungen.	4 x prellen beidhändig.
2	1-4		4 x prellen einhändig abwechselnd rechts und links.
3	1-2	Oberkörper u. Beine beugen,	4 x schnell prellen.
	3-4	aufrichten.	2 x prellen.
4	1-4		1 x hochprellen
		Einige Laufschritte vorwärts, 1/2-Drehung.	unter dem geprellten Ball durch, Ball fangen.

2. Übungsverbindung: Prellen.

Ausgangsstellung: Schlussstand, Ball in der rechten Hand in Seithalte rechts.
Bpm: 80, im 4/4-Takt

Takt	ZZ	Körperbewegung	Geräteführung
1-2	1-8	4 Hüpfschritte im Kreis rechts (Innenführung).	Ball 4 x prellen rechts am Ort.
3	1-4	Schlussstand. 1/2-Drehung rechts.	2 x prellen rechts an der rechten Körperseite.
4	1-4	Schlussstand.	2 x prellen links an der linken Körperseite.
5	1-4	4 Laufschritte im Halbkreis links.	2 x prellen links am Ort.

6	1-4		Prellen lassen auf dem Oberschenkel, beidhändig fangen und sofort in linke Hand übernehmen.
7	1-4	Ausfallschritt rechts seitwärts. 1/2-Drehung rechts.	Schräges Prellen nach rechts, rechts fangen.
8	1-4	Ein Bein gebeugt heben.	Ball unter dem Bein in die linke Hand übergeben.

3. Übungsverbindung: Prellen.

Ausgangsstellung: Schlussstand, Ball in Vorhalte beidhändig gefasst.
Bpm: 96, im 4/4-Takt

Takt	ZZ	Körperbewegung	Geräteführung
1	1-3 4	3 Seitgalopp rechts. 1 Schlusssprung.	3 x prellen. Ball beidhändig in Vorhalte halten.
2	1-4	Takt 1 wiederholen.	
3	1-4	1/2-Drehung links mit Oberkörperbeugung.	Beide Arme über die Tiefhalte in die Vorhalte führen.
4	1-4	Rechtes Bein vorspreizen. 1/2-Drehung links.	Ball auf dem Unterschenkel prellen, beidhändiges Fangen in Vorhalte.
5-8	1-16	Takt 1-4 gegengleich wiederholen.	

4. Übungsverbindung: Rollen am Körper, Drehen.

Ausgangsstellung: Schlussstand, Ball in beiden Händen vor dem Körper.

Körperbewegung	Geräteführung
Heben in den Ballenstand. Über den einbeinigen Kniestand senken in die Rückenlage. In Bauchlage drehen. In Rückenlage drehen, Knie bis fast zur Brust führen.	Ball vorwärts drehen. Ball weiterdrehen bis in Hochhalte. Ball über den Rücken und die Beine rollen, mit Unter- und Oberschenkel einklemmen (siehe Abb. 133a-c).
Beine grätschen. Heben in den einbeinigen Kniestand. Aufstehen. Oberkörper tief vorbeugen. Oberkörper aufrichten. Mit kleiner Körperwelle. Arme hochstrecken.	Aufnehmen des Balls. Ball von der Hand zur Schulter rollen (siehe Abb. 135a-c). Kreisschwung einwärts über den Kopf. Ball um den Hals rollen. Ball von der Schulter zur Hand rollen. Ball über den Rücken zum Nacken rollen. Ball nach vorne führen. Ball über den Bauch und anschließend über beide Arme zu den Händen rollen. Ball in die Hochhalte führen. Ball vom Nacken über den Rücken rollen, mit einer Hand aufnehmen, von einem Arm zum anderen rollen usw.

Anmerkung:

Nach dem Vorstellen und Erlernen des Rollens am Körper sowie diversen „Füllseln" bedarf es nur weniger Anregung, um die Übenden zum eigenständigen Kombinieren dieser Elemente zu bringen. Eine langsame Musik unterstützt das kreative „Dahinrollen".

5. Übungsverbindung: Rollen am Körper.

Ausgangsstellung: Schlussstand mit Blick nach vorne, Ball in der rechten Hand.
Bpm: 70, im 4/4-Takt

Takt	ZZ	Körperbewegung	Geräteführung
1	1-2	Ausfallschritt mit Seitbeuge links.	Ball von der Hüfte bis zur Achsel rollen (zuerst mit der rechten Hand, dann übernimmt die linke Hand und legt abschließend den Ball an der Brust auf die rechte Hand).
	3-4	Grätschstellung.	Ball hochstoßen.
2	1-2	Gewichtsverlagerung auf das rechte Bein.	Ball wird über die Seithalte rechts durch die Tiefhalte an die linke Körperseite geführt und dort zwischen linkem Arm und linker Körperseite eingeklemmt.
	3-4	Ganze einbeinige Drehung rechts auf dem rechten Fuß in kleine Schrittstellung.	Mit eingeklemmtem Ball; am Ende Ball in die linke Hand fallen lassen.
3-4	1-8	Takt 1-4 gegengleich wiederholen.	

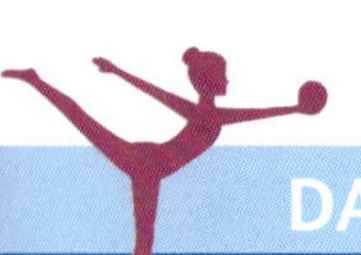

4.3.3 *Einfache Verbindungen mit verschiedenen Techniken*

1. Übungsverbindung: Werfen und Fangen beidhändig, Rollen über den Rücken.

Ausgangsstellung: Schlussstand, Ball beidhändig in Vorhalte.
Bpm: 100, im 4/4-Takt

Takt	ZZ	Körperbewegung	Geräteführung
1	1-4	Ganzkörperstreckung.	Sagittaler Hochwurf, Fangen beidhändig.
2	1-4	1/2-Drehung mit Oberkörperbeugung.	Ball wird beidhändig über die Tief- in die Vorhalte geführt.
3	1-2	Ganzkörperstreckung.	Ball in Hochhalte führen.
	3-4	Oberkörper vorneigen.	Rollen über den Rücken.
4	1-4	In den Hockstand senken und wieder aufrichten.	Ball in Ausgangsstellung führen.

Gesamten Ablauf in Gegenrichtung wiederholen.

2. Übungsverbindung: Werfen und Fangen einhändig, Rollen über den Rücken.

Ausgangsstellung: Schlussstand, Ball einhändig in Tiefvorhalte.
Bpm: 100,im 4/4-Takt

Takt	ZZ	Körperbewegung	Geräteführung
1	1-4	Einige Laufschritte vorwärts.	Einhändig werfen.
2	1-4	Schlussstand.	Einhändig fangen.
3	1-2		Ball beidhändig zur Hochhalte führen.
	3-4	Vom Ballenstand zum Hockstand	Rollen über den Rücken.
4	1-4	und wieder aufrichten, 1/4-Drehung.	

Gesamten Ablauf in die neue Bewegungsrichtung wiederholen.

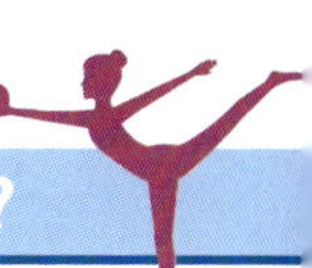

3. Übungsverbindung: Prellen schräg mit Sprung, mit dem Knie, mit Rhythmuswechsel.

Ausgangsstellung: Schlussstand, Ball in der rechten Hand vor dem Körper
Bpm: 144, im 4/4-Takt

Takt	ZZ	Körperbewegung	Geräteführung
1	1-4	Anlauf und Laufsprung.	2 x prellen.
2	1-4	Einige Laufschritte.	Ball rechts fangen.
3	1-4	Ganze gegangene Drehung rechts.	1 x rechts prellen.
4	1-4	Schlussstand, rechter Arm zur Seithalte rechts.	Ball rechts fangen, auf rechter Hand balancieren.
5	1-4	Großer Ausfallschritt links und Senken zum Kniestand rechts.	Schräges Prellen frontal nach links. Ball mit linker Hand fangen.
6	1-4	Linkes Bein vorhochspreizen.	Schräges Prellen frontal unter dem linken Bein nach rechts (siehe Abb. 108 gegengleich).
7	1-4	Kniestand rechts.	3 x schnelles Prellen beidhändig vor dem rechten Knie.
8	1-4	Aufrichten, rechtes Knie heben.	Mit dem Knie den Ball zum Boden prellen und beidhändig fangen.

4.3.4 Komplexe Übungsverbindungen

1. Übungsverbindung: Werfen, Rollen auf den Armen, Prellen, Körperumkreisen.

Ausgangsstellung: Schlussstand mit Blick nach vorne, Ball in der rechten Hand.
Bpm: 70-80, im 4/4-Takt

Takt	ZZ	Körperbewegung	Geräteführung
1	1-4	1/4-Drehung links und Laufschritte vorwärts.	Ball nach vorne oben werfen, einhändig rechts fangen.
2	1-2	Gehschritte rückwärts mit einem sagittalen Mühlarmkreis rückwärts, am Ende rechter Arm in Vorhalte.	Ball balanciert auf der rechten Hand.
	3-4	Kleine Schrittstellung (rechts vorne), am Ende 1/4-Drehung rechts (Blick nach vorne).	Ball auf dem rechten Arm bis zur Schulter rollen, mit der linken Hand an der rechten Schulter abstoppen und zurückrollen in die rechte Hand.
3	1-2	Schritt links seitwärts zum Grätschstand, dann Gewichtsverlagerung auf das rechte Bein.	Ball zweimal beidhändig prellen vor dem Körper.
	3-4	Ganze Drehung links.	Ball links um die Taille kreisen.
4	1-4	Rechtes Bein gebeugt anheben.	Ball unter dem Bein durchgeben.
5	1-4	1/4-Drehung rechts und Laufschritte vorwärts.	Ball nach vorne oben werfen, beidhändig auf den Handrücken fangen.
6	1-2	Schrittstellung.	Kleiner Wurf, dabei beide Hände einmal um den Ball kreisen und Ball mit den Handflächen fangen. Ball an die Brust legen.
	3-4	Gehschritte rückwärts.	Ball über beide Arme in beide Hände rollen lassen.
7-8	1-8	Takt 3-4 wiederholen.	

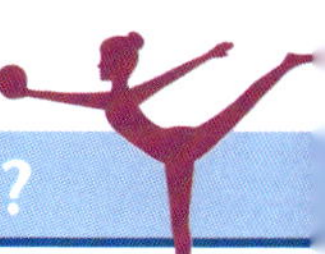

2. Übungsverbindung: Bodenteil.

Ausgangsstellung: Schlussstand, Ball liegt auf der rechten Hand vor dem Körper.
Bpm: 108, im 4/4-Takt

Takt	ZZ	Körperbewegung	Geräteführung
1	1-2	Rechten Arm in Hochhalte „stoßen", dabei über einbeinigen Kniestand rechts zum Fersensitz senken .	Ball liegt auf der rechten Hand in Hochhalte auf dem Handteller (Handrücken zeigt nach unten).
	3-4	Arm über Seithalte rechts senken.	Ball diagonal rechts vor dem Körper ablegen, mit rechter Hand abrollen vor dem Körper nach links.
2	1-4	Seitlage links mit Unterarmstütz links. Rechtes Bein leicht anheben.	Ball mit rechter Hand und langem Arm abstoppen. Ball zurückrollen und mit rechtem Fuß abstoppen (siehe Abb. 132), mit rechtem Fuß Ball an der rechten Körperseite vorbei nach hinten abrollen.
3	1-4	1/2-Drehung rechts um die Längsachse zur Seitlage rechts.	Ball mit der linken Hand und langem Arm abstoppen. Sofort nach vorne abrollen und
	3-4	Zum Fersensitz aufrichten (Blick nach vorne).	Ball mit der rechten Hand vor dem Körper stoppen und kurz am Boden zwirbeln, dann mit der rechten Hand aufnehmen.
4	1-4	Aufrichten zum Kniestand (mit leicht geöffneten Beinen), dabei stützt die linke Hand am Boden, der rechte Arm wird in Hochhalte gestreckt, zurück zum Fersensitz. Über einbeinigen Kniestand aufstehen.	Ball balanciert auf der rechten Hand und wird nach oben gestoßen. Ball in Vorhochhalte fangen. Ball unter dem vorderen Bein durchgeben und sofort kleiner Wurf.

3. Übungsverbindung: Prellen auf Körperteilen, Prellen in Fortbewegung, Umkreisen von Körperteilen, Bogenwurf.

Ausgangsstellung: Schlussstand, Ball vor dem Körper in der rechten Hand.
Bpm: 148, im 4/4-Takt

Takt	ZZ	Körperbewegung	Geräteführung
1	1-2	Schritt links seitwärts.	Ball prellen vor dem Körper mit der rechten Hand.
	3-4	Gewichtsverlagerung auf das rechte Bein.	Ball prellen vor dem Körper mit der linken Hand.
2	1-4	Takt 1 wiederholen, am Ende linkes Bein belasten.	
3	1-4	Rechten Oberschenkel heben und wieder senken.	Ball darauf prellen, mit beiden Händen fangen.
4	1-4	Linken Oberschenkel heben und wieder senken und linken Fuß belasten.	Ball darauf prellen, Ball mit beiden Händen fangen und in rechte Hand nehmen.
5	1-4	Schritt rechts seitwärts und ganze Drehung rechts.	Ball um die Taille kreisen.
6	1-4	Rumpfbeuge vorwärts mit gebeugten Knien.	Ball um die Unterschenkel kreisen.
7	1-4	Kleiner Ausfallschritt rechts vorwärts.	Ball auf der rechten Schulter prellen (siehe Abb. 110), rechts fangen.
8	1-4		Auf dem rechten Arm bis zur Schulter rollen, mit der linken Hand an der rechten Schulter abstoppen und zurück zur rechten Hand rollen.
9	1-4	Vier Laufschritte vorwärts.	Ball nach vorne oben abwerfen.
10	1-4	Hocksprung (mit einem Bein abspringen, mit beiden Beinen landen).	Fangen beidhändig.
11	1-4	In den Grätschstand springen.	Dabei sofort Hochwurf und einhändig rechts fangen.
12	1-4	1/2-Drehung rechts.	Ball auf rechter Hand balancieren.

13-24		Takt 1-12 wiederholen (auch gegengleich möglich).	
25-26	1-8	Acht Laufschritte vorwärts, mit dem achten Schritt 1/4-Drehung links oder rechts.	Viermal prellen einhändig.
27	1-4	Zwei Seitgalopphüpfer links oder rechts.	Zweimal prellen beidhändig.
28	1-2	Ein Schlusshüpfer.	Einmal prellen beidhändig.
	3-4	1/4-Drehung rechts oder links (Blick nach vorne).	Ball in rechte Hand übernehmen.
29-Ende		Takt 1-28 wiederholen.	

4. Übungsverbindung: Hochwurf und Fangen, Rollen über Rücken und einhändiges Fangen.

Ausgangsstellung: Schlussstand, Ball vor dem Körper in der rechten Hand.
Bpm: 114, im 4/4-Takt

Takt	ZZ	Körperbewegung	Geräteführung
1	1-4	Arme in Hochhalte.	Hochwurf einhändig, Ball über dem Kopf mit gekreuzten Händen fangen.
2	1-4	Arme zur Tiefhalte führen und Hände mit kleinem Kreis zum Körper drehen, dabei gekreuzte Hände öffnen.	Ball beidhändig. Ball liegt auf der rechten Hand.
3	1-4		Ball beidhändig vom Oberschenkel zur rechten Schulter rollen.
4	1-4	Schrittstellung. Linke Hand hinter den Rücken.	Weiter über den Rücken rollen, mit der linken Hand fangen.
5-8	1-16	Takt 1-4 gegengleich wiederholen.	

5. Übungsverbindung: Rollen am Körper, Werfen und Fangen, Prellen, in Verbindung mit „Klemmen".

Ausgangsstellung: Schlussstand, Ball eingeklemmt zwischen gespannter linker Hand und linkem Oberschenkel.
Bpm: 110-116, im 4/4-Takt

Takt	ZZ	Körperbewegung	Geräteführung
1-2	1-8	4 Nachstellschritte rechts mit Hüftisolation, linker Arm gestreckt.	Durch die Hüftisolation rollt der Ball jeweils wenig nach oben und unten.
3	1-2		Ball wird mit linker Hand an die Brust geklemmt (siehe Abb. 135b).
	3-4	Rechte Hand kreuzt vor der linken Hand.	
4	1-2	Ganze Drehung rechts auf rechtem Fuß zum Grätschstand.	
	3-4	Beide Arme zur Vorhalte strecken, linken Arm zur Seittiefhalte links,	Ball rollt auf beiden Armen bis zu den Händen. Übergabe in die linke Hand.
5	1-4	Gewicht auf rechten Fuß verlagern.	Frontaler Bogenwurf über den Kopf, rechts fangen.
6	1-2	Rechte Hand zur Hochhalte führen.	Balancieren auf der rechten Handfläche.
	3-4	Schlussstand, leichte Spannbeuge.	Rollen des Balls den Arm hinunter bis zum Bauch (die linke Hand begleitet das Rollen ab Brusthöhe),
7	1-4	Ballenstand, Rumpf rund (Contractstellung), Arme in Seittiefhalte gestreckt (siehe Abb. 145).	Ball zwischen Bauch und Oberschenkeln klemmen.
8	1-2	2 x Schulter nach vorne schieben.	
	3-4	1 x Schulter nach vorne schieben, Aufrichten zur Ausgangsstellung.	Ball in linke Hand fallen lassen.

6. Übungsverbindung: Prellen mit verdecktem Fangen, horizontaler Kreis über Kopf und um den Hals.

Ausgangsstellung: Schlussstand, Ball in beiden Händen in Vorhalte.
Bpm: 114, im 4/4-Takt

Takt	ZZ	Körperbewegung	Geräteführung
1	1-4	Schritt rechts vorwärts. 1/2-Drehung rechts.	Prellen rechts neben dem rechten Fuß. Mit beiden Händen hinter dem Rücken verdeckt fangen, in die rechte Hand übergeben.
2	1-4	Schlussstand, horizontaler Kreis einwärts über dem Kopf bis zur Seithalte rechts.	Ball balanciert auf der rechten Hand (der Kreis wird mit eingedrehtem rechten Arm angesetzt).
3-4	1-8	Takt 1-2 wiederholen, am Ende wieder Blick nach vorne.	
5	1-4	Schritt links seitwärts zum Grätschstand, Seitbeuge links.	Ball mit beiden Händen an der rechten Körperseite nach oben und wieder nach unten rollen.
6	1-4	Linken Fuß an den rechten anstellen.	Horizontaler Kreis links um den Hals, am Ende Ball in der rechten Hand.
7-8	1-8	Takt 5-6 wiederholen.	Am Ende Ball in die linke Hand übergeben.

7. Übungsverbindung: Prellen mit Hüpfen rückwärts, Fangen in Bodenposition, Rollen und Jazzrolle.

Ausgangsstellung: Schlussstand, Ball in beiden Händen in Vorhalte.
Bpm: 114, im 4/4-Takt

Takt	ZZ	Körperbewegung	Geräteführung
1-2	1-8	Acht Hüpfer rückwärts.	Ball viermal prellen.
3	1-4	Senken zum Kniestand.	Kleiner Hochwurf und im Kniestand fangen.
4	1-4	Kleiner horizontaler Achterkreis beidarmig (oben beginnend).	Ball in beiden Händen.
5	1-4	Seitbeuge nach rechts im Kniestand.	Ball diagonal rechts vor den Knien ablegen und nach links abrollen.
6-8	1-12	Jazzrolle nach links zum Fersensitz. Aufstehen über den einbeinigen Kniestand, beide Arme in Vorhalte.	Rollenden Ball mit der linken Hand aufnehmen. Ball einmal prellen, in beide Hände übernehmen.

8. Übungsverbindung: Körperumkreisen, Bodenteil, Ball unter den Beinen fangen.

Ausgangsstellung: Schlussstand, Ball beidhändig in Tiefhalte vor dem Körper.
Bpm: 114, im 4/4-Takt

Takt	ZZ	Körperbewegung	Geräteführung
1	1-2	Schritt rechts seitwärts zum Grätschstand mit Hüftkreis.	Ball rechts um die Taille geben.
	3-4	Hüftkreis.	Ball um den Hals geben.
2	1-4	1/2-Körperdrehung (Füße bleiben am Ort) zum Rehsitz absenken.	Ball hinter dem Körper in die linke Hand geben.
3	1-2		Ball vor dem Körper von links nach rechts rollen.
	3-4	Seitlage rechts.	Abstoppen mit der linken Hand.
4	1-2	Aufrichten zum Hocksitz.	Abrollen nach links.
	3-4		Mit der rechten Hand an der rechten Körperseite aufnehmen.
5	1-4		Kleiner Hochwurf, unter den gebeugten Beinen fangen.
6	1-4	Rumpf und Arme rund.	
7	1-4	Rumpf aufrichten. Auf den Rücken rollen, Beine aus der gewinkelten und gehockten Stellung in die Grätsche strecken. Zurückrollen, dabei ein Bein unterschlagen.	Ball in den Kniekehlen einklemmen. Ball auf dem Bauch in die Hände nehmen. Ball in eine Hand übernehmen.
8	1-4	Über einbeinigen Kniestand aufstehen, Arme in Tiefhalte.	Ball balanciert auf einer Hand, am Ende in Tiefhalte vor dem Körper.

Hinweis:

Die 4.-8. Übungsverbindung kann auf die Musik „Kiss" zu einer Gesamtkombination zusammengestellt werden.

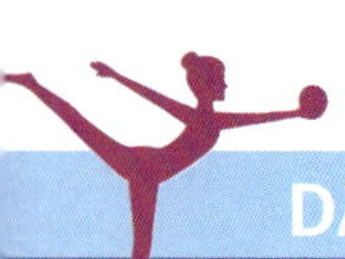

4.4 Musikvorschläge für Übungsverbindungen mit dem Ball

Titel und Interpret	bmp	Besonders geeignet für
„Can I have this dance", High School Musical 3	3/4 Takt	Schwingen, Rollen am Körper, Posen
„Think Twice", Celine Dion	68	Rollen am Körper
„Anytime you need a friend", Mariah Carey	70	Rollen am Körper, 5. Übungverbindung Kap 4.3.2, 1. Übungsverbindung Kap. 4.3.4
„Overnight Sensation", Tina Turner	80	Prellen, 1.-2. Übungsverbindung, Kap. 4.3.2
„Rencontres" René Aubry (CD Dérives)	88	Werfen und Fangen
„Objektion", Shakira	92	Prellen
„Rock around the clock", Bill Haley	92	Prellen
„Wake up Little Susie", The Everly Brothers	96	Prellen mit Seitgalopp und Umkreisen von Körperteilen, 3. Übungsverbindung Kap. 4.3.2
„The Only Ones", Reamonn	100	Führungen, Schwingen, Werfen, Rollen
„Feel", Robbie Williams	100	Rollen am Körper, 4. Übungsverbindung Kap. 4.3.2
„Ne m'oublie pas", René Aubry	102	Führungen, Rollen am Körper, 1. Übungsverbindung Kap. 4.3.3
„J'y suis jamais allé", Yann Tiersen (auf CD Amélie)	102	Führungen, (Prellen), Schwingen, Werfen
„Shalom Aleichem", Giora Feidman	108	2. Übungsverbindung Kap. 4.3.4
„Play", Jennifer Lopez	108	Führungen
„Stayin' Alive", N-Trance	110	5. Übungsverbindung Kap. 4.3.4
„Because of you", Ne-Yo	110	Werfen und Fangen, Prellen
„Scream", High School Musical 3	112	Führen, Rollen am Körper und Klemmen
"The boys are back", High School Musical 3	112	Werfen und Fangen, Prellen
„4 Minutes", Madonna & Justin	112	
„Kiss", Prince	114	4. und 6. – 8. Übungsverbindung Kap. 4.3.4
„Mr. Rock'n Roll", Amy MacDonald	114	4. und 6. – 8. Übungsverbindung Kap. 4.3.4
„Say it right", Nelly Furtado	118	Rollen, Werfen und Fangen
„Zingaro", René Aubry	120	Werfen, Schwingen
„Tango", Cirque Du Soleil	124	Werfen und Fangen mit Klemmen
„Poker Face", Lady Gaga	124	Prellen und Rollen am Körper
„Don´t like Mondays", The Boom Town Rats	144	3. Übungsverbindung Kap 4.3.3
„Be-Bop-a-Lula", The Everly Brother	148	3. Übungsverbindung Kap. 4.3.4
„Greased lightnin' ", John Travolta	164	Laufen mit Prellen

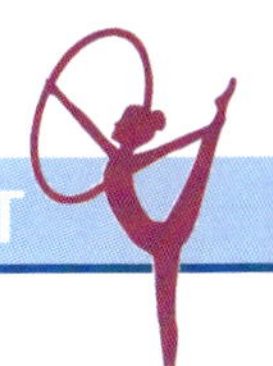

5 DAS HANDGERÄT REIFEN

5.1 Handhabung und Gerätebeschaffenheit

Material: Der Reifen kann aus Kunststoff, Plastik oder Holz sein. Das Material darf sich während der Bewegung nicht verformen.
Die Reifen können bemalt, besprüht oder umklebt werden.
Der Innendurchmesser beträgt für Erwachsene 80-90 cm.
Für Kinder sollte man entsprechend der Körpergröße kleinere und leichtere Plastikreifen wählen, damit sie keine Angst vor dem großen und starren Gerät aufbauen. Hier kann man durchaus am Anfang auch die leichten Hula-Hoop-Reifen verwenden.

Handhabung: Der Reifen kann fest gegriffen werden, locker in der Hand liegen (vor allem, wenn die Fliehkraft zum Tragen kommt) oder der Griff kann zeitweilig gelöst werden (z. B. beim Handumkreisen).
Man unterscheidet verschiedene Fassungen: einhändig, beidhändig, weit, schulterbreit, eng und gekreuzt.
Das Verhalten des Reifens zum Boden wird mit horizontal, vertikal und diagonal bezeichnet. Verhalten zum Körper: Die Fläche, die den Reifen umschließt, wird in Bezug gesetzt zur Breitenachse (Schulterlinie) des Körpers (siehe Kap. 2.1.1, Bewegungsebenen).
An Griffmöglichkeiten unterscheiden wir den **Aufgriff** und den **Untergriff**:

- Aufgriff in der vertikalen Tiefhalte vor dem Körper (frontal): Der Handrücken zeigt nach vorne (Abb. 146a).
- Aufgriff in der vertikalen Hochhalte (frontal): Der Handrücken zeigt nach hinten (Abb. 146b).
- Untergriff in der vertikalen Tiefhalte vor dem Körper (frontal): Der Handrücken zeigt nach hinten (Abb. 147a).
- Untergriff in der vertikalen Hochhalte (frontal): Der Handrücken zeigt nach vorne (Abb. 147b).

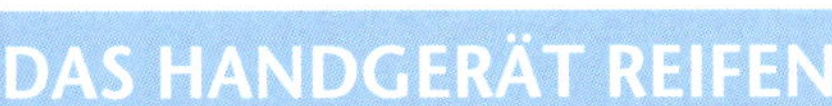

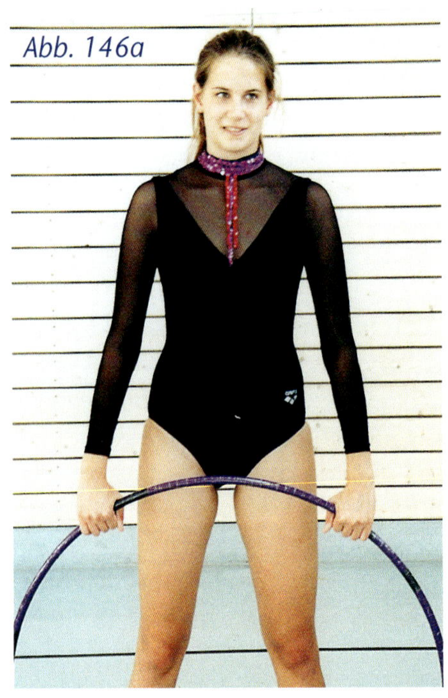

Abb. 146a

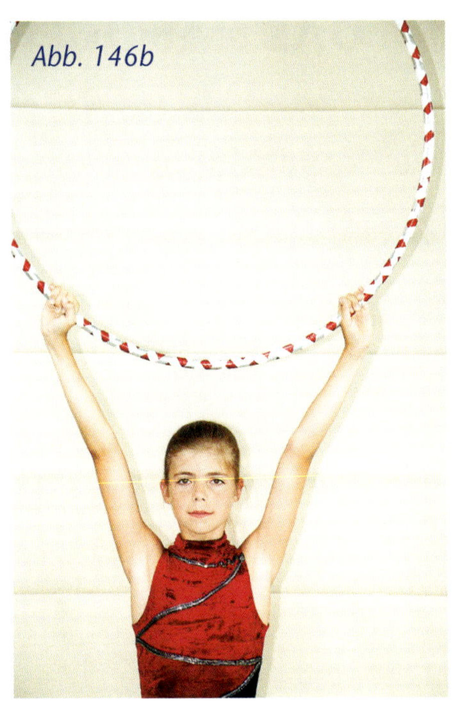

Abb. 146b

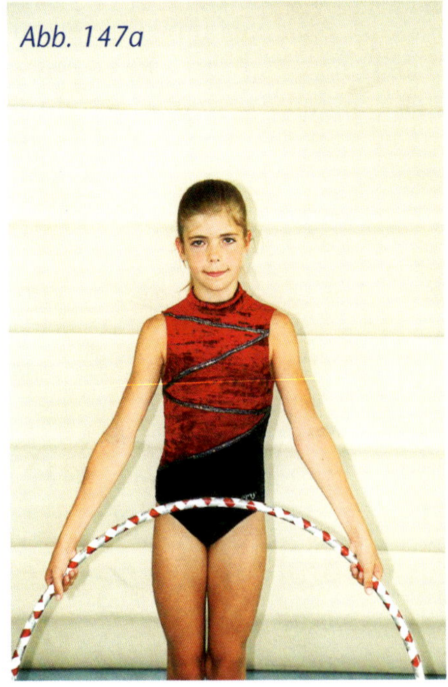

Abb. 147a

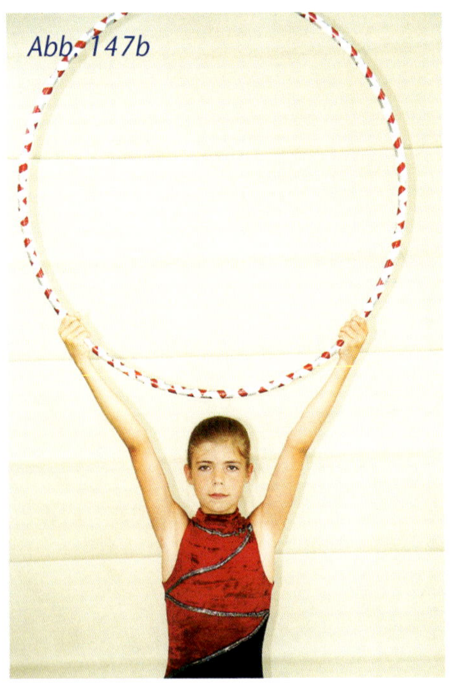

Abb. 147b

- Seitlicher Griff in der vertikalen Tiefhalte vor dem Körper (frontal): Der Handrücken zeigt nach außen (Abb. 148a).
- Seitlicher Griff in der vertikalen Hochhalte (frontal): Der Handrücken zeigt nach außen (Abb. 148b).
- Aufgriff in der vertikalen Seithalte (sagittal): Der Handrücken zeigt nach außen (Abb 149a, b).

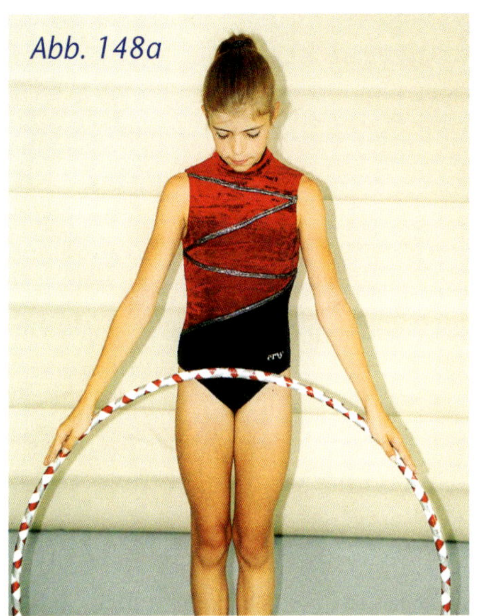
Abb. 148a

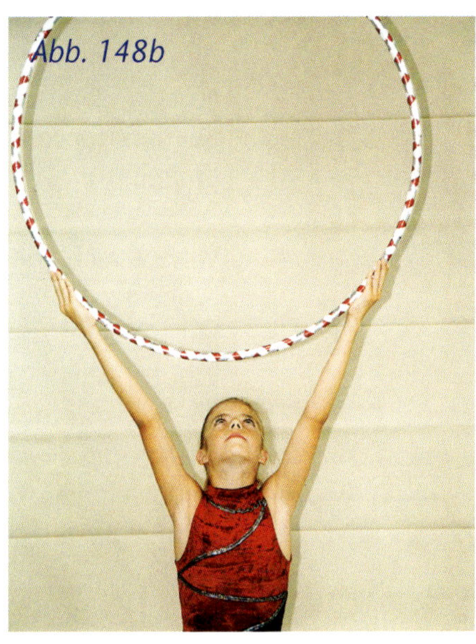
Abb. 148b

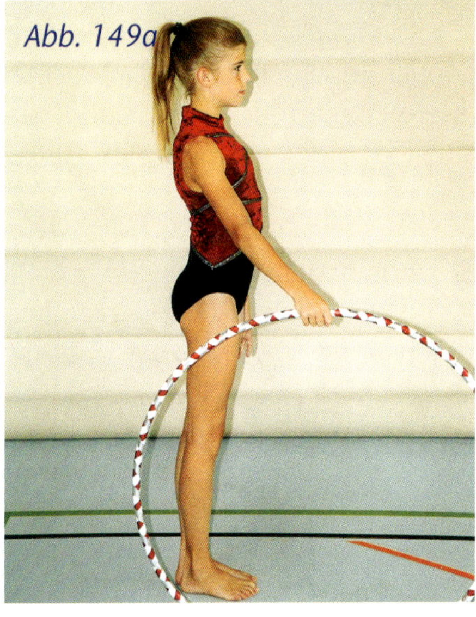
Abb. 149a

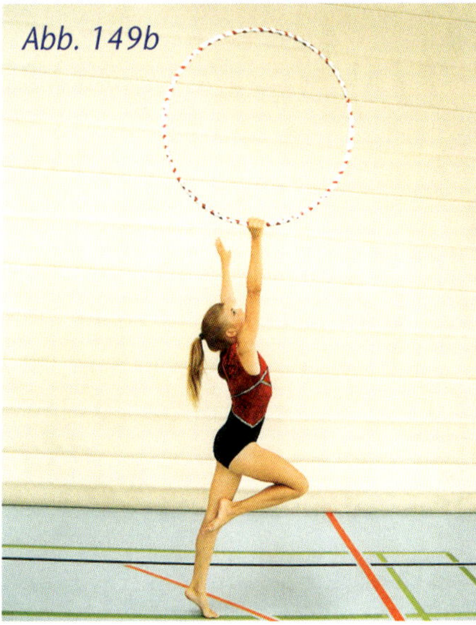
Abb. 149b

- Untergriff mit eingedrehter Hand in der vertikalen Seithalte (Ellgriff, sagittal): Der Handrücken zeigt nach innen (Abb. 150).
- Untergriff mit ausgedrehter Hand in der vertikalen Seithalte (sagittal): Der Handrücken zeigt nach innen (Abb. 151).

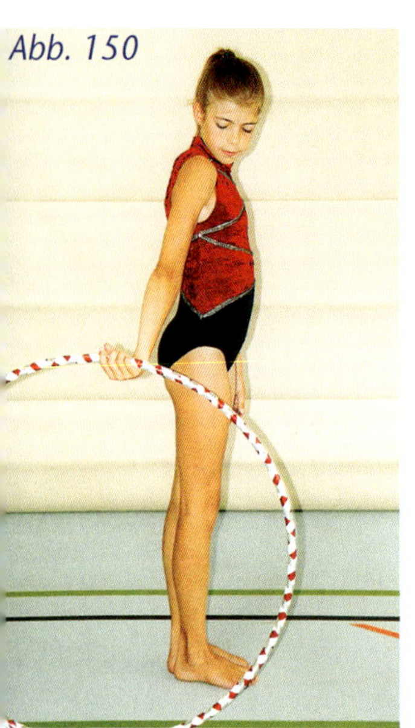
Abb. 150

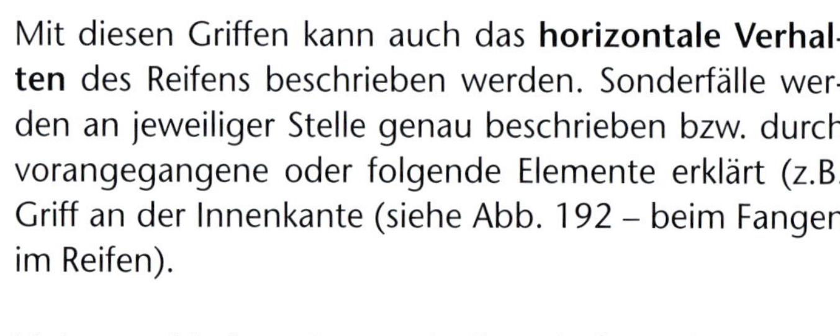

Mit diesen Griffen kann auch das **horizontale Verhalten** des Reifens beschrieben werden. Sonderfälle werden an jeweiliger Stelle genau beschrieben bzw. durch vorangegangene oder folgende Elemente erklärt (z.B. Griff an der Innenkante (siehe Abb. 192 – beim Fangen im Reifen).

Viele verschiedene Gerättechniken sind mit dem Reifen ausführbar. Der Reifen kann geworfen, gerollt, gezwirbelt werden (wie der Ball), man kann durch und über ihn springen (wie beim Seil), man kann ihn drehen, kippen und rotieren (umkreisen von Körperteilen). Dies macht die Handhabung des Gerätes sehr interessant und vielfältig und bietet immer neue Kombinationsmöglichkeiten.

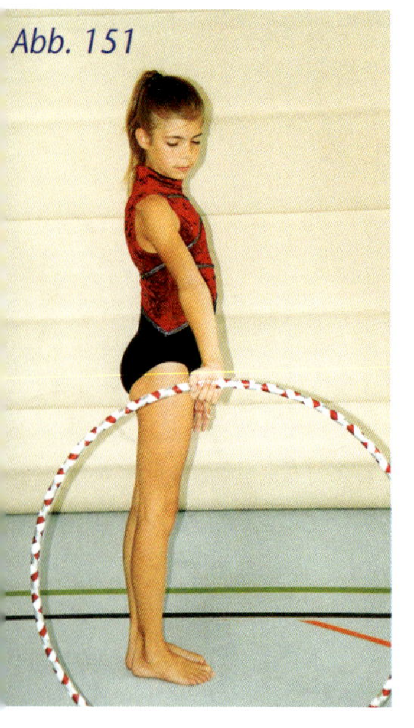
Abb. 151

Bedingt durch die Größe und Fläche des Geräts ist das Einhalten der Bewegungsebenen und -richtungen zum Teil schwierig, aber unbedingt notwendig, dies verlangt eine gute Orientierung im Raum. Der Wechsel von einer in eine andere Ebene muss logisch und harmonisch erfolgen, sonst entsteht ein Bruch im Bewegungsfluss.

Ungewollte Körper- und Bodenberührungen, z. B. beim Schwingen oder Durchspringen, sind nicht erlaubt. Beim einhändigen Arbeiten ist auf die Einbeziehung des freien Arms zu achten.

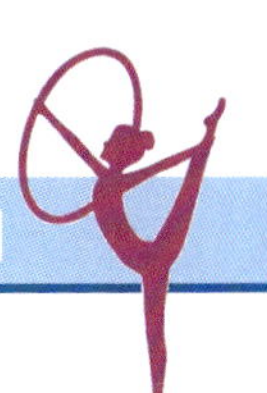

5.2 Methodisches Erarbeiten der Techniken mit dem Reifen

5.2.1 Die erste Stunde mit dem Reifen

Um die Dimensionen des Reifens wie Größe und Gewicht zu erfühlen, die verschiedenen Handhabungs- und Griffmöglichkeiten kennen zu lernen und die Angst vor dem vermeintlich großen, harten und starren Gerät zu nehmen, sind vor Beginn der eigentlichen Technikschulung spielerische Vorübungen aus den verschiedenen Technikgruppen sehr hilfreich.

- Laufen frei im Raum mit dem Reifen als Lenkrad.
- Reifen frei im Raum auslegen und umlaufen; auf ein bestimmtes Signal (z. B. Musik ausschalten) verschiedene Aufgaben (Abb. 152).

  Ausführung: Z. B. in einen Reifen hinein- und herausspringen, Schneidersitz im Reifen, Reifen aufnehmen, zur Hochhalte führen und wieder ablegen (leise ablegen), Fersensitz im Reifen und Reifen im Rhythmus kippen oder drehen.

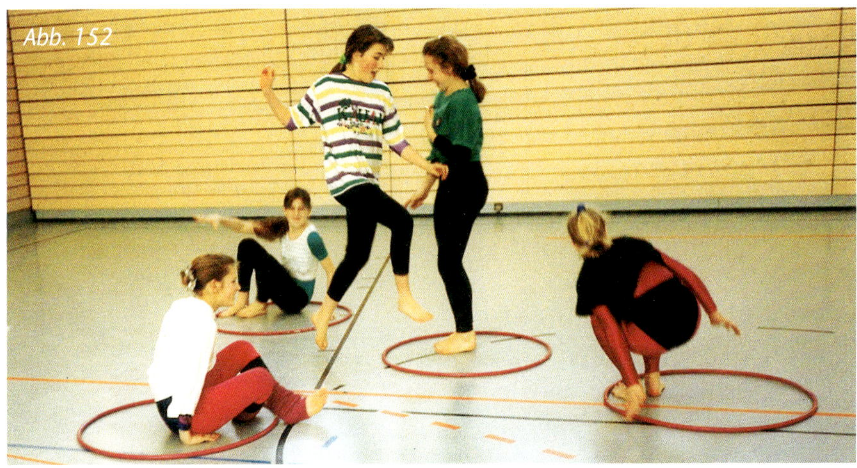

Abb. 152

- Zwirbeln des Reifens am Boden.

  Aufgabenstellung 1: Umlaufen des eigenen Reifens, Laufen frei im Raum um die Reifen und die „fallenden" Reifen wieder anzwirbeln.

Hinweis:

Kein Reifen darf auf den Boden fallen.

Aufgabenstellung 2: Den zwirbelnden Reifen langsam zu Boden fallen lassen, dabei in den Reifen hinein- und herausspringen oder hineinspringen, den Reifen im Aufgriff aufnehmen und kippen.

- Steigen durch einen Reifen, der von einem Partner gehalten wird.
- Rollen des Reifens zu einem Partner.

  Ausführung: Abrollen vorwärts, seitwärts und rückwärts, in verschiedenen Ausgangsstellungen (z. B. einbeinig) abrollen oder aufnehmen.
- In Gegenüberstellung einem Partner den Reifen übergeben („reichen"), mit der Zeit den Abstand vergrößern.

Hinweis:

Wird der Abstand größer, wird aus dem Übergeben spielerisch ein kleiner Wurf; dabei ist wichtig, dass nicht aus dem Handgelenk geworfen, sondern nur die Hand geöffnet wird.

- Rollen in der Fortbewegung.

  Ausführung: Begleitendes Rollen (anrollen, neben dem Reifen laufen und den Reifen immer wieder anrollen).

  Variation 1: Anrollen, nachlaufen, aufnehmen.

  Variation 2: Anrollen, den Reifen umlaufen, aufnehmen.

  Variation 3: Anrollen, neben dem Reifen laufen, so oft wie möglich mit einem Fuß in den Reifen tippen.

  Variation 4: Anrollen, durch den Reifen steigen, aufnehmen.
- Der Reifen steht senkrecht vor oder neben dem Körper.

  Ausführung: Ein- und Ausspringen vorwärts und rückwärts (ein- oder beidhändig), Ein- und Ausspringen seitwärts (einhändig).
- Durchschlagen.

  Ausführung: Wie Seildurchschläge.

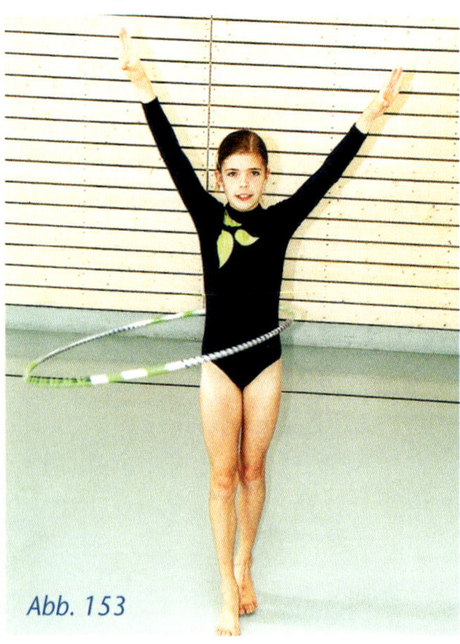

Abb. 153

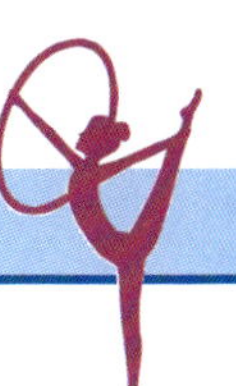

- Stand im Reifen: Hula-Hoop (Abb. 153).
- \+ Gehschritte vorwärts.
- \+ Drehen.

5.2.2 Schwingen und Kreisen

5.2.2.1 Grundtechnik

Für das Schwingen und Kreisen mit dem Reifen gilt:

Bedingt durch die Größe des Geräts muss bei allen vertikalen Schwüngen und Kreisen der ansonsten gestreckte Arm beim Passieren der Senkrechten leicht gebeugt werden, um eine Bodenberührung zu vermeiden. Von Anfang an sollte auf die Einhaltung der jeweiligen Ebene geachtet werden (Reifen eng am Körper schwingen bzw. kreisen). Bei allen Schwüngen und Kreisen liegt der Reifen locker auf den Fingern, der Daumen ruht auf dem Reifen und stabilisiert (bei festen Griffen kann die Ebene häufig nicht eingehalten werden). Von entscheidender Bedeutung für das Gelingen des jeweiligen Schwungs oder Kreises ist die Wahl des richtigen Griffs: Aufgriff, Untergriff oder Ellgriff. Sollen fortlaufende Kreise in einer Ebene geturnt werden, kann dies entweder durch Übergabe oder durch Überleiten in Achterkreisen erreicht werden.

- Pendelschwünge frontal.
  Ausführung: Im Aufgriff oder im Untergriff möglich.
- \+ Übergabe in der Tiefhalte.
  Ausführung: Die Übergabe kann mit gleichem Griff (Aufgriff zu Aufgriff, Untergriff zu Untergriff) oder mit Griffwechsel (Aufgriff zu Untergriff, Untergriff zu Aufgriff) erfolgen; es sollten auch alle Möglichkeiten geübt werden.

Hinweis:

Während der Übergabe darf der Reifenschwung nicht unterbrochen werden.

- \+ Übergabe in der Hochhalte.
  Ausführung: Nur im Untergriff möglich.
- \+ Frontalkreisen = Übergabe im höchsten und tiefsten Punkt vor dem Körper.
  Ausführung: Im höchsten Punkt erfolgt die Übergabe im Aufgriff, im tiefsten Punkt im Untergriff.

Hinweis:

Frontalkreisen wird meist in Verbindung mit Pendelschwingen durchgeführt.

- Pendelschwünge sagittal.
  Ausführung: Der Reifen liegt im Aufgriff locker in der Hand, sowohl in der Vorhoch- als auch in der Rückhochhalte wird der Arm gestreckt. Das Pendeln wird begleitet von einem Beugen und Strecken der Beine, der Rumpf begleitet den Reifen so weit wie möglich.

Hinweis:

Wichtig ist das exakte Einhalten der sagittalen Ebene (besonders beim Rückschwung darauf achten). Macht das Einhalten der Ebene Schwierigkeiten, kann dies am zu festen Griff liegen. Methodische Hilfe: Üben an einer Wand.

+ Pendelschritte während des Schwingens.
+ Übergabe vor und hinter dem Körper.

Hinweis:

Die Übergabe vor dem Körper erfolgt in Augenhöhe, bei der Übergabe hinter dem Körper muss der Rumpf nach vorne gebeugt werden.

+ 1/2-Drehung mit Übergabe in der Tiefhalte.
  Ausführung: Während des Rückschwungs dreht sich der Körper zum Reifen, die freie Hand fasst den Reifen in der Tiefhalte im Aufgriff.
+ 1/2-Drehung mit Übergabe in der Hochhalte.
  Ausführung: Am Ende des Vorschwungs wird der Reifen bis zur Hochhalte weitergeschwungen, dabei wird eine halbe Körperdrehung ausgeführt und der Reifen von außen mit der freien Hand gefasst. Lösen der ersten Hand und Schwung über die Vorhalte wieder zur Rückhochhalte.

- Verbindung von frontalen und sagittalen Pendelschwüngen ohne Übergabe.

Hinweis:

Reifen in der rechten Hand: Bei frontalen Pendelschwüngen mit Aufgriff erfolgt die 1/4-Drehung nach links zum sagittalen Schwingen, bei frontalen Pendelschwüngen mit Untergriff erfolgt die 1/4-Drehung nach rechts.

- Verbindung von frontalen und sagittalen Schwüngen und Kreisen ohne und mit Übergabe.

Hinweis:

Alle oben genannten Elemente sollen nun frei miteinander verbunden werden, um die Koordination und das Gefühl für die verschiedenen Griff- und Übergabemöglichkeiten zu verbessern.

- Schwünge in der Horizontalebene vor dem Körper, auch mit Übergabe.
  Ausführung: Sowohl im Auf- als auch im Untergriff möglich.

Hinweis:

Die Schwünge sollten mit leichtem Rumpfdrehen ausgeführt werden.

- Kreisen um die Taille.
  Ausführung: Aus der Seithalte rechts im Auf- oder Untergriff Übergabe des Reifens vor dem Körper in die linke Hand (Aufgriff) und hinter dem Körper wieder in die rechte Hand (Aufgriff).

Hinweis:

Das Kreisen wird meist in Verbindung mit Schwüngen geübt.

+ Ganze Drehung.

Hinweis:

Die Drehrichtung entspricht der Richtung des Kreisens.

- Kreisen um die Beine (Abb. 154).

Hinweis:

Dieses Element dient der Festigung und verzögert die bei lernbegabteren Schülern auftretende Langeweile beim ausschließlichen Kreisen um die Taille. Der Reifen wird dabei mit vorgebeugtem Oberkörper auch im Aufgriff hinter den Kniekehlen übergeben.

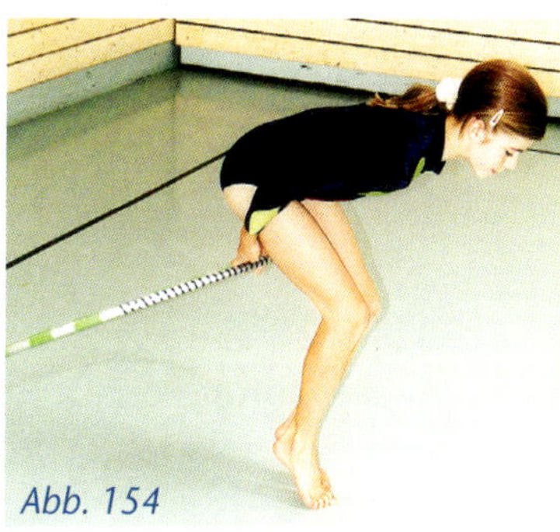

Abb. 154

5.2.2.2 Weiterführende Techniken

- Sagittale Achterkreise vorwärts.

  Ausführung: Der Reifen wird mit der rechten Hand sagittal im Aufgriff gefasst und die Hand in Vorhalte um 180° nach links gedreht (der Handrücken zeigt nach links). Kreis vorwärts an der linken Körperseite, Kreis vorwärts an der rechten Körperseite, dabei zeigt die Handfläche nach oben (Abb. 155a und b).

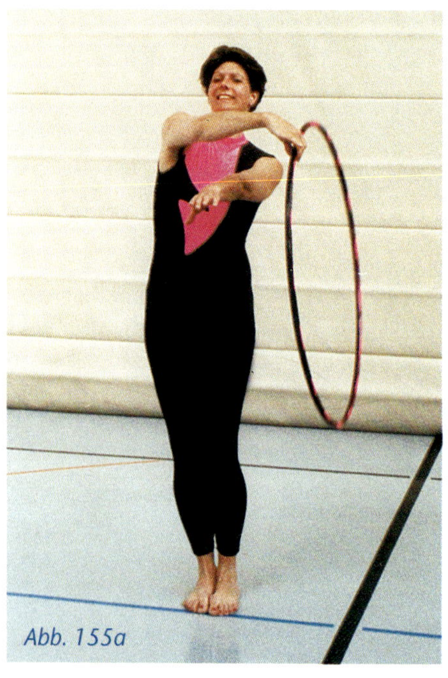

Abb. 155a

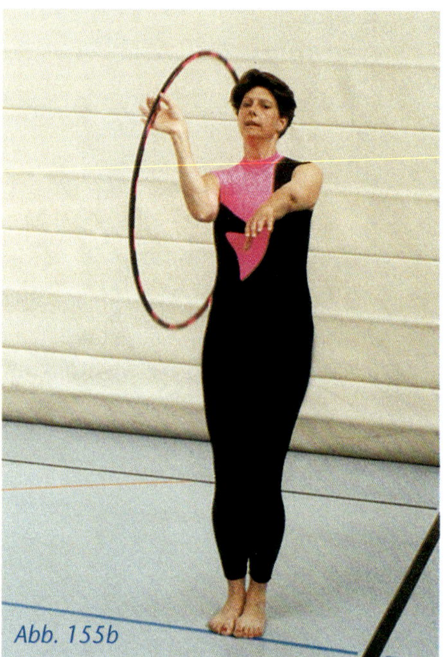

Abb. 155b

Hinweis:

Die Kreise an beiden Körperseiten können unterschiedlich groß sein, je nachdem, ob ein Kreis mehr unter Beteiligung des Ellbogen- oder des Schultergelenks ausgeführt wird.

- Frontale Achterkreise auswärts (Abb. 156a und b).

  Ausführung: Rechte Hand in Seithochhalte rechts im Aufgriff. Kreis auswärts vor dem Körper und hinter dem Kopf, beim Kreis hinter dem Kopf zeigt die Handfläche nach hinten.

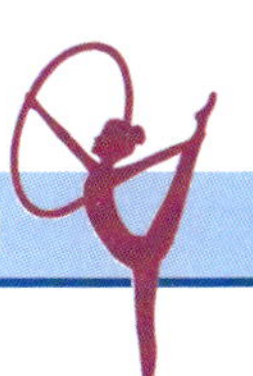

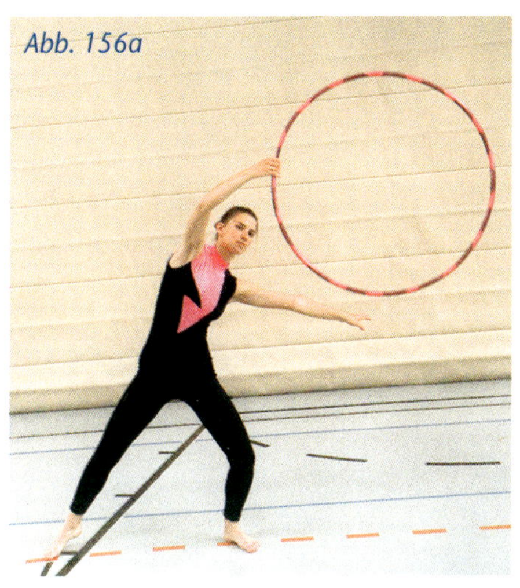

Abb. 156a

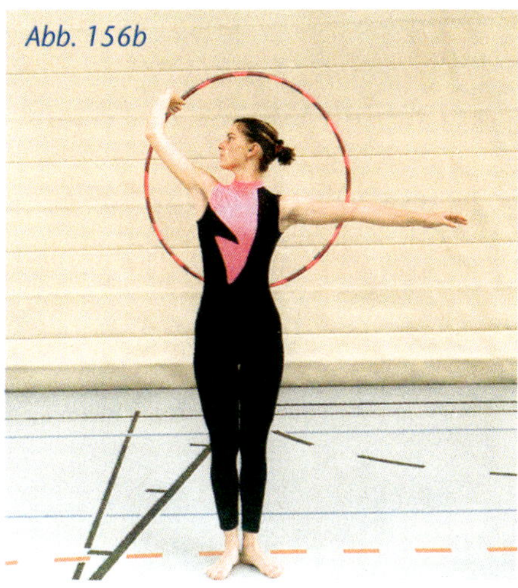

Abb. 156b

Hinweis:

Der Kreis hinter dem Kopf wird aus dem Handgelenk und Ellbogen ausgeführt. Es ist wichtig, dass beide Kreise (Kreis vor und hinter dem Körper) in der Seithochhalte rechts beginnen und enden. Erarbeiten aus sagittalen Achterkreisen durch eine 1/4-Körperdrehung links.

- Frontaler Pendelschwung mit Übergabe vor dem Körper mit einem kleinen Kreis.

  Ausführung: Reifen in der rechten Hand im Aufgriff in Seithalte rechts. Der Reifen pendelt einwärts und beschreibt vor dem Körper einen halben Kreis (Blick durch den Reifen, Reifen im Untergriff), die linke Hand greift neben oder gekreuzt (Kreuzhandwechsel) neben der rechten Hand den Reifen, danach löst sich die rechte Hand vom Reifen und der Reifen schwingt auf der Kreisbahn weiter bis zur linken Körperseite.

Hinweis:

Während der Übergabe sind beide Arme gebeugt, beide Hände sind unter dem Reifen.

- Frontale Übergabe hinter dem Körper mit einem kleinen Kreis.

  Ausführung: Wie oben, aber Beginn und Ende im Untergriff jeweils in der Seithalte.

- Frontale Übergabe unter einem vorgespreizten Bein.
- Horizontaler Kreis auswärts über dem Kopf.

  Ausführung: Beginn mit der rechten Hand mit Untergriff an der linken Körperseite, am Ende Untergriff mit eingedrehter Hand.

  Fortführung: Horizontaler Kreis nach rechts und um den Körper mit Übergabe hinter dem Rücken in die linke Hand fortsetzen, vor dem Körper wieder in die rechte Hand im Untergriff übergeben.

Hinweis:

Der Reifen liegt locker auf den Fingern. Die Bewegung erfordert eine große Schultergelenkbeweglichkeit; außerdem wird während des Armkreises ein Rumpfkreis ausgeführt.

- Horizontaler Kreis einwärts über dem Kopf.

  Ausführung 1: Beginn mit der rechten eingedrehten Hand (Ellgriff) in der Seithalte rechts, kein Griffwechsel.

  Ausführung 2: Beginn im Aufgriff, während des Kreises wird in den Untergriff gewechselt, indem der Reifen um den Daumen läuft.

  Ausführung 3: Beginn im Untergriff mit ausgedrehter Hand, während des Kreises läuft der Reifen um die geschlossenen gestreckten Finger.

Hinweis:

Wichtig ist es, die Fliehkraft des Reifens auszunutzen und den Reifen locker zu greifen.

Fortführung: Horizontaler Kreis nach links um den Körper mit Übergabe vor dem Körper in die linke Hand und hinter dem Rücken wieder in die rechte Hand im Untergriff, sofortige Übergabe in die linke Hand und horizontaler Kreis auswärts über dem Kopf möglich.

+ 1/2-Drehung.
+ Verändern der Ausgangsstellung, z. B. einbeiniger Kniestand (Abb. 157), Fersensitz – Kniestand.

Hinweis:

Der Winkel zwischen Ober- und Unterschenkel des vorne aufgestellten Beins muss unbedingt größer als 90° sein, dadurch kann das Becken weiter nach vorne geschoben werden und die notwendige Rückbeuge wird nicht nur aus der Lendenwirbelsäule angesetzt.

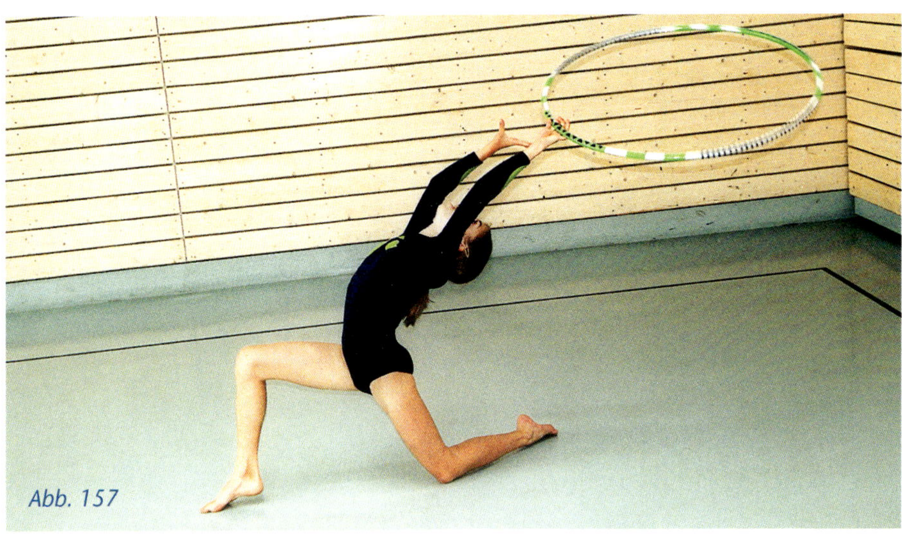

Abb. 157

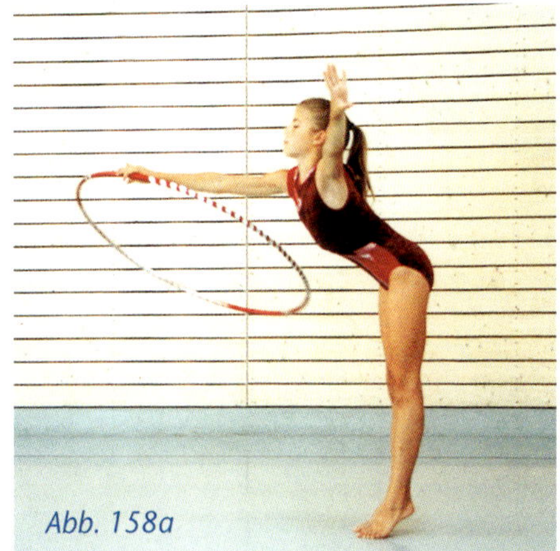

Abb. 158a

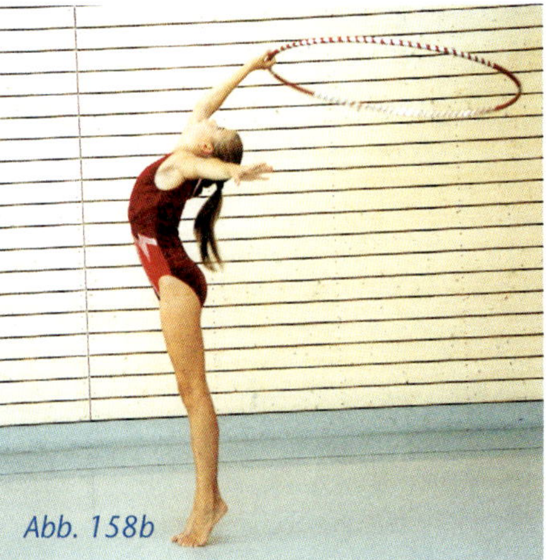

Abb. 158b

- Horizontaler Achterkreis einwärts oder auswärts (Abb. 158a und b).
  Ausführung einwärts: Reifen in der rechten Hand im Untergriff an der rechten Körperseite. Horizontaler Kreis einwärts vor dem Körper bis Seithalte rechts mit eingedrehtem Arm, dann horizontaler Kreis einwärts über dem Kopf bis zur Ausgangsstellung.
  Ausführung auswärts: Beginn mit der rechten Hand an der linken Körperseite, Kreise gegengleich.

Hinweis:

Auch hier ist der Körpereinsatz (Rumpfkreis) sehr wichtig.

5.2.3 *Drehen und Kippen*

5.2.3.1 Grundtechnik

I) Drehen

Für das Drehen des Reifens gilt:

Beim Drehen greifen die Hände am Durchmesser des Reifens, also ein weiter Griff. Das Drehen kann in allen Ebenen (und Zwischenebenen) erfolgen. Der Reifen kann sowohl im Auf- oder Unter- als auch im Zwiegriff gedreht werden.

- Horizontales Drehen, Körper im Reifen.
  Ausführung: Eine Hand dreht abwechselnd vor, während die andere Hand zurückdreht; dabei kann der Reifen bis zu 180° gedreht werden. Der Griff (Aufgriff) wird dabei nicht gelöst.
  Variationen 1: In verschiedenen Ausgangsstellungen in der Tiefhalte, z. B. im Hockstand, Kniestand, Grätschstand (auch im Relevé) usw.
  Variationen 2: In verschiedenen Ausgangsstellungen in der Hochhalte, z. B. im Strecksitz, Schneidersitz, Grätschstand usw.
- Frontales Drehen in der Vorhalte, Reifen vor dem Körper.
  Ausführung: Die Hände drehen den Reifen nach rechts und links (wie ein Lenkrad) im Wechsel, ohne den Griff zu lösen (Abb. 159).
- Frontales Drehen in der Rückhalte.

Hinweis:

Hierbei ist nur ein begrenzter Bewegungsradius möglich.

- Sagittales Drehen an der Körperseite (Abb. 160).

Hinweis:

Eine Hand greift oben, eine unten. Durch Rumpfvorbeugen kann der Radius erhöht werden. Dabei ist der Arm der Körperseite weit vorgestreckt, der andere liegt eng am Körper an.

- Horizontales Drehen in der Vorhalte (Abb. 161).

Hinweis:

Dabei muss der Oberkörper vorgeneigt werden.

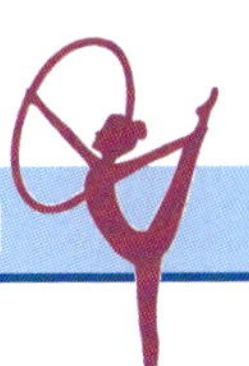

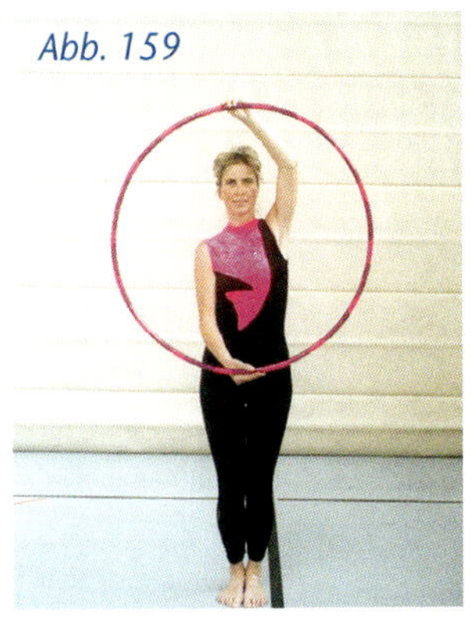
Abb. 159

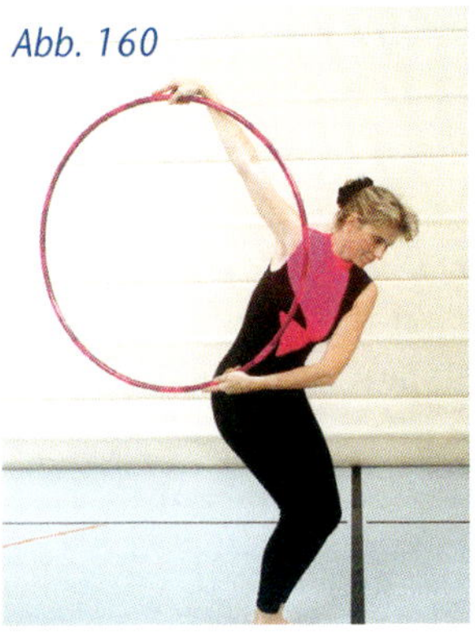
Abb. 160

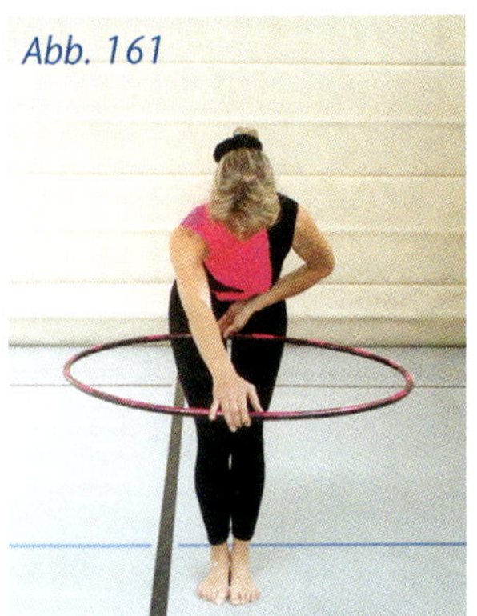
Abb. 161

II) Kippen

Für das Kippen des Reifens gilt:

Das Kippen kann in allen Ebenen (und Zwischenebenen) erfolgen; beim beidhändigen Kippen mit weitem (Durchmesser des Reifens) oder mit engem Griff. Immer muss der Griff aber locker sein, sodass ein leichter Wechsel von einem zum anderen Griff möglich ist. Man unterscheidet vertikales (der Reifen wird parallel zur Körperlängsachse gekippt), horizontales (der Reifen wird z. B. vor dem Körper auf den Körper zu oder vom Körper weggekippt) und diagonales Kippen (Zwischenformen).

- Kippen horizontal in der Hochhalte.
  Ausführung: Aus der vertikalen in die horizontale Ebene und umgekehrt.
- Kippen horizontal in der Vorhalte.
  Ausführung 1: Aus der vertikalen in die horizontale Ebene und umgekehrt.
  Ausführung 2: Aus der vertikalen in die vertikale Ebene.
- Zwirbeln zwischen beiden Händen.
  Ausführung: Aus der horizontalen Vorhalte im Untergriff wird der Reifen fortlaufend zum Körper hin gekippt; es entsteht der Eindruck des „Zwirbelns" zwischen beiden Händen (Abb. 162).

Hinweis:

Die Hände liegen unter dem Reifen, die Daumen auf dem Reifen. Der Impuls für das Kippen kommt aus den Fingern und den Daumen; dabei ist die Fassung ganz locker, sodass nach jeder halben Kippung die Hände wieder unter dem Reifen liegen.

- Stülpen beidhändig über den Körper.

  Ausführung: Aus der horizontalen Vorhalte den Reifen über den Körper in die Tiefhalte führen/kippen.

  Auflösung 1: Gleiche Bewegung zurück.

  Auflösung 2: Eine Hand vom Reifen lösen, den Reifen in die Vertikale kippen und seitwärts aus dem Reifen springen.

  Auflösung 3: Den Reifen drehen, bis eine Hand in Vorhalte (vordrehen), die hintere Hand vom Reifen lösen, den Reifen kippen und rückwärts aus dem Reifen springen.
- Aus verschiedenen Reifenhaltungen den Reifen einhändig über den Kopf stülpen, die freie Hand aus dem Reifen ziehen (Abb. 163).
- Auf dem Fuß den Reifen aus der horizontalen in die vertikale Lage bringen (Abb. 164).

  Ausführung: Der Reifen liegt auf dem rechten Fuß nahe dem Fußgelenk. Der linke Fuß steigt direkt neben dem rechten Fuß auf den

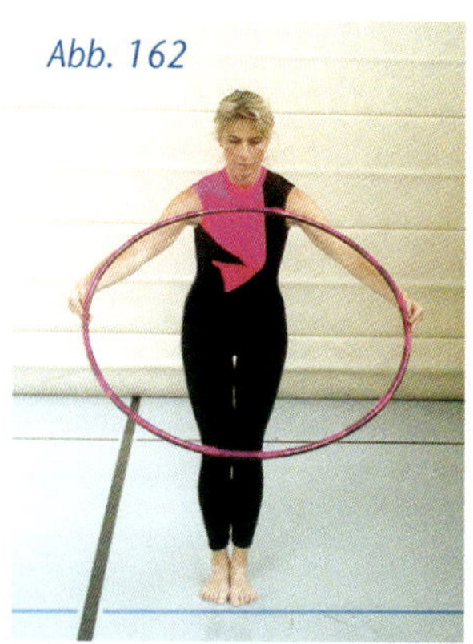
Abb. 162

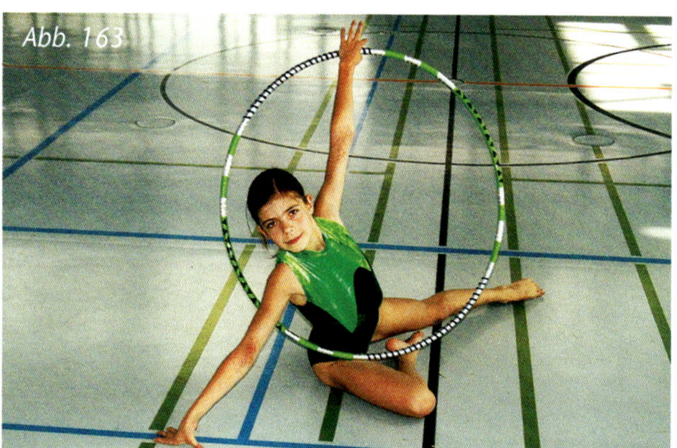
Abb. 163

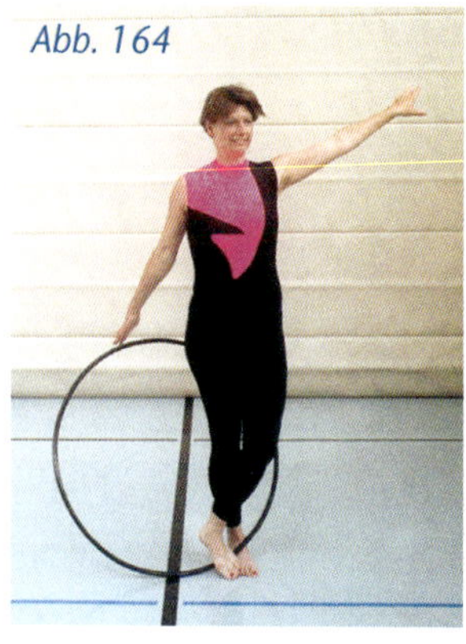
Abb. 164

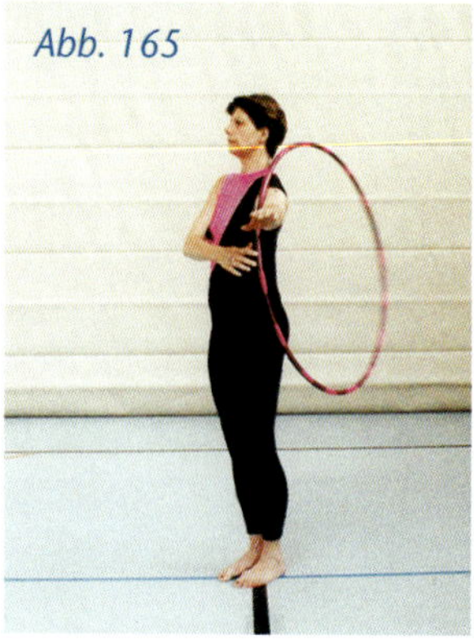
Abb. 165

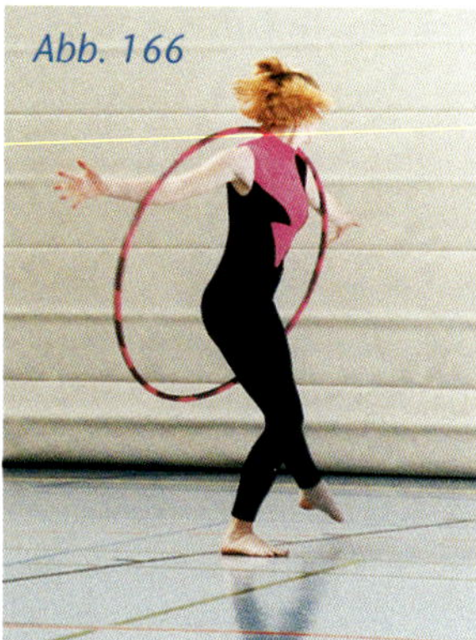
Abb. 166

Reifen, dadurch kippt der Reifen mit der hinteren Seite in die Vertikale und kann mit der rechten Hand gefasst werden.

5.2.3.2 Weiterführende Techniken

- Reifen durch vertikales Kippen hinter den Rücken über die Schultern hängen.
  Ausführung: Den Reifen aus der Seithalte rechts (Untergriff) vertikal nach hinten kippen und über beide Schultern hinter den Rücken hängen (Abb.165), anschließend mit der rechten Hand wieder fassen, linken Arm nach vorne durch den Reifen strecken und Reifen mit der rechten Hand mit 3/4-Kreis links in die Vorhalte kippen.
  Variation: Während der Reifen über den Schultern hängt, ganze Drehung links ausführen (Abb. 166).
- Kippen und Drehen des Reifens um den Körper ohne Griffwechsel.
  Ausführung: Die rechte Hand greift von oben auf den Reifen im Auf-, die linke Hand von unten im Untergriff (Abb. 167a). Ohne Verände-

Abb. 167a

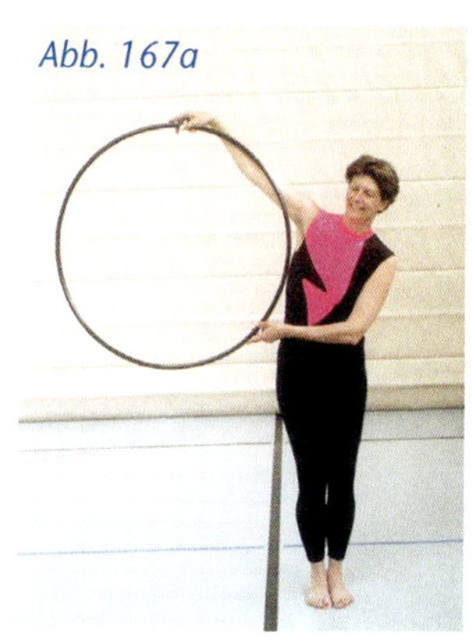

Abb. 167b

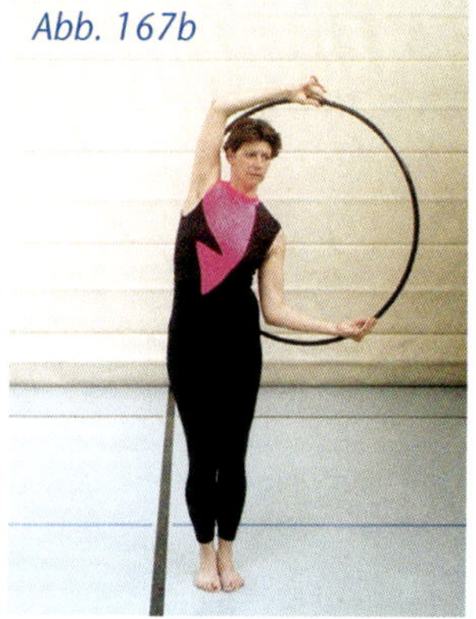

Abb. 167c

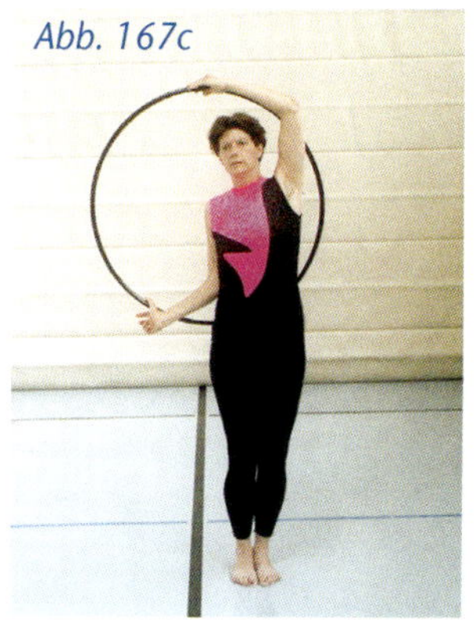

Abb. 167d

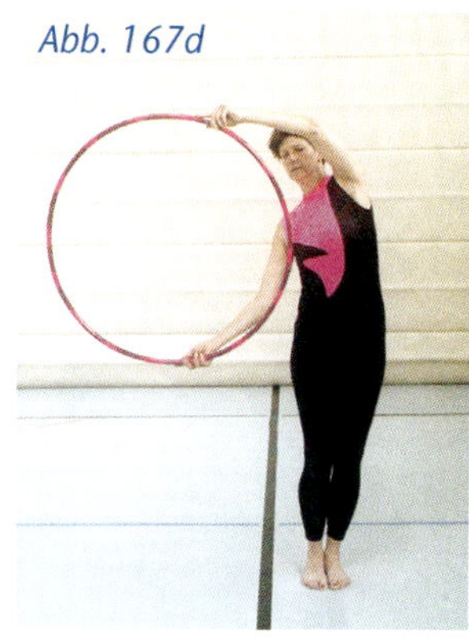

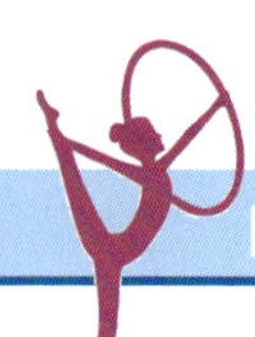

rung wird der Reifen auf die linke Körperseite geführt (Abb. 167b), dann wird der Reifen um die Querachse (die durch beide Hände geht) gekippt – ohne Lösen der Hände. Jetzt wird hinter dem Rücken der Reifen so gedreht, dass – ohne Lösen der Griffe – die obere rechte Hand nach unten und die untere linke Hand nach oben geführt wird (Abb. 167c). Anschließend wird der Reifen wieder um die Querachse (siehe oben) gekippt (Abb. 167d). Am Schluss wird der Reifen wieder in die Ausgangshaltung (rechte Hand oben) gebracht (gekippt) (Abb. 167a).

Hinweis:

Die einzelnen Teilbewegungen werden fließend aneinander gereiht. Während der gesamten Bewegung bleibt der Reifen eng am Körper („Kratzen" am Rücken).

- Doppeltes Kippen einhändig hinter dem Rücken.

  Ausführung: Aus der Vorhalte mit der rechten Hand im Aufgriff wird der Reifen über den Kopf bis frontal hinter den Rücken gekippt, die linke Hand fasst an der Unterkante des Reifens und kippt den Reifen nach dem Lösen der rechten Hand (Abb. 168a) noch einmal nach unten (Untergriff) (Abb. 168b).
- Über den Kopf stülpen mit Griffwechsel und Kippen des Reifens.

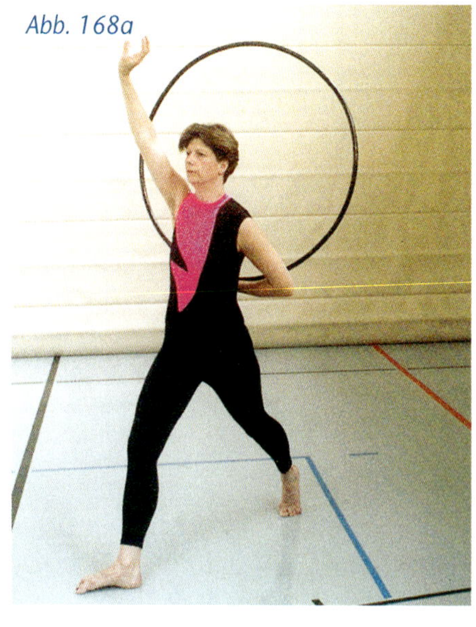

Abb. 168a

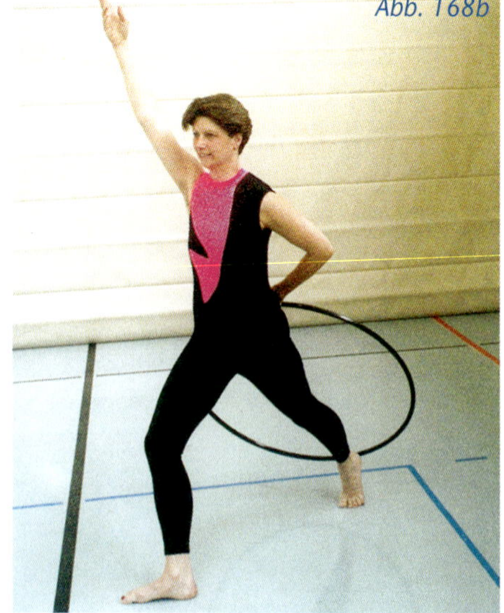

Abb. 168b

Ausführung 1: Anfang und Ende verschiedene Handpositionen:
Der Reifen wird einhändig rechts mit einem kleinen Armkreis rechts rückwärts über den Kopf gestülpt und in die Tiefhalte geführt; die freie linke Hand greift den Reifen im Aufgriff, die rechte Hand vom Reifen lösen und den Reifen weiter um seine Längsachse (Reifen vertikal) drehen, dabei mit einem kleinen Armkreis rechts mit dem linken Arm über dem Kopf sich wieder aus dem Reifen winden. Am Ende Reifen in der linken Hand an der linken Körperseite.
Ausführung 2: Anfang und Ende mit der gleichen Hand:
Der Reifen wird einhändig rechts mit einem kleinen Armkreis links vorwärts über den Kopf gestülpt (Abb. 169a) und in die Tiefhalte geführt, die freie linke Hand fasst den Reifen im Aufgriff (Abb. 169b), die rechte Hand vom Reifen lösen und den Reifen weiter um seine Längsachse drehen; die rechte Hand fasst den Reifen hinter

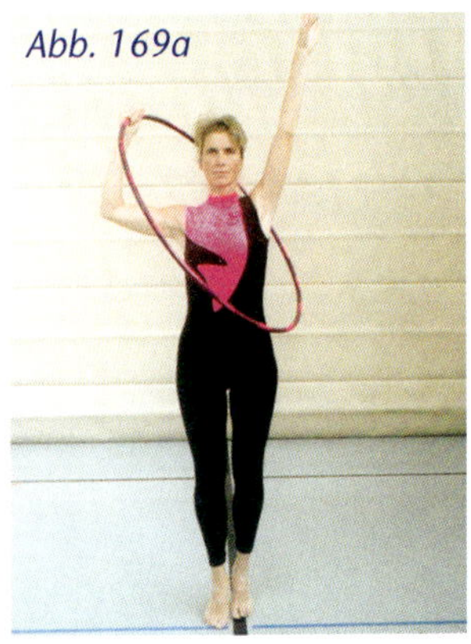
Abb. 169a

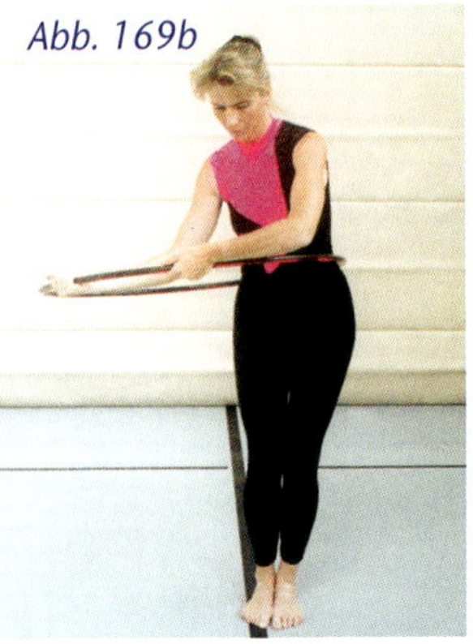
Abb. 169b

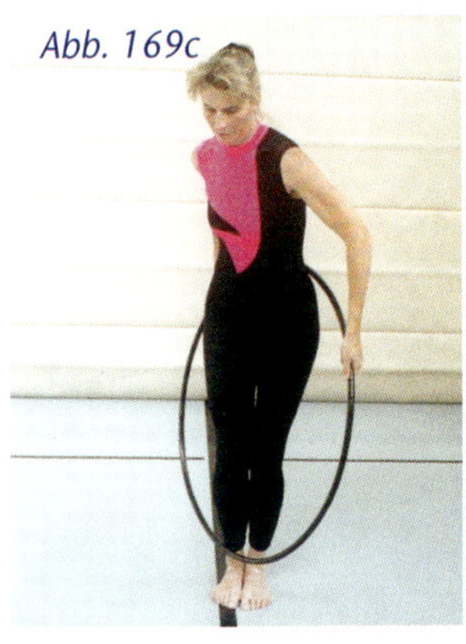
Abb. 169c

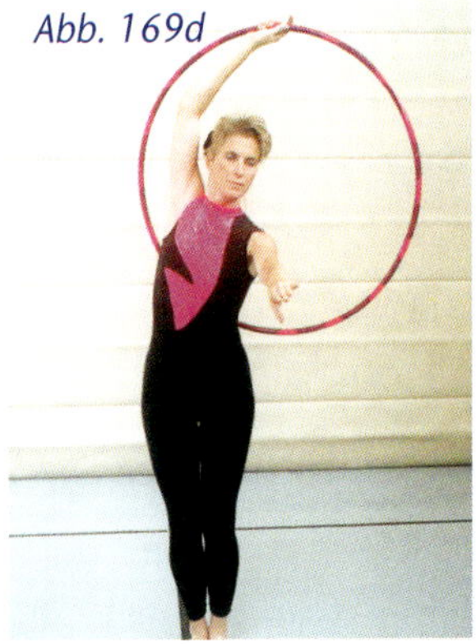
Abb. 169d

dem Körper wieder im Aufgriff (Abb. 169c), die linke Hand vom Reifen lösen und mit einem Armkreis links mit dem rechten Arm über dem Kopf sich wieder aus dem Reifen winden (Abb. 169d). Am Ende ist der Reifen in der rechten Hand an der rechten Körperseite.
Variation: Wird der Reifen nach dem Überstülpen jeweils nur bis in die Tiefhalte geführt, kann mit 1-2 Schritten vorwärts auch aus dem Reifen ausgestiegen werden.

Hinweis:

Der Rumpf macht eine spiralige Bewegung, während der Reifen über den Kopf gestülpt wird.

- Kippen um den waagerechten Arm rückwärts (Abb. 170).
- Kippen um den waagerechten Arm vorwärts (Abb. 171).
  Ausführung: Z. B. mit Attitude.

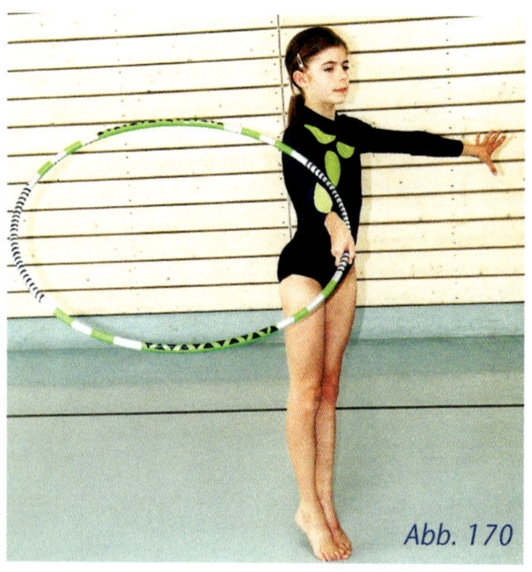
Abb. 170

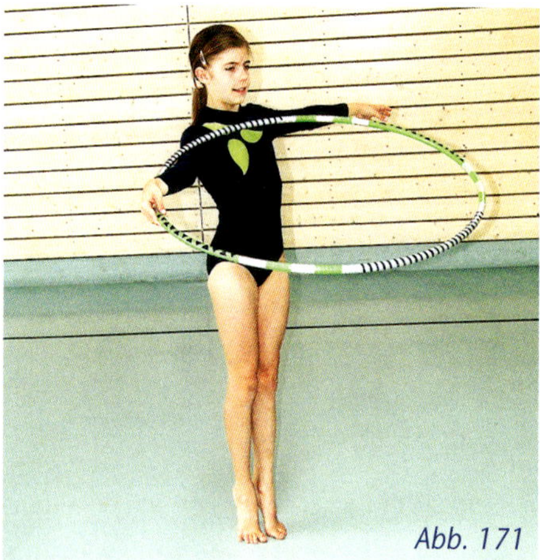
Abb. 171

5.2.4 *Zwirbeln*

5.2.4.1 Grundtechnik: Zwirbeln am Boden

- Anzwirbeln mit einer Hand.
  Ausführung: Der weit vorgestreckte Arm zwirbelt den Reifen, indem die Hand eingedreht wird (= Auftaktbewegung) und der Impuls durch den Daumen der Hand beim Ausdrehen mitgegeben wird (Abb. 172).

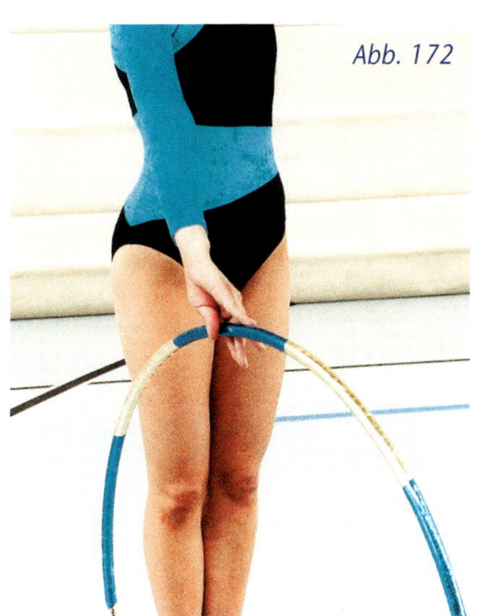

Abb. 172

Variationen: Anzwirbeln in verschiedenen Stellungen, z. B. im einbeinigen Stand, Spielbein im Passé, im Schlussstand im Plié-Relevé, mit Vorspreizen eines Beins, mit Rückspreizen eines Beins oder auch in der Standwaage usw.

Aufnahme: Nachdem der Reifen langsamer geworden ist, wird die Hand gegen die Zwirbelrichtung gedreht (eingedreht) und nach dem Fassen des Reifens mit dem Reifen ausgedreht.

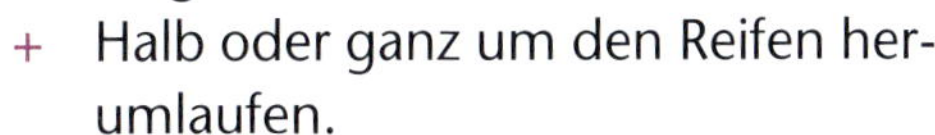

+ Halb oder ganz um den Reifen herumlaufen.

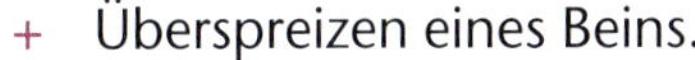

+ Überspreizen eines Beins.

Hinweis:

Man muss hoch spreizen oder warten, bis der Reifen entsprechend flach ist, damit die Bewegung sauber ausgeführt werden kann (Oberkörper aufrecht, Standbein gestreckt).

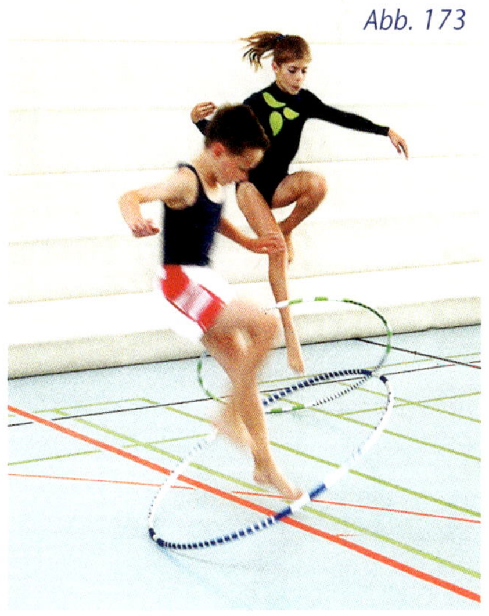

Abb. 173

+ Hineinspringen in den niedrig zwirbelnden Reifen und mit weiter Beidhandfassung (z. B. in der Hocke) aufnehmen (Abb. 173).
+ Hineinspringen in den niedrig zwirbelnden Reifen und wieder herausspringen.
• Zwirbeln mit Handkontakt.

  Ausführung: Nach dem Anzwirbeln bleibt die gespannte Hand ganz leicht auf dem Reifen liegen.
• Zwirbeln mit Ein- und Aussteigen.

  Ausführung: Der Reifen steht frontal vor dem Körper. Einen

Schritt vorwärts in den Reifen, mit Handwechsel hinter dem Körper Reifen um den Körper kippen und mit einem Schritt rückwärts aus dem Reifen steigen.

5.2.4.2 Weiterführende Techniken: „Zwirbeln in der Luft"

- Reifen zwirbeln in der Luft, Reifenachse vertikal.
  Ausführung: Durch den Impuls der Finger den Reifen ein- oder auswärts zwirbeln.

Hinweis:

Die Finger bleiben immer am Reifen und müssen bei mehrmaligen Umdrehungen des Reifens immer geschickt „nachgreifen".

- Reifen in der Luft in Vor- oder Seithalte zwirbeln (Reifenachse horizontal).
  Ausführung einwärts: Rechter Arm ausgestreckt rechts. Den Arm so weit wie möglich ausdrehen (Ausholbewegung). Den Arm eindrehen und mit den Fingern kräftigen Impuls einwärts geben. Finger vom Reifen lösen. Der Reifen dreht sich um die Hand, anschließend zufassen.

Hinweis:

Der Reifen muss immer an der Hand bleiben, kein kleiner Wurf (!).

Ausführung auswärts: Wie oben, aber gegengleich.

Hinweis:

Mit etwas Übung kann sich der Reifen auch zweimal drehen.

- Reifen auf der Handfläche zwirbeln.
  Ausführung: Wie beim Zwirbeln in der Luft erhält der Reifen seinen Impuls durch die Finger durch Auswärtsdrehen der Hand. Sofort wird die Hand flach (Handinnenfläche zeigt nach oben) gehalten (Finger geschlossen), sodass der Reifen auf der Handfläche vertikal zwirbelt.
- Ausdrehen des Reifens in der Horizontalebene aus dem Kreisen um die Taille.
  Ausführung: Aus der Seithalte rechts kreist der Reifen links um die Taille, wird dabei vor dem Körper in die linke Hand übergeben und

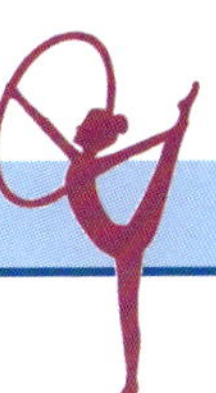

dann hinter dem Rücken mit der rechten Hand im Untergriff gefasst. Dann den Reifen weiterziehen zur Seithalte und das Handgelenk schnell auswärts ausdrehen, dabei den Griff lösen und nach einer oder mehreren Umdrehungen den Reifen wieder fassen (der Reifen „zwirbelt" an der rechten Körperseite).

Hinweis:

Der Reifen muss schnell zur Körperseite gezogen und die Hand sofort nach dem Abstoppen ausgedreht werden.

5.2.5 *Rollen am Boden*

5.2.5.1 Grundtechnik

Für das Rollen am Boden gibt es folgende Ausführungsmöglichkeiten:

Ausführung 1: Der Reifen steht vor oder neben dem Körper am Boden, eine Hand liegt zur Stabilisierung auf dem Reifen, die andere Hand hinter dem Reifen, diese gibt durch langes Mitführen in die Bewegungsrichtung dem Reifen den Impuls zum Abrollen.

Ausführung 2: Der Reifen steht vor oder neben dem Körper auf dem Boden, eine Hand liegt leicht auf dem Reifen. Durch sanften Druck und langes Begleiten in die Bewegungsrichtung wird der Impuls zum Abrollen gegeben.

Hinweis:

Der Reifen muss beim Abrollen genau senkrecht stehen, da er sonst in einem Bogen rollt oder schlingert.

- Rollen zum Partner.

Hinweis:

Zu Beginn des Übens eignet sich sehr gut die Organisationsform „Partnerarbeit paarweise gegenüber", da man sich auf das Abrollen bzw. Aufnehmen des Reifens konzentrieren kann.

- Aufnehmen des vom Partner kommenden Reifens.

Hinweis:

Beim Aufnehmen passt sich die Hand der Rollbewegung an und, abhängig von der folgenden Bewegung, kann der Reifen frontal oder sagittal, vor oder hinter dem Körper, mit dem Auf- oder Untergriff angenommen werden.

Variationen: Z. B. im Kniestand, in der Standwaage, Aufnahme nach einer Drehung, in Schrittstellung nach 1/2-Drehung mit dem Rücken zum Partner usw.

- Abrollen, dem Reifen nachlaufen, überholen und nach halber Drehung den Reifen aufnehmen.

Hinweis:

Das Rollen des Reifens kann durch verschiedene Bewegungen begleitet werden, z. B. Hüpfen neben dem Reifen, Chassé, verschiedene Sprünge.

- Abrollen, Anlauf, Sprung (z. B. Schersprung) über den Reifen, dem Reifen nachlaufen und Aufnehmen (siehe Abb. 48).
- Aufnehmen zwischen den Beinen.
- Anhalten durch Treten auf den Reifen.

Hinweis:

Damit der Reifen nicht kippt, wird er mit dem geraden Arm vertikal gehalten.

5.2.5.2 Weiterführende Techniken

- Rollen mit Effet.

Hinweis:

Beim Effetrollen ist das lange Begleiten des Arms, aber das kraftvolle Zurückziehen des Handgelenks nach oben hinten sehr wichtig. Der Reifen rutscht nach vorn über den Boden und macht selbst dabei schon die Rückrollbewegung. Man sollte erst auf kurze Distanzen (ca. 1 m) den Reifen rollen und nur allmählich die Distanzen vergrößern.

\+ Verschiedene Körpertechniken während des Rollens.
  Ausführung: Z. B. eine oder mehrere Drehungen, 1/2-Drehung – Pose – 1/2-Drehung zurück, Pivot. Bodenteile, z. B. Rolle rückwärts,

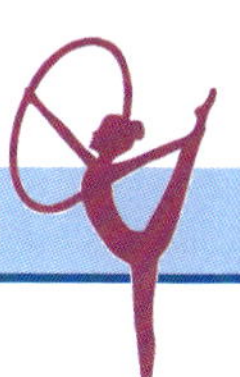

Jazzrolle. Sprünge am Ort oder dem Reifen entgegen oder über den entgegenkommenden Reifen, z. B. Grätschsprung über den Reifen.

+ Verschiedene Möglichkeiten der Reifenaufnahme.
  Ausführung: Z. B. in verschiedenen Körperstellungen, z. B. Kniestand, Standwaage.
  Im Stand: Abstoppen durch Klemmen zwischen die Knie.
  In Rückenlage: Der Reifen rollt zwischen den leicht geöffneten Beinen über den Körper und wird vor dem Kopf mit einer Hand aufgenommen.
  Den Reifen im Sprung aufnehmen.
  Den Reifen mit einem Fuß hochkicken.
  Mit einem Fuß in den Reifen steigen und mit einer oder beiden Händen fassen.

- Rollen im Bogen.
  Ausführung: Der Reifen wird schräg auf den Boden gestellt und in beliebiger Richtung abgerollt.

Hinweis:

Leichter ist es, den Reifen beidhändig abzurollen (eine Hand auf dem Reifen, um ihn zu stabilisieren, die andere Hand gibt den Impuls).

+ Bodenteil während des Rollens.
+ Gleichgewichtselement.

5.2.6 Rollen am Körper

- Rollen über den Rücken (Abb. 174).
  Ausführung: Reifen vertikal an der rechten Körperseite im Aufgriff. In die Vorhochhalte schwingen, Reifen an die rechte Schulter legen und mit Runden des Rückens Reifen diagonal über den Rücken rollen lassen, mit der linken Hand an der linken Körperseite aufnehmen.

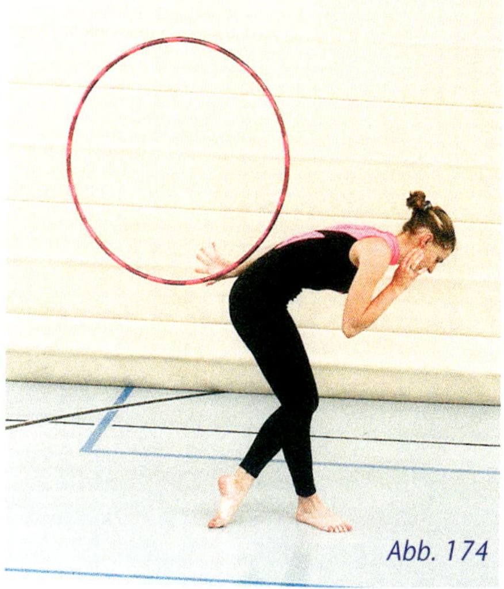

Abb. 174

Hinweis:

Zwischen Schwung und Rollen darf keine Pause sein, da der Reifen sonst seine vertikale Achse verliert. Der Reifen darf nicht hinter dem Rücken übergeben werden. Das Auffangen wird erleichtert, wenn der Reifen schräg über den leicht gerundeten Rücken rollt.

- Rollen über Brust und Arme (Abb. 175).

  Ausführung: Aus einem kleinen Anschwung frontal hinter dem Rücken mit der rechten Hand im Untergriff wird der rechte Arm in die Seithalte rechts geschwungen, dabei die rechte Hand geöffnet, sodass der Reifen über die offene Hand, den Arm, die Brust und den linken ausgestreckten Arm rollen kann.

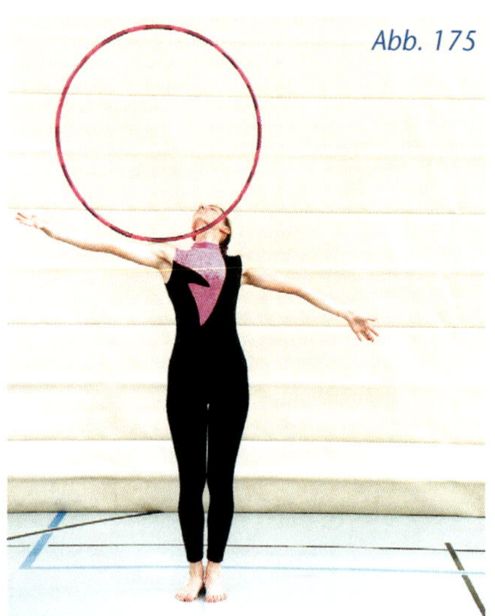

Abb. 175

Hinweis:

Während des Rollens müssen beide Arme gestreckt sein und der Oberkörper leicht nach hinten gebeugt werden, sonst bleibt der Reifen am Kopf hängen. Will man während des Rollens eine Rückbeuge vermeiden, bietet sich ein Ausfallschritt rückwärts mit Belastung des hinteren Beins an.

- Rollen über Schultern und Arme.

  Ausführung: Aus einem kleinen Anschwung frontal hinter dem Rücken den rechten Arm in die Seithalte rechts schwingen, Kopf leicht nach vorne neigen und den Reifen über den rechten Arm, den Nacken und den linken Arm rollen lassen.

Hinweis:

Die Arme müssen mit dem Körper eine Rollebene bilden, d. h., sie dürfen nicht so weit nach hinten genommen werden, dass sie einen Winkel zum Körper bilden.

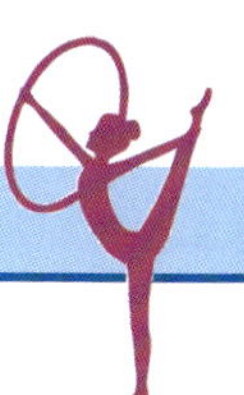

5.2.7 *Umkreisen von Körperteilen (Rotieren)*

5.2.7.1 Grundtechnik

- Umkreisen der Taille (Hula-Hoop); (siehe Abb. 153).

  Ausführung: Der Reifen wird mit der Innenkante an den Rücken gelegt und durch einen horizontalen Schwung mit den Händen ins Rotieren gebracht. Kreisende Bewegungen des Beckens lassen den Reifen weiterrotieren.

  Auflösung 1: Mit beiden Händen mit Aufgriff den Reifen an der Außenkante fassen und mit einer Drehung in Kreisrichtung in die Hochhalte führen.

  Auflösung 2: Fassen einhändig, den Reifen kippen und in Kreisrichtung über den Kopf ziehen.

  Auflösung 3: Reifen einhändig fassen, nach unten in die Vertikale kippen und rückwärts, vorwärts oder seitwärts aus dem Reifen springen.

+ Drehungen in Kreisrichtung.

- Handumkreisen frontal.

  Ausführung: Um den Reifen ins Rotieren zu bringen, gibt es mehrere Möglichkeiten.

  1. Aus einem Frontalschwung einwärts den Reifen nicht fassen, sondern durch den Schwung weiter um die Hand laufen lassen. Der Daumen wird abgespreizt, damit der Reifen um die restlichen geschlossenen Finger kreisen kann. Der Impuls zum Kreisen kommt aus leichten Bewegungen der lockeren Finger und der Hand.

  2. Nach einem kleinen frontalen Wurf fängt eine Hand den Reifen an der inneren Unterkante und bringt ihn durch einen Impuls aus dem Unterarm in Kreisrichtung des Reifens zum Rotieren um die Hand.

  Auflösung 1: Handumkreisen einwärts: Reifen im Untergriff fassen und in Kreisrichtung ausschwingen.

  Auflösung 2: Handumkreisen auswärts: Großer frontaler Armkreis auswärts in Kreisrichtung des Reifens, dann im Untergriff fassen und in Kreisrichtung ausschwingen.

  Auflösung 3: Wurf aus dem Rotieren und anschließendes Fangen des Reifens.

Hinweis:

Der Reifen rotiert auf den Fingern, die locker gehalten werden, nicht auf der Hand zwischen Zeigefinger und Daumen. Die Hand wird zum rotierenden Reifen im rechten Winkel gehalten, sonst weicht der Reifen aus seiner Ebene ab.

- + Verschiedene Fortbewegungsarten.
  Ausführung: Z. B. Seitgalopp, Nachstellschritte seitwärts, Kreuzschritte.
- + Stände.
  Ausführung: Z. B. Passé, Arabesque, Standwaage.
- • Handumkreisen frontal mit Übergabe.
  Ausführung: Rechter Arm in Seithalte rechts. Mit einem frontalen Schwung nach links wird der Reifen vor dem Körper mit einem oder mehreren Handkreisen in die linke Hand übergeben.

Hinweis:

Übergabe: Während des Handumkreisens rechts wird die linke Hand zur rechten Hand in den Reifen gesteckt, der Reifen kreist einmal um beide Hände, dann die rechte Hand aus dem Reifen nehmen.

- • Frontales Handumkreisen mit ganzer Drehung und Übergabe hinter dem Rücken.
  Ausführung: Frontales Handumkreisen der rechten Hand einwärts vor dem Körper. Mit dem Körper nach links drehen, bis der Reifen hinter dem Körper rotiert, dann erfolgt die Übergabe. Dabei fasst die linke Hand den Reifen im Aufgriff, die rechte Hand löst den Griff und es wird sofort links weiter rotiert.

Hinweis:

Wichtig ist, dass der Reifen in der Ebene bleibt.

- • Handumkreisen sagittal.

Hinweis:

Bei sagittalen Handkreisen ist der Arm in Verlängerung der Schulter nach vorne gestreckt, das Handgelenk zu 90° nach außen abgewinkelt.

- + Verschiedene Fortbewegungsarten.
  Ausführung: Z. B. Laufschritte, Hüpfer, Chassé.
- + Stände beidbeinig, einbeinig mit verschiedenen Spielbeinhaltungen.
- + Körperwellen (siehe Abb. 39a und b).

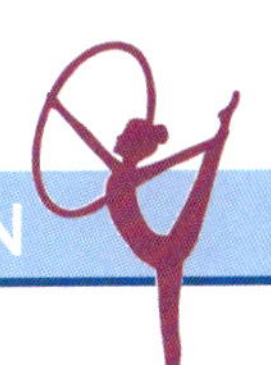

5.2.7.2 Weiterführende Techniken

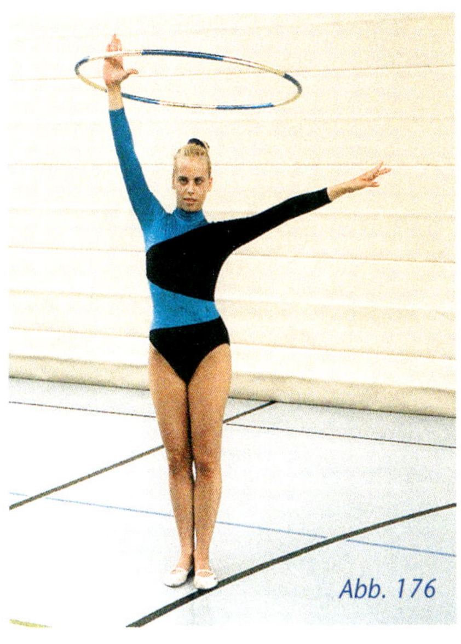

Abb. 176

- Handumkreisen horizontal über dem Kopf (Abb. 176).

  Ausführung: Aus einem horizontalen Schwung oder Kreis über dem Kopf wird der Reifen ins Rotieren gebracht, indem der Daumen, der Zeigefinger oder sofort geschickt alle Finger in den Reifen gesteckt werden (individuell verschieden, aber alles ist möglich). Wird der Reifen bei dem vorangehenden Element im Untergriff gehalten, kann die Hand einfach geöffnet werden. Im Aufgriff muss der Reifen erst um den abgespreizten Daumen laufen und kann dann weiter um die Finger rotieren.

  Auflösung: Zufassen und in die Kreisrichtung ausschwingen.

Hinweis:

Der Arm muss unbedingt senkrecht nach oben gestreckt werden, da sonst der Reifen nicht horizontal, sondern diagonal kreist. Der Reifen kreist immer 90° zur Handstellung. Das Reifenkreisen darf nicht zu langsam erfolgen, da der Reifen sonst „eiert" und den Kopf berühren könnte.

+ Verschiedene Fortbewegungsarten.

  Ausführung: Z. B. Geh- und Laufschritte, Hüpfer usw.

+ Stände, Drehungen.

Hinweis:

Drehungen zuerst in Kreisrichtung des Reifens üben, später können auch Drehungen gegen die Kreisrichtung des Reifens ausgeführt werden.

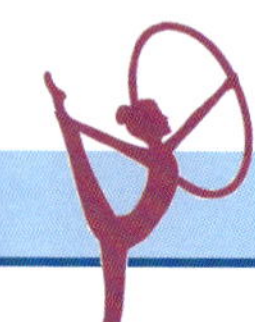

- Umkreisen des Unter- oder Oberarms (Abb. 178).

Hinweis:

Das Umkreisen des Unter- oder Oberarms sollte erst eingeführt werden, wenn das Handumkreisen sicher beherrscht wird.

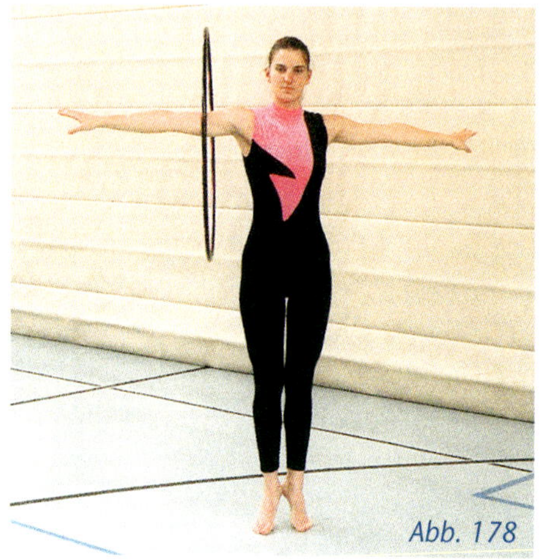

Abb. 178

- Kreisen des Reifens um einen Unterschenkel (Abb. 179).

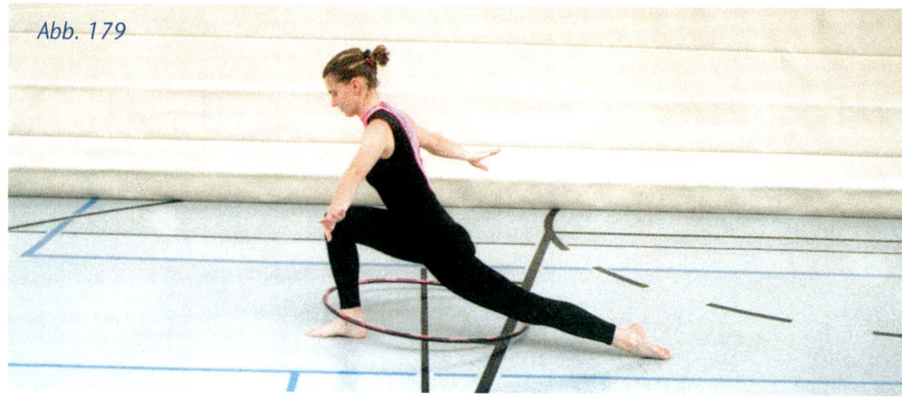

Abb. 179

Ausführung: Im Ausfallschritt oder in der Standwaage mit Stand des vorderen Beins im Reifen wird der Reifen mit einer oder beiden Händen am Unterschenkel angedreht.
Auflösung 1: Fassen des Reifens im Aufgriff, der zweite Fuß steigt in den Reifen und Reifen mit einem Schwung in die Kreisrichtung über den Kopf herausziehen.
Auflösung 2: Der zweite Fuß steigt in den Reifen und durch einen Schritt rückwärts wird die kreisende Bewegung gestoppt. Aufnahme dann beliebig.

Hinweis:

Der Impuls muss so stark sein, dass der Reifen den Boden nicht berührt.

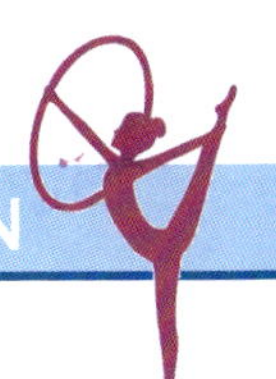

- Kreisen des Reifens um ein Fußgelenk mit Überlaufen des Reifens ohne Handfassung (Abb. 180).
  Ausführung 1: Der Reifen liegt zu Beginn auf einem Fuß und wird mit einer oder beiden Händen angedreht. Anschließend mit dem rotierenden Reifen Laufschritte, dabei wird der Reifen bei jeder Umdrehung von dem freien Fuß überlaufen.
  Ausführung 2: Der Impuls zum Kreisen wird durch den freien Fuß gegeben.
  Auflösung: Der zweite Fuß steigt in den Reifen und durch einen Schritt rückwärts wird die kreisende Bewegung gestoppt. Aufnahme dann beliebig.
- Kreisen des Reifens um ein Fußgelenk mit rückgespreiztem Bein (Abb. 181).

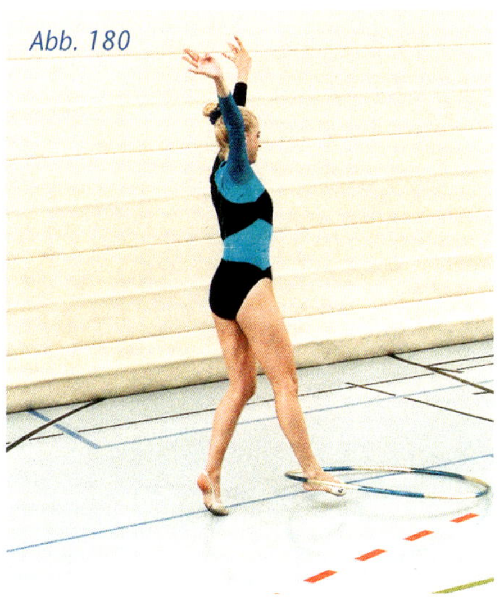
Abb. 180

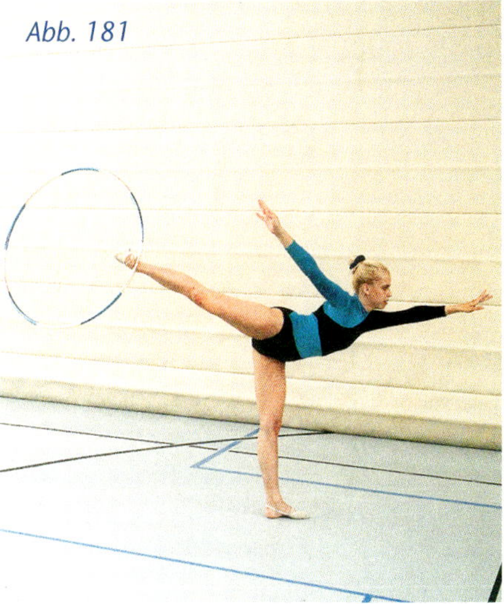
Abb. 181

5.2.8 Werfen und Fangen

5.2.8.1 Grundtechnik

I) Würfe mit Rotation um den Reifenmittelpunkt

Allgemeine Hinweise:

Alle vertikalen Würfe mit Rotation um den Reifenmittelpunkt können aus einem Rückschwung (der Reifen liegt locker auf den Fingern) oder aus dem Handumkreisen ausgeführt werden. Immer aber wird der Reifen mit gestreck-

tem Arm abgeworfen. Ebenso kann das Fangen mit Aufgriff oder mit sofortigem Handumkreisen erfolgen (vgl. dazu Kap. 5.2.7). Voraussetzung ist das Schwingen. Nach einem Rückschwung mit leicht gebeugtem Arm (Auftaktbewegung) wird der Reifen beim Vorschwung mit langem Arm vorwärts-aufwärts losgelassen (kein zusätzlicher Impuls mit der Hand, nur die Hand öffnen). Wird der Reifen zu spät losgelassen, kann er nicht mehr vor dem Körper gefangen werden, das Fangen wird deutlich erschwert und es fehlt der fließende Übergang zum Rückschwung. Beim Fangen mit Aufgriff sollte man nicht unter dem Reifen, sondern hinter dem Reifen sein, um die Flugkurve nicht abrupt zu unterbrechen, sondern in eine neue Bewegung überzuleiten.

- Sagittales Werfen und Fangen am Ort.
- Sagittales Werfen und Fangen partnerweise (Abb. 182).

Hinweis:

Würfe in die Weite können sehr gut mit einem Partner erarbeitet werden (Gegenüberstellung). Dabei wird zuerst der Reifen nur dem Partner übergeben, mit der Zeit wird der Abstand vergrößert. So wird aus dem Übergeben spielerisch ein kleiner Wurf. Wichtig ist, dass mit zunehmender Distanz der Reifen immer noch dem Partner gefühlvoll gereicht und nicht entgegengeschleudert wird. Der entgegenkommende Reifen hat Vorwärtsrotation und kann somit ganz sanft in die Hand gleiten.

- Sagittales Werfen, Nachlaufen und Fangen.

Hinweis:

Durch einen unerwünschten zusätzlichen Impuls aus dem Handgelenk beim Abwurf kann der Reifen nach hinten fliegen. Der Hinweis, „die Hand aktiv öffnen und Finger und Arm zeigen zum Reifen" kann hier hilfreich sein. Ein besonders sanftes Fangen wird erzielt, wenn man den Reifen oberhalb des horizontalen Durchmessers fängt und den Reifen herunterzieht (Abb. 183).

II) Würfe mit Rotation um die Querachse

- Werfen mit 1/2-Umdrehung um die Querachse.

  Ausführung: Der Reifen wird beidhändig mit Untergriff in der Vorhalte gehalten. Nach einem Anschwung nach unten mit gestreckten Armen wird der Reifen nach vorne oben abgeworfen und nach der halben Umdrehung über der Horizontalen gefangen.

Hinweis:

Der Reifen wird mit weitem Griff geworfen und gefangen. Dabei wird die Umdrehung des Reifens durch aktives Hochführen der gestreckten Arme und nur minimal durch den Druck der Zeigefinger ausgelöst. Die Arme begleiten den Reifen und gehen ihm entgegen. Die Zeigefinger haben stabilisierende Wirkung. Anfangs wird nur mit geringer Wurfhöhe gearbeitet.

III) Würfe ohne Rotation, Stoßen

- Horizontales Stoßen am Ort.

  Ausführung: Der Reifen liegt in Vorhalte waagerecht auf beiden Händen mit weitem Untergriff. Durch einen gleichmäßigen Impuls aus beiden Armen nach oben wird der Reifen hochgeworfen.

  Fangen: Vor dem Körper.

  Variation: Mit einigen Schritten vorwärts unter den Reifen wird der Reifen über dem Kopf mit Griff von innen gefangen und dann über den Körper gezogen (siehe Abb. 194).

Hinweis:

Um eine Rotation zu verhindern, muss der Reifen beim Abwurf lange von den Händen begleitet werden und das Handgelenk muss fest bleiben (Finger öffnen!).

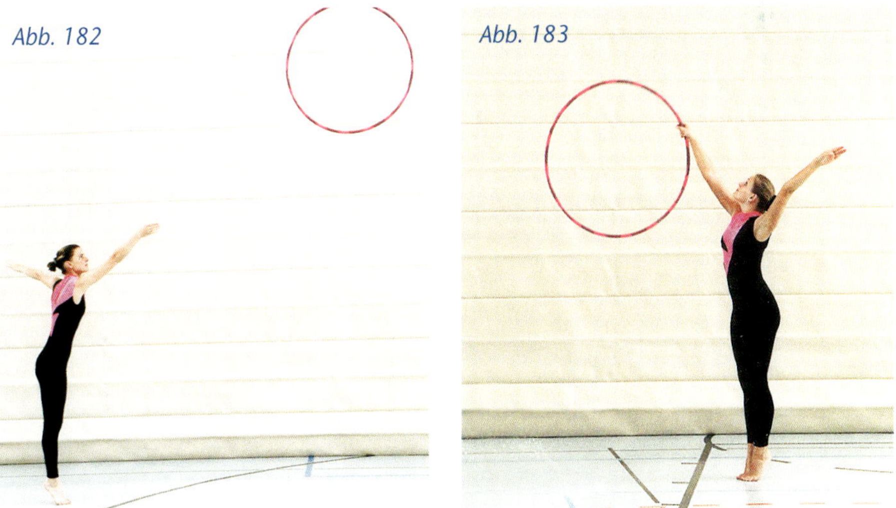

Abb. 182

Abb. 183

- Stoßen (Prellen) mit einem Oberschenkel in der Frontalebene (Abb. 184).
  Ausführung: Der Reifen wird frontal vor dem Körper mit weitem Griff gehalten. Durch Anheben eines gebeugten Beins wird der Reifen nach Lösen des Griffs mit dem Oberschenkel nach oben gestoßen (der Reifen prellt auf dem Oberschenkel ab).
- Stoßen mit einem Fuß an der Außenkante.
  Ausführung: Der Reifen wird frontal auf den Spann eines Fußes gestellt und mit beiden Händen gehalten. Durch Heben des gestreckten Beins wird der Reifen nach oben gestoßen.

5.2.8.2 Weiterführende Techniken

I) Würfe mit Rotation um den Reifenmittelpunkt

- Sagittales Werfen, Nachlaufen und Fangen.
+ Sprung während der Flugphase.
+ Abwerfen im Sprung (siehe Abb. 185).
  Ausführung: Beim Werfen mit Aufgriff erfolgt während des Anlaufs ein Anschwung rückwärts (Auftaktbewegung zum Wurf). Im Sprung wird der Reifen mit langem Arm nach vorne oben abgeworfen.

Hinweis:

Die Finger zeigen stets zum Reifen (!).

+ Fangen im Sprung (siehe Abb. 186).

Hinweis:

Der Reifen soll im höchsten Punkt des Sprungs gefangen werden.

+ Abwerfen und Fangen im Sprung.

Hinweis:

Im ersten Sprung abwerfen, im zweiten Sprung fangen.

- Sagittaler Wurf rückwärts, 1/2-Drehung, Fangen.

Hinweis:

Der Impuls zum Abwurf geht mit langem Arm nach hinten oben.

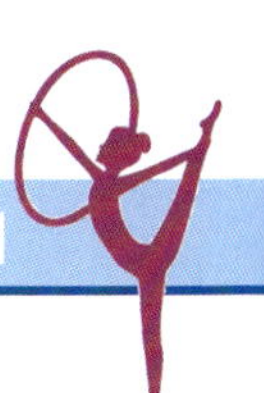

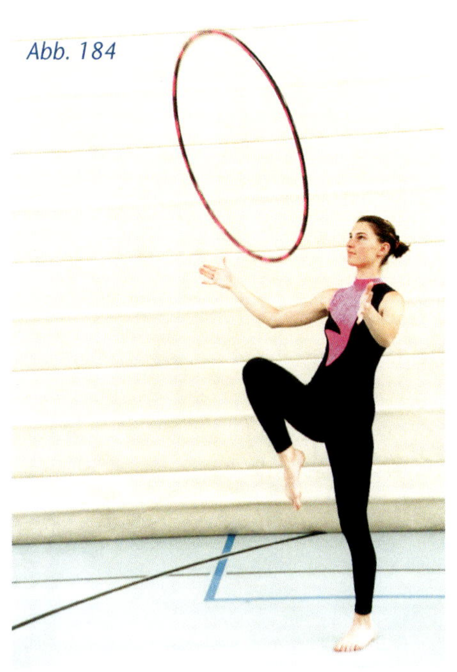
Abb. 184

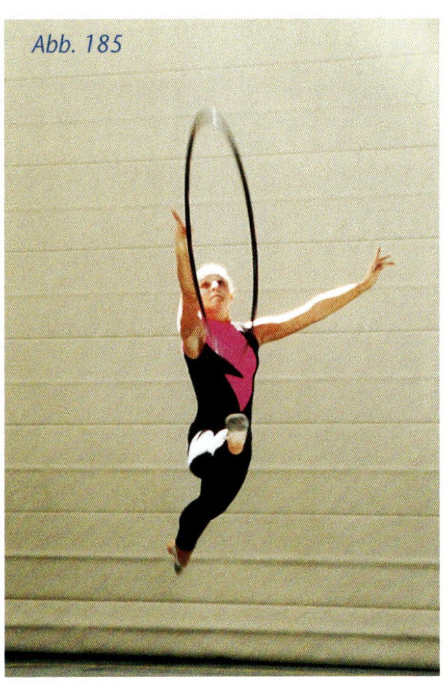
Abb. 185

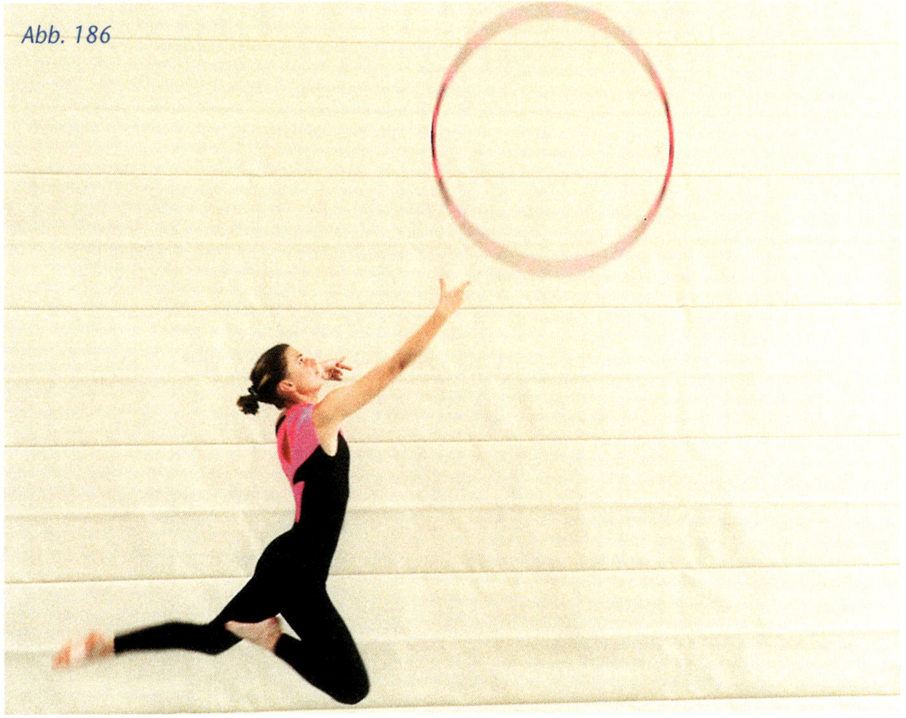
Abb. 186

- Frontaler Wurf am Ort oder in der Fortbewegung.

Hinweis:

Methodisch wird der frontale Wurf am Ort aus einem frontalen Kreis einwärts mit Übergeben über dem Kopf erarbeitet. Je nach Weite und Höhe des Wurfs können während der Flugphase Drehungen, verschiedene Fortbewegungsarten, Bodenteile usw. geturnt werden.

- Frontaler Wurf am Ort oder in der Fortbewegung aus dem Handumkreisen auswärts oder einwärts (Abb. 177).

  Ausführung: Aus dem Handumkreisen auswärts oder einwärts wird durch Streckung des Arms und des Körpers in die Hochhalte der Reifen abgeworfen.

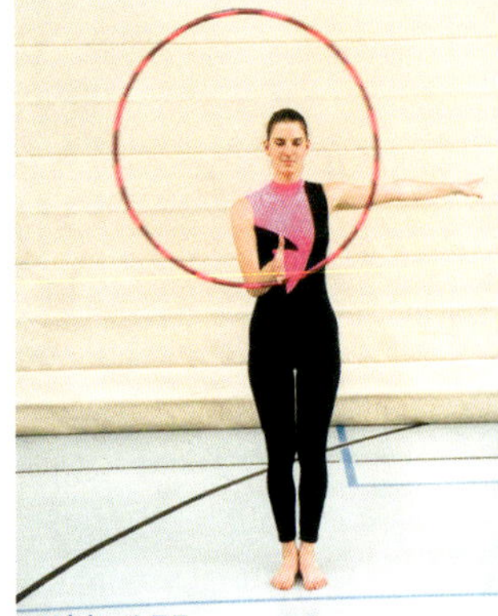

Abb. 177

Hinweis:

Die Finger müssen beim Wurf nach oben zum Reifen zeigen.

Fangen: Am unteren inneren Reifenrand etwas rechts oder links (nicht genau in der Mitte!), sodass der Reifen sofort wieder um die Hand kreist, in das Ausschwingen überleiten.

Hinweis:

Wichtig ist der fließende Übergang zwischen Fangen und Handumkreisen; dies erreicht man durch das Fangen mit gestrecktem Arm und das anschließende Beugen und leichte Mitgehen des Arms in die Rotationsrichtung.

- Sagittaler Wurf aus dem Handumkreisen rückwärts oder vorwärts.

  Ausführung 1: Aus dem Handumkreisen rückwärts wird der Reifen durch Streckung des Arms und des ganzen Körpers nach vorne oben abgeworfen.

  Fangen: Am unteren vorderen Reifenrand innen und in das Handumkreisen überleiten oder am äußeren Rand mit Aufgriff und Reifen ausschwingen.

  Ausführung 2: Aus dem Handumkreisen vorwärts wird der Arm mit einem kleinen Rückschwung zur Hochhalte gestreckt und der Reifen nach oben abgeworfen.

Fangen: Am unteren hinteren Reifenrand innen oder mit Aufgriff und zum Handumkreisen überleiten und ausschwingen.

Hinweis:

Der Reifen wird mit langem Arm zum Abwurf begleitet.

- Frontaler Wurf hinter dem Rücken.
  Ausführung: Aus einem frontalen Schwung einhändig (Untergriff) hinter dem Rücken wird der Reifen durch einen Impuls aus dem Unterarm abgeworfen und kann, je nach Stärke und Richtung des Impulses, mit der anderen Hand oder mit der gleichen Hand gefangen werden.
- Würfe in der diagonalen Ebene im Untergriff beidhändig.
  Ausführung: Aus einem diagonalen Schwung an einer Körperseite (Abb. 187 links) wird der Reifen abgeworfen.
  Fangen 1: Im Aufgriff, anschließend z. B. Sprung durch den Reifen oder horizontaler Kreis über dem Kopf mit Körperdrehung.
  Fangen 2: Unter dem Reifen mit Griff an der Innenkante, anschließend Reifen über den Kopf stülpen und Sprung aus dem Reifen.

Hinweis:

Methodisch wird zuerst der Reifen gefangen und dann der Sprung ausgeführt; erst später kann der Reifen im Sprung gefangen und sofort durchgeschlagen werden.

- Würfe in der diagonalen Ebene im Aufgriff einhändig.
  Ausführung: Aus einem diagonalen Schwung an der offenen (Abb. 187 rechts) Körperseite wird der Reifen abgeworfen.

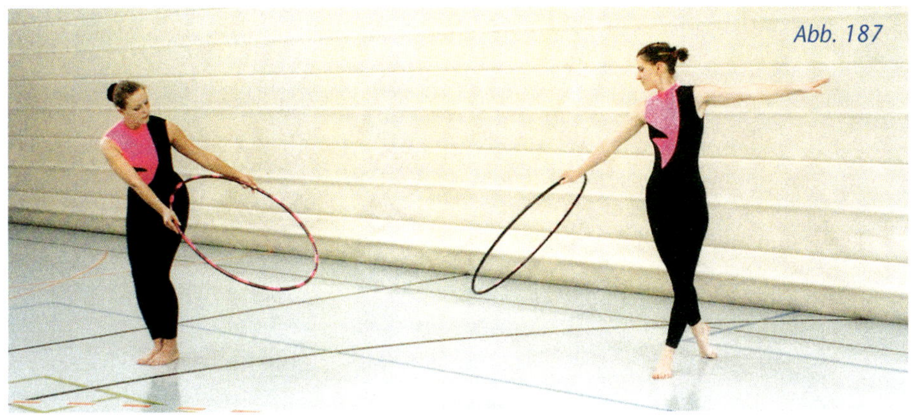

Abb. 187

- Wurf rückwärts um den Abwurfarm.
  Ausführung: Aus einem sagittalen Schwung nach hinten wird der Reifen durch einen Impuls aus dem Handgelenk unter dem Abwurfarm nach vorne oben abgeworfen.

II) Würfe mit Rotation um die Querachse

- Werfen mit ganzer Umdrehung oder Mehrfachumdrehungen um die Querachse (Abb. 188).

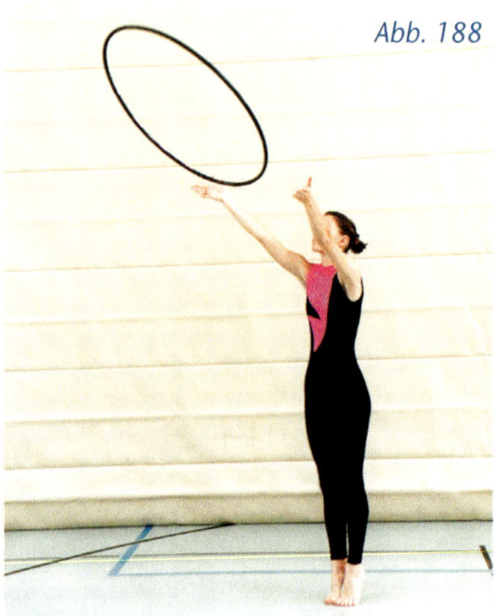

Abb. 188

Hinweis:

Je mehr Umdrehungen der Reifen ausführen soll, umso stärker muss der Impuls aus dem Handgelenk kommen. Wird dabei die Armbewegung in der Horizontalen abgestoppt, dreht sich der Reifen ohne Flughöhe und -weite. Bei hohen Würfen muss der Impuls sowohl aus dem ganzen Arm als auch aus dem Handgelenk kommen. Durch die schnelle Reifenbewegung ist beim Fangen eine fein differenzierte Koordination und gute Reaktion nötig.

- Wurf um die Querachse über den Kopf.
  Fortführung 1: 1/2-Drehung und Fangen.
  Fortführung 2: Fangen mit Körper im Reifen.
  Fortführung 3: Verdecktes Fangen hinter dem Rücken, Reifen über den Schultern (siehe Abb. 193).

Hinweis:

Zu Beginn sollte nur 1/2-Umdrehung des Reifens geübt, später können auch Mehrfachumdrehungen ausgeführt werden. Der Impuls geht mit langem Arm nach hinten oben. Wichtig ist es, zuerst den Wurf und danach die Körperdrehung anzusetzen.

- Wurf um die Querachse mit einem Fuß (Abb. 189a und b).
  Ausführung: Stand im Reifen, der Reifen liegt auf dem Spann des vorderen Fußes. Durch einen kleinen Sprung mit dem hinteren Bein

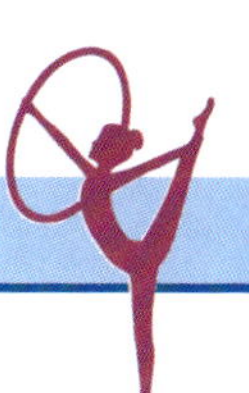

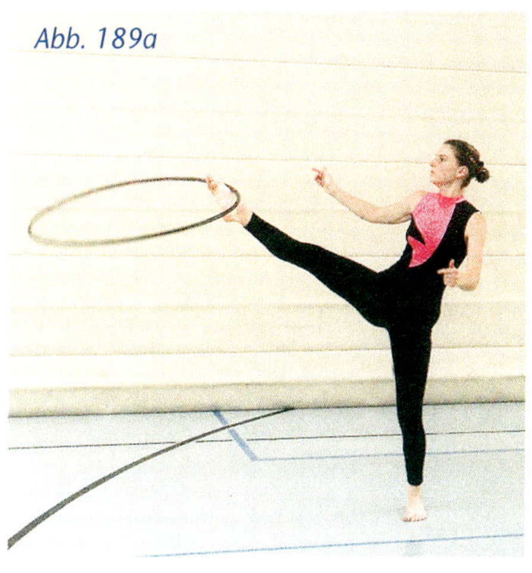

Abb. 189a

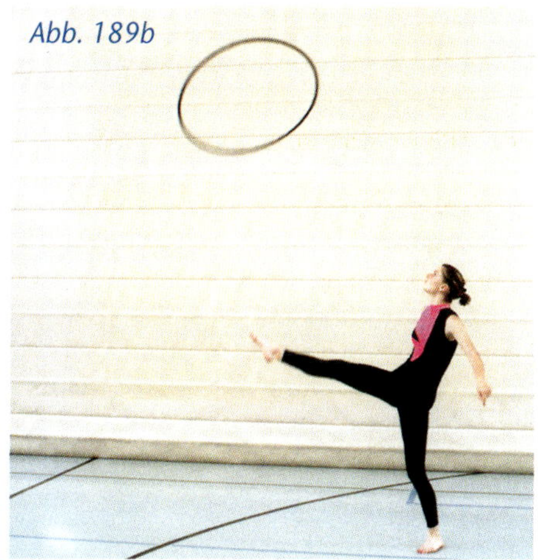

Abb. 189b

aus dem Reifen nach hinten und dem Vorhochspreizen des vorderen Beins wird der Reifen nach vorne oben mit dem Fuß abgeworfen.

Hinweis:

Am Anfang sollte das Bein ganz langsam vorgespreizt werden, dadurch dreht sich der Reifen nur ohne Flughöhe und kann leicht mit einer Hand gefasst werden. Je schneller und stärker der Impuls aus dem Bein kommt, umso höher kann der Reifen fliegen und umso mehr Umdrehungen kann er ausführen.

III) Würfe ohne Rotation, Stoßen und „Ziehen"

- Horizontales Stoßen, Nachlaufen und Fangen.
- Stoßen in verschiedene Richtungen, in vertikaler oder diagonaler Ebene.

  Ausführung: Der Reifen liegt in Vorhalte mit halbweitem Untergriff auf beiden Händen, die Arme sind gebeugt. Durch explosives Strecken der Arme in die gewünschte Richtung wird der Reifen gestoßen.

+ Abwurf in der Arabesque (Abb. 190).

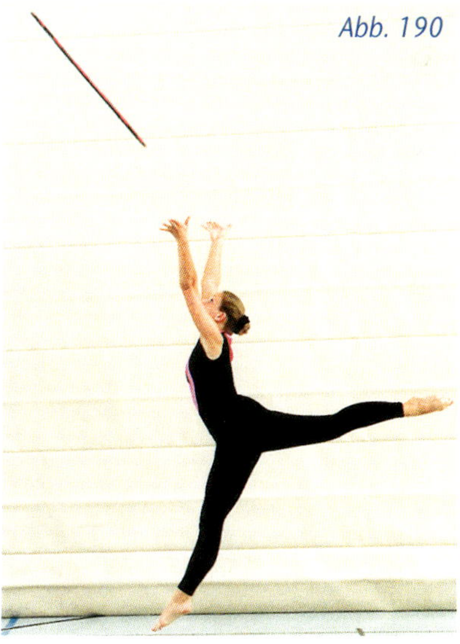

Abb. 190

+ Abwurf im Sprung.
- Stoßen mit einem Fuß an der Innenkante.

  Ausführung: Der Reifen wird im Ausfallschritt vor dem Körper auf den Boden gestellt, nach Lösen des Griffs wird das hintere Bein vorhochgespreizt und der Fuß gibt dem Reifen an der oberen Innenkante den Impuls für einen Wurf.

Hinweis:

Der Reifen muss mit langem Arm weit vom Körper weg senkrecht aufgestellt werden, nach Lösen des Griffs muss er kurz alleine stehen. Nach dem Stoß das Bein schnell nach hinten aus dem Reifen ziehen, sonst bleibt er mit der unteren Kante am Bein hängen.

- Horizontales Werfen („Ziehen") des vertikalen Reifens (Abb. 191).

  Ausführung: Aus der Seithalte rechts einhändig mit Untergriff (der Reifen ist frontal) wird der Reifen horizontal nach links abgeworfen, vor dem Körper greift die linke Hand an den rechten inneren Rand und zieht den Reifen weiter horizontal nach links bis zur Seithalte.

Hinweis:

Ein weiter Ausfallschritt seitwärts und Gewichtverlagerung während des Wurfs auf das andere Bein vergrößern die Bewegungsweite.

Abb. 191

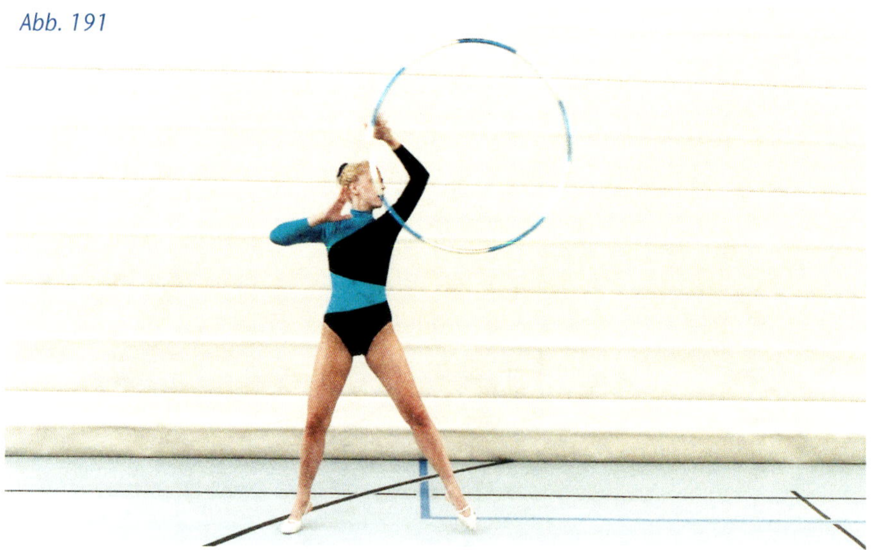

- Horizontales oder diagonales flaches Werfen („Ziehen) über den Kopf.
  Ausführung: Der Reifen wird im weiten Ausfallschritt im Aufgriff einhändig waagerecht oder diagonal in der Vorhalte gehalten. Durch Gewichtsverlagerung auf das hintere Bein und Ziehen des Arms nach hinten oben fliegt der Reifen über den Kopf und wird hinter dem Kopf an der vorderen Kante gefangen.

IV) Zusätzliche Möglichkeiten des Fangens

- Fangen im Untergriff am oberen Reifenrand.
  Ausführung: Nach vertikalen Würfen kann der Reifen im Untergriff am oberen Reifenrand (mit Griff von innen) gefangen werden.

Hinweis:

Der Reifen wird durch dieses Fangen gestoppt, kein Ausschwingen oder Überleiten in Handumkreisen.

- Fangen im Untergriff am oberen Reifenrand verdeckt.
  Ausführung: Sagittaler Wurf rechts, Fangen mit linkem Arm hinter dem Rücken an der rechten Seite (Abb. 192).
- Verdecktes Fangen mit anderen Körperteilen.
  Ausführung: Der Reifen wird nach einem frontalen Wurf hinter dem Rücken gefangen, indem beide Arme durch den Reifen gestreckt werden; der Reifen liegt dann auf den Schultern (Abb. 193).

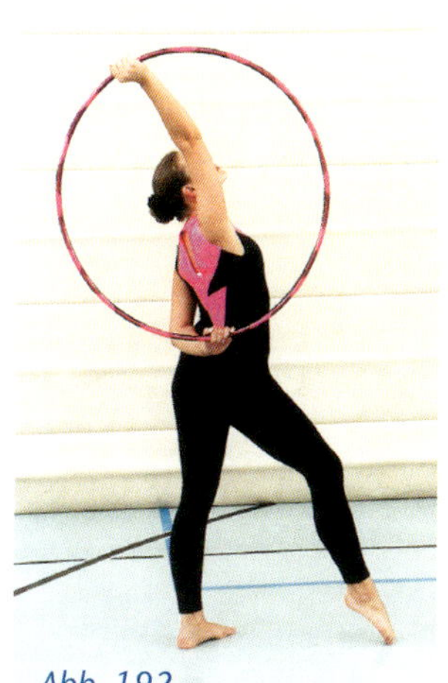

Abb. 192

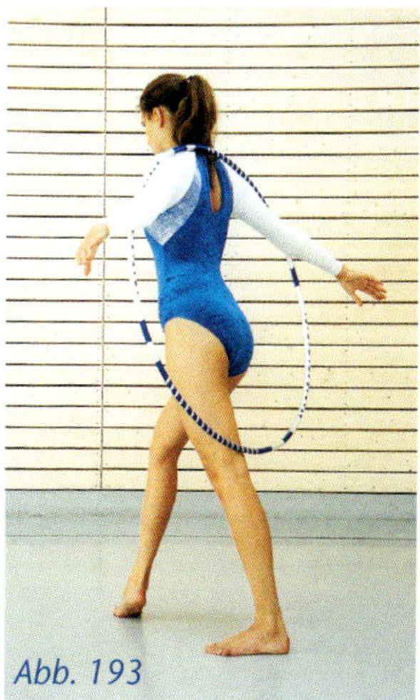

Abb. 193

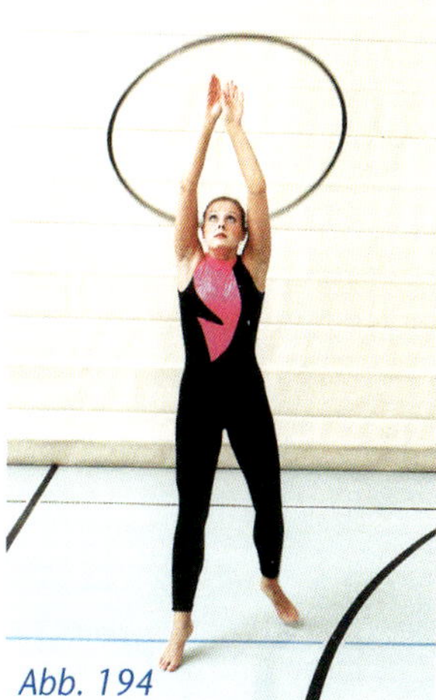

Abb. 194

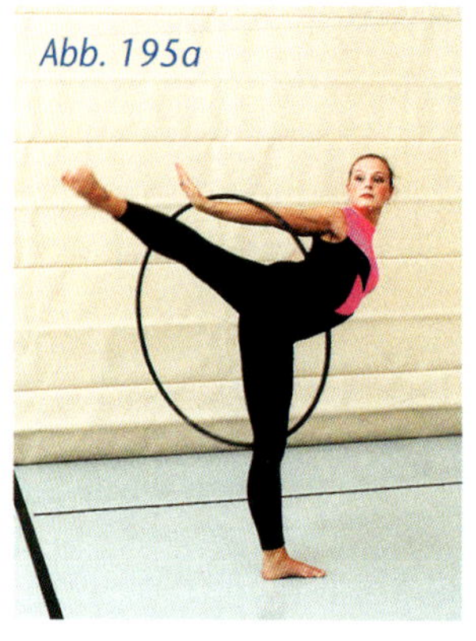

Abb. 195a

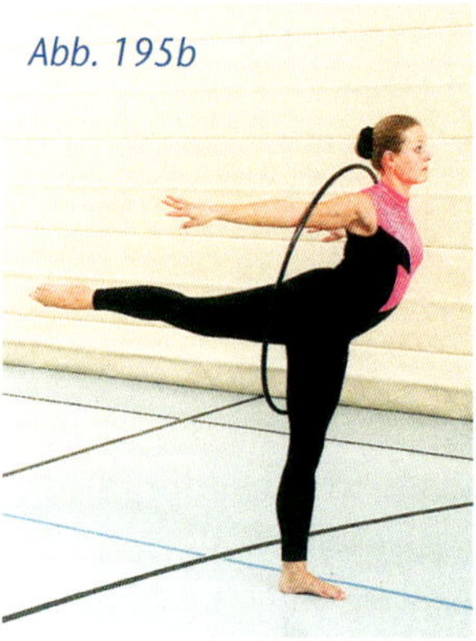

Abb. 195b

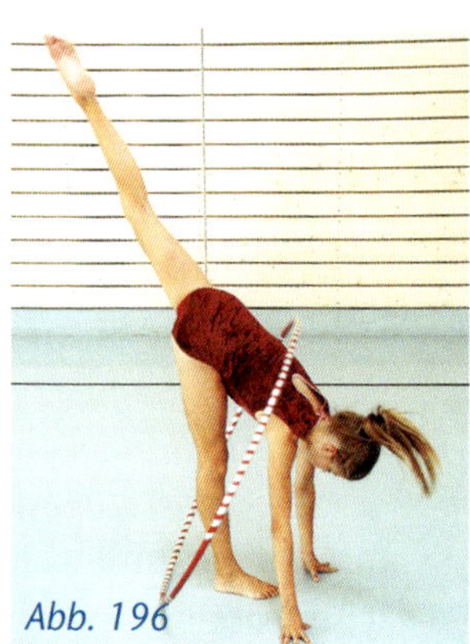

Abb. 196

- Fangen im Reifen.

  Ausführung: Nach horizontalen oder diagonalen Würfen fällt der Reifen über den Körper und wird erst dann gefangen (Abb. 194).
- Fangen mit dem Bein.

  Ausführung 1: Das (vor- oder rück-)gespreizte Bein wird durch den Reifen gesteckt.

  Fortführung 1: Die Hände nehmen den Reifen auf (Abb. 195a und b).

  Fortführung 2: Fangen mit vorgespreiztem Bein, 1/2-Drehung in den Standspagat, Reifen über den Körper zum Boden in die Hände gleiten lassen (Abb. 196).

  Ausführung 2: Das (vor- oder rück-)gespreizte Bein wird durch den Reifen gesteckt, der Reifen kreist sofort um das Bein.

Hinweis:

Das Bein muss so in den Reifen gesteckt werden, dass dieser sofort die Drehrichtung des Wurfs fortsetzt (nicht genau in der Mitte, sondern etwas rechts oder links davon!).

- Aufnehmen mit dem Fuß.

  Ausführung: Den Fuß auf den unteren Reifenrand stellen und den Reifen an den Boden pressen.

Hinweis:

Gestreckte(n) Arm(e) gegen den oberen Reifenrand halten zur Stabilisierung der Vertikalen des Reifens.

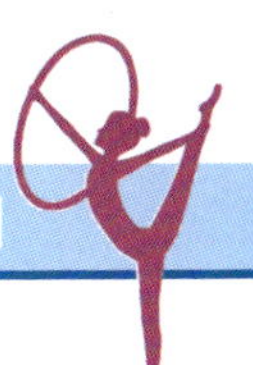

5.2.9 *Durchschlagen und Überspringen des Reifens*

5.2.9.1 Grundtechnik

- Einsteigen, Aussteigen.

  Ausführung: In den frontal aufgestellten Reifen mit Kippen des Reifens nach vorne einsteigen. Rückwärts wieder aussteigen.
- Durchsteigen mit vertikalem Reifenkreis.

  Variationen: Vorwärts, rückwärts, seitwärts mit verschiedenen Posen.

Hinweis:

Im Auf- und Untergriff üben, nach dem Durchsteigen den Reifen über die Hochhalte (gestreckte Arme) führen. Von Anfang an sollten Körper- und Bodenberührung vermieden werden.

- Durchsteigen mit horizontalem Reifenkreis.

  Ausführung: Reifen aus der Seithalte rechts horizontal in die Vorhalte führen, in den Reifen einsteigen, Kreisbewegung des Reifens fortsetzen, aussteigen und Reifen wieder in Seithalte rechts nehmen (der vertikale Reifen beschreibt einen ganzen horizontalen Kreis).
- Pferdchensprung mit Durchschlag (Abb. 197).

  Ausführung: Der Reifen wird in die Vor- oder Vorhochhalte geführt (Auftaktbewegung), während des Durchschlags wird er ganz locker in der Hand gehalten.

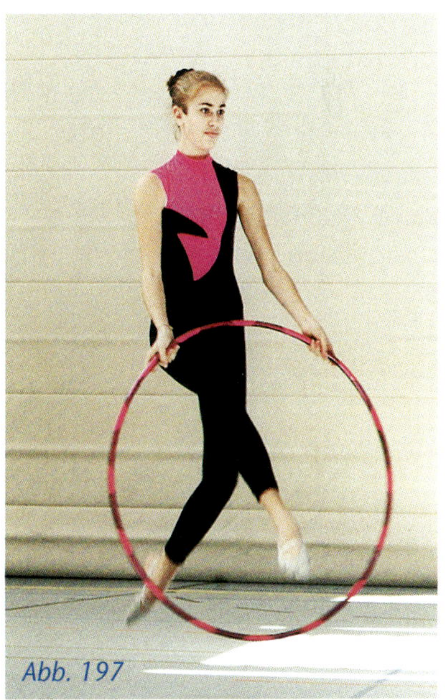

Abb. 197

Hinweis:

Der Impuls erfolgt durch das Beugen und Strecken der Arme, dazu kommt ein Impuls aus den Fingern. Der Reifen dreht sich beim Durchschlag locker in der Hand. Bei Verwenden des Untergriffs erfolgt der Impuls aus dem Handgelenk, beim Aufgriff durch die Finger (als Vorübung manchmal günstiger). Gelingt es nicht, den Reifen nach dem Durchschlag über die Rückhalte wieder zur Hochhalte zu schwingen, kann dies am zu festen Griff während des Durchschlags liegen (den Schwung ausnützen!).

- Hocksprünge vorwärts mit Zwischenfederung und mit Durchschlag.
- Hocksprünge fortlaufend mit Durchschlag.

Hinweis:

Das Führen des Reifens in die Hochhalte nach jedem Durchschlag unterbleibt.

- Hocksprung seitwärts in den Reifen und aus dem Reifen (Abb. 198).
  Ausführung: Aus der Seithochhalte rechts mit der rechten Hand im Aufgriff wird der Reifen zum Körper geschwungen und seitlich eingesprungen. Anschließend kann der Reifen in der Horizontalen mit der linken Hand gefasst werden.
  Auflösung: Schwung zurück und Herausspringen nach links oder Fassen der linken und Lösen der rechten Hand und Herausspringen nach rechts oder neues Element im Reifen.
- Frontale Übergabe unter einem vorgespreizten Bein (Vorübung zum Überspringen).
  Ausführung: Der Reifen wird aus der Seithalte rechts in der frontalen Ebene unter dem vorgespreizten Bein in die linke Hand übergeben.
- Rollen am Boden.

\+ Überspringen des Reifens mit Schersprung oder mit Laufsprung (Abb. 199).

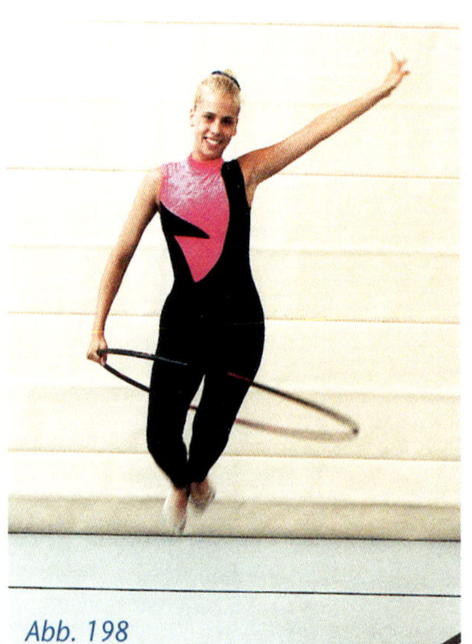

Abb. 198

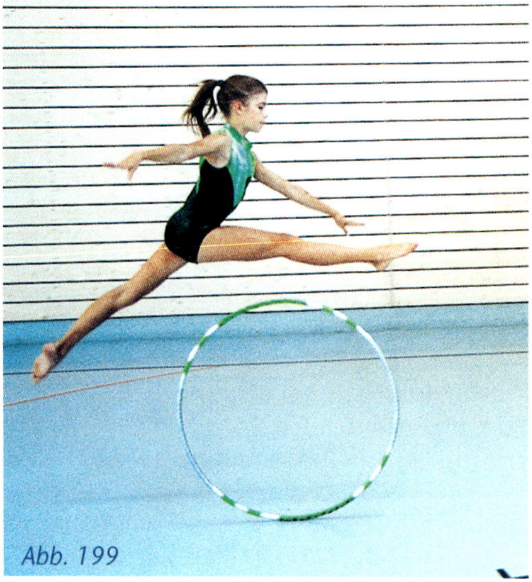

Abb. 199

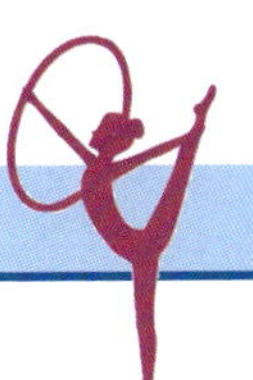

Hinweis:

Um die Angst vor dem Überspringen zu nehmen, bietet sich der Schersprung als erster Sprung an. Hier kann man am Anfang hinter dem Reifen abspringen und zuerst nur mit den Unterschenkeln und Füßen den Reifen überqueren. Um den Reifen wirklich im höchsten Punkt zu überspringen, muss beim Schersprung vor dem Reifen abgesprungen werden.

5.2.9.2 Weiterführende Techniken

- Durchschläge vorwärts mit schwierigeren Sprüngen.

Hinweis:

Hier bieten sich vor allem Sprünge mit geringerem Bewegungsumfang an, z. B. Anschlagsprünge, Laufsprünge mit gewinkeltem hinteren Bein, Ringsprünge.

- Durchschlag horizontal mit Pferdchen- oder Laufsprung.
  Ausführung: Nach der Vorübung (siehe Grundtechnik) horizontaler Reifenkreis mit Sprung durch den Reifen.
- Laufsprung über den Reifen (Abb. 200).
  Ausführung 1: Reifen während des Sprungs von rechts nach links (frontal) unter den Beinen durchgeben (siehe Vorübung Grundtechnik).

Abb. 200

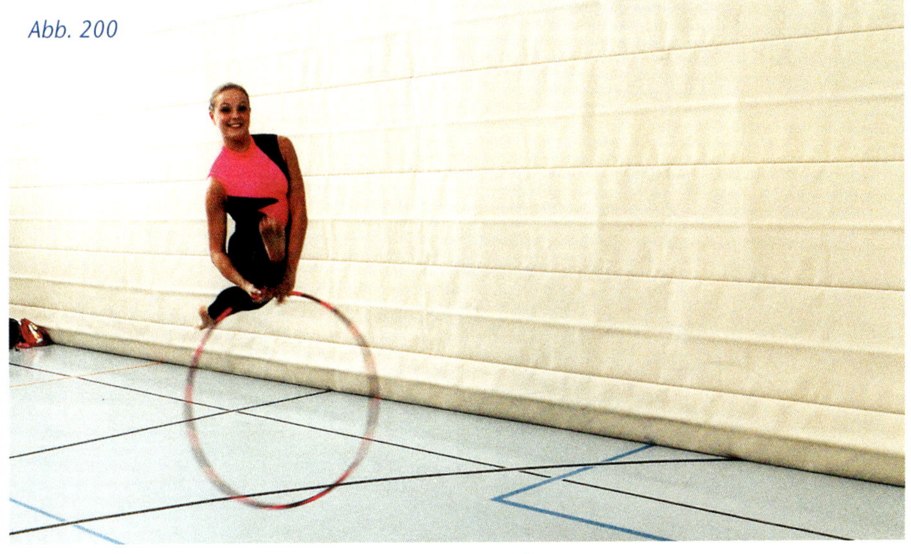

Hinweis:

Beim Anlauf kann der Reifen (frontal) im Untergriff in Seithalte rechts gehalten werden oder frontal auswärts rotieren, während des Sprungs wird er unter dem vorderen Oberschenkel in die linke Hand übergeben. Anschließend kann der Reifen wieder über die Hochhalte zur rechten Körperseite geschwungen werden.

Ausführung 2: Reifen von vorne nach hinten (sagittal) unter den Beinen durchgeben.

Hinweis:

Ist beim Laufsprung das rechte Bein vorgespreizt, sollte der Reifen von der linken in die rechte Hand übergeben werden.

- Sprünge über den rollenden Reifen (Abb. 201).

Hinweis:

Man läuft in einem Bogen in die Gegenrichtung des rollenden Reifens und kann den Reifen sowohl diagonal als auch quer überspringen.

- Sprünge über den zwirbelnden Reifen.

Hinweis:

Sprünge über den zwirbelnden Reifen werden erst nach Sprüngen über den rollenden Reifen eingeführt, da die Sprungweite noch größer sein muss.

Abb. 201

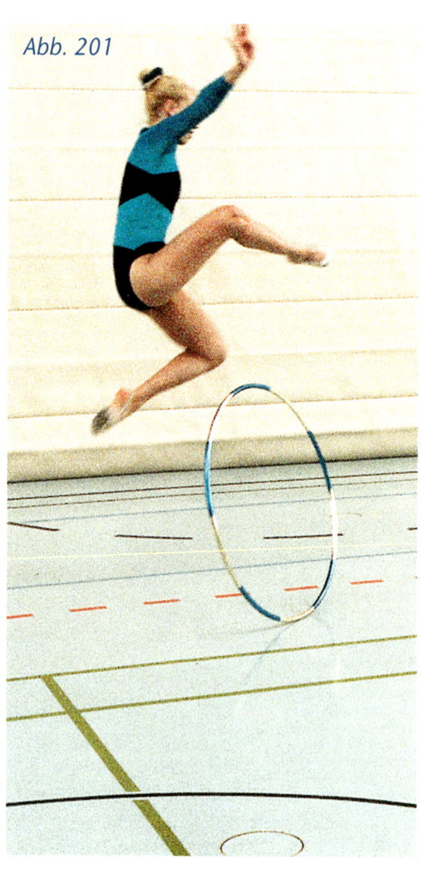

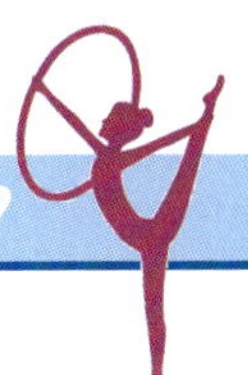

5.3 Wie entsteht eine Übungsverbindung mit dem Reifen?

5.3.1 Didaktische Grundsätze

Bei Anfängern bietet es sich an, schon bald Technikformen mit festem Griff (Drehen oder einfache Formen des Kippens) mit Rollen am Boden, Zwirbeln am Boden oder sagittalen Auf- und Abschwüngen zu verbinden.

Dabei steht das Vor- und Nachmachen bei Kindern im Vordergrund. Das Gefühl für den richtigen Griff kommt so fast automatisch. Bei keinem anderen Gerät ist die Wahl des richtigen Griffs von so ausschlaggebender Bedeutung für das Gelingen einer Übung wie beim Reifen. Deshalb benötigt man häufig auch längere Zeit bei der Erarbeitung von Übungsverbindungen, besonders für die Übergänge von einer Technik zur anderen. Aus diesem Grund sollte man auch schon bald kleine Verbindungen anbieten, um möglichst schnell ein Repertoire an Übergängen zur Verfügung zu haben.

Besonderes Augenmerk muss auf das Einhalten von Ebene und Bewegungsrichtung gelegt werden, da dies wegen der Größe und Fläche des Geräts zum Teil schwierig ist. Ebenso muss der Wechsel von einer in eine andere Ebene logisch erfolgen, da sonst der Bewegungsfluss nicht mehr gewährleistet ist. Hierfür bieten sich Elemente des Drehens und Kippens an!

Ein zusätzliches Problem bei der Arbeit mit dem Reifen liegt in seinem Gewicht. Elemente, die einhändig oder in der Horizontalebene geturnt werden, brauchen entweder entsprechende Arm- und Handmuskulatur oder eine Auftaktbewegung, die den Reifen in die gewünschte Position bringt.

Bei der Erarbeitung von Übungsverbindungen in der freien Aufstellung (besonders bei Techniken in der Horizontalebene) ist die Teilung von größeren Gruppen empfehlenswert, da sonst Verletzungsgefahr besteht und die gewünschte Bewegungsweite nicht erreicht werden kann.

5.3.2 Aus der Trickkiste – einfach, aber effektvoll

- „Zwirbeln in der Luft" hinter dem Körper.

  Ausführung: Reifen horizontal im Untergriff rechts von der Körperseite so weit wie möglich nach links schwingen, dann Armkreisbewegung einwärts über den Kopf fortsetzen. Durch das Ausdrehen des Arms macht der Reifen hinter dem Körper eine zwirbelnde Bewegung.

Hinweis:

Optisch wirkt diese Bewegung wie ein Zwirbeln des Reifens, hat aber mit dieser Technik wenig gemeinsam, da der Griff nicht gelöst wird.

+ Sprung.

  Ausführung: Während des Anlaufs zum Sprung wird der Reifen horizontal mit der rechten Hand im Untergriff an die rechte Körperseite geführt, während des Sprungs erfolgt der Armkreis links einwärts über dem Kopf mit anschließendem Ausdrehen der Hand (zwirbelnde Bewegung).

- Gleiten über einen Arm.

  Ausführung: Den Reifen mit der linken Hand im Untergriff horizontal über die Vor- und Seithalte links hinter den Nacken zur rechten Seite schwingen, den Reifen auf die rechte Schulter legen und ihn über den in Seithalte gestreckten rechten Arm in die rechte Hand gleiten lassen, im Untergriff fassen.

Hinweis:

Der Reifen darf dabei nicht geworfen werden. Dies wird vermieden, indem der rechte Arm fast horizontal gehalten wird, während der Reifen in die rechte Hand gleitet.

- Gleiten über den Rücken.

  Ausführung: Aus der Vorhalte mit beidhändigem Untergriff den Reifen in die Hochhalte führen und hinter den Rücken kippen (Ausfallschritt), Griff lösen und den Reifen über den Rücken gleiten lassen, sofort im Aufgriff fassen.

Hinweis:

Nach dem Kippen sind die Arme gestreckt in Hochhalte und bilden mit dem Rücken eine Linie, sodass der Reifen über Arme und Rücken gut gleiten kann. Durch einen großen Ausfallschritt wird die Ebene flacher und der Reifen gleitet langsamer.

5.3.3 Einfache Verbindungen

Musikvorschläge, siehe Kap. 5.4.

1. Übungsverbindung: Schwingen und Springen mit dem Reifen.

Ausgangsstellung: Schlussstand, Reifen vertikal an der rechten Körperseite aufgestellt.
Bpm: 112, im 4/4-Takt

Takt	ZZ	Körperbewegung	Geräteführung
1	1-2	Kleiner Sprung rechts seitwärts in den Reifen.	Reifen kippt nach rechts.
	3-4	Kleiner Sprung links seitwärts aus dem Reifen.	Reifen wieder senkrecht.
2	1-4	Mit vier Schritten einen halben Kreis rechts gehen.	Gespannte rechte Hand liegt leicht auf dem Reifen, der Reifen wird mitgedreht.
3	1-2	Zwei Schritte rückwärts.	Reifen rechts aufnehmen und zur Ausholbewegung nach rückwärts führen.
	3-4	Schritte vorwärts.	Reifen vorhochschwingen.
4	1-4	Enden in Schrittstellung.	Reifen in Vorhochhalte in linke Hand übergeben.
		Hinteren Fuß zum Schlussstand heranziehen.	Reifen abschwingen und links neben dem Körper aufstellen.
5-8		Takt 1-4 gegengleich wiederholen.	

2. Übungsverbindung: Kreisen um die Taille, Durchschlag, Zwirbeln mit Ein- und Aussteigen.

Ausgangsstellung: Schlussstand, Reifen an der rechten Körperseite im Aufgriff.
Bpm: 84, im 4/4-Takt

Takt	ZZ	Körperbewegung	Geräteführung
1	1-2	Schritt links seitwärts zum Schlussstand oder 1/2-Drehung links.	Reifen horizontal nach links um die Taille kreisen.
	3-4	ZZ 1-2 wiederholen.	Weiterkreisen um die Taille, dann aber Reifen bis in Vorhalte führen, dabei greift die linke Hand im Untergriff und die rechte Hand wechselt auch in den Untergriff.
2	1-4	Ganze Drehung links.	Reifen mitführen horizontal in Vorhalte, am Ende vertikal in Hochhalte führen.
3	1-4	Zwei kleine Sprünge durch den Reifen.	Zwei Reifendurchschläge vorwärts, Reifen frontal auf den Boden stellen.
4	1-4	Zwei Schritte vorwärts.	Zwirbeln mit Ein- und Aussteigen (einen Fuß in den Reifen setzen, mit Handwechseln um den Körper drehen und mit einem weiteren Schritt aus dem Reifen steigen). Am Ende Reifen an der rechten Körperseite im Aufgriff.
5-8		Takt 1-4 fortlaufend wiederholen.	

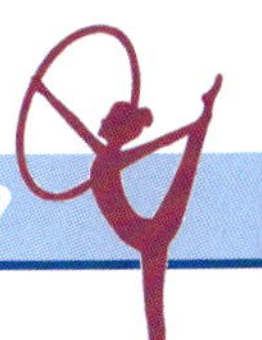

3. Übungsverbindung: Zwirbeln, Rollen, Frontalkreisen, sagittal Werfen.

Ausgangsstellung: Schlussstand, Reifen vertikal vor dem Körper aufgestellt.
Bpm: 100, im 4/4-Takt

Takt	ZZ	Körperbewegung	Geräteführung
1	1-2		Zwirbeln des Reifens auf dem Boden mit der rechten Hand.
	3-4	Schritt links vorwärts zum Ausfallschritt.	Reifen abstoppen.
2	1-2		Nach hinten abrollen.
	3-4	1/4-Drehung rechts.	Reifen mit der rechten Hand aufnehmen, Frontalkreis einwärts mit Übergabe über dem Kopf in die linke Hand.
3	1-2	1/4-Drehung rechts, linken Fuß an rechten anstellen.	Übergabe in die rechte Hand und Reifen im Aufgriff rechts zur Vorhochhalte führen.
	3-4		Rückschwung an der rechten Körperseite.
4	1-4	Laufschritte vorwärts.	Reifen nach vorne oben abwerfen und links fangen, vor den Körper auf den Boden stellen.
5-8		Takt 1-4 gegengleich wiederholen.	

4. Übungsverbindung: Über Körper stülpen, Reifen fortlaufend zum Körper kippen.

Ausgangsstellung: Schlussstand, Reifen beidhändig horizontal im Untergriff in Vorhalte.
Bpm: 110, im 4/4-Takt

Takt	ZZ	Körperbewegung	Geräteführung
1	1-2	Schritt links vorwärts.	Reifen über den Körper stülpen bis in die Tiefhalte.
	3-4	Senken zur Hockstellung mit Körperverwringung nach links.	Reifen horizontal nach links drehen.
2	1-4	Aufrichten und linken Fuß an rechten anstellen (auch möglich mit ganzer Drehung rechts).	Reifen wieder nach rechts drehen und über die Hochhalte in die horizontale Vorhalte kippen.
3-4	1-8	Gehschritte rückwärts mit Hüftisolation.	Reifen fortlaufend zum Körper kippen (der Reifen dreht sich zwischen den Händen um die Querachse), am Ende Reifen in Vorhalte im Untergriff.

5. Übungsverbindung: Kippen und Drehen, Durchschläge vorwärts.

Ausgangsstellung: Schlussstand, Reifen vertikal in Vorhalte.
Bpm: 122, im 4/4-Takt

Takt	ZZ	Körperbewegung	Geräteführung
1	1-4	Schrittstellung vorwärts-rückwärts.	Reifen über die Hochhalte horizontal hinter den Rücken kippen.
2	1-4	Fuß zur Schlussstellung heransetzen.	Linke Hand vom Reifen lösen und Reifen über die Seithalte nach vorne kippen (frontal zum Körper).
3	1-4	Oberkörper nach rechts und links verwringen.	Drehen nach rechts und links.
4	1-2	Senken zur Hockstellung.	Reifen frontal beidhändig.
	3-4	Aufrichten zum Ballenstand.	Reifen zur Hochhalte führen, dabei zum engen Griff.
5-8		Vier Pferdchensprünge mit Zwischenschritten.	Vier Durchschläge vorwärts.

5.3.4 Komplexe Verbindungen

1. Übungsverbindung: Horizontaler Hochwurf mit Fangen im Reifen, Kippen und Stülpen, Zwirbeln.

Ausgangsstellung: Schlussstand, Reifen frontal beidhändig mit weitem Untergriff in Tiefhalte.
Bpm: 108, im 4/4-Takt

Takt	ZZ	Körperbewegung	Geräteführung
1	1-2	Zwei Gehschritte vorwärts.	Reifen zur Hochhalte führen.
	3-4	Nacheinander in Grätschstellung (rechts-links) und zurück zur Schlussstellung (rechts-links) springen.	Reifen in Hochhalte mit Griff an Innenkanten des Reifens.
2	1-4	Takt 1 wiederholen.	Reifen zur horizontalen Vorhalte kippen (Untergriff).
3	1-4	Schritt links vorwärts zur Schrittstellung im Ballenstand, dann Rumpf und Beine beugen und Rumpf nach links verwringen.	Reifen horizontal hochwerfen, über dem Kopf an den Innenkanten fassen und zur Tiefhalte führen (Körper im Reifen), dabei Reifen horizontal nach links drehen.
4	1-4	Aufrichten.	Reifen über den Kopf zur Vorhalte kippen.
5	1-4	Vier Gehschritte rückwärts mit Hüftisolation.	Kleiner Wurf mit halber Umdrehung um die Querachse.
6	1-4	Schlussstand. Kleiner Sprung nach rechts.	Reifen mit halber Umdrehung über den Kopf stülpen, linke Hand vom Reifen lösen, Reifen vertikal kippen und nach rechts aus dem Reifen springen.
7-8	1-8	Einen Kreis um den Reifen gehen mit: Schritt rechts, links, Chassé rechts, Schritt links, rechts, Chassé links.	Reifen an der rechten Körperseite auf den Boden stellen und anzwirbeln, am Ende Reifen wie in Ausgangsstellung nehmen.

2. Übungsverbindung: Rollen mit Effet, Kippen und Drehen, Werfen, Reifen mit Oberschenkel hochstoßen.

Ausgangsstellung: Schlussstand mit Blick nach vorne, Reifen in rechter Hand im Aufgriff an der rechten Körperseite.
Bpm: 108, im 4/4-Takt

Takt	ZZ	Körperbewegung	Geräteführung
1	1-4	Schritt links vorwärts zur Schrittstellung vorwärts-rückwärts.	Reifen abrollen mit Effet.
2	1-4	Pivot: Schritt rechts vor, 1/2-Drehung links, Schritt rechts vor, 1/2-Drehung links.	Reifen rollt.
3	1-4	Schritt rechts vorwärts und linken Fuß an rechten anstellen.	Reifen aufnehmen.
4	1-4	Schritt links seitwärts und ganze Drehung links.	Reifen über die Hochhalte (Fassung beidhändig an der Innenkante) hinter den Rücken führen (Reifen nah am Körper, Ellbogen gebeugt).
5	1-4	Zwei Nachstellschritte rechts seitwärts mit Hüftisolation.	Reifen hinter dem Rücken nach rechts und links drehen.
6	1-4	Ein Nachstellschritt wie oben, dann	Linke Hand vom Reifen lösen und Reifen zur Seithalte rechts vertikal kippen.
7	1-4	1/4-Drehung links.	Handumkreisen rechts auswärts und Reifen frontal zur linken Körperseite abwerfen, mit linker Hand fangen, sofort frontal vor den Körper kippen, rechte Hand greift den Reifen (Reifen in beiden Händen frontal).
8	1-4	Linkes Bein belasten und rechtes Bein gebeugt hochführen. 1/4-Drehung rechts (nach vorne).	Reifen mit dem rechten Oberschenkel hochstoßen, mit rechter Hand im Aufgriff fangen und an der rechten Körperseite auf den Boden stellen.

3. Übungsverbindung: Kombination der 1. und 2. Übungsverbindung mit Anfang.

Ausgangsstellung: Kauerstellung im Reifen.
Bpm: 108, im 4/4-Takt

Hinweis:

Takt 1-8 der Übungsverbindung ist der Anfang (siehe unten), dann werden die 1. und 2. Übungsverbindung angehängt. Am Anfang des Musikstücks sind nur Geräusche, gezählt wird, wenn der Beat anfängt (dabei hat der 1. Takt 5 Schläge).

Takt	ZZ	Körperbewegung	Geräteführung
1-4		Fersensitz links, rechtes Bein gebeugt vorne aufgestellt, Kauerstellung im Reifen, Blick nach unten.	Reifen horizontal über dem Körper in Tiefhalte, beidhändig gefasst.
5-6	1-2	Ohne Bewegung.	
	3-4	Kopf heben.	
	5-6	Ohne Bewegung.	
	7-8	Zweimal Schultern heben und senken (Isolation).	
7	1-2	Rechte Hand zur Hochhalte.	Mit rechter Hand Reifen nach links über den Kopf kippen (Reifen steht vertikal an linker Körperseite).
	3-4	Rechte Hand oben, linke Hand unten.	Reifen frontal vor den Körper führen.
8	1-4	Aufrichten zum Schlussstand.	Reifen dreimal hin und her drehen (linke Hand oben, rechte oben, linke oben), dann drehen, bis beide Hände seitlich am Reifen und in Untergriff wechseln.
9-16		Takt 1-8 der 1. Übungsverbindung.	
17-24		Takt 1-8 der 2. Übungsverbindung.	
ab 25		Takt 9-24 fortlaufend wiederholen.	

4. Übungsverbindung: Rollen, Ein- und Aussteigen, Reifen mit Fuß kippen, horizontale Kreise, diagonaler Wurf, Durchschlag.

Ausgangsstellung: Schlussstand, Reifen frontal am Boden an rechter Körperseite, die rechte Hand liegt mit gestrecktem Arm auf dem Reifen.
Bpm: 120, im 4/4-Takt

Takt	ZZ	Körperbewegung	Geräteführung
1	1-4	Schritt links seitwärts zum großen Grätschstand, Gewicht auf linkem Bein.	Reifen vor dem Körper nach links rollen, mit linker Hand aufnehmen im Untergriff.
2	1-4	Gewicht verlagern auf rechtes Bein.	Frontaler Schwung über den Kopf mit Übergabe in rechte Hand bis an rechte Körperseite, ein Handumkreis auswärts und Reifen auf Boden stellen.
3-4	1-8	Takt 1-2 wiederholen.	Am Ende Reifen nicht mehr abstellen.
5	1-2	1/4-Drehung links, linkes Bein gebeugt nach hinten heben, dabei Oberkörper leicht nach hinten beugen.	Reifen vertikal nach links kippen bis frontal vor dem Körper, mit linker Hand im Untergriff fassen nahe der rechten Hand (rechte Hand Auf-, linke Hand Untergriff) und sofort mit dem linken Bein in den Reifen einsteigen (Kopf und Körper auch durch den Reifen stecken).
	3-4	Schritt auf linken Fuß und rechtes Bein gebeugt nach vorne heben.	Reifen weiterkippen und mit rechtem Bein wieder aussteigen.
6	1-2	Rechtes Bein senken zur Schrittstellung rechts vorne.	Reifen über die Diagonale in die Hochhalte führen.
	3-4	Beine beugen.	Über Kopf stülpen, zur Tiefhalte senken und Reifen auf dem rechten Fuß ablegen.

7	1-4	Aufrichten mit freien Armbewegungen.	
8	1-4	Linken Fuß vor rechtem Fuß kreuzen und	Neben dem rechten Fuß auf den Reifen steigen, dadurch kippt der Reifen mit der hinteren Seite hoch und wird mit der rechten Hand hinter dem Rücken gefasst.
9	1-4	Schritt links vom Reifen, rechten Fuß anstellen. Großer Ausfallschritt links seitwärts.	Dabei Reifen an der rechten Körperseite in die linke Hand in den Untergriff übergeben. Horizontaler Kreis links auswärts über den Kopf.
10	1-4	Rechten Fuß an linken anstellen.	Horizontaler Kreis links um den Körper (hinter dem Rücken in die rechte Hand übergeben).
11-12	1-8	Takt 9-10 wiederholen.	
13	1-4	Kleiner Ausfallschritt links seitwärts.	Reifen mit beiden Händen im Untergriff diagonal an linke Körperseite führen und diagonal nach rechts oben abwerfen.
14	1-4	1/2-Drehung rechts und Laufschritte vorwärts, kleiner Sprung.	Reifen einhändig im Aufgriff fangen und sofort durchspringen.
15-16	1-8	Kleiner Ausfallschritt rechts vorwärts. 1/4-Drehung links (Blick wieder nach vorne).	Reifen frontal auf den Boden stellen, kurz anzwirbeln (rechte Hand bleibt gespannt auf dem Reifen liegen), Reifen abstoppen in die Ausgangsstellung.

5. Übungsverbindung: Horizontales Ziehen, „Zwirbeln" hinter dem Rücken, „Stülpen".

Ausgangsstellung: Grätschstand im Relevé mit Blick nach hinten, Reifen horizontal hochhalten.
Bpm: 110, im 4/4-Takt

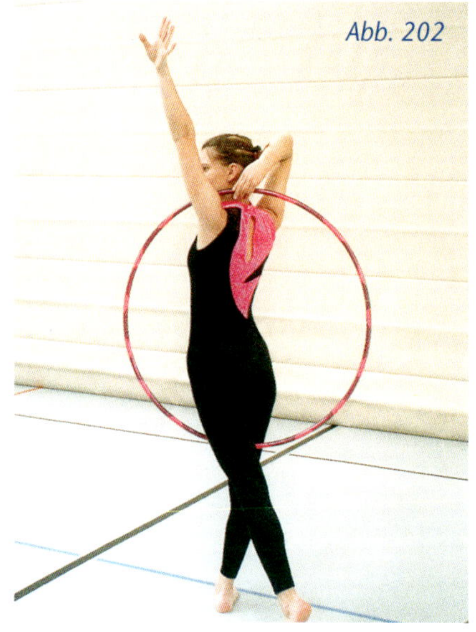

Abb. 202

Takt	ZZ	Körperbewegung	Geräteführung
1	1-2	1/2-Drehung rechts in Schrittstellung.	Reifen vor dem Körper tief führen, rechte Hand vom Reifen lösen.
	3-4	Gewichtsverlagerung auf das hintere Bein, vorderer Fuß schließt zum hinteren Fuß.	Reifen horizontal über den Kopf ziehen. Mit der rechten Hand in den Reifen fassen und hinter dem Kopf fangen.
2	1-4	Ausfallschritt vorwärts.	Reifen über die rechte Seite, vorne auf die linke Seite führen und hinter dem Rücken ausdrehen bis vor den Körper.
3	1-4	Ein Schritt links vorwärts, rechtes Bein vorhochspreizen.	Reifen über das rechte Bein und gleichzeitig über den Kopf ziehen, linker Arm bleibt außerhalb in Hochhalte (Abb. 202).
4	1-4	Rechtes Bein in Schrittstellung (rechter Fuß vorne belastet) aufsetzen, Armwelle in die Seithalte (s. Abb. 38a und b).	Reifen hängt über der linken Schulter.

5	1-4	Beide Arme in Tiefhalte führen.	Linke Hand nimmt den Reifen im Ellgriff vor dem Körper auf.
6	1-2	Linkes Bein gebeugt rückspreizen (Attitude), rechten Arm in Hochhalte strecken.	Hinteres Bein aus dem Reifen führen, den Reifen über oben kippen und anschließend über den Körper „stülpen".
	3-4	Schließen zur Schlussstellung.	Linken Arm so zur Seite strecken, dass der Reifen an der rechten Taille horizontal gestützt werden kann.
7	1-4	Ganze Passédrehung rechts.	Umgreifen mit der linken Hand in den Aufgriff.
8	1-4	Ausgangsstellung.	Reifen über den Kopf herausziehen, bis in Hochhalte führen.

6. Übungsverbindung: Kippen, Drehen, „Zwirbeln" hinter dem Rücken, „Stülpen".

Ausgangsstellung: Hockstand im Reifen, im Aufgriff gefasst.
Bpm: 110, im 4/4-Takt

Takt	ZZ	Körperbewegung	Geräteführung
1	1-2	Hochspringen in den Grätschstand.	Reifen in Hochhalte führen.
	3-4	Oberkörper nach rechts verwringen, Beine beugen.	Reifen in die Tiefhalte führen (Körper im Reifen) und nach rechts drehen, linke Hand vom Reifen lösen, Reifen auf der linken Seite an die Taille lehnen, rechten Arm zur Seite strecken.
2	1-4	Ganze Passédrehung links, linken Arm in Hochhalte führen. Enden im Schlussstand.	Reifen im Rücken anlehnen, rechter Arm gestreckt in Vorhalte.
3	1-4	Linken Arm sagittal gestreckt	Durch den sagittalen

		über die Vorhalte, die Rückhalte nach oben schwingen bis in die Tiefhalte vor dem Körper, Rumpf tief geneigt.	Schwung des linken Arms wird der Reifen nach vorne über dem Kopf (Abb. 203a) bis in die Tiefhalte gekippt.
4	1-4	Rumpf langsam aufrichten in Grätschstand im Relevé, beide Arme gekreuzt in Hochhalte führen.	Reifen hängt vertikal vor dem Körper über den Daumen (Abb. 203b).
5	1-2	Senken ins Plié-Relevé, Arme zur Seite strecken.	Hände vom Reifen lösen, Reifen hinter den Kopf fallen lassen (Abb. 203c).
	3-4	Knie einwärts drehen (im Plié-Relevé).	Reifen vor dem Körper mit beiden Händen von innen fassen (Abb. 203d).
6	1-2	Strecken ins Relevé, Arme in Hochhalte.	Reifen in die Hochhalte kippen (Abb. 203e).
	3-4	Über das Plié ins Passé auf dem rechten Bein heben, dabei linken Arm in die Tiefhalte führen.	Reifen vertikal hinter dem Rücken drehen (linke Hand dabei senken) (Abb. 203f).
7	1	Schritt links seitwärts.	Linke Hand vom Reifen lösen, Reifen über den Körper ziehen, nach unten führen, mit dem linken Bein nach links seitwärts aussteigen.
	2	Rechtes Bein zur rechten Seite strecken.	Reifen in die Seittiefhalte führen, dabei rechtes Bein aus dem Reifen führen (Abb. 203g).
	3-4	Ausfallschritt rechts seitwärts.	Reifen horizontal nach links führen, in die in Schulterhöhe gebeugte rechte Hand übergeben, mit der linken Hand auf der rechten Schulter ablegen und in die rechte Hand auf dem gestreckten rechten Arm gleiten lassen. Im Untergriff aufnehmen.
8	1-4	Schließen zum Schlussstand	Reifen horizontal auf die linke

		im Relevé. Senken in den Hockstand.	Körperseite führen und hinter dem Rücken „auszwirbeln“. Reifen in der Hochhalte horizontal gefasst und anschließend über den Körper „stülpen“.

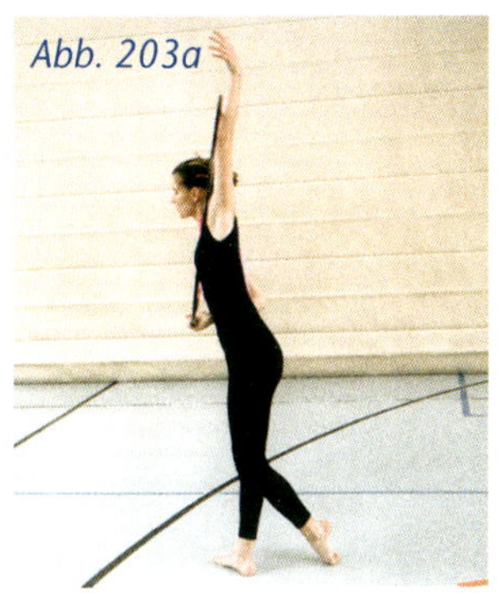

Abb. 203a

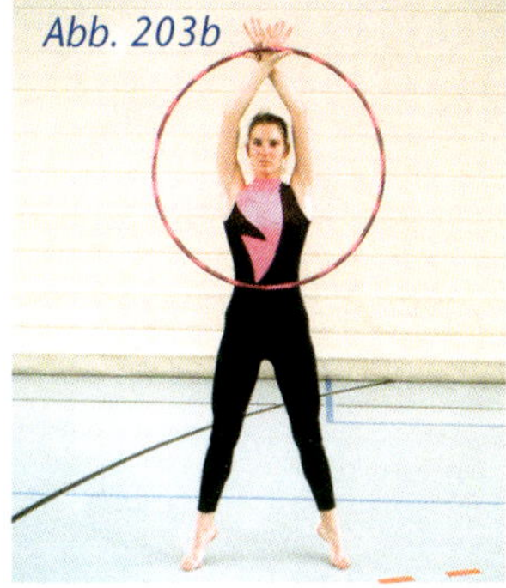

Abb. 203b

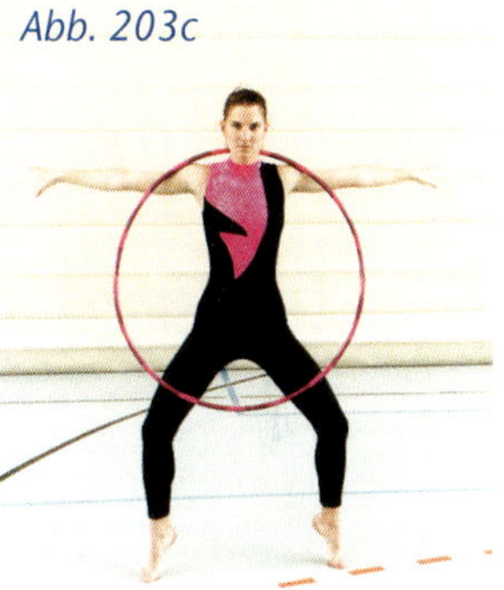

Abb. 203c

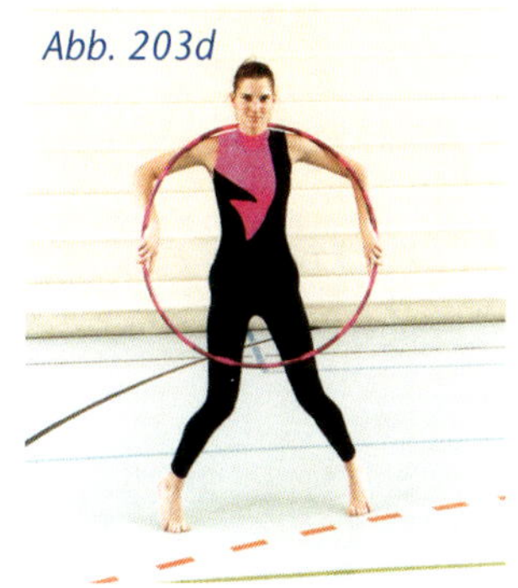

Abb. 203d

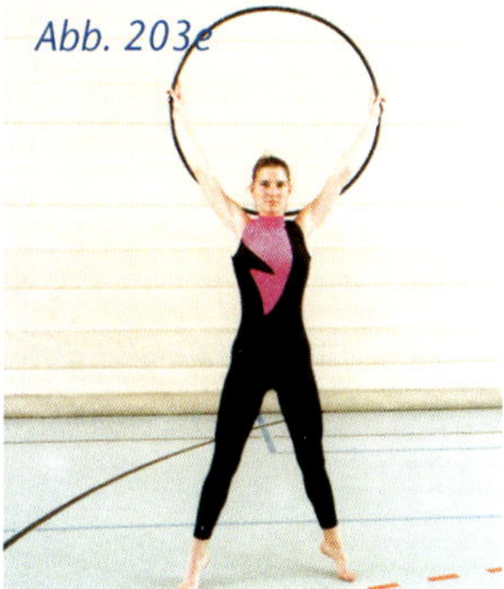

Abb. 203e

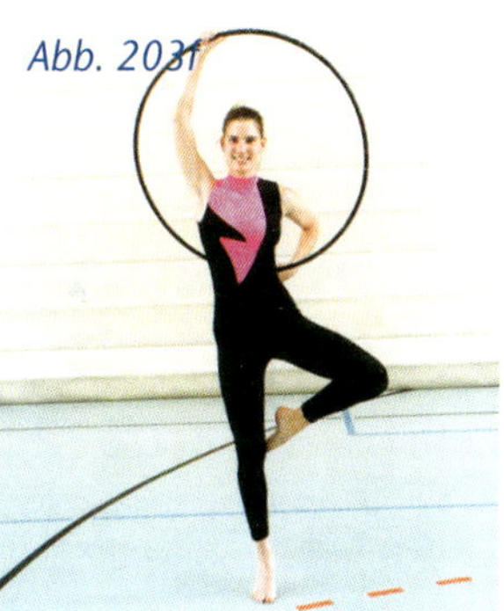

Abb. 203f

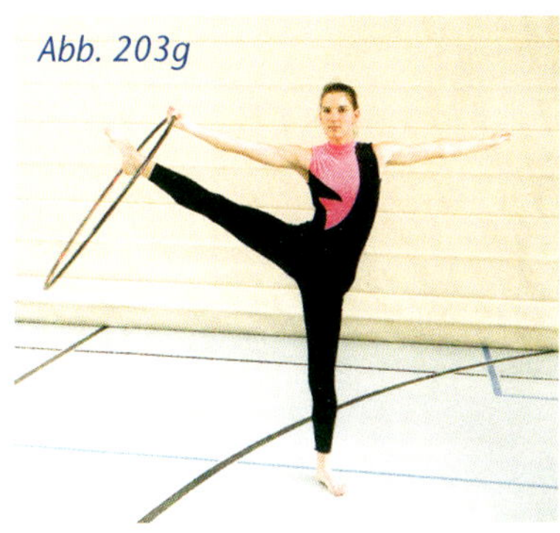

Abb. 203g

5.4 Musikvorschläge für Übungsverbindungen mit dem Reifen

Titel und Interpret	bpm	Besonders geeignet für
„La valse d'Amelie", Yann Tiersen	6/8 Takt 156	Werfen mit Springen
„Mimi & Fredo", René Aubry	70	Drehen und Kippen
„Après La Plui", René Aubry	80	Langsame, horizontale Achterkreise
„Dilemma", Nelly & Kelly Rowland (Dome 25)	84	2. Übungsverbindung von Kap. 5.3.3
„L'abîme", René Aubry (CD Dérives)	92	Horizontale Schwünge und Kreise
„Salento", René Aubry	100	Sagittales Schwingen und Kreisen, Handumkreisen
„Paid my dues", Anastacia	100	3. Übungsverbindung von Kap. 5.3.3
„Ain't it funny" Jennifer Lopez	100	Stülpen über Körperteile, Drehen zwischen den Händen
„Feel", Robbie Williams	100	Frontales Schwingen und Kreisen
„Si ya se acabo" Jennifer Lopez	102	Frontales Schwingen und Kreisen
„Stayin' alive", N-Trance	108	1., 2., 3. Übungsverbindung von Kap. 5.3.4
„Don't stopp me now", Queen	110	5. und 6. Übungsverbindung von Kap. 5.3.4
„Back on the block", Quincy Jones	110	Werfen um die Querachse, 4. Übungsverbindung von Kap. 5.3.3
„Men in black", Will Smith	112	1. Übungsverbindung von Kap. 5.3.3
„The Wanderer", Dion & The Belmonts	116	Handumkreisen
„La chica del paraguas " von Lito Nebia	116	Kreisen und Schwingen mit Handumkreisen
„Carrillon", Sky	120	4. Übungsverbindung von Kap. 5.3 4
„Carino" Jennifer Lopez	120	Handumkreisen, Kippen und Drehen
„Who shot the la-la", Willy Deville	122	Kleine Sprünge mit Durchschlag, 5. Übungsverbindung von Kap. 5.3.3
„Tango", Cirque du Soleil	124	4. Übungsverbindung von Kap. 5.3 4
„En mi pensa miento", Merengue	128	Handumkreisen, Werfen
„I don't wanna go on with you like that", Elton John	140	Sagittales Werfen
„Prima Donna", René Aubry (CD Plaisirs d'amour)	150	Zwirbeln mit Umlaufen
„Passagers du vent", René Aubry (CD La Revolte des enfants)	162	Werfen mit Laufsprüngen

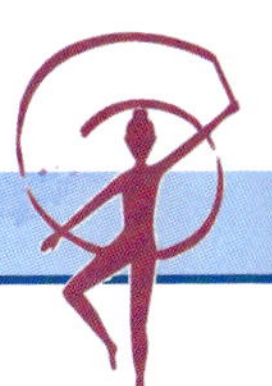

6 DAS HANDGERÄT BAND

6.1 Handhabung und Gerätebeschaffenheit

Material: Der Stab kann aus Plastik oder Glasfiber (am besten mit konischem Verlauf) sein; an seinem Ende befindet sich ein Metallring mit Drehwirbel zur Befestigung des Bandes (dadurch wird das „Eindrehen" des Bandes verhindert). Das Band ist aus Viskose, Seide, Satin oder Baumwollsatin (ungestärkt). Wichtig ist, dass das Material antistatisch ist, sonst lädt es sich auf und klebt am Boden oder am Körper fest.

Form: Der Stab ist 50-60 cm lang. Der Durchmesser darf an seiner dicksten Stelle höchstens 1 cm betragen (zur besseren Handhabung, z. B. für Würfe, kann der Stab 10 cm umwickelt sein ode eine Griffverstärkung aufweisen). Zu Dekorationszwecken darf der Stab ganz mit farbigem, auch glänzendem Klebeband umwickelt sein.

Die Länge des Bandes beträgt für Juniorinnen 5 m, für Seniorinnen 6 m, die Breite 4-6 cm. Für nationale Wettbewerbe kann das Band nach Absprache auch kürzer sein (z. B. ist beim Schulsportwettbewerb in der Wettkampfklasse III und IV auch eine Bandlänge von 5 m zulässig).

Farbe: Alle Farben sind erlaubt, auch mehrfarbig.

Handhabung: Der Stab wird locker von der Hand umschlossen (Abb. 204a). Der Zeigefinger kann zur Stabilisierung auf den Stab gelegt werden (Hand nicht verkrampfen, Abb. 204b).

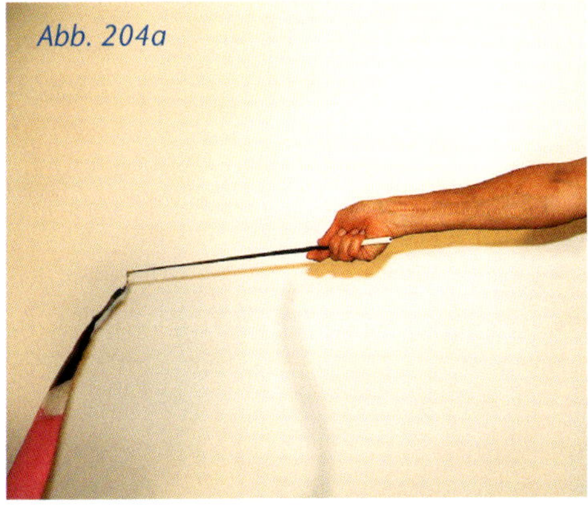

Abb. 204a

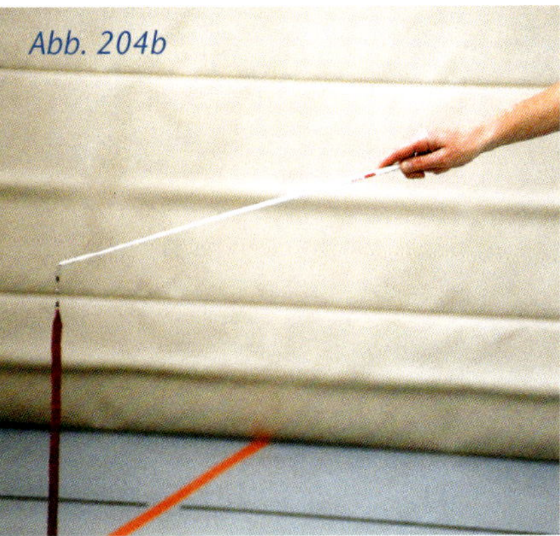

Abb. 204b

Das Band darf nicht am Boden liegen, auch nicht teilweise. Körperberührungen müssen vermieden werden, außer sie sind z. B. bei „Trickelementen" (Einwickeln oder Steigen auf das Band mit anschließendem Straffen des Bandes) gewollt. Das Knallen des Bandes entsteht durch unkontrollierten Krafteinsatz und ist ein Fehler. Knoten können durch unkontrollierte Bewegungen des Stabs zum Band oder bei plötzlichen Tempo- bzw. Rhythmusänderungen entstehen, z. B. bei einer Bandübergabe, wenn ein Teil des Bandes in sich zusammenfällt.
Die Bandzeichnung muss immer gleichmäßig und deutlich erkennbar sein und bis zum Ende durchlaufen; wird an ein Element ein zweites angesetzt, muss die Zeichnung des ersten Elements noch bis zum Bandende zu sehen sein. Beim Übergang von einer Zeichnung in eine andere darf das Band nicht in sich zusammenfallen oder Schlingen bilden. Alle Elemente können auch in Zwischenebenen ausgeführt werden, z. B. in der Diagonalen zwischen sagittal und frontal oder horizontal und frontal (z. B. vertikale Schlange von der Seittiefhalte links zur Seithochhalte rechts). Aber immer muss die gewählte Ebene eingehalten werden.

Schwünge und *Kreise* sind immer Ganzkörperbewegungen (Bewegungen aus der Körpermitte). Der Krafteinsatz erfolgt gleichmäßig oder schwungvoll. Bei vertikalen Schwüngen und Kreisen ist eine Bodenberührung nicht zu vermeiden, die Linienführung darf davon jedoch nicht wesentlich beeinträchtigt werden (Streckung nach oben!). Bei allen großen Schwüngen, Kreisen und Achterbewegungen ist der Arm gestreckt, der Impuls kommt aus dem Schultergürtel (Schultergelenktechniken).
Bei *Schlangen* (wellenförmige Windungen) und *Spiralen* (kreisförmige Windungen) erhält man eine gute Bandzeichnung durch ein hohes Bewegungstempo und eine intensive Bewegung des Handgelenks, der Arm ist im Ellbogen fast gestreckt (Handgelenktechniken!). Die Bandzeichnung muss gleichmäßig und bis zum Bandende durchlaufen (laut Wertungsvorschriften 4-5 gleich große Schlingen

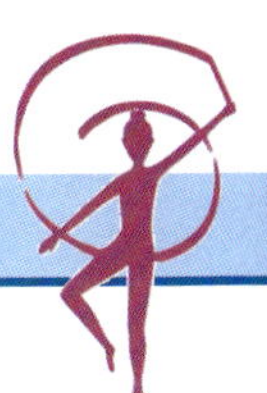

oder Kreise). Schlangen und Spiralen werden oft in Verbindung mit Raumänderungen geturnt (mit Laufschritten, Sprüngen, Hüpfen usw.), sind aber auch am Ort möglich (z. B. vor dem Körper von einer Seite zur anderen); hierbei ist auf eine weiträumige Armbewegung zu achten. *Würfe* mit dem Band sind nur als Bogenwürfe möglich, da das Band bei einem Hochwurf in sich zusammenfallen würde. Der Arm ist beim Abwurf gestreckt. Meistens greift man zum Abwurf in das Band (bis 50 cm vom Stabende entfernt) und schleudert den Stab in die gewünschte Richtung. Das Band muss sich in seiner ganzen Länge in der Luft befinden (Ganzkörpereinsatz). Nach dem Fangen muss sofort die Bandzeichnung beginnen, um ein Zusammenfallen des Bandes oder Liegen des Bandes auf dem Boden zu vermeiden. Wichtig ist für den Lern- und Übungsprozess, von Anfang an abwechselnd mit der rechten und linken Hand zu üben, den freien Arm in die Bewegung mit einzubeziehen und Handgelenktechniken mit Schultergelenktechniken abzuwechseln, um eine einseitige Belastung zu vermeiden. Motivierend ist, gutes Material zu verwenden (viele Fehler werden vermieden), das Band sorgfältig aufzuwickeln (nur ein knitterfreies Band schwingt und fliegt gut) und das Band selbst gestalten zu lassen durch Anmalen mit Stofffarben.

6.2 Methodisches Erarbeiten der Grundtechniken mit dem Band

6.2.1 *Schultergelenktechniken: Schwünge und Kreise*

Für alle Schwünge und Kreise mit dem Band gilt:

Der Stab wird in Verlängerung des Arms gehalten. Die Beweglichkeit im Schultergelenk ist sehr wichtig! Alle Schwünge und Kreise werden von einer Ganzkörperbewegung begleitet. Dabei liegt die Betonung bei der Aufwärtsbewegung und auf der Streckung nach oben bis in den Ballenstand. Die Übergabe erfolgt beim Schwingen und beim Kreisen mit Richtungsänderung jeweils am Umkehrpunkt, dabei begleitet die nehmende Hand die gebende Hand ein Stück, sodass es zu keinem Stillstand kommt.

Für alle Schwünge mit dem Band gilt:

Zu hastiges und vorzeitiges Zurückziehen des Bandes im Umkehrpunkt kann zur Knotenbildung oder zum Knallen des Bandes führen („dem Bandende nachschauen“). Die Bewegungsweite kann durch Schwingen im Grätschstand mit Gewichtverlagerung (bei frontalen und horizontalen Schwüngen) oder mit einem Pendelschritt (bei sagittalen Schwüngen) vergrößert werden. Wichtig ist das Mitgehen des Körpers in der gesamten Bewegung, d. h. Streckung zu Beginn und am Ende jedes Schwungs zum Gerät hin. Die Übergabe in die andere Hand erfolgt jeweils am Umkehrpunkt (ohne Stillstand bei der Übergabe).

Für die sagittalen und frontalen Kreise mit dem Band gilt:

Das Band darf den Boden berühren, der Impuls erfolgt nach oben, der ganze Körper unterstützt die Kreisbewegung. Bei frontalen Kreisen muss die kreisende Hand ständig „im Blickwinkel“ sein (Einhalten der Ebene). Hilfreich ist es, die Kreise an einer Wand zu üben mit der Anweisung: „Malt große Kreise mit dem Stab an die Wand“ (Front- – Abb. 205a – oder Körperseite – Abb. 205b – zur Wand). Dabei kann der Stab am Anfang durchaus die Wand berühren.

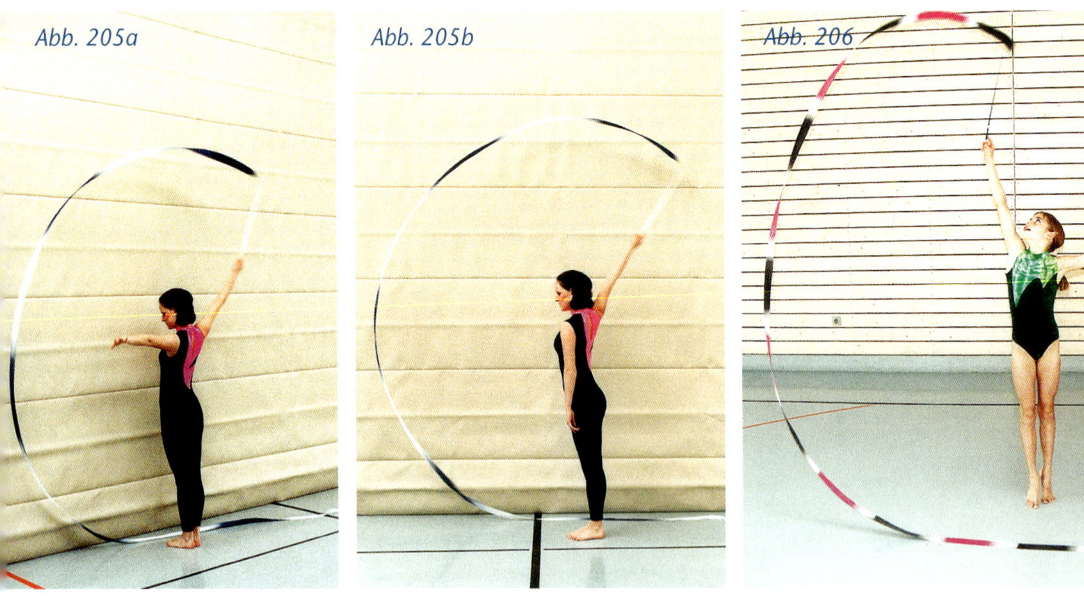

Abb. 205a

Abb. 205b

Abb. 206

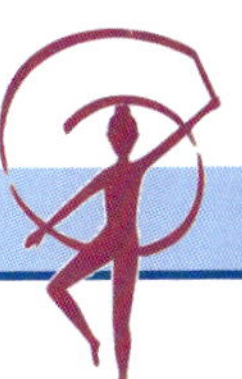

6.2.1.1 Frontale Schwünge und Kreise

- Frontale Schwünge einwärts und auswärts über die Tiefhalte.

  Ausführung: Der Stab wird vor dem Körper mit gestrecktem Schwungarm hin- und hergeschwungen (Abb. 206).

> **Hinweis:**
> **Der Schwungarm darf nicht nach hinten ausweichen.**

- Frontale Schwünge einwärts und auswärts in die Hochhalte (Abb. 207).

  Ausführung: Meist in Verbindung mit großen Seitneigungen.
- Frontale Kreise auswärts oder einwärts.

  Ausführung (Band in der rechten Hand in Seithalte rechts): Kreisbeginn aus der Seithalte nach unten = Auswärtskreisen, Kreisbeginn aus der Seithalte nach oben = Einwärtskreisen.

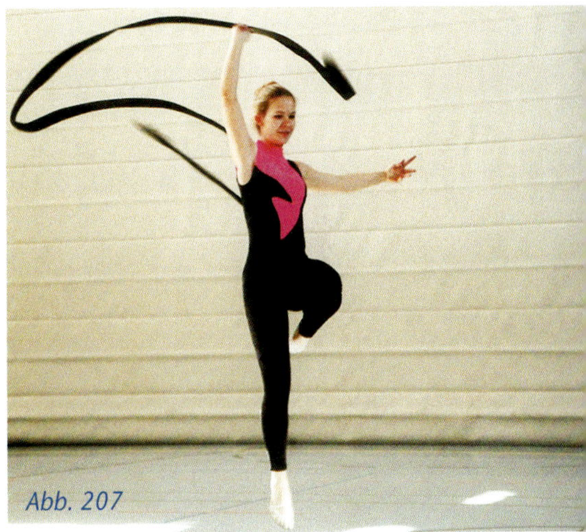
Abb. 207

> **Hinweis:**
> **Grundsätzlich wird die Richtungsbezeichnung aus der Hochhalte vorgenommen, ganz egal, wo der Kreis angesetzt wird:**
> **Kreisbewegung von oben nach außen = Auswärtskreisen.**
> **Kreisbewegung von oben nach innen = Einwärtskreisen.**

- Frontale Kreise in der Fortbewegung.

  Ausführung: Z. B. mit Seitgalopp, mit Kreuzschritten.

> **Hinweis:**
> **Der Kreis wird am einfachsten über die Tiefhalte in die Bewegungsrichtung angesetzt, also beim Seitgalopp nach rechts sowohl mit der rechten als auch mit der linken Hand Kreisbeginn in Seithalte links (aber auch anders möglich!).**

- Frontale Schwünge und Kreise mit Richtungswechsel und/oder mit Handwechsel.

  Ausführung (Band in der rechten Hand an der rechten Körperseite): Ein frontaler Kreis auswärts und nach links ausschwingen (=1,5 Frontalkreise), ein frontaler Kreis einwärts und nach rechts ausschwingen. Ein Handwechsel kann am Umkehrpunkt des Schwungs erfolgen, dann werden entweder nur Auswärtskreise oder nur Einwärtskreise ausgeführt.

+ Nachstellschritte oder Seitgalopp.
+ Halbe oder ganze Drehung.

Hinweis:

Die halbe Drehung wird in Schwungrichtung am Umkehrpunkt ausgeführt (mit oder ohne Bandübergabe).

- Frontale Kreise mit kleinen Pferdchensprüngen über das Band (siehe Abb. 47).

Hinweis:

Dies ist offensichtlich die einfachste Art des Überquerens des Bandes und wird von Kindern als Erstes ausprobiert. Die Kreise können auswärts oder einwärts ausgeführt werden.

- Frontale Kreise mit Überlaufen des Bandes.

  Ausführung: Das Überlaufen des Bandes erfolgt sofort, wenn der Stab an den Füßen vorbeigeschwungen wurde.

+ Laufsprünge über das Band (Abb. 208).

Hinweis:

Der Kreis darf während des Sprungs nicht unterbrochen werden.

- Frontale Schwünge mit Übersteigen oder Überlaufen des Bandes (Abb. 209).

  Ausführung (Bandstab in der rechten Hand in Seithalte rechts): Den Stab vor den Beinen vertikal von rechts nach links schwingen und mit dem rechten Fuß über das Band steigen. Sofort erfolgt der Schwung zurück nach rechts und der linke Fuß steigt über das Band.

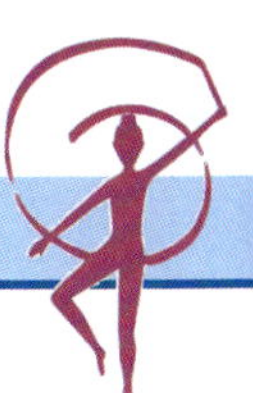

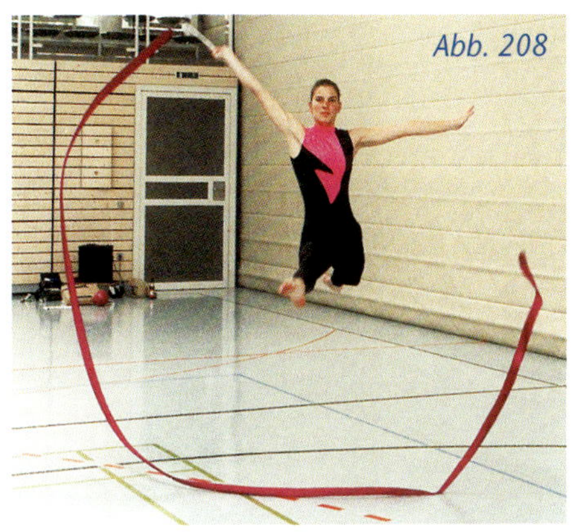

Abb. 208

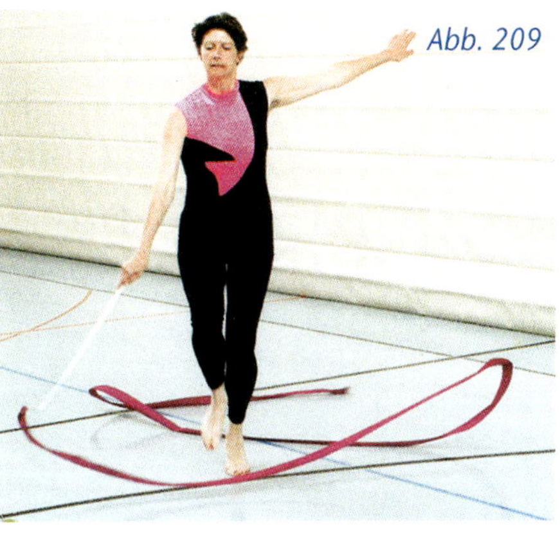

Abb. 209

Hinweis:

Den Stab eng an den Beinen vorbeiziehen. Achtung: Der Arm zeigt senkrecht nach unten. Zu Beginn des Übens soll die Bandzeichnung sehr groß sein. Mit zunehmender Fertigkeit kann das Gehen oder Laufen immer schneller und die Bandzeichnung kleiner und gerader ausgeführt werden (Hinführung zu Schlangen mit Überlaufen des Bands). Vorübung: Um die Koordination von Schwingen und Schritten zu erlernen, schwingt man das Band durch die Tiefhalte von rechts nach links und zurück (wie ein Uhrpendel) und geht hinter dem Band auf der Stelle. Richtige Koordination: Ein Schwung, ein Schritt (nicht zwei!). Ist die Koordination erlernt, ist das Übersteigen ein Kinderspiel.

- Frontale Achterkreise vor und hinter dem Körper auswärts (und einwärts)

  Ausführung: Nach dem frontalen Kreis auswärts vor dem Körper wird der Schwungarm im Ellbogen gebeugt und hinter den Kopf geführt, dabei muss das Band in die gleiche Richtung weiterkreisen.

6.2.1.2 Sagittale Schwünge und Kreise

- Auf- und Abschwung in der sagittalen Ebene.

  Ausführung: Nach einer kleinen Ausholbewegung nach rückwärts wird der Stab über die Vor- in die Hochhalte geschwungen. Der Stab bleibt annähernd in Verlängerung des Arms. Er wird am Umkehrpunkt leicht abgeknickt, damit das Band sich nicht am Stabende verfängt. Beim Abschwung werden Beine und Oberkörper gebeugt.

Hinweis:

Der Rückschwung erfolgt erst, wenn das Bandende am Kopf vorbei geschwungen ist.

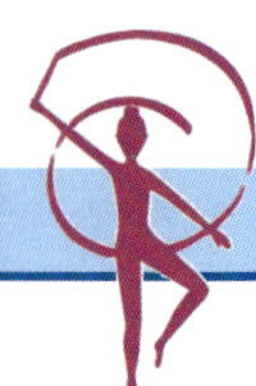

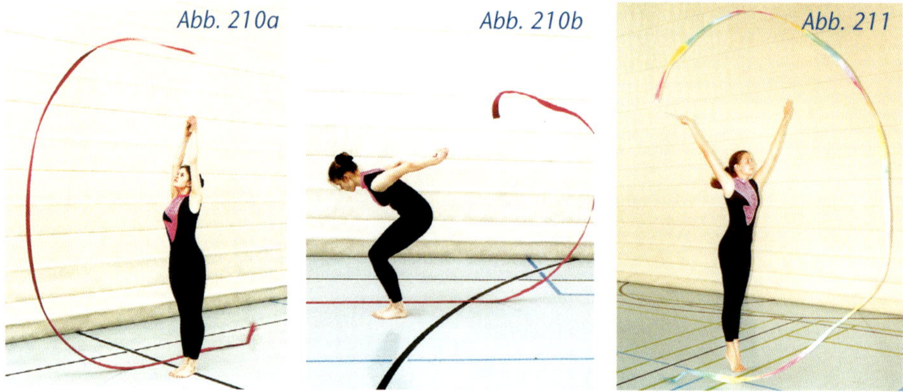

Abb. 210a

Abb. 210b

Abb. 211

+ Übergabe vor dem Körper.
  Ausführung: Die Übergabe erfolgt in der Tiefhalte zu Beginn des Aufschwungs.
+ Übergabe in der Hochhalte (Abb. 210a).

Hinweis:

Die nehmende Hand begleitet die gebende Hand, sodass die Übergabe kontinuierlich erfolgt.

+ Übergabe hinter dem Rücken (Abb. 210b).
  Ausführung: Im Moment der Übergabe neigt sich der Oberkörper weit nach vorne, die Arme schwingen weit nach hinten.

Hinweis:

Ist die Oberkörperneigung zu gering, schwingen die Arme nicht weit genug nach hinten, so bleibt das Band unter den Füßen hängen.

- Sagittale Kreise rückwärts (Abb. 211)
  Ausführung: Das Band schwingt aus der Rückhalte über die Tief-, Vor- und die Hochhalte wieder zur Rückhalte.

Hinweis:

Um sagittale Kreise zu erreichen, stellt man sich circa 30 cm neben eine Linie (Spielfeldmarkierung) und das Band muss auf der Linie über den Boden schleifen. Oder man stellt sich sagittal an einer Wand im Abstand von circa 30 cm auf und der Bandstab zeichnet Kreise an die Wand. Wenn das Band flattert, hilft der Hinweis: „Zieh nach vorne (oben)." Ist der Kreis nicht gleichmäßig rund, kann dies an der mangelnden Beweglichkeit im Schultergelenk liegen (Schulter aufdrehen!). Wird das Handgelenk hinter

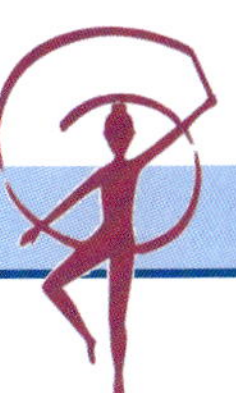

dem Körper abgeknickt, ist die Folge eine Schlinge im Kreis. Es kann helfen, den Körper etwas zum Band zu drehen und die Bewegung des Stabes mit den Augen zu verfolgen.

+ Übergabe beim Kreisen rückwärts.
  Ausführung: Die Übergabe beginnt in der Tiefhalte – dabei sind beide Hände kurz am Stab – und ist in Augenhöhe beendet.

Hinweis:

Während der Übergabe gleichmäßig weiterziehen; die Übergabe muss schnell erfolgen, damit die Bandzeichnung nicht unterbrochen wird.

+ Verschiedene Körperhaltungen.
  Ausführung: Z. B. Stände, auch einbeinig, wie Standwaage oder Passéstand.
- Sagittale Kreise vorwärts.
  Ausführung: Das Band kreist aus der Vorhalte über die Tief-, Rück- und die Hochhalte wieder in die Vorhalte, der Impuls geht nach hinten oben.
+ Übergabe.
  Ausführung: Die Übergabe beginnt in Vorhochhalte und ist in der Vortiefhalte vor dem Körper beendet; dabei wird das Band vor dem Körper auf die andere Körperseite gezogen.
- Sagittale Schwünge und Kreise mit Richtungswechsel und/oder mit Handwechsel.
- Sagittale Schwünge mit Übersteigen oder Überspringen des Bandes.

Hinweis:

Das Übersteigen oder Überspringen erfolgt, sobald der Stab an den Füßen vorbeigezogen wurde. Das Band kann bei jedem zweiten Schwung (beim Schwung rückwärts ist es leichter!) oder bei jedem Schwung (rückwärts und vorwärts) übersprungen werden.

- Sagittale Kreise vorwärts mit Übersteigen des Bandes seitwärts.
  Ausführung: Sobald der Stab an den Füßen vorbeigeschwungen wurde, steigt der „bandnahe" Fuß seitlich über das Band, der andere Fuß wird angestellt oder gekreuzt.

Hinweis:

Das Übersteigen mit Kreisen vorwärts ist leichter als das mit Kreisen rückwärts, da man das Band ständig beobachten kann. Der Stab muss eng an den Füßen vorbeigezogen werden. Es steigt immer derselbe Fuß über das Band, also während eines Kreises werden zwei Schritte ausgeführt.

+ Mühlarmkreisen des freien Arms (Abb. 212).

Hinweis:

Im Hinblick auf ein späteres „Fassen des Bandendes mit der freien Hand mit Übersteigen des Bandes" kann hier die Armbewegung schon vorgeübt werden. Achtung: Keinen Achterkreis mit dem freien Arm.

Abb. 212

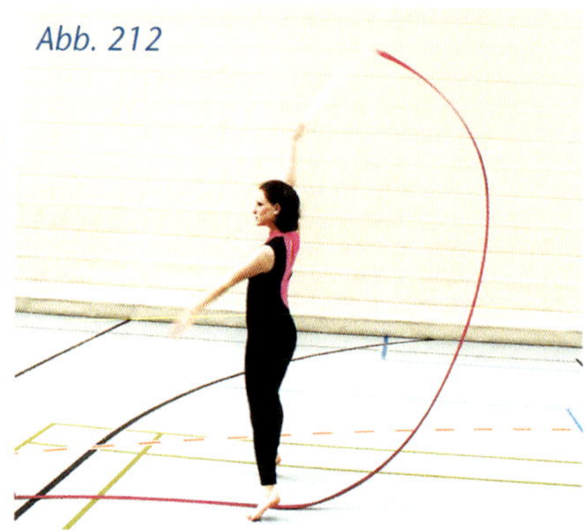

+ Pferdchensprung seitwärts.
  Ausführung: Der Absprung erfolgt, wenn der Stab in Tiefhalte an den Füßen vorbeigeschwungen wird; das „bandnahe" Bein springt zuerst über das Band.

Hinweis:

Bleibt man im Band hängen, liegt das oft daran, dass im Moment des Sprungs der Stab nicht weitergezogen wird (Anweisung: „Zieh"), da der Arm nicht früh genug ausgedreht wird und dann für einen Moment in der Rückhalte „hakt".

• Sagittale Kreise rückwärts in der Fortbewegung.
  Ausführung: Z. B. mit Gehschritten, mit Laufschritten vorwärts, mit Chassé.

Hinweis:

Am günstigsten erfolgt auf zwei Laufschritte ein Kreis.

+ Pferdchensprünge.
  Ausführung: Mit dem Absprung wird das Band nach vorne oben geschwungen, darf aber nicht in der Hochhalte stehen bleiben.

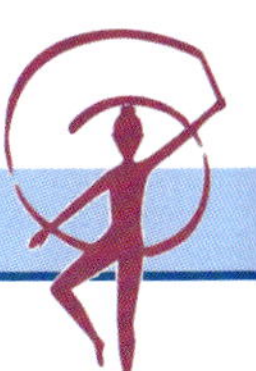

Hinweis:

Hilfreich ist eine Rhythmisierung der Bewegung, z. B. zwei Kreise am Ort, ein Kreis mit Anlaufschritten, ein Kreis mit Sprung.

+ Laufsprünge (Abb. 213).

Hinweis:

Rhythmisierung wie beim Pferdchensprung.

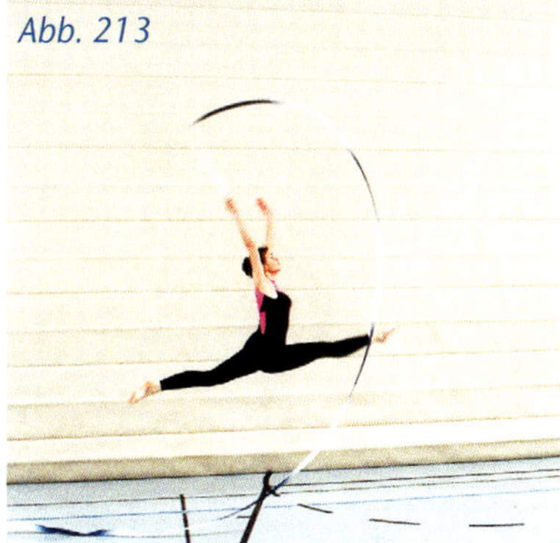

Abb. 213

- Sagittale Kreise vorwärts an der geschlossenen Seite.

  Ausführung: Der Arm muss beim Kreis z. T. im Ellbogen abgewinkelt werden.

Hinweis:

Der Rumpf muss frontal bleiben.
Dient als Vorübung für den sagittalen Achterkreis.

- Sagittaler Achterkreis vorwärts (Abb. 214).

Hinweis:

Fortlaufend sagittale Kreise vorwärts an der offenen, dann an der geschlossenen Körperseite ausführen. Allmählich übergehen zur Rhythmisierung: zwei Kreise an der offenen, zwei Kreise an der geschlossenen Seite, dann Seitenwechsel nach jedem Kreis. Durch Aufdrehen des Oberkörpers zur jeweiligen Seite kann ein größerer Kreisradius erzielt werden. Die Gefahr dabei ist allerdings eine schaukelnde Rumpfbewegung. Um ein Hängenbleiben am freien Arm zu vermeiden, sollte dieser zurückgenommen werden.

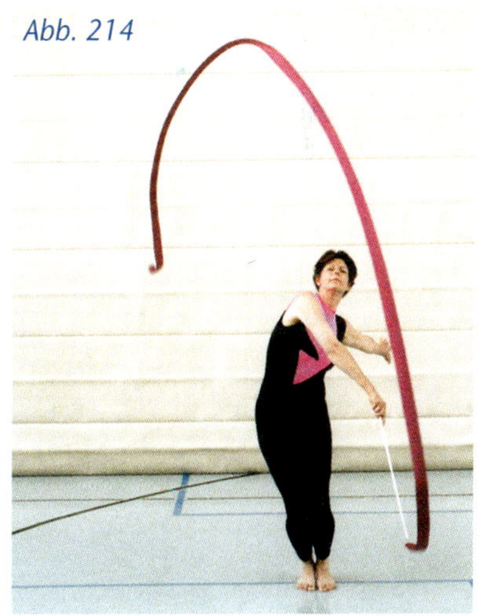

Abb. 214

- Sagittale Kreise rückwärts an der geschlossenen Seite.

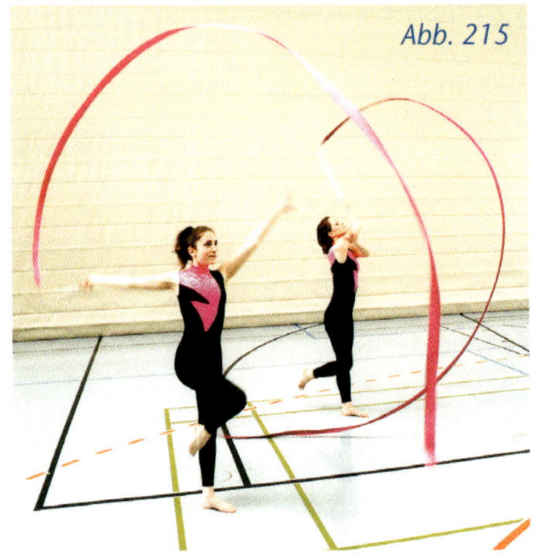
Abb. 215

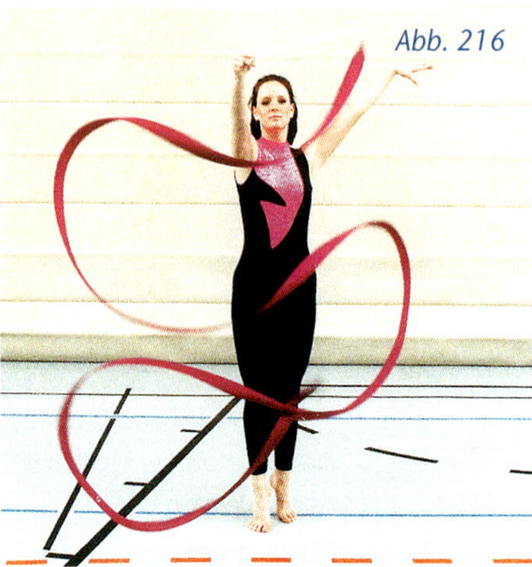
Abb. 216

- Sagittale Achterkreise rückwärts (Abb. 215).
- Sagittale Achterkreise vorwärts mit Übersteigen des Bandes.
  Variation: Nur beim Kreis an der offenen Seite.
  Nur beim Kreis an der geschlossenen Seite.
  Bei beiden Kreisen.
- Kleine sagittale Achterkreise vorwärts oder rückwärts.

Hinweis:

Die Achter können aus sagittalen Achterkreisen, die immer kleiner werden, erarbeitet werden. Werden die Achterkreise kleiner, ist es günstiger, sich rückwärts fortzubewegen, da es sonst leicht Knoten gibt.

- Kleine Achterkreise in der Diagonalebene (Sagittal- Horizontalebene) (Abb. 216).
+ Laufen rückwärts.
+ Hüpfen rückwärts.

6.2.1.3 Horizontale Schwünge und Kreise

- Horizontale Schwünge vor dem Körper einwärts und auswärts.

Hinweis:

Wichtig ist es, auf die exakte Einhaltung der horizontalen Ebene in Schulterhöhe zu achten!

- Horizontale Schwünge vor dem Körper mit Handwechsel.

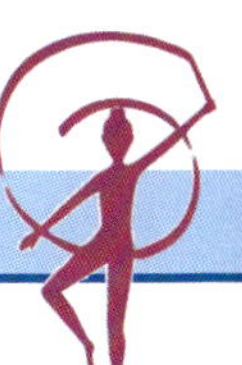

Hinweis:

Ein Handwechsel erfolgt am Umkehrpunkt.

- Kleine horizontale Kreise einwärts und auswärts über dem Kopf (Abb. 217).
  Ausführung: Der kreisende Arm ist in Hochhalte nahezu gestreckt („Lassokreisen"), die Bewegungsweite noch gering, der Impuls erfolgt fast ausschließlich aus dem Handgelenk.

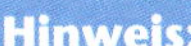

Hinweis:

Das Band „fällt" nach unten und kreist um den Körper.

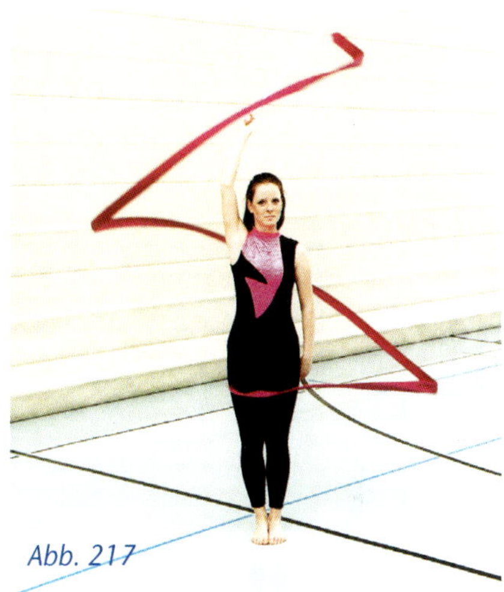

Abb. 217

- Kleine horizontale Kreise einwärts und auswärts vor dem Körper oder an der Körperseite.
  Ausführung: Der Oberkörper ist leicht nach vorne oder zur Seite geneigt; die Kreise werden mit dem Stab auf den Boden „gemalt".

Hinweis:

Der Impuls für den Kreis geht von den Schultern aus vom Körper weg; dabei werden der Schwungarm und die Beine gestreckt, damit das Band nicht an den Beinen hängen bleibt.

- Mit einem Fuß in den Kreis tippen (Abb. 218).
  Ausführung: Wenn der Stab an den Füßen vorbeigezogen wurde, mit einem Fuß in den Kreis tippen (keine Gewichtsverlagerung auf das Bein).
- Einsteigen oder Einspringen in den Kreis.

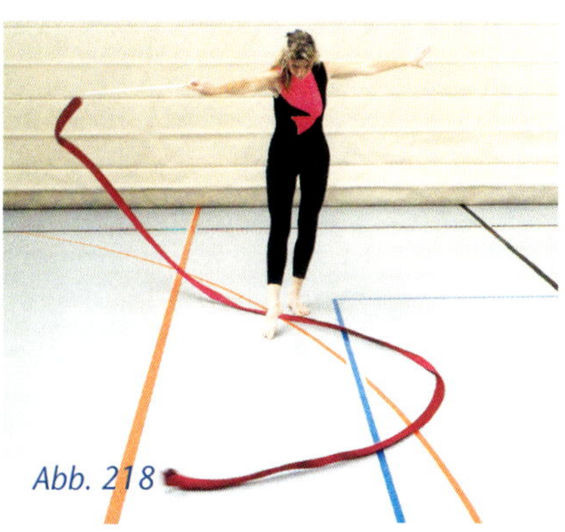

Abb. 218

Ausführung: Die Übung kann fortlaufend wiederholt werden oder durch Handwechsel oder Drehen neu beginnen.

Hinweis:

Der Stab muss nahe an den Füßen vorbeigezogen werden. Während des Tippens, Einsteigens oder Einspringens Bandzeichnung nicht unterbrechen!

+ Horizontale Kreise einwärts oder auswärts über dem Kopf, auch mit Handwechsel.
  Ausführung: Bei den horizontalen Kreisen wird der Schwung aus dem Schultergelenk angesetzt (Beweglichkeit im Schultergelenk!). Die Bandübergabe beginnt an der Körperseite und ist in Vorhalte beendet.
+ Rumpfkreisen.
  Ausführung: Der Ansatz erfolgt wie oben, jedoch unter Einbeziehung des Rumpfs (Rumpfkreis). Hierbei ist auf die Bewegungsweite vor allem zu den Seiten zu achten.
+ Richtungswechsel.
  Ausführung: Band in der rechten Hand an der rechten Körperseite: Ein horizontaler Kreis einwärts und nach links vor dem Körper ausschwingen, ein horizontaler Kreis auswärts mit Ausschwingen nach rechts. Ein Handwechsel kann am Umkehrpunkt nach dem Ausschwingen erfolgen, dann werden entweder nur Einwärtskreise oder nur Auswärtskreise ausgeführt. ***Variation*** der Ausgangsstellung während des Schwungs, z. B. Kniestand.
+ Drehung.

Hinweis:

Die Drehrichtung entspricht der Kreisrichtung des Bandes.
Leichter ist es, während der Körperdrehung das Band nur mitzuziehen.

- Horizontale Achterkreise einwärts oder auswärts (Abb. 219a und b).
  Vorübung: Fortlaufend Kreise vor dem Körper am Boden ausführen, Übergang zu fortlaufenden Kreisen über dem Kopf in die gleiche Richtung. Allmählich übergehen zur Rhythmisierung: zwei Kreise vor dem Körper, zwei Kreise über dem Kopf.

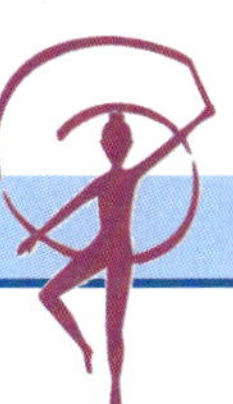

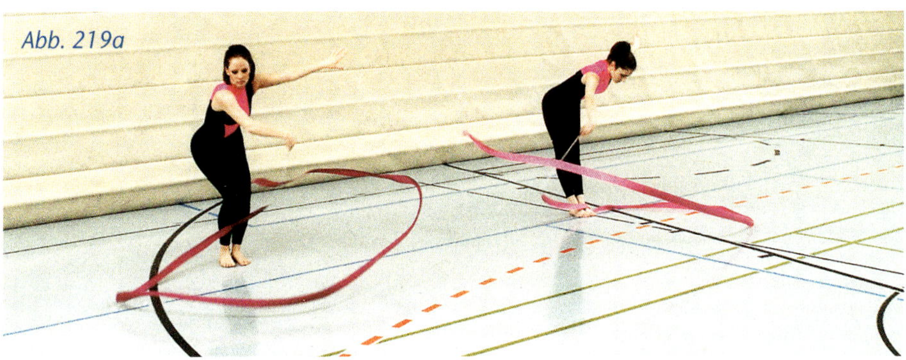
Abb. 219a

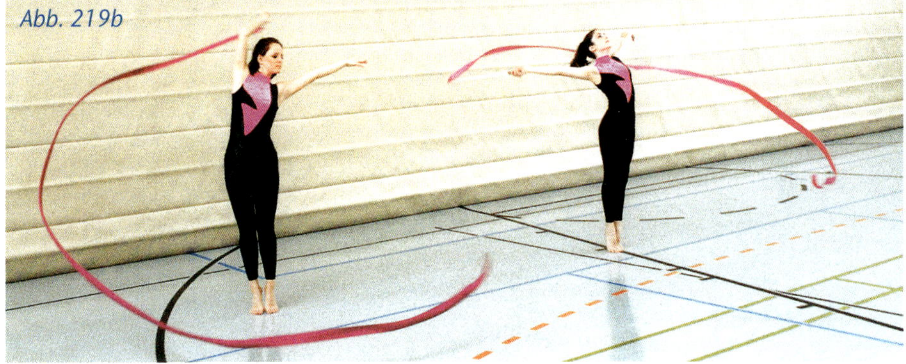
Abb. 219b

Hinweis:

Durch die Vorübung wird das Bewusstsein für die Kreisrichtung geschärft. Bei den Kreisen am Boden Knie beugen und Rumpf in leichter Vorbeuge, bei den Kreisen über dem Kopf Knie strecken und Rumpf aufrichten.

+ Rumpfkreisen.
  Ausführung: Der Oberkörper folgt immer der Richtung des Stabes, die Hüfte bewegt sich immer in entgegengesetzter Richtung (z. B. Stab rechts in Seithalte rechts: Der Oberkörper neigt sich nach rechts, die Hüfte bewegt sich nach links).
+ Mitnehmen des freien Arms kanonartig.
  Ausführung: Der freie Arm folgt dem „Bandarm" zeitversetzt (werden die Achterkreise einwärts ausgeführt, folgt der freie Arm mit Achterkreisen auswärts nach).
+ Halbe oder ganze Drehung.

Hinweis:

Die Drehung kann sowohl vor dem Körper als auch während des Armkreises über dem Kopf ausgeführt werden; es soll aber trotzdem die Rumpfbewegung noch vorhanden sein.

+ Verändern der Ausgangsstellung, z. B. Kniestand beid- oder einbeinig.

Hinweis:

Um ein Hängenbleiben an den Beinen zu vermeiden, ist es besser, den Kniestand während des Kreises über dem Kopf auszuführen.

+ Einsteigen oder Einspringen in den Kreis vor dem Körper.
  Ausführung: Sobald der Stab an den Füßen vorbeigezogen wurde, erfolgt das Einsteigen bzw. -springen.

Hinweis:

Stab nah an den Füßen vorbeiziehen, während des Einspringens Bandzeichnung unbedingt fortführen, sonst bleibt das Band an den Füßen hängen. Leichter ist es, mit dem gleichseitigen Fuß (rechte Hand, rechter Fuß) zuerst über das Band zu steigen bzw. zu springen.

- Horizontale Achterkreise einwärts und auswärts, fortlaufend mit Bandübergabe (Abb. 220).
  Ausführung: Soll die Bewegungsrichtung bei den Achterkreisen nicht unterbrochen werden, erfolgt die Übergabe nach einem Achterkreis einwärts mit der rechten Hand in Seithalte rechts und wird fortgeführt als Achterkreis auswärts mit der linken Hand.

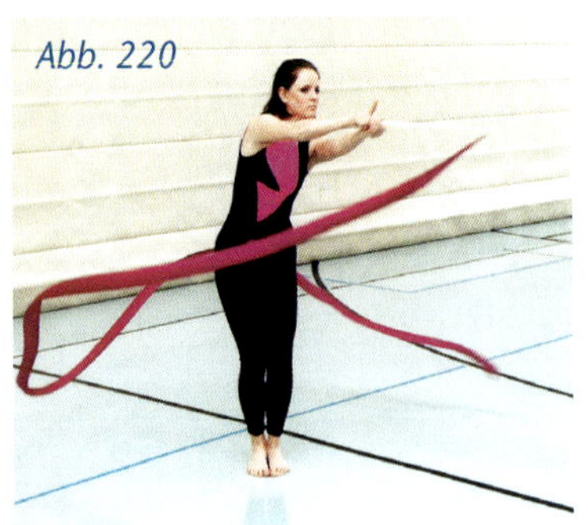
Abb. 220

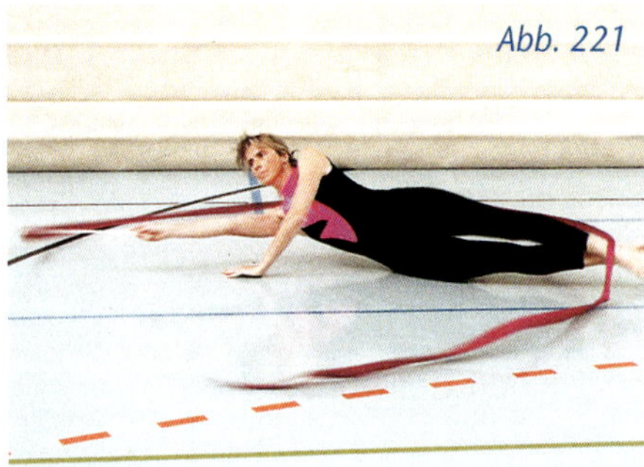
Abb. 221

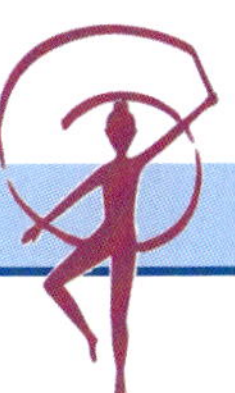

- Horizontale Kreise einwärts über dem Körper mit Rollen um die Längsachse (Bodenteil; Abb. 221).

  Ausführung: Band in der rechten Hand an der rechten Körperseite: Mit horizontalen Kreisen einwärts über den Kniestand zum Strecksitz senken, dann mit Abstützen der freien Hand eine ganze Körperdrehung um die Längsachse ausführen. Das Band kreist weiter. Aufstehen über den einbeinigen Kniestand.

6.2.2 *Handgelenktechniken: Schlangen und Spiralen*

Für alle Schlangen und Spiralen gilt:

Gegenüber den Schwüngen und Kreisen erfolgt die Bewegung – zwar mit „langem Arm" – gleichmäßig, schnell und kräftig aus dem Handgelenk. Das gesamte Band muss von der Zeichnung erfasst und die Ebenen eingehalten werden. Die Windungen der Schlangen und Spiralen müssen gleich groß sein, was Beweglichkeit und Kraft im Handgelenk erfordert, die aber erst allmählich aufgebaut werden können. Es empfiehlt sich, im Übungsprozess sehr bald einfache Verbindungen von Handgelenktechniken und Schultergelenktechniken zu erarbeiten, um so einer vorzeitigen Ermüdung der Muskulatur entgegenzuwirken.

6.2.2.1 Schlangen

Allgemeiner Hinweis:

Für alle Schlangen gilt: Da unser Handgelenk ein Eigelenk ist, ist die Hand immer so zu drehen, dass die größtmögliche Beweglichkeit ausgenutzt wird.
Bei einer horizontalen Schlange liegen die einzelnen Schlingen horizontal, egal wie die gesamte Schlange liegt. Entsprechend liegen die Schlingen bei einer vertikalen Schlange vertikal.

- Horizontale Schlange am Boden (Abb. 222) oder in Brusthöhe (Abb. 223a und b) mit Laufen rückwärts.

  Ausführung: Der Zeigefinger liegt seitlich dem Stab an, das Daumengelenk zeigt nach oben; der Stab wird aus dem Handgelenk bei nur leicht gebeugtem Ellbogen schnell und regelmäßig hin- und herbewegt.

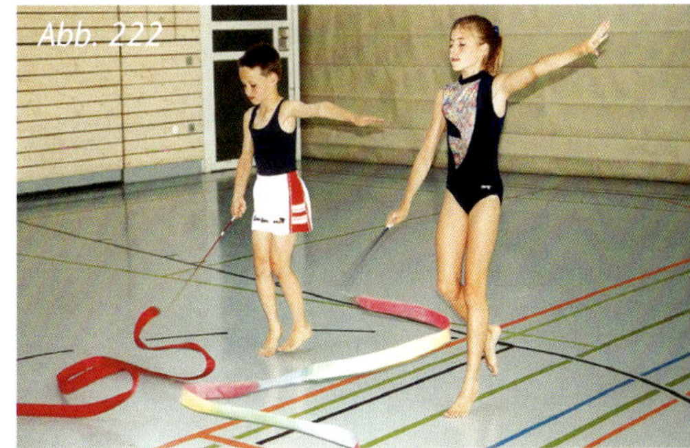
Abb. 222

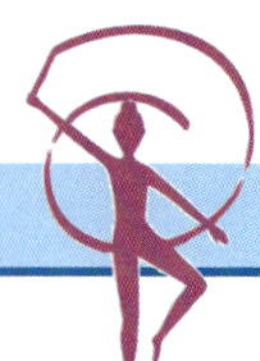

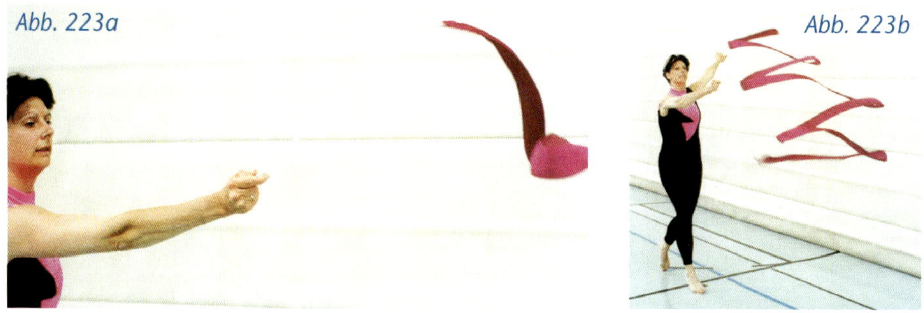

Abb. 223a

Abb. 223b

Hinweis:

Arm „lang" lassen (Bewegungsweite!). Das Laufen rückwärts zu Beginn des Lernprozesses ermöglicht eine Selbstkorrektur. Bei der Schlange in Brusthöhe kann der Stab in Verlängerung des Armes oder auch schräg nach oben gehalten werden.

- Vertikale Schlange am Boden (Abb. 224a und b) oder in Brusthöhe mit Laufen rückwärts.

  Ausführung: Der Zeigefinger liegt auf dem Stab, der Handrücken zeigt nach oben; der Stab wird aus dem Handgelenk schnell und regelmäßig auf- und abbewegt.
- Vertikale Schlange am Ort am Boden oder in Brusthöhe.

  Ausführung: Aus der „geschlossenen" Haltung wird das Band mit vertikaler Schlange an die „offene" Seite gezogen und wieder zurückgeschwungen.

Hinweis:

Soll das Band in die andere Hand übergeben werden, ist dies leichter an der „offenen" Körperseite auszuführen (Übergabe von der rechten in die linke Hand in der Seithalte rechts und umgekehrt).

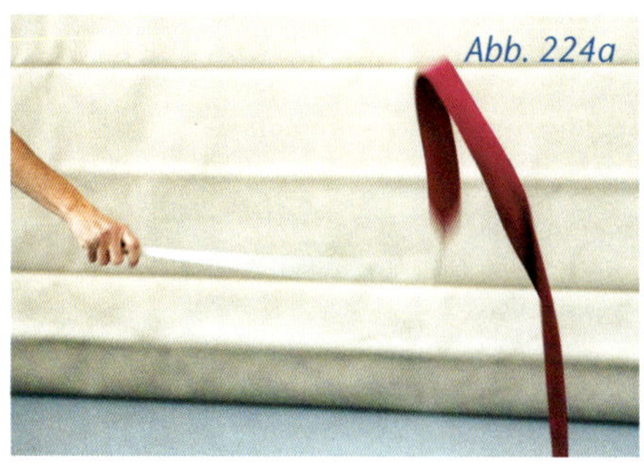

Abb. 224a

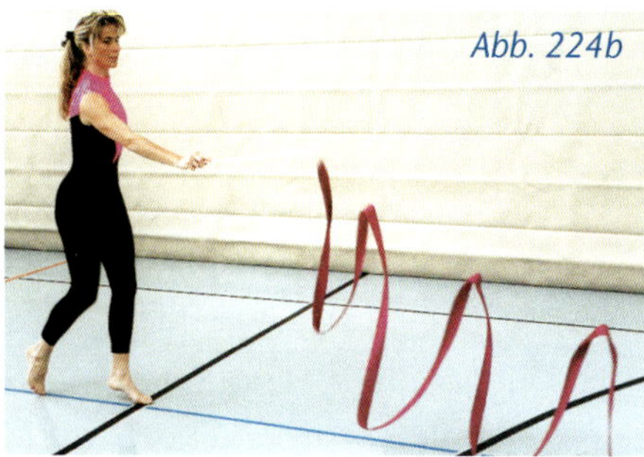

Abb. 224b

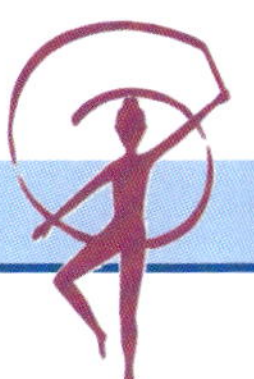

- Vertikale Schlange am Boden oder in Brusthöhe mit Drehungen (rechts und links) am Ort.

Hinweis:

„Vor" der Bandzeichnung drehen, d. h. Band in der rechten Hand an der geschlossenen Körperseite (Stab zeigt nach links) – Drehung nach rechts; Band in der rechten Hand an der offenen Körperseite – Drehung nach links. Die Drehung darf nicht zu schnell ausgeführt werden, sonst ist die Bandzeichnung zu offen. Hilfreich ist die Anweisung „einen Zaun um sich legen".

\+ In veränderter Ausgangsstellung, z. B. Ausfallschritt, Kniestand (Abb. 225).

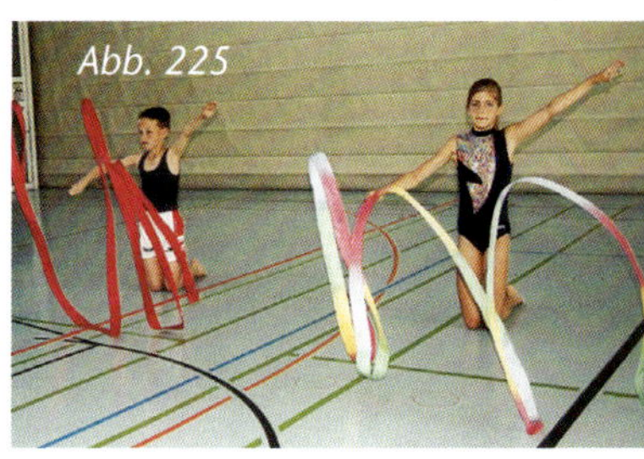

Abb. 225

\+ Ganze Drehung in halber Hockstellung (Abb. 226).

\+ Ganze Drehung im Ballenstand, Bandübergabe in die andere Hand und Ablauf (je zwei Drehungen in eine Richtung) gegengleich wiederholen.

Hinweis:

Durch Einbeziehung des Wechsels von tiefer und hoher Bewegung wird das Gefühl für die verschiedenen Levels verbessert und zudem eine einfache Bewegung interessanter gestaltet.

- Vertikale Schlange in der Fortbewegung.

Abb. 226

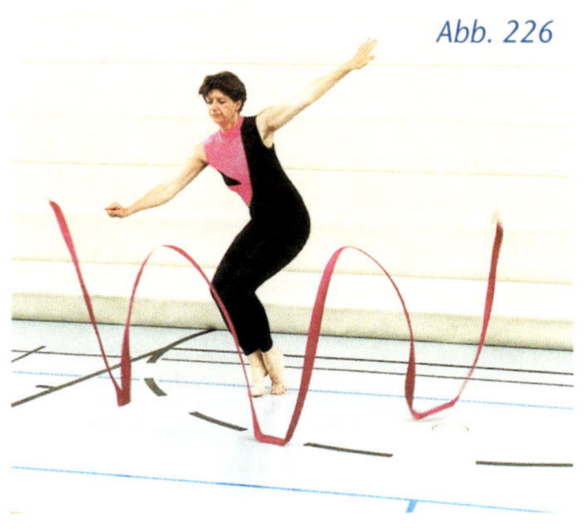

Abb. 227

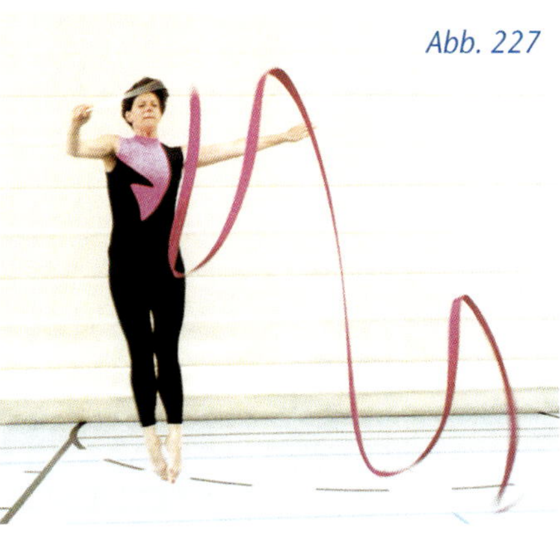

Ausführung: Z. B. mit Laufschritten, Nachstellschritten, Kreuzschritten oder Seitgalopp (Abb. 227). Das Band kann vor dem Körper mit geschlossener Armhalte (Körperbewegung nach rechts, Band in der rechten Hand vor dem Körper) oder mit offener Armhalte (Körperbewegung nach rechts, Band in der linken Hand an der linken Körperseite) geführt werden.

Hinweis:

Durch betont langsame Körpertechnik und bewusst schnelle Gerätetechnik kann das Problem der unterschiedlichen Tempi allmählich abgebaut werden.

- Horizontale Schlange von oben nach unten nach sagittalem Kreis vorwärts.
  Ausführung: Der Stab wird mit gestrecktem Arm von der Hoch- über die Vorhalte zur Tiefhalte gezogen, dabei muss der Stab immer unter dem Band sein. Ein Ausfallschritt vorwärts vergrößert die Bewegungsweite.

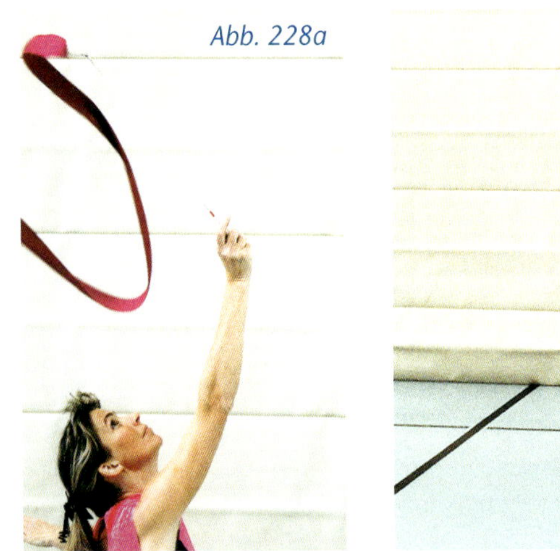
Abb. 228a

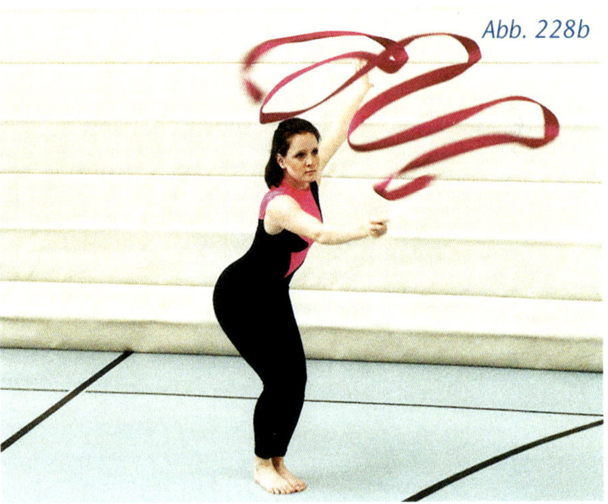
Abb. 228b

- Horizontale Schlange von oben nach unten nach sagittalem Aufschwung (Abb. 228a und b).

Hinweis:

Die horizontale Schlange von oben nach unten muss im höchsten Punkt beginnen, aber erst, wenn das Bandende über Kopfhöhe ist.
Wichtig: Wird der Stab zu schnell nach unten gezogen, „verwischt" die Bandzeichnung; ist das Tempo zu gering, kann es Knoten geben.

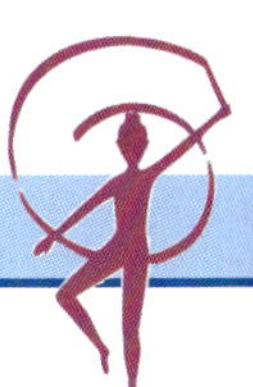

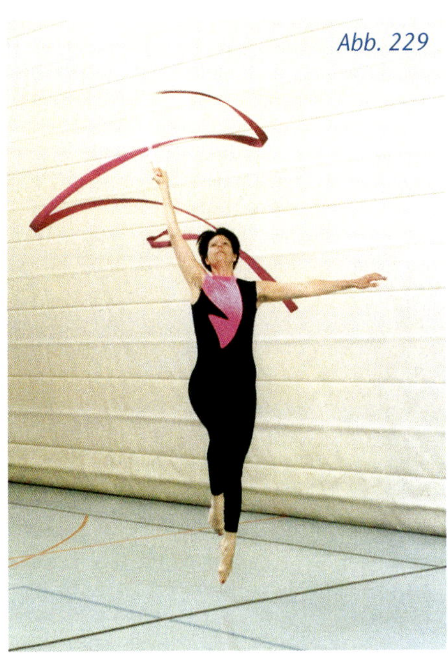
Abb. 229

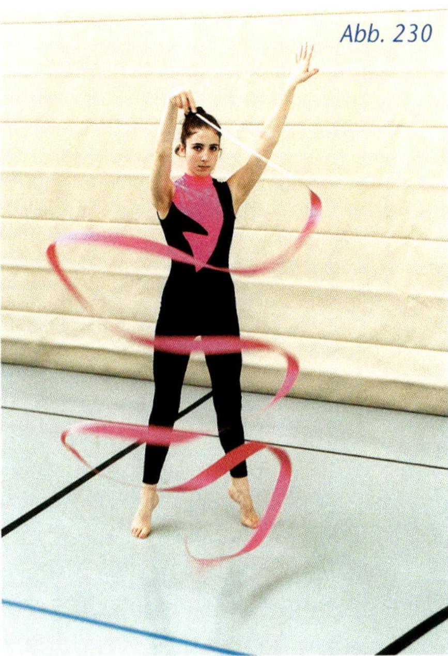
Abb. 230

- Horizontale Schlange über dem Kopf nach sagittalem Aufschwung mit verschiedenen Fortbewegungsarten.
  Ausführung: Z. B. mit Laufschritten vorwärts, Hüpfern (Abb. 229), oder Sprüngen. Der Stab wird mit gestrecktem Arm in der Hochrückhalte gehalten und gleichmäßig hin- und herbewegt.

Hinweis:

Kein „Abknicken" des Stabes aus dem Handgelenk nach hinten! Zu Knoten kann es leicht kommen, wenn der Arm vor dem Kopf gehalten wird; hier hilft der Hinweis: „Arm gestreckt neben das Ohr". Als Fehlerkorrektur bei Rhythmusproblemen oder schräger Schlange kann als Vorübung das Band in großen Schwüngen über dem Kopf im Laufrhythmus hin- und hergeschwungen werden.

+ Horizontale Schlange von oben nach unten im Schlussstand.

- Horizontale Schlange vor oder neben dem Körper „fallend" (Abb. 230).
  Ausführung: Der Stab wird in Vorhochhalte oder Seithochhalte gehalten und zeigt senkrecht nach unten. Die Schlange steht insgesamt senkrecht.

- Horizontale Schlange von unten nach oben.
  Ausführung: Der senkrecht gehaltene Stab wird langsam bis zur Hochhalte gezogen, dabei horizontale Schlangen („fallend") ausführen.
  Auflösung: Band durch kleinen Hochrückschwung hinter den Körper ziehen.

6.2.2.2 Spiralen

Allgemeiner Hinweis:

Bei vertikalen Spiralen liegen die einzelnen Windungen vertikal, die gesamte Spirale aber horizontal, entsprechend umgekehrt bei horizontalen Spiralen.

- Vertikale Spirale in Brusthöhe mit Laufen rückwärts (Abb. 231).
  Ausführung: Die Stabhand wird knapp unter Schulterhöhe gehalten, der Arm ist unbedingt gestreckt. In dieser Position führt das Handgelenk gleichmäßige kleine Kreise aus.

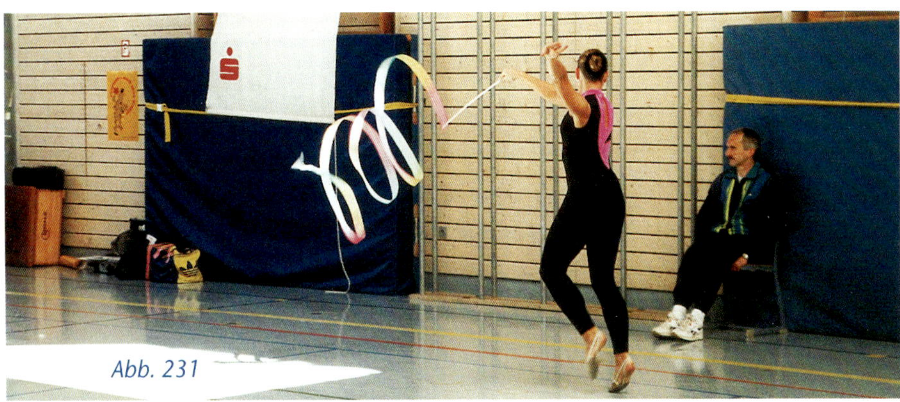
Abb. 231

- Vertikale Spirale in Bodenhöhe oder über Kopfhöhe mit Laufen rückwärts.

Hinweis:

Sollen die Spiralen auf dem Boden stehen, muss der Körper vorgeneigt und der Arm gesenkt werden, sodass der Stab aus einer waagerechten Position heraus die Kreise ausführen kann. Bei Spiralen über Kopfhöhe wird der Arm in Vorhochhalte geführt und im Handgelenk abgeknickt (der Handrücken zeigt nach oben).

- Vertikale Spirale an der Körperseite mit offener (siehe Abb. 14) oder geschlossener Armhaltung (siehe Abb. 13) in der Fortbewegung.

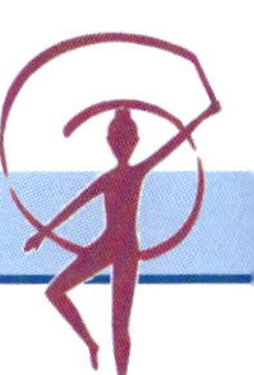

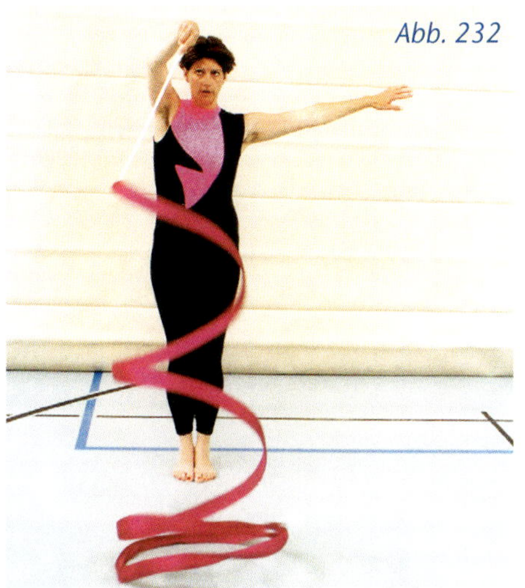
Abb. 232

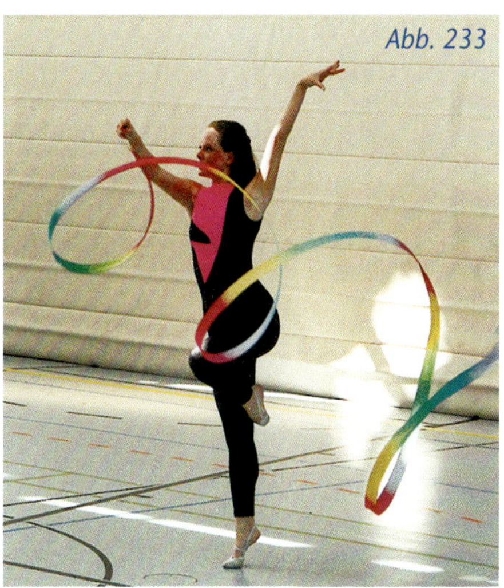
Abb. 233

Ausführung: Z. B. mit Laufschritten, Nachstellschritten seitwärts, Kreuzschritten, Seitgalopp oder verschiedenen Sprüngen.

Hinweis

Geschlossene Armhaltung bedeutet, dass das Band in der rechten Hand an der linken Körperseite geführt wird. Bei geschlossener Armhaltung ist der Arm in Vorhalte fast gestreckt, die Hand leicht nach links abgewinkelt. Offene Armhaltung bedeutet, dass das Band in der rechten Hand an der rechten Körperseite geführt wird.

+ Drehungen (auch einbeinig).

Hinweis:

Drehung rechts mit dem Stab in der rechten Hand mit geschlossener Armhaltung, Drehung rechts mit dem Stab in der linken Hand mit offener Armhaltung. Die Drehung erfolgt vor der Bandzeichnung.

+ Hockstellung und Ballenstand im Wechsel.
• Horizontale Spirale vor (Abb. 232) oder neben dem Körper.
  Ausführung: Der Stab wird in Vorhochhalte oder Seithochhalte gehalten und zeigt senkrecht nach unten. Die Spirale steht insgesamt vertikal.
+ Verschiedene Fortbewegungsarten.

Ausführung: Z. B. Nachstellschritte, Kreuzschritte, Step-Touch, Seitgalopp.

> **Hinweis:**
>
> **Durch die Seitbewegung des Körpers wird die horizontale Spirale in die Diagonale gezogen.**

\+ Drehungen (Abb. 233).

- Horizontale Spirale am Boden.
  Ausführung: Der rechte Arm wird gestreckt senkrecht nach unten gehalten und auf dem Boden eine Spirale von links nach rechts ausgeführt.

\+ Drehung.
\+ Pferdchensprung mit 1/2-Drehung über das Band (siehe Abb. 47).

6.3 Methodisches Erarbeiten weiterführender Techniken mit dem Band

6.3.1 Techniken mit gefasstem Bandende

6.3.1.1 Fassen des Bandendes

> **Für das Fassen des Bandendes mit der freien Hand gibt es zwei Möglichkeiten:**
>
> 1. Möglichkeit: Die freie Hand fasst das Band kurz hinter dem Drehwirbel (Abb. 234a), durch den Zug mit der Stabhand gleitet das Band durch die Hand und kann am Ende gefasst werden (Abb. 234b).
> 2. Möglichkeit: Nach einem Schwung oder Kreis wird das Bandende direkt gefasst.

- Aus einem horizontalen Schwung.
  Ausführung: Aus einem horizontalen Schwung nach rechts (Stab in der rechten Hand) fasst die freie (linke) Hand den Bandanfang locker; durch den Zug mit der rechten Hand gleitet das Band durch die linke Hand und wird am Bandende gefasst.

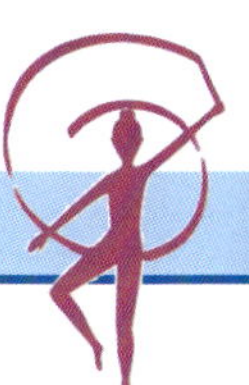

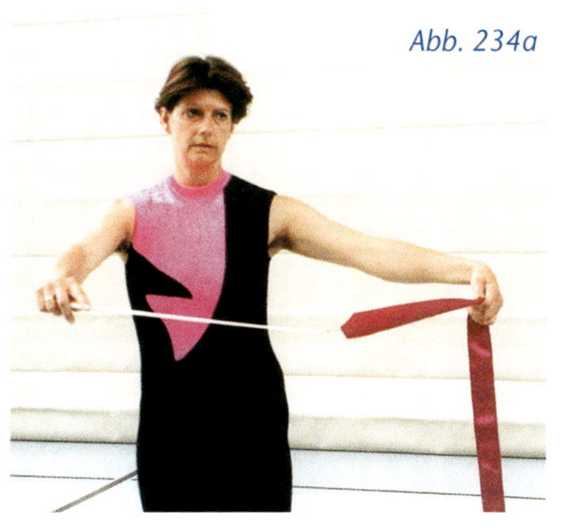

Abb. 234a

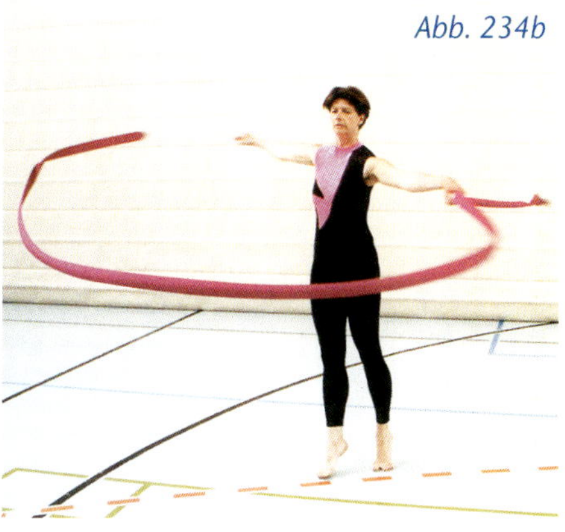

Abb. 234b

Hinweis:

Eine Drehung in Schwungrichtung unterstützt den Zug und Schwung des Bandes, dadurch gleitet es besser durch die Hand und kann leichter gefasst werden. Das Fassen am Ende ist Übungssache, meist wird zunächst zu früh zugefasst.

- Aus einem horizontalen Achterkreis einwärts.
  Ausführung: Während des horizontalen Achterkreises fasst die freie Hand den Bandanfang vor dem Körper, durch das Weiterkreisen gleitet das Band durch die Hand und wird am Bandende gefasst. Anschließend kann sofort weitergekreist werden.
- Aus einem sagittalen oder frontalen Schwung.
  Ausführung 1: Während eines sagittalen Aufschwungs oder frontalen Schwungs greift die freie Hand an den Bandanfang, das Band gleitet durch die Hand und wird am Ende gefasst.
  Ausführung 2: Nach einem sagittalen Aufschwung oder frontalen Schwung fasst die freie Hand direkt das Bandende.

Hinweis:

Am Anfang sollte unbedingt das Gleiten durch die Hand und das anschließende Fassen geübt werden. Für das direkte Fassen des Bandendes darf der Impuls des Aufschwungs nur klein sein, damit das Bandende nicht zu hoch fliegt und zu greifen ist.

- Aus einem horizontalen Schwung hinter dem Rücken (Abb. 235).

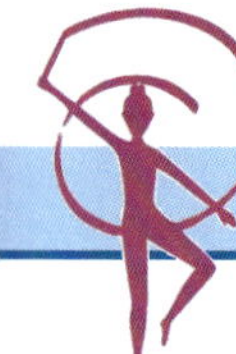

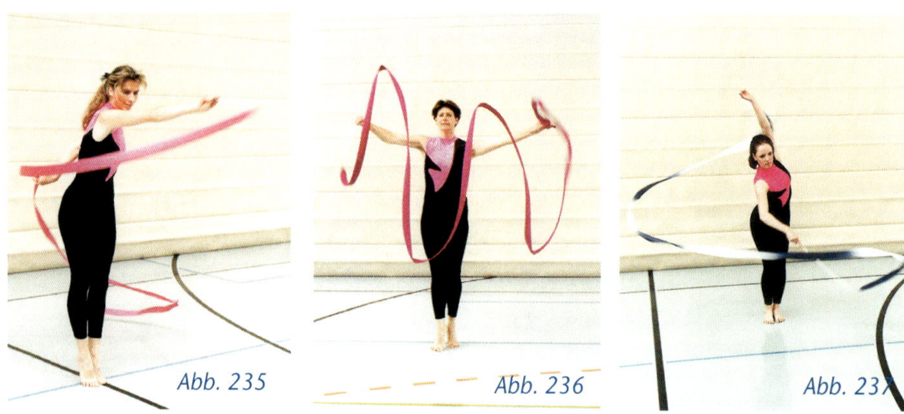

Abb. 235 Abb. 236 Abb. 237

Ausführung: Die freie Hand fasst den Bandanfang hinter dem Rücken am Umkehrpunkt des Schwungs; während das Band wieder vor den Körper gezogen wird, gleitet es durch die Hand und kann am Bandende gefasst werden.

6.3.1.2 Elemente mit gefasstem Bandende in der horizontalen Ebene

- Horizontaler Schwung mit 1/1- Drehung in Kreisrichtung.

  Ausführung: Nach dem Fassen des Bandendes aus einem horizontalen Schwung oder Achterkreis wird der Stabarm in Vorhalte fast gestreckt, die Hand leicht zum Band abgewinkelt und das Band durch die Körperdrehung ohne zusätzliche Stabbewegung mitgezogen.

+ Vertikale Schlange während der Drehung (Abb. 236).

- Horizontaler Achterkreis einwärts (Abb. 237).

  Ausführung: Nach dem Fassen aus einem horizontalen Schwung beginnt der Stabarm mit dem Kreis einwärts über dem Kopf, der andere folgt kanonartig nach.

+ Einsteigen oder Springen in den Kreis vor dem Körper.

Hinweis:

Dies kann nur einmal erfolgen, anschließend muss das Bandende losgelassen werden, da sich das Band sonst um den Körper wickelt.

- Horizontaler Kreis mit Umwickeln der Taille.

  Ausführung: Nach dem Fassen des Bandendes bleibt die Bandhand an der Taille, die Stabhand kreist horizontal über dem Kopf und umwickelt dadurch die Taille mit dem Band. Anschließend erfolgt das Auswickeln durch Kreise in die Gegenrichtung.

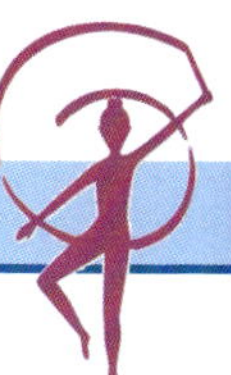

- Stab und Bandende in einer Hand.
  Ausführung: Nach dem Fassen des Bandendes aus einem horizontalen Schwung wird das Bandende in die Stabhand übergeben.
- \+ Horizontaler Kreis hinter dem Rücken (Abb. 238).
  Ausführung: Während der Übergabe des Bandendes in die Stabhand wird mit der freien Hand das Band nachgefasst, sodass beide Hände das Band fassen.
- \+ Horizontaler Kreis über dem Kopf.

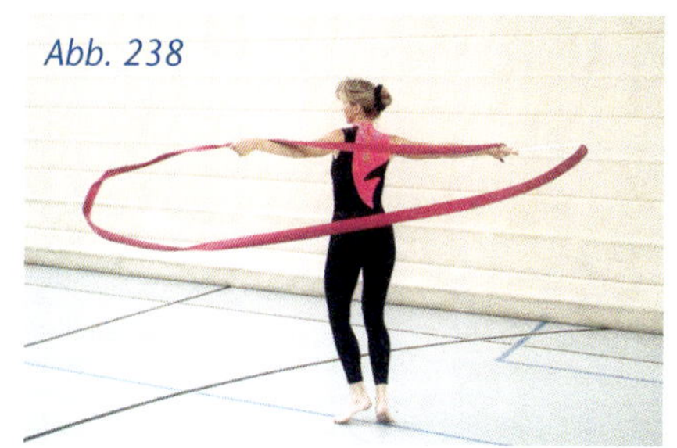

Abb. 238

6.3.1.3 Elemente mit gefasstem Bandende in der vertikalen Ebene

- Sagittale Achterkreise vorwärts.
  Ausführung: Nach dem Fassen des Bandendes aus einem horizontalen Schwung kreist der rechte Arm an der linken und zugleich der linke Arm an der rechten Körperseite vorwärts (Arme kreuzen), an-schließend kreist der rechte Arm an der rechten und der linke Arm an der linken Körperseite (Arme öffnen).
- \+ Balanceelement, z. B. Standwaage.
- Sagittale Achterkreise rückwärts.
  Ausführung: Wie oben, nur rückwärts.
- \+ Schritte rückwärts.
- Sagittale Achterkreise vorwärts kanonartig.
  Ausführung: Stab in der rechten Hand: Der rechte Arm beginnt mit dem Kreis vorwärts an der linken Körperseite, der linke folgt kanonartig nach, führt aber insgesamt die Bewegung deutlich kleiner und näher am Körper aus.

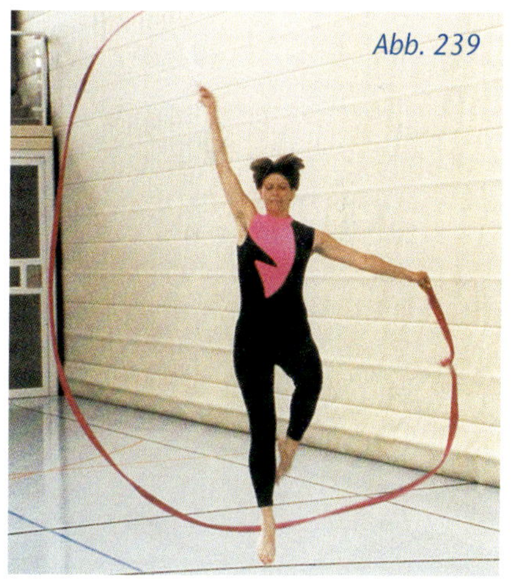

Abb. 239

- Frontale Kreise auswärts mit Übersteigen oder Überlaufen.
  Ausführung: Stab in der rechten Hand: Aus einem frontalen Schwung nach rechts bis zur Hochhalte Fassen des Bandendes, anschließend sofort frontale Kreise auswärts mit Übersteigen des Bandes. Die linke Hand bleibt immer in Seithalte links.

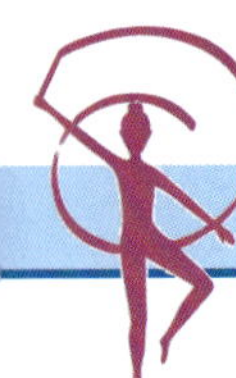

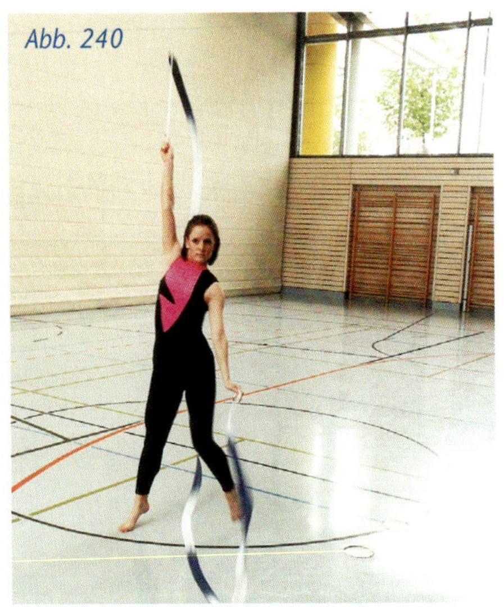
Abb. 240

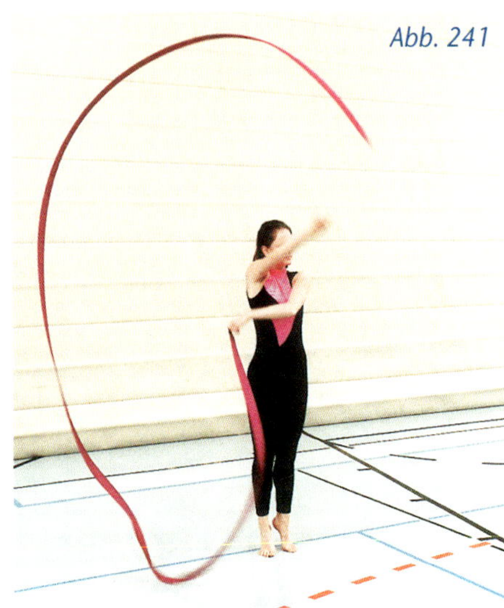
Abb. 241

+ Kleine Sprünge über das Band (Abb. 239).
- Sagittale Kreise vorwärts mit Übersteigen des Bandes seitwärts (Abb. 240).

  Ausführung: Stab in der rechten Hand: Nach dem Fassen des Bandendes aus einem horizontalen oder vertikalen Schwung beginnt man mit dem sagittalen Kreisen vorwärts an der rechten Körperseite, wobei immer der rechte Fuß das Band übersteigt.

Hinweis:

Während des Übersteigens führt entweder nur der Stabarm (rechter Arm) die sagittalen Kreise rechts aus, die linke Hand wird dabei in der Seithalte links gehalten, oder der linke Arm wird an der linken Körperseite kanonartig mitbewegt. Die Kreisbewegung der Arme kann durch ein Drehen des Körpers (rechter Arm in Rückhalte rechts = Drehen des Körpers nach rechts; linker Arm in Rückhalte links = Drehen des Körpers nach links) verstärkt werden; dadurch wird auch die Bewegungsweite vergrößert. Wird das Bandende aus einem sagittalen Schwung gefasst, kann sofort mit dem Kreisen begonnen werden. Wird das Bandende aus einem horizontalen Schwung gefasst, werden zuerst beide Arme in Hochhalte genommen; von dort beginnt dann das Kreisen.

+ Überspringen des Bandes seitwärts.

  Ausführung: Als Sprünge eignen sich z. B. Schluss-, Hock- oder Pferdchensprüngen.
- Sagittaler Achterkreis vorwärts mit Überspringen des Bandes seitwärts (Abb. 241).

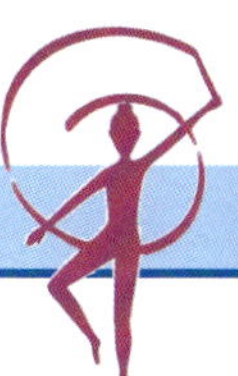

6.3.2 Werfen und Fangen

6.3.2.1 Kleine Stabwürfe

- Kleiner Stabwurf (Vorübung).

> **Hinweis:**
>
> **Um ein Gefühl für das Abwerfen und vor allem für das Fangen des Stabes zu bekommen, wird der Stab aus verschiedenen kleinen oder großen Bandbewegungen, auch z. B. unter dem freien Arm, abgeworfen und gefangen.**

- Stabwurf aus einem frontalen Kreis.

  Ausführung: Aus einem frontalen Kreis einwärts oder auswärts mit der rechten Hand wird der Stab in der Seithochhalte (kurz vor dem höchsten Punkt) mit langem Arm über den Kopf abgeworfen.

> **Hinweis:**
>
> **Erfolgt der Abwurf zu früh, fliegt das Band nur in die Höhe; erfolgt er zu spät, kann das Band keine Höhe gewinnen und „schießt" zur Seite oder der Stab fällt gleich zu Boden. Die Wurfhöhe kann durch unterstützende Körperbewegungen (z. B. seitwärts und nach oben) vergrößert werden.**

- Stabwurf aus einem sagittalen Kreis vorwärts.
- Stabwurf aus einem sagittalen Kreis rückwärts (Abb. 242).

  Ausführung: Der Impuls geht aus einem Sagittalkreis nach hinten oben; dabei wird der ganze Körper mit eingesetzt (leichte Spannbeuge). Sofort nach dem Abwurf erfolgt 1/2-Drehung und das Fangen des Stabes, eventuell mit Nachlaufen.

> **Hinweis:**
>
> **Wichtig ist, die sagittale Ebene während der Kreise einzuhalten, da sonst das Band nicht gerade nach hinten, sondern diagonal fliegt. Die 1/2-Drehung erfolgt erst nach dem Abwurf, da es sonst die Ebene verlässt.**

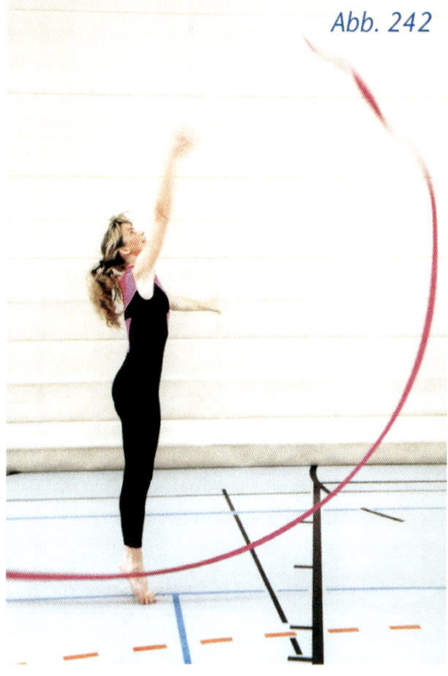

Abb. 242

- Kleiner Wurf mit ganzer Umdrehung des Bandstabes (sagittal).
  Ausführung: Sagittaler Kreis rückwärts bis in die Vorhochhalte. Den Arm stehen lassen, dem Bandstab mit den Fingern einen Drehimpuls rückwärts geben, sodass er sich einmal in der Luft dreht, dann den Bandstab am Griff wieder fangen.
- Kleiner Wurf mit ganzer Umdrehung des Bandstabes (frontal).
  Ausführung: Frontaler Kreis auswärts mit dem rechten Arm, in der Seithochhalte links mit den Fingern dem Bandstab einen Drehimpuls in die Kreisrichtung geben. Der Stab macht eine ganze Drehung, das gesamte Band fliegt zur rechten Seite, in der Seithochhalte rechts den Stab wieder fangen.

Hinweis:

Der Drehimpuls muss kurz und sehr kräftig sein, der Hauptimpuls erfolgt durch den langen Zeigefinger.

6.3.2.2 Würfe mit größerer Wurfweite und -höhe

- Abwurf durch Griff am Band kurz hinter der Aufhängung (Vorübung) nach vorne.
  Ausführung: Stab in der rechten Hand an der linken Körperseite, Band an der linken Körperseite. Der Stab wird etwa horizontal gehalten, die freie linke Hand greift das Band kurz hinter der Aufhängung (bis 50 cm) und zieht es straff (der Stab zeigt nach vorne). Der Stab wird losgelassen und beschreibt einen Kreis vorwärts über unten nach hinten oben, unterstützt durch den Schwung mit dem gestreckten linken Arm nach hinten oben. Kurz bevor der Wurfarm den höchsten Punkt erreicht, wird das Band nach vorne oben abgeworfen.

Hinweis:

Kurz bevor der Griff am Stab gelöst wird, muss das Band straff gezogen werden; die linke und rechte Hand dürfen nicht genau in der Sagittalebene sein, sondern die rechte Hand befindet sich etwas weiter links, da sich sonst der Stab im Band verfängt. Der linke Arm muss einen genauen Sagittalkreis ausführen, da sonst das Band nach rechts diagonal fliegt. Der Wurfarm zeigt nach dem Abwurf unbedingt zum Bandstab!

Um eine größere Flughöhe zu erreichen, kann der Stab auch einige Male vor dem Abwurf gekreist werden.

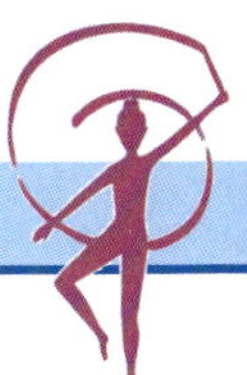

- Abwurf durch Fassen des Bandes kurz hinter der Aufhängung (Vorübung) nach hinten.

  Ausführung: Stab in der rechten Hand an der rechten Körperseite. Der Stab wird etwa horizontal gehalten. Die linke Hand greift das Band kurz hinter der Aufhängung und zieht es straff, der Griff zeigt nach hinten; (Abb. 243a). Der Stab wird losgelassen und beschreibt einen Kreis rückwärts über unten nach vorne oben, unterstützt durch den Schwung mit dem linken langen Arm nach vorne oben. Kurz bevor der Wurfarm den höchsten Punkt erreicht, wird das Band nach hinten oben abgeworfen (Abb. 243b und c).

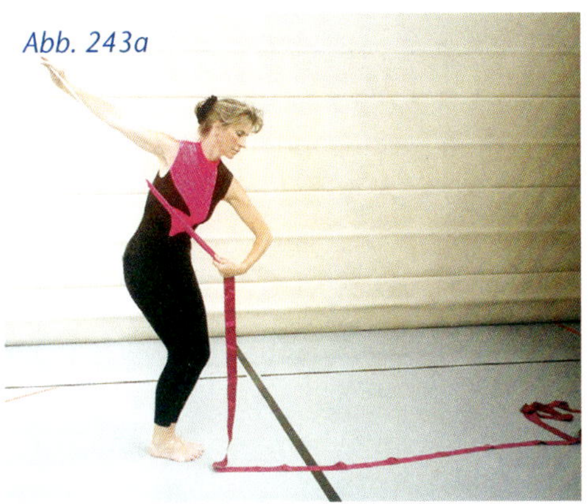
Abb. 243a

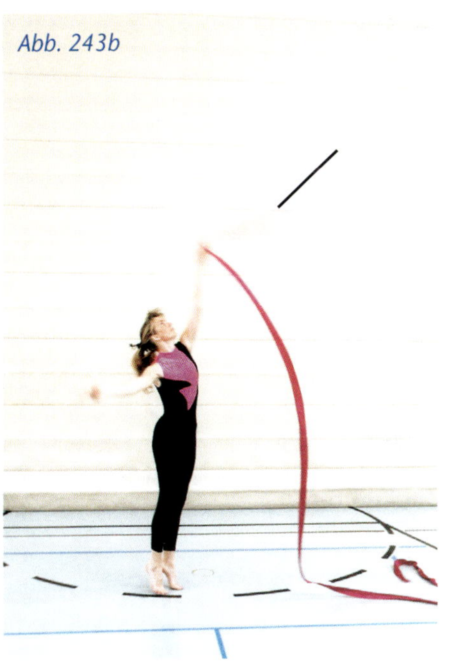
Abb. 243b

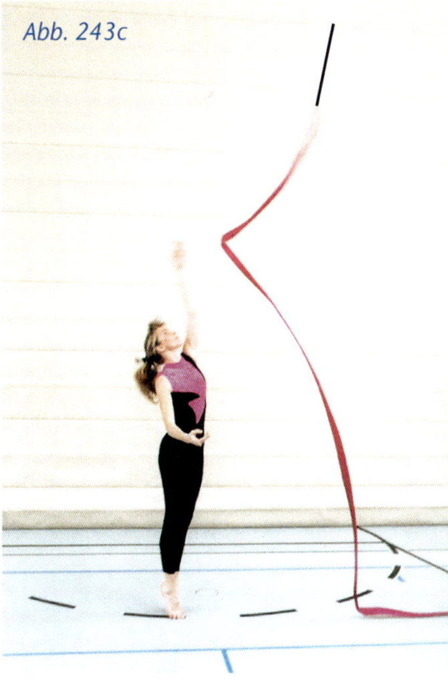
Abb. 243c

Hinweis:

Kurz bevor der Griff am Stab gelöst wird, muss das Band straff gezogen werden; die rechte und linke Hand sollten nicht genau in der Sagittalebene sein, da sich sonst der Stab im Band verfängt.

- Abwurf durch Griff am Band nach hinten aus vertikalen Schlangen oder Spiralen mit Laufen rückwärts.

Hinweis:

Kurz vor dem Abwurf muss der Stab schnell in die Rückhalte gezogen und mit der anderen Hand das Band hinter der Aufhängung gegriffen werden; dann erfolgt der Abwurf wie beschrieben. Wichtig ist, dass dabei die Bandzeichnung nicht unterbrochen wird.

- Abwurf durch Griff am Band aus großem Sagittalkreis rückwärts nach hinten oben.

  Ausführung: Großer Sagittalkreis rückwärts bis zur Vorhalte, den Bandstab horizontal leicht nach rückwärts werfen, sofort rechts in das Band greifen und hoher Wurf nach hinten oben, 1/2-Drehung, dem Band nachlaufen und Stabende fassen (Abb. 244).

Hinweis:

Der horizontale Wurf ist nur sehr klein. Das Handgelenk darf beim Abwurf nicht abgewinkelt werden (!), sonst schleudert das Band flach nach rückwärts. Der Stab kann anfangs auch mit zwei Händen gefangen werden.

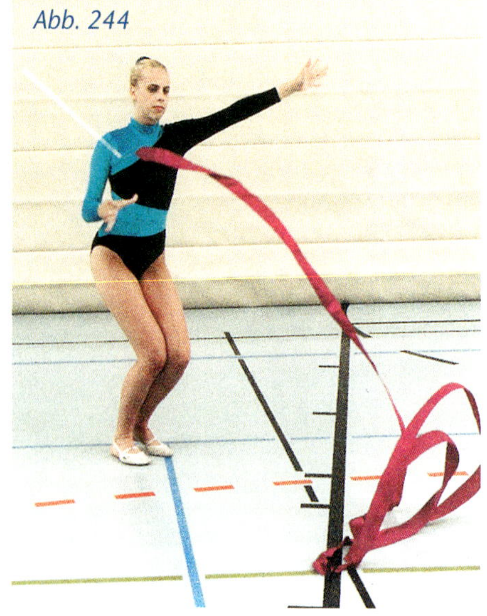

Abb. 244

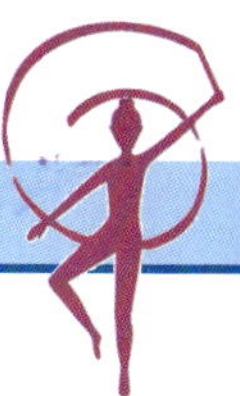

- Abwurf durch Griff am Band aus großem Sagittalkreis rückwärts nach vorne oben.

  Ausführung: Anfang wie oben beschrieben bis „... in das Band greifen", Wurfarm kräftig bis in die Vorhochhalte schwingen und Band nach vorne oben werfen.

Hinweis:

Die Hand darf beim Abwurf nicht abgewinkelt werden, sie zeigt zum Bandstab.

- Abwurf des Bandes aus großem Sagittalkreis rückwärts mit zusätzlichem kleinen Kreis des Stabes.

  Ausführung: Anfang wie oben beschrieben bis „...in das Band greifen", aber vor dem Abwurf einen kleinen schnellen Kreis rückwärts mit dem Bandstab ausführen.

Hinweis:

Durch den zusätzlichen kleinen Kreis bekommt der Bandstab eine hohe Geschwindigkeit und kann so höher in die Luft geworfen werden.

6.3.2.3 Rückzugwürfe

- Hoher Rückzugwurf in der Sagittalebene nach vorne.

  Ausführung: Bandstab in der rechten, Bandende in der linken Hand. Kleiner Wurf und mit der rechten Hand in das Band greifen, hoher Wurf durch Kreisschwung vorwärts nach vorne oben (Abb. 245a), Bandstab auf den Boden fallen lassen. Wenn der Stab den Boden berührt, Band mit der linken Hand zurückziehen, Stab mit der rechten Hand fangen (Abb. 245b).

Hinweis:

Nur wenn der Bandstab mit Impuls fortgeschleudert wird und das Band gespannt ist, kann man den Stab zurückziehen.
Vorsicht: Schon bei geringem Impuls kann der Stab sehr schnell zurückkommen.

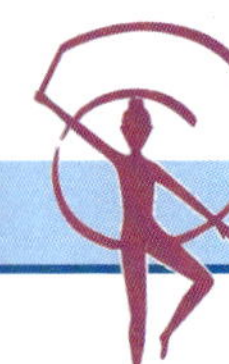

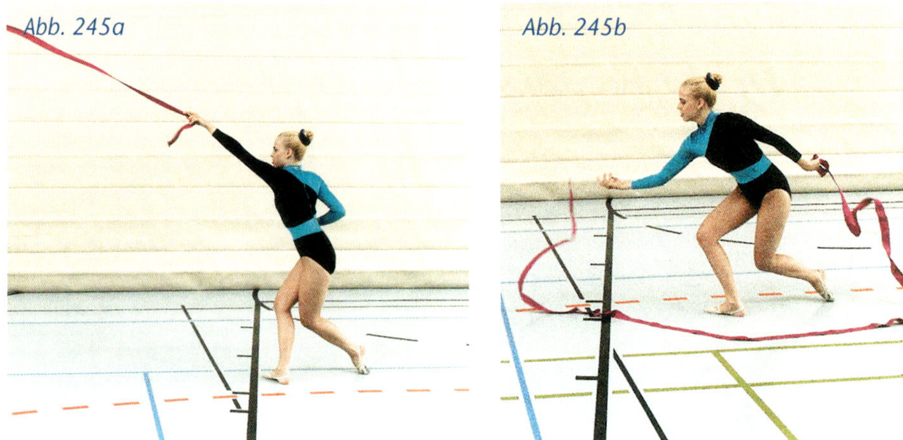

Abb. 245a

Abb. 245b

- + Nach dem Wegschleudern Band vom Ende mit gestreckten Armen „aufwickeln", Stab fassen und aufgewickeltes Band wieder loslassen.
- • Hoher Rückzugwurf in der Sagittalebene nach hinten.

  Ausführung: Wie oben, aber hoher Wurf durch Kreisschwung rückwärts nach hinten oben, sofort 1/2-Drehung zum Band, weiter wie oben beschrieben.
- + Ganze Drehung unter dem Band während der ersten Flugphase.
- + Fangen des Stabes im Kniestand.
- + Fangen des Bandes durch sofortiges Wiedereingreifen in das Band und erneuter Abwurf.

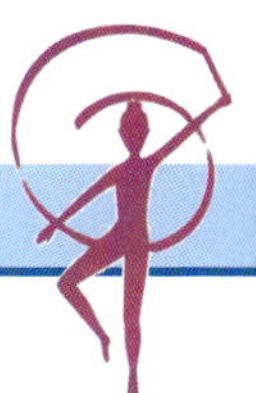

6.4 Wie entsteht eine Übungsverbindung mit dem Band?

6.4.1 *Didaktische Grundsätze*

Das Kombinieren verschiedener Technikformen zu einer Verbindung ist mit dem Band ebenso wie mit dem Ball leichter, da Ebenenwechsel keine Probleme bereiten. Sowohl durch Handgelenktechniken als auch durch kleine Kreise oder Schwünge in den Zwischenebenen kann jeder Ebenenwechsel vollzogen werden.

Als Übungsmusik hat sich vor allem in der methodischen Erarbeitung der Schwünge und Kreise Musik im 6/8-Takt bewährt. Dagegen werden für längere Verbindungen eher moderne aktuelle Stücke im 4/4-Takt gewählt. Dadurch müssen oftmals die Kreise schneller ausgeführt werden, was durchaus einen expressiven Charakter haben kann; die Technik sollte aber nicht vernachlässigt werden, denn auch Bewegungsweite hat eine Wirkung auf den Ausdruck. Am besten für eine Choreografie sind Musikstücke mit variierender Dynamik; sie werden der Ausdrucksstärke (harte und weiche Bewegungen) dieses Geräts am ehesten gerecht. Monotone Musikstücke lassen das Band auch sehr schnell monoton wirken und können dann demotivierend wirken.

Wichtig ist, die Auftaktbewegung bei manchen Bandelementen zu beachten; z. B. Ausführung von Laufschritten mit horizontaler Schlange über dem Kopf auf zwei Takte:

1. ***Möglichkeit:*** Sagittaler Aufschwung auf die Zählzeiten 3 und 4 des vorangegangenen Takts, dann acht Laufschritte mit horizontaler Schlange über dem Kopf.

2. ***Möglichkeit:*** Sagittaler Aufschwung auf die Zählzeiten 1 und 2 des neuen Takts, dann aber nur sechs Laufschritte mit horizontaler Schlange über dem Kopf.

Auf Grund der schwierigen Gerätetechniken sollten am Anfang kurze, wiederholbare Verbindungen von zwei oder drei Elementen aus höchstens zwei verschiedenen Grundtechniken (Wechsel zwischen Handgelenk- und Schultergelenktechniken!) ausgewählt werden, die zuerst ohne, dann mit Handwechsel fortlaufend geübt werden können, um so allmählich zu einer variablen Gerätetechnik zu gelangen. Solche kurzen Verbindungen können später zu längeren Gestaltungen kombiniert werden.

Bei der methodischen Erarbeitung von Übungsverbindungen in der freien Aufstellung ist die Teilung von größeren Gruppen empfehlenswert, da sonst die für die gute Ausführung einer Übung erforderliche Bewegungsweite nicht erreicht werden kann.

6.4.2 Trickelemente und „Füllsel"

Unter „Füllseln" verstehen wir Elemente, die entweder

- Anfang oder Ende einer Verbindung darstellen

oder

- nur als Übergang verwendet werden

oder

- keiner der bisher behandelten Technikgruppen zuzuordnen sind.

Beispiele:

- Vertikale Spirale, in das Band greifen, Durchschlag mit kleinem Sprung über das gefasste Bandstück und den Stab.
- Drehen des Bandstabes um die Mittelhand.

  Ausführung: Aus frontalen Kreisen auswärts oder sagittalen Kreisen rückwärts dreht der Stab um die Mittelhand – wird dabei kurz losgelassen und wieder gefasst – es entsteht ein kleiner Bandkreis.

Hinweis:

Zu Beginn des Drehens um die Mittelhand zeigt der Handrücken nach oben, der Stab wird auf den Handrücken gelegt und mit dem Daumen stabilisiert. Dann wird der Stab kurz losgelassen, die Hand nach innen gedreht und der Stab wieder gefasst.

- Kleine und schnelle vertikale Spirale, Stab durchstecken (Spirale „auffädeln"; Abb. 246), eventuell über den Stab springen (s. Abb. 45).
- Bandstab in der einen Hand, Bandende in der anderen, mit einem Fuß ca. 2 m vom Bandende entfernt auf das Band steigen und mit einem horizontalen Kreis ganze Drehung ausführen.

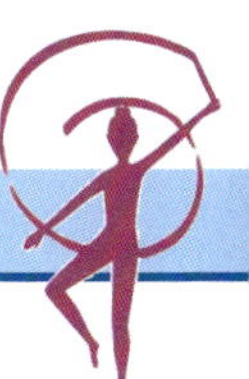

Hinweis:

Da es in einer Übung schwierig ist, das Band mit dem Fuß zu treffen, sollte man dieses Element am Anfang einer Übung einbauen.

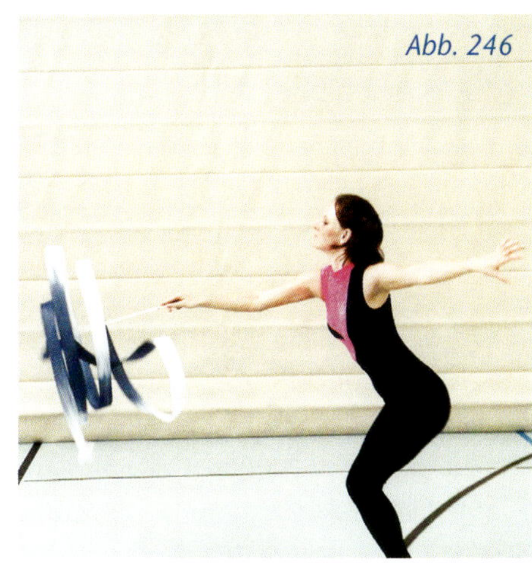
Abb. 246

- Bandende mit der freien Hand fassen, sagittaler Schwung rückwärts, dabei auf das Band steigen, mit dem Bandteil zwischen Stab und Fuß Schlange ausführen.
- Fassen des Stabes mit beiden Händen und z. B. horizontaler Achterkreis (Abb. 247).

  Ausführung: Durch Einsatz des Körpers und Hinzunahme einer Drehung kann eine spiralige Gesamtbewegung entstehen.
- Frontalschwünge mit beidhändig gefasstem Stab (Abb. 248).

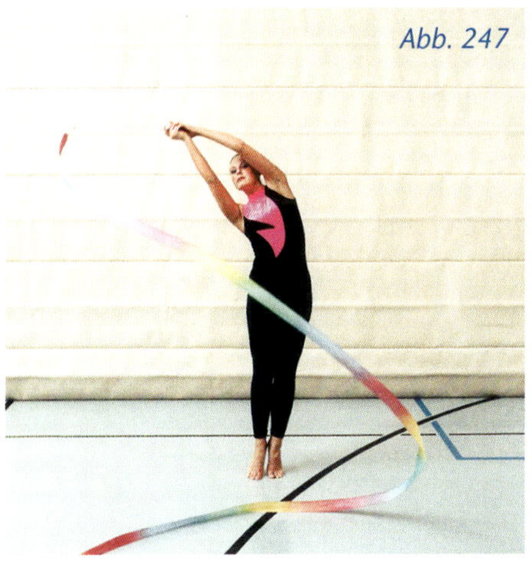
Abb. 247

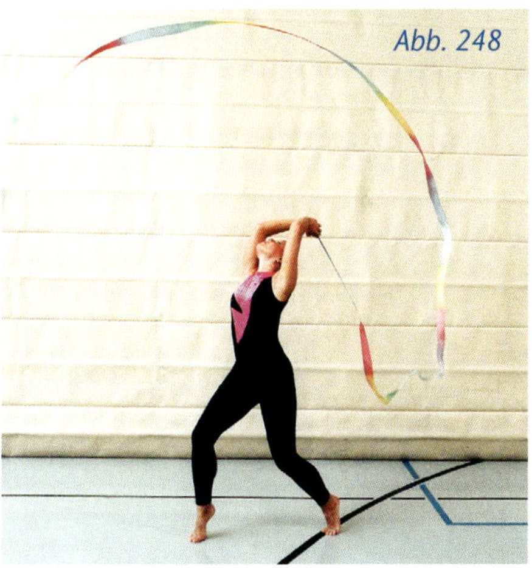
Abb. 248

Hinweis:

Durch den begrenzten Bewegungsradius wird dieses Element eher modern ausgeführt, d. h., Kopf und Körper unterstützen die Bewegung.

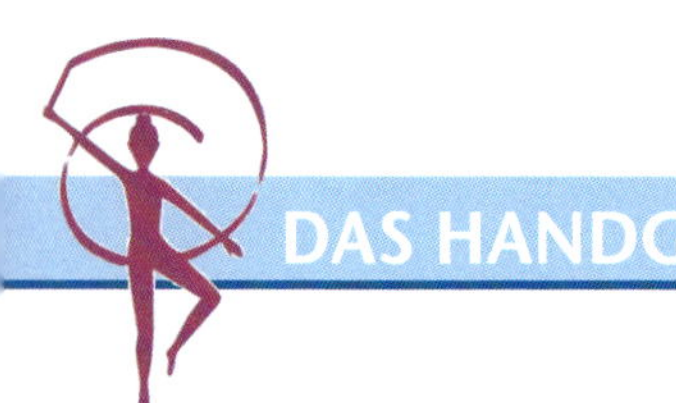

6.4.3 *Einfache Verbindungen zweier Grundtechniken*

Musikvorschläge, siehe Kap. 6.5.

Horizontale Kreise und Schwünge in Verbindung mit Schlangen oder Spiralen.

Verbindung	Variation
A: Horizontaler Kreis einwärts mit Ausschwingen zur geschlossenen Körperseite **und** vertikale Schlange zurück zur Ausgangsstellung (zwei Takte).	Ganze Drehung während des horizontalen Kreises **und** tiefer Ausfallschritt seitwärts während der vertikalen Schlange.
B: Horizontaler Kreis einwärts mit Ausschwingen zur geschlossenen Körperseite **und** vertikale Spirale zurück zur Ausgangsstellung (zwei Takte).	Ganze Drehung zur Stabhandseite mit der vertikalen Spirale.
C: Zwei horizontale Achterkreise (Kreis am Boden und über dem Kopf, wiederholen), ein horizontaler Kreis über dem Kopf und zur geschlossenen Körperseite ausschwingen	Band rechte Hand: Beim zweiten horizontalen Achterkreis einsteigen mit dem rechten Fuß in den Kreis am Boden und sofort zum Kniestand links senken. Beim Ausschwingen nach links über den beidbeinigen Kniestand zur Seitlage links.
und vertikale Schlange zurück zur Ausgangsstellung	Mit den vertikalen Schlangen wieder aufrichten zum beidbeinigen Kniestand mit geöffneten Beinen.
und zwei horizontale Achterkreise	Im Kniestand zwei horizontale Achterkreise,
und vier horizontale Kreise nur über den Kopf (8 Takte).	mit den vier Kreisen aufstehen.

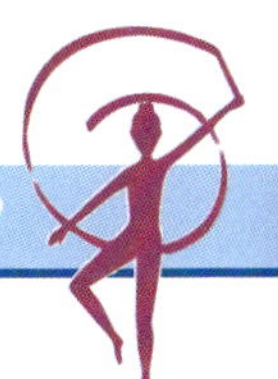

Vertikale Kreise und Schwünge in Verbindung mit Spiralen, Schlangen oder kleinen Achtern.

Verbindung	Variation
D: Auf- und Abschwung in der Sagittalebene **und** vertikale Schlange am Boden mit ganzer Drehung (zwei Takte). **E:** Sagittaler Aufschwung **und** horizontale Schlange über dem Kopf mit Laufen vorwärts (zwei Takte). **F:** Vertikale Spirale mit geschlossener Armhaltung **und** sagittaler Kreis vorwärts an der offenen Körperseite (ein Takt). **G:** Vertikale Spirale mit geschlossener Armhaltung **und** frontaler Kreis einwärts (ein Takt). **H:** Sagittale Kreise rückwärts in der Fortbewegung (z. B. ein Kreis am Ort, ein Kreis mit Anlauf, ein Kreis mit Sprung) **und** horizontale Schlange in Brusthöhe mit Laufen rückwärts (vier Takte). **I:** Sagittaler Kreis rückwärts mit Aufschwingen bis zur Hochhalte **und** horizontale Schlange von oben nach unten ziehen (zwei Takte). **J:** Ein sagittaler Kreis rückwärts, Aufschwung von rechts unten nach links oben **und** Band mit vertikaler Schlange diagonal tiefziehen (von links oben nach rechts unten) mit Sprung in den einbeinigen Kniestand (zwei Takte; Abb. 249 a und b). **K:** Ein sagittaler Kreis rückwärts, Aufschwung von rechts unten nach links oben **und** Band mit vertikaler Schlange diagonal tiefziehen (von links oben nach rechts unten) mit Sprung in den einbeinigen Kniestand (zwei Takte); **und** ganzer Kreis nach links mit acht Schritten mit vertikaler Schlange an der offenen Körperseite (4 Takte).	Ganze Drehung in der 1/2-Hockstellung.

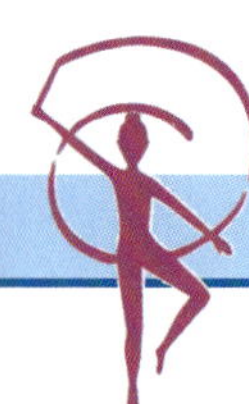

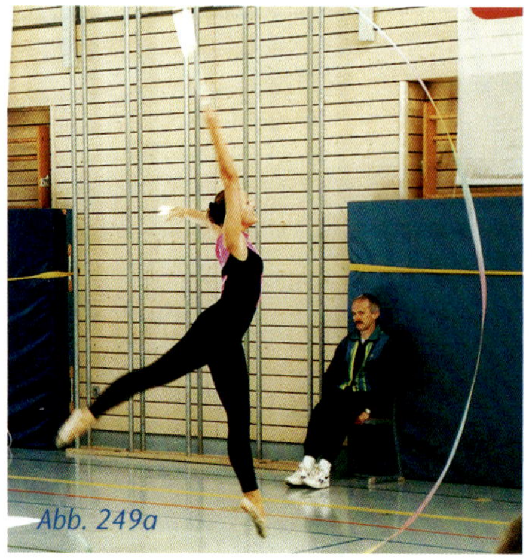
Abb. 249a

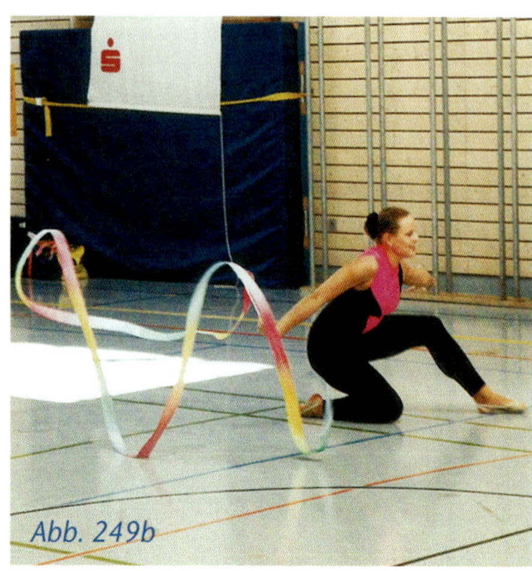

Abb. 249b

Schlangen in Verbindung mit Schlangen oder Spiralen.

Verbindung	Variation
L: Sagittaler Aufschwung, horizontale Schlange über dem Kopf mit Laufschritten vorwärts	Am Ende des Laufens vorwärts wird das Band mit horizontaler Schlange bis zur Brusthöhe tiefgezogen, dann horizontale Schlange mit Laufschritten rückwärts.
und horizontale Schlange in Brusthöhe mit Laufschritten rückwärts (vier Takte).	Vertikale Spirale in Brusthöhe mit Hüpfern rückwärts (ohne und mit Bandübergabe) **oder** am Ende des Laufens vorwärts das Band auf einem Kreisbogen in die Vorhalte schwingen (Band in der rechten Hand, Kreis nach rechts bis in die Vorhalte), dann vertikale Spirale mit Hüpfern rückwärts. (Eine Band-

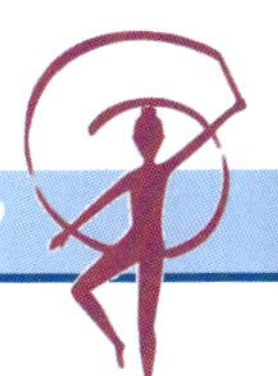

M: Sagittaler Aufschwung, horizontale Schlange über dem Kopf mit Laufschritten vorwärts und zwei gegangene Drehungen mit vertikaler Spirale in Brusthöhe mit geschlossener Armhaltung (vier Takte). **Ausführung:** Am Ende der Laufschritte wird das Band aus der Hochhalte diagonal zur geschlossenen Körperseite geschwungen. Nach den Drehungen Schwung zur Tiefrückhalte.	übergabe erfolgt schnell in der Vorhalte.)

Verbindung von Schwüngen oder Achterkreisen in zwei verschiedenen Ebenen.

Verbindung	Variation
N: Sagittaler Auf- und Abschwung **und** horizontaler Schwung zur geschlossenen, dann zur offenen Körperseite (zwei Takte). **Ausführung:** Nach dem sagittalen Abschwung wird das Band zur offenen Körperseite geschwungen, dann erfolgen die horizontalen Schwünge.	Mit 1/4-Drehung. **Ausführung:** 1/4-Drehung mit dem zweiten horizontalen Schwung zur Stabhandseite.
O: Zwei horizontale Achterkreise auswärts	Ganze Drehung beim horizontalen Kreis über dem Kopf
und zwei sagittale Achterkreise vorwärts.	**und** Schritte rückwärts beim sagittalen Achterkreis vorwärts **oder** Bandübergabe vor den Schritten rückwärts.
P: Zwei frontale Achterkreise auswärts (Kreis vor, Kreis hinter dem Körper), 1/4-Drehung zum Bandarm **und** zwei sagittale Achterkreise vorwärts (vier Takte).	

Schlangen, Spiralen und Kreise mit Überspringen und Durchlaufen der Bandzeichnung.

Verbindung

Q: Frontale Kreise auswärts mit Pferdchensprüngen über das Band **und** Hüpfer rückwärts mit kleinen Achtern in Brusthöhe (vier Takte).

R: Frontalkreis auswärts mit Überspringen des Bandes, Weiterschwingen (frontal) bis über den Kopf **und** horizontale Schlange von oben nach unten (zwei Takte).

S: Gehen oder Laufen vorwärts durch horizontale Schlange **und** vertikale Spirale von links nach rechts in Brusthöhe im Stand (zwei Takte).

T: Vertikale Spirale mit geschlossener Armhaltung mit Chassé **und** Frontalkreis einwärts mit Überspringen des Bandes (1-2 Takte; Abb. 250a und b).

U: Vertikale Spirale mit geschlossener Armhaltung mit Chassé oder zwei Laufschritten vorwärts **und** zwei Frontalkreise einwärts mit jeweils einem Laufsprung über das Band **und** Hüpfer rückwärts mit kleinen Achtern in Brusthöhe (vier Takte).

V: Sagittaler Aufschwung, horizontale Schlange über dem Kopf mit Laufschritten **und** Frontalkreis einwärts mit Überspringen des Bandes (zwei Takte).

W: Vertikale Spirale an der geschlossenen Körperseite mit Laufschritten vorwärts **und** verschiedene Sprünge über das Band durch Armführung in die offene Armhaltung (zwei Takte).

X: Horizontale Spirale mit geschlossener Armhaltung mit Laufschritten vorwärts **und** Pferdchensprung mit 1/2-Drehung über das Band durch Armführung in die offene Armhaltung, 1/2-Drehung (zwei Takte).

Hinweis:

Möglichkeiten der Kombination dieser kleinen Verbindungen miteinander werden im folgenden Kapitel aufgezeigt.

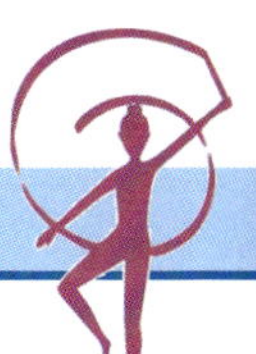

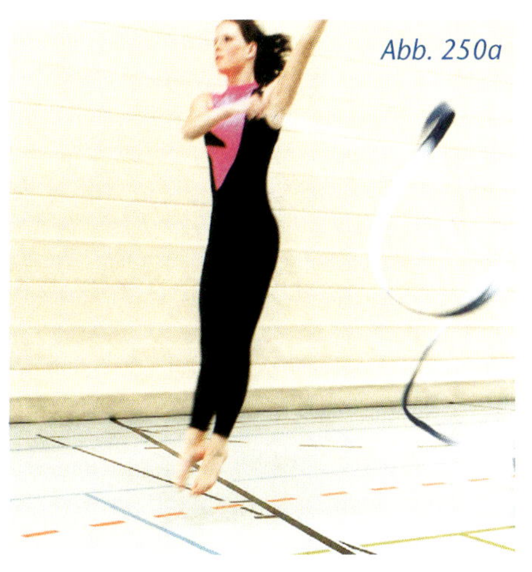
Abb. 250a

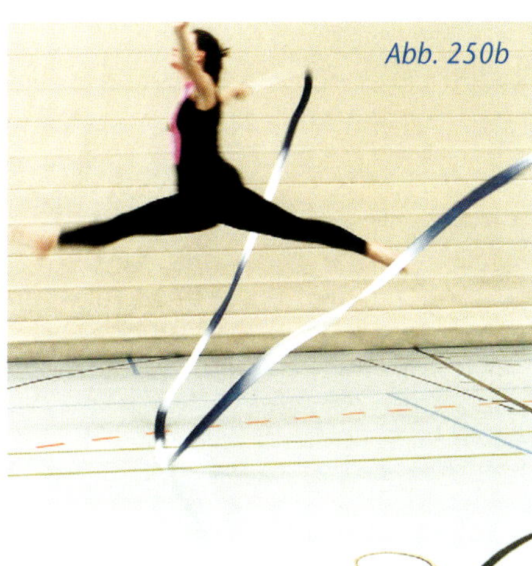
Abb. 250b

6.4.4 *Komplexe Übungsverbindungen*

1. Übungsverbindung: B, C, K, L, N, U.

> **Hinweis:**
>
> **Einfache Verbindungen aus dem vorhergehenden Kapitel (6.4.3) werden hier zu einer komplexen Übungsverbindung zusammengesetzt. Die Buchstaben beziehen sich also immer auf das vorhergehende Kapitel!**

Ausgangsstellung: Schlusstand, Band in der linken Hand in Tiefhalte links.
Bpm: 126

Schema für die Übungsverbindung: I – III – I – II – I – II – zwei Takte Zwischenteil – I – II ...

Teil I besteht aus 16 Takten:

Takt 1-8:	**N (4 x)**	Mit Variation (jeweils 1/4-Drehung links) mit linker Hand, am Ende Übergabe in rechte Hand.
Takt 9-12:	**L**	Mit rechter Hand.
Takt 13-16:	**B (2 x)**	Am Ende mit Variation (ganze Drehung rechts).

Teil II besteht aus 16 Takten:

Takt 1-4: **U** Mit rechter Hand, am Ende Übergabe in linke Hand.
Takt 5-6: **Vier Nachstellschritte** links seitwärts mit horizontaler Spirale vor dem Körper, Übergabe in rechte Hand.
Takt 7-8: **Vier Nachstellschritte** rechts seitwärts mit horizontaler Spirale vor dem Körper.
Takt 9-12: **K** Mit rechter Hand, am Ende Übergabe in die linke Hand.
Takt 13-16: **K** Mit linker Hand.

Teil III besteht aus 8 Takten:

Takt 1-8: **C** **Mit Variation als Bodenteil** mit rechter Hand, am Ende Band zur linken Körperseite ziehen und Übergabe in die linke Hand.
Zwischenteil: Zwei horizontale Achter.

2. Übungsverbindung: Schwünge frontal, sagittal, horizontale und vertikale Schlange, Übersteigen des Bandes seitwärts.

Ausgangsstellung: Grätschstand, Band rechts in Tiefhalte.
Bpm: 162-180 im 6/8-Takt

Takt	ZZ	Körperbewegung	Geräteführung
1	1-3	Hüfte nach rechts schieben.	Frontaler Schwung nach rechts.
	4-6	Hüfte nach links schieben.	Frontaler Schwung nach links.
2	1-6	Takt 1 wiederholen.	
3	1-3	1/8-Drehung rechts und rechten Fuß belasten.	Aufschwung.
	4-6	Linken Fuß an den rechten anstellen und Rumpf runden.	Abschwung mit horizontaler Schlange abwärts.
4	1-3		Band weiter mit horizontaler Schlange tiefziehen und Schwung zur Seithalte rechts.
	4-6	Schritt links mit 1/8-Drehung links (Blick nach vorne) und sofort ganze Drehung links.	Band in Vorhalte „mitziehen".
5	1-3	Großer Ausfallschritt links seitwärts.	Horizontaler Schwung nach links.

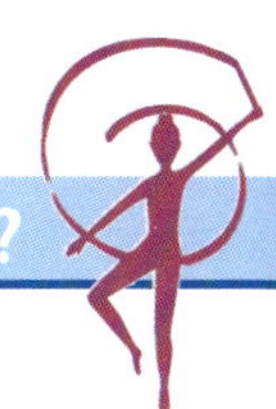

6	4-6 1-3	Mit tiefem Plié Gewicht auf rechtes Bein verlagern, am Ende linken Fuß an den rechten unbelastet heranziehen.	Vertikale Schlange am Boden zur rechten Körperseite, am Ende über einen kleinen diagonalen Kreis (vorwärts) Band vor den Körper schwingen und in die linke Hand übergeben.
7	1-3	Mit einem Schritt links seitwärts Übersteigen des Bands.	Ein sagittaler Kreis vorwärts an der linken Körperseite.
	4-6	Ein Schritt rechts gekreuzt vor dem linken Fuß.	Band zur rechten Körperseite ziehen und diagonale Spirale rechts.
8	1-3	Takt 7, ZZ 1-3 wiederholen.	
	4	Rechten Fuß an den linken heransetzen.	Kleiner, schneller sagittaler Kreis vorwärts an der rechten Körperseite.
	5-6	1/4-Drehung links mit Schritt links seitwärts zum Grätschstand.	Frontaler Schwung zur Seithalte links und Übergabe des Bandes in die rechte Hand.

Wiederholung der Übungsverbindung in die neue Bewegungsrichtung. Nach vier Durchgängen befindet man sich wieder am Ausgangsort.

3. Übungsverbindung

Ausgangsstellung: Schlussstand, Band in der rechten Hand an der linken Körperseite.
Bpm: 156, im 6/8-Takt

Takt	ZZ	Körperbewegung	Geräteführung
Vorspiel		Schritt rechts seitwärts.	Bandschwung horizontal nach rechts, dabei Band durch die linke Hand ziehen, Bandende fassen.
		Linken Fuß neben den rechten setzen.	Bandende in die rechte Hand zum Stab geben, die linke Hand bleibt am Bandende.

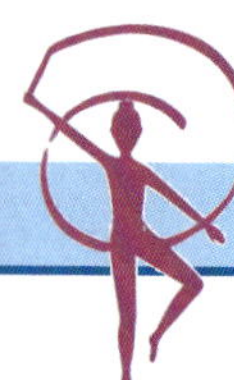

		Eine gegangene Drehung links.	Band durch die linke Hand ziehen, bis die Arme fast gestreckt in Seithalte sind (Stab und Bandende in rechter Hand, linke Hand hat Band etwa 2 m vom Bandende gefasst). Ein Armkreis links einwärts über den Kopf. Das Band ist jetzt hinter dem Rücken. Das Band bildet dadurch einen horizontalen Kreis hinter dem Rücken (s. Abb. 238).
			Linke Hand vom Band lösen, ein Armkreis einwärts über dem Kopf, der Körper befindet sich jetzt im Bandkreis. Bandende aus der rechten Hand lösen, einen horizontalen Kreis vor den Körper auf den Boden legen und „einsteigen". Horizontaler Kreis über dem Kopf.
1 2	1-6 1-6	Eine 1/2-Drehung links mit dem ersten Achterkreis.	Zwei horizontale Achterkreise einwärts, mit Kreis auf dem Boden beginnend.
3	1-3	Schritt links seitwärts.	Horizontaler Schwung zur linken Körperseite.
	4-6	Gewichtsverlagerung auf das rechte Bein.	Horizontaler Schwung zur rechten Körperseite.
4	1-3	Zum Schlussstand mit gebeugten Beinen schließen.	Horizontaler Kreis über dem Kopf einwärts.
	4-6	Freien Arm in die Hochhalte strecken, Oberkörperseitneigung nach rechts, Blick zum Band.	Ausschwung nach links zur geschlossenen Körperseite (rechter Arm an linker Körperseite), dabei Band unter dem freien Arm ausschwingen.
5	1-6	Eine halbe gegangene Drehung rechts.	Vertikale Schlange an linker Körperseite.
6	1-3	Ganzkörperstreckung.	Aufschwung.

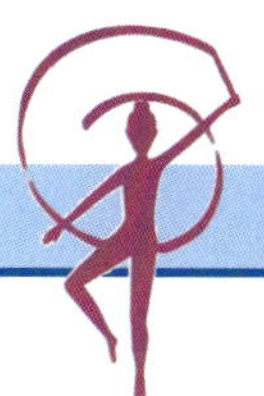

	4-6	Mit dem Oberkörper die Bewegung begleiten, Rumpf weit vorbeugen.	Horizontale Schlange von oben nach unten. Am Ende Übergabe in die **linke** Hand hinter dem Rücken.
7	1-6	Freien rechten Arm zurücknehmen.	Ein sagittaler Achterkreis rückwärts, an der rechten Körperseite (geschlossen) beginnend.
8	1-3	Ganzkörperstreckung.	Aufschwung.
	4-6	Mit dem Oberkörper die Bewegung begleiten, Rumpf weit vorbeugen.	Horizontale Schlange von oben nach unten.
9-16		Takt 1-8 gegengleich wiederholen.	

4. Übungsverbindung: Sagittale Achterkreise, horizontale Spirale, horizontale Schlange über dem Kopf und vor dem Körper, Auf- und Abschwünge.

Ausgangsstellung: Schlussstand, Band rechts in Tiefhalte, auf den letzten Takt des Vorspiels Anschwung rückwärts bis zur Hochhalte.
Bpm: 106, im 4/4-Takt

Takt	ZZ	Körperbewegung	Geräteführung
1	1-4	Ein Wiegeschritt (rechts vorwärts beginnen).	Ein sagittaler Achterkreis vorwärts (an der linken Körperseite beginnen).
2	1-2	Sambaschritt (rechts vorwärts linken Fuß links seitwärts stellen und sofort wieder rechten Fuß belasten (Rhythmus: kurz-kurz-lang), dabei Oberkörper leicht nach rechts drehen und Hüfte nach links schieben.	Horizontale Spirale vor dem Körper.
	3-4	Sambaschritt gegengleich.	

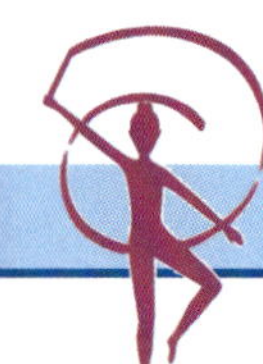

3-4	1-8	Mit acht Schritten einen ganzen Kreis rechts gehen.	Horizontale Spirale von der Vorhalte über die Seit halte rechts bis hinter den Rücken ziehen, Band in die **linke** Hand übergeben.
5	1-2	Mit Hüftkreis Schritt rechts seitwärts zum Grätschstand.	Horizontaler Kreis einwärts über dem Kopf.
	3-4	Hüftkreis.	Wie oben.
6	1-2	Hüftkreis.	Wie oben.
	3-4	Rechten Fuß an den linken heranziehen.	Band schnell an die rechte Körperseite zur Tiefhalte ziehen und sofort Aufschwung.
7	1-4	Vier kleine Hüpfer vorwärts.	Horizontale Schlange über dem Kopf.
8	1-4	Acht schnelle Laufschritte rückwärts.	Horizontale Schlange in Brusthöhe.
9	1-4	Schlussstand.	Sagittaler Auf- und Abschwung, Übergabe in die rechte Hand.
10	1-4		Sagittaler Aufschwung, den Abschwung überleiten in sagittalen Kreis vorwärts.

Wiederholung der Übungsverbindung
Oder: Am Ende des 8. Takts 1/4-Drehung rechts in die neue Bewegungsrichtung. Nach vier Durchgängen befindet man sich wieder am Ausgangsort.

Die Übungsverbindung kann auch auf die Musik „Maria" von Ricky Martin geturnt werden (dann aber wiederholbar auf 16 Takte), d. h.:

Takt	Ausführung	Bemerkung
1-2	wie Takt 1	aber 2 x
3-4	wie Takt 2	aber 2 x
5-6	wie Takt 3-4	
7-8	wie Takt 5-6	
9-10	wie Takt 7	aber acht kleine Hüpfer vorwärts
11-12	wie Takt 8	aber acht kleine Hüpfer rückwärts
13-16	wie Takt 9-10	aber insgesamt 4 x Auf- und Abschwung

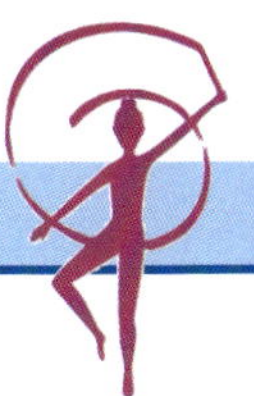

6.4.5 Kombination von Bandtechnik mit Körperisolationen

Die Bandtechnik stellt vor allem bei den Handgelenktechniken bereits zu Beginn des Übens Anforderungen an die Isolationsfähigkeit. Ein ganz typischer Fehler ist z. B., dass bei Ungeübten die freie Hand die gleiche Handbewegung ausführt wie die Stabhand (z. B. kleine Kreise im Handgelenk). Hier ist also der erste Schritt die isolierte Bewegung des Stabarms. Die Hinzunahme von zusätzlichen Bewegungen des freien Arms, Oberkörpers oder auch einfachen Jazzschritten führt zu einer weiteren Erschwernis.

Folgende Möglichkeiten gibt es:

- Isolierte Bewegungen des freien Arms.
- Oberkörpereinsatz (z. B. Flankendehnung, Körperwelle).
- Einfache Jazzschritte (z. B. Nachstellschritte, Tapsteps).
- Contract-Release (später mit Unterstützung durch Beinarbeit).
- Isolierte Fußtechnik.
- Kombinierte Isolationen.

1. Übungsverbindung: Isolationen.

Ausgangsstellung: Grätschstand, Band in der rechten Hand in der Seithalte rechts.
Bpm: 124 im 4/4-Takt

Takt	ZZ	Körperbewegung	Bandzeichnung	Bewegung des freien Arms und des Kopfes
1	1	Heben ins Relevé mit gebeugten Beinen, Hüfte und Knie nach rechts drehen, Körper bewegt sich gegen die Bandbewegung (Twistbewegung) (Abb. 251a).	Horizontaler Schwung nach links.	Linken Arm zur linken Seite schwingen.
	2	Knie und Hüfte nach links drehen (Abb. 251b).	Horizontaler Schwung nach rechts.	Linken Arm nach vorne schwingen (parallel zum rechten Arm).

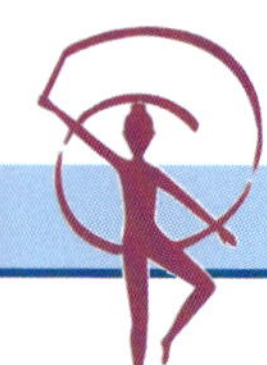

	3-4	Beine strecken (Abb. 251c).	Ein horizontaler Kreis einwärts über dem Kopf.	Linker Arm bleibt vor dem Körper, sodass sich die Arme überkreuzen (linker Arm kreuzt unter rechtem Arm).
2	1-4	1,25 Passédrehung links auf dem linken Fuß in Ausfallschritt links (Abb. 251d).	Während der Drehung mit der linken Hand das Bandende fassen, rechten Arm bis in die Vorhalte weiterschwingen (Abb. 251e).	
3	1-2	Im Ausfallschritt links vorne, Oberkörper aufrecht (Abb. 251f).	Ein horizontaler Kreis auswärts über dem Kopf, Bandende bleibt gefasst, sodass das Band einmal um die Taille schwingt.	
	3-4		ZZ 1-2 wiederholen.	
4	1-2	Contract mit 1/2-Drehung rechts (Abb. 251g), linke Ferse vom Boden heben, rechtes Bein bleibt gestreckt.	Vertikale Spirale mit der rechten Hand an der rechten Körperseite.	Linken Arm in die Tiefhalte nahe am Körper führen.
	3-4	Release, nach vorne in Ausgangsstellung drehen.	Am Ende Bandübergabe in die **linke** Hand.	Auflösen durch großen Armschwung über die Hochhalte nach links.

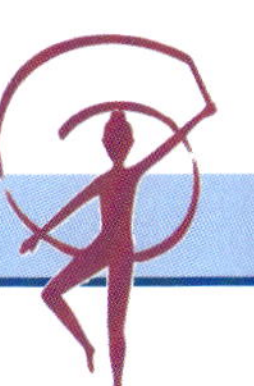

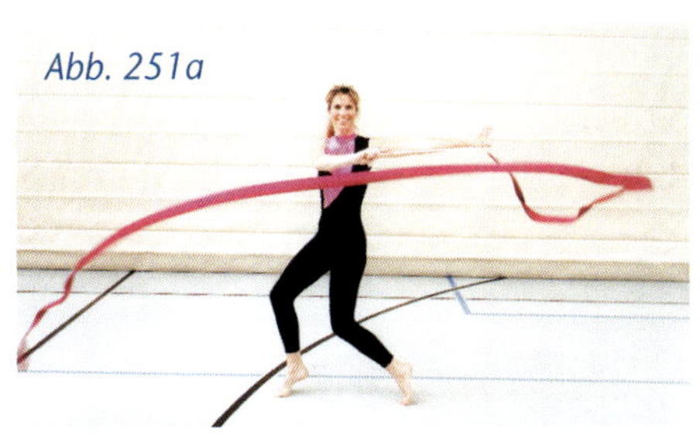
Abb. 251a

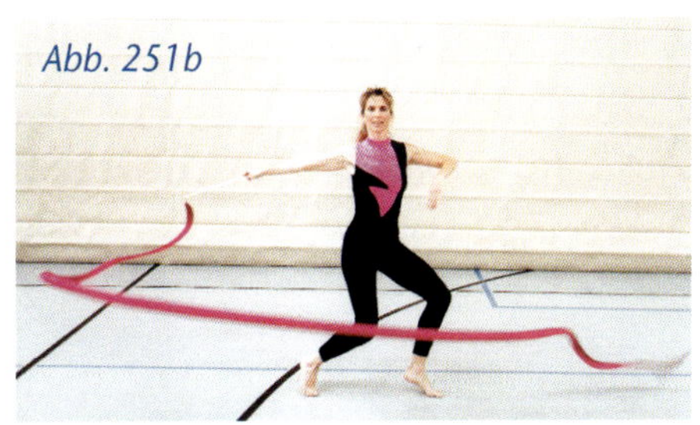
Abb. 251b

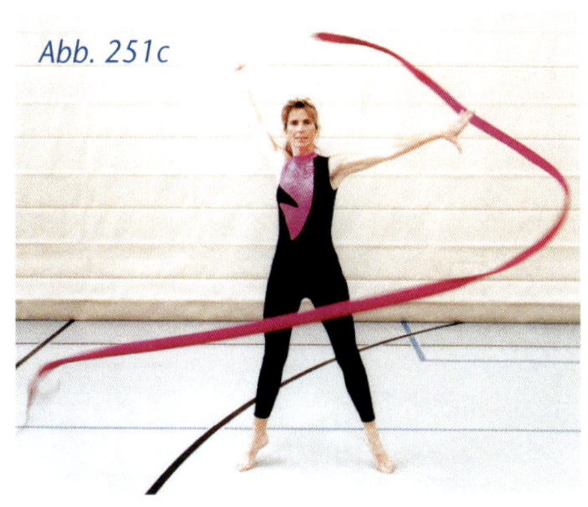
Abb. 251c

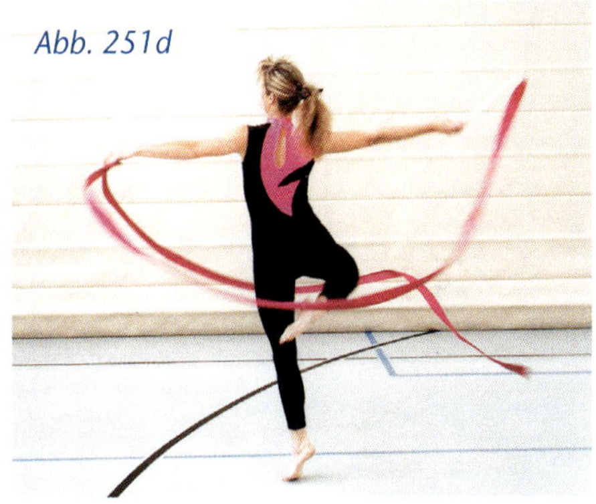
Abb. 251d

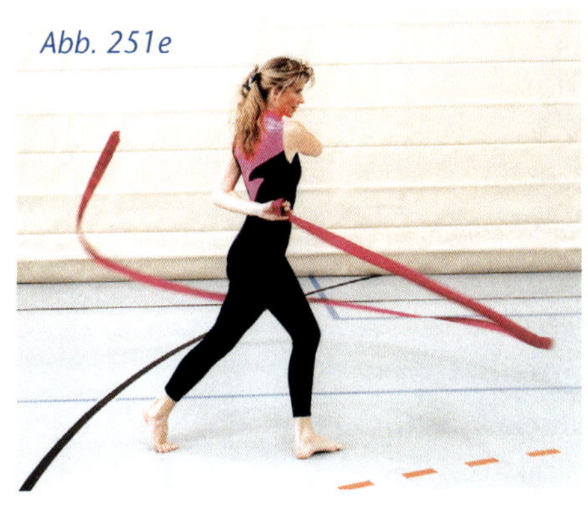
Abb. 251e

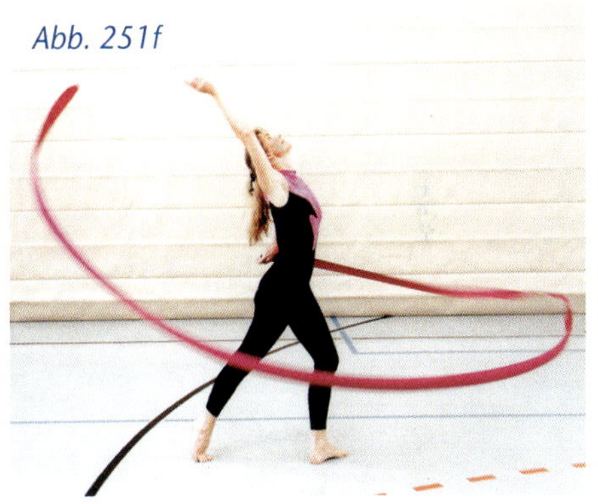
Abb. 251f

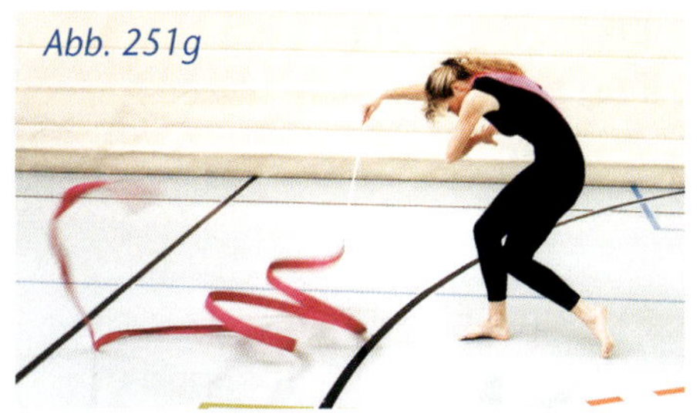
Abb. 251g

2. Übungsverbindung: Isolationen.

Ausgangsstellung: Grätschstand, Band in der linken Hand in der Seithalte links.
Bpm: 124, im 4/4-Takt

Takt	ZZ	Körperbewegung	Bandzeichnung	Bewegung des freien Arms und des Kopfs
1	1	Beide Fersen vom Boden heben und Knie nach innen drehen.	Kleiner horizontaler Schwung vor dem Körper nach rechts.	Rechten Arm spiegelbildlich zum linken Arm führen.
	2	Knie nach außen drehen.	Kleiner horizontaler Schwung nach links.	Wie oben
	3	Strecken ins Relevé.	Band bis in die Hochhalte schwingen (Umkehrpunkt).	Rechten Arm zur Hochhalte schwingen.
	4	Am Ende 1/4-Drehung nach rechts.	Ein sagittaler Kreis vorwärts an der linken Körperseite.	Rechten Arm parallel zum linken Arm mitkreisen.
2	1-2	Contract, dabei linkes Bein ins Passé heben, rechtes Bein beugen.	Band betont nach unten ausschwingen.	Den Kopf senken.
	3-4	Release: Oberkörper aufrichten.	1,5 sagittale Kreise rückwärts an der linken Körperseite bis in die Hochhalte.	
3	1-4	Senken ins Plié.	Band mit horizontalen Schlangen vor dem Körper tief ziehen.	Rechten Arm mit dem Stab tiefführen.
4	1-4	Beine strecken und beugen. Der Körper	Band mit beiden Händen fassen.	Rechte Hand fasst mit an den Stab und über-

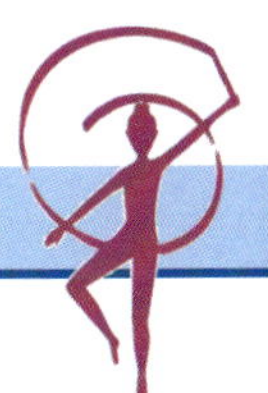

		unterstützt durch seine Bewegung die Bandführung.	Einen großen horizontalen Achter nach links auswärts vor dem Körper beginnen. Am Ende Übergabe in die **rechte** Hand.	nimmt im Verlauf der Bewegung die Stabführung.

3. Übungsverbindung: Isolationen.

Ausgangsstellung: Grätschstand, Band in der rechten Hand an der rechten Körperseite.
Bpm: 130, im 4/4-Takt

Takt	ZZ	Körperbewegung	Bandzeichnung	Bewegung des freien Arms und des Kopfes
1	1-4	Belasten des rechten Fußes, linken Fuß an den rechten Fuß heransetzen.	Horizontale Spirale an rechter Körperseite.	Linken Arm hochstrecken.
2	1-2	Ein Nachstellschritt nach links.		Linken Arm mit gespreizten Fingern vor dem Gesicht tiefziehen.
	3-4	Linken Fuß zum Grätschstand nach links setzen.		
3	1-2	Contract mit 1/4-Drehung nach rechts, linken Fuß auf dem Ballen einwärts drehen, Ferse heben und Bein beugen, Gewicht auf dem hinteren linken Bein, rech-		Linken Arm zum rechten Arm führen (der Handrücken führt die Bewegung an).

		tes Bein gestreckt.		
	3-4	Release mit 1/4-Drehung zurück in den Grätschstand.		Linken Arm über die Hochhalte in die Seithalte links führen, Blick nach vorne.
4	1-2	Heben ins Relevé.	Frontaler Schwung nach links über den Kopf.	Linken Arm über die Seite hochschwingen, sodass die Arme über dem Kopf kreuzen, Blick nach oben.
	3-4	Senken ins Plié, dabei die Füße auf den Ballen einwärts drehen und die Fersen heben (Zehen zeigen zueinander, Oberkörper leicht vorgeneigt).	Frontaler Schwung zurück zur rechten Körperseite.	Linken Arm über die Seite nach unten schwingen, sodass die Arme vor dem Körper kreuzen, Blick nach unten.
5-8		Takt 1-4 wiederholen.		

6.5 Musikvorschläge für Übungsverbindungen mit dem Band

Titel und Interpret	bpm	Besonders geeignet für
„Summer on a solitary beach", Alice	6/8 Takt	Kreise
„Promise To You", No Mercy	6/8-Takt 156	3. Übungsverbindung von Punkt 6.4.4, Verbindung F,G
„Seraphina" auf CD: ROSSINI (Filmmusik)	6/8-Takt 162	2. Übungsverbindung von Punkt 6.4.4
„How Much I Love You", No Mercy	6/8 Takt 162	Verbindung O, P
„Heaven's Blues" auf CD: Knockin' on Heavens Door (Soundtrack)	6/8-Takt 180	2. Übungsverbindung von Punkt 6.4.4
„You know me" Robbie Williams	3/4 Takt 130	Achterkreise und Schwünge
„Everybody Needs Somebody To Love" von The Blues Brothers	100	Hüpfen mit Handgelenkstechnik

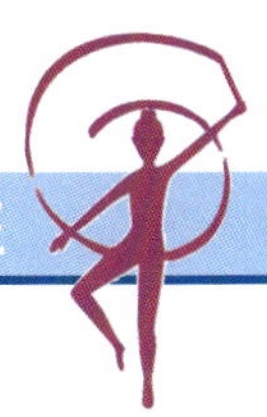

„Salento", René Aubry	100	Hüpfen mit Handgelenkstechnik
„Feel", Robbie Williams	100	Langsame horizontale Kreise
„Iko Iko" auf CD: Knockin´ on Heavens Door (Soundtrack)	106	4. Übungsverbindung von Punkt 6.4.4
„Anyone of us", Gareth Gates (Dome 25)	108	Verbindung D
„Crossroads", Tracy Chapman	108	Verbindung A, B
„Go back", Jeanette (Dome 16)	110	Seitgalopp mit Handgelenkstechnik
„The time of my life", Dirty Dancing	112	Verbindung I
„No es serio este Cementerio", Mecano	116	Verbindung O,P.,vertikale Schwünge und Kreise
„Zingaro", René Aubry	120	Verbindung Q,R.S,T,U,V,W,X
„Trouble is a friend", Lenka	120	
„Super Trouper", ABBA	122	1. und 2. Übungsverbindung von Punkt 6.4.5
„Not fair", Lily Allen	124	Verbindung J,K,N
„Straight through my heart", Back Street Boys	124	Verbindung J,K,N
„We weren't born to follow", Bon Jovi	124	Schwünge und Handgelenktechnik
„I Will Survive", Gloria Gaynor	126	1. Übungsverbindung von Punkt 6.4.4
„Eyes like yours", Shakira	130	4. Übungsverbindung von Punkt 6.4.4
„More",The Sisters of Mercy	130	3. Übungsverbindung von Punkt 6.4.5
„Jump", The Pointer Sisters	136	Verbindung E, L, M, H
„Sweet about me" Gabriela Cimli	136	Verbindung E, L, M, H
„Libertine", Kate Ryan	140	Verbindung E, L, M, H
„Dance with somebody", Mando Diao	150	Schnelles Laufen mit Handgelenktechnik
„Sex on fire", Kings of Leon	156	Schnelles Laufen mit Handgelenktechnik
„Hit the road Jack", Hermes House Band	168	Schwünge und Handgelenktechnik
„This is the life", Amy MacDonald	192	Schwünge und Handgelenktechnik

Anhang

Weiterführende Literatur

Gienger, S. (1988). *Rhythmische Sportgymnastik. Grundformen – Improvisation – Gestaltung*. Reinbek. Rowohlt Verlag.

Schwabowski, Brzank & Nicklas (1992). *Rhythmische Sportgymnastik. Leistung – Technik – Methodik*. Aachen. Meyer & Meyer Verlag.

Schmidbaur, M. (1992). „Ein inhaltliches und methodisches Konzept für das Training in der Rhythmischen Sportgymnastik nach pädagogischen Prinzipien". Unveröffentlichte Dissertation. Salzburg.

Mitglieds- und Landesturnverbände des DTB

Badischer Turner-Bund, Geschäftsstelle, Postfach 1405, 76003 Karlsruhe, Stephanienstr. 86, 76133 Karlsruhe, Tel.: (07 21) 1 81 50, Fax: (07 21) 2 61 76

Bayerischer Turnverband, Geschäftsstelle, Georg-Brauchle-Ring 93, 80992 München, Tel.: (0 89) 1 57 02-313 bis 3 23, BLSV-Postfach 50 01 20, 80971 München, Fax: (0 89) 1 57 02-317

Berliner Turnerbund, Geschäftsstelle, Vorarlberger Damm 39, 12157 Berlin, Tel.: (0 30) 7 87 94 50, Fax: (0 30) 7 88 31 63

Märkischer Turner-Bund Brandenburg, Geschäftsstelle, Zeppelinstr. 114-117, Haus 5, 14471 Potsdam, Tel.: (03 31) 90 11 77, Fax: (03 31) 90 11 78

Bremer Turnverband, Geschäftsstelle, Violenstr. 27, 28195 Bremen, Tel.: (04 21) 32 65 92

Verband für Turnen und Freizeit – Landesorganisation Hamburg, Geschäftsstelle, Schäferkampsallee 1, Haus des Sports, 20357 Hamburg, Tel.: (0 40) 41 90 82 37, Fax: (0 40) 41 90 82 02

Hessischer Turnverband, Geschäftsstelle, Postfach 15 68, 61105 Bad Vilbel, Tel.: (0 61 01) 54 61-0, Fax: (0 61 01) 54 61 20

Turnverband Mecklenburg-Vorpommern, Geschäftsstelle, Satower Str. 13, 18059 Rostock, Tel. und Fax: (03 81) 4 00 29 65

Turnverband Mittelrhein, Geschäftsstelle, Haus des Turnens, Rheinau 10, 56075 Koblenz, Tel.: (02 61) 13 51 50, Fax: (02 61) 13 51 59

Niedersächsischer Turnerbund, Geschäftsstelle, Postfach 44 09, 30044 Hannover, Maschstr. 18, 30169 Hannover, Tel.: (05 11) 9 80 97 – 0, Fax: (05 11) 9 80 97 - 12

Pfälzer Turnerbund, Geschäftsstelle, Am Schlagbaum 5, 67655 Kaiserslautern, Tel.: (06 31) 340 34 70, Fax: (06 31) 4 28 68

Rheinhessischer Turnerbund, Geschäftsstelle, Jahnstr. 4, 55124 Mainz, Tel.: (0 61 31) 9 41 70, Fax: (0 61 31) 3 40 34 71

Rheinischer Turnerbund, Geschäftsstelle, Stadion an der Paffrather Straße 133, 51465 Bergisch Gladbach, Postfach 20 07 45, 51437 Bergisch Gladbach, Tel.: (0 22 02) 20 03-0, Fax: (0 22 02) 20 03-90

Saarländischer Turnerbund, Geschäftsstelle, Hermann-Neuberger-Sportschule, Gebäude 54, 66123 Saarbrücken, Tel.: (06 81) 3879-226,227,228 u. 229, Fax: (06 81) 3879-230

Turnverband Sachsen-Anhalt, Geschäftsstelle, Manfred-Stern-Str. 7, 06128 Halle, Tel.: (03 45) 1 20 02 16, Fax: (03 45) 1 20 02 17

Sächsischer Turnverband, Geschäftsstelle, Marschnerstr. 29, 04109 Leipzig, Tel.: (03 41) 2 16 31 23, 2 16 31 39, 2 16 31 40, Fax: (03 41) 2 16 31 39

Schleswig-Holsteinischer Turnverband, Geschäftsstelle, „Haus des Sports", Winterbeker Weg 49, 24114 Kiel, Tel.: (04 31) 6 48 61 55,
Fax: (04 31) 68 53 06

Schwäbischer Turnerbund, Geschäftsstelle, Postfach 50 10 29, 70340 Stuttgart, Tel.: (07 11) 57 55 60, Fax: (07 11) 5 75 56 76

Thüringer Turnverband, Geschäftsstelle, Arndtstr. 5, 99096 Erfurt, Tel. und Fax: (03 61) 3 45 94 49 oder Tel.: (03 61) 6 43 43 25

Westfälischer Turnerbund, Geschäftsstelle, Landesturnschule Oberwerries, 59073 Hamm, Tel.: (0 23 88) 3 00 00-0, Fax: (0 23 88) 10 74

Akademischer Turnbund, Geschäftsstelle, Röntgenstr. 21, 70736 Fellbach, Tel.: (07 11) 5 75 56 80, Fax: (07 11) 5 75 56 76

Bayerischer Turnspiel-Verband, Geschäftsstelle, Georg-Brauchle-Ring 93, 80992 München, Tel.: (0 89) 1 57 02-3 73, Fax: (0 89) 1 57 46 41

Bildnachweis

Umschlaggestaltung: Sabine Groten
Fotos (Innenteil): Harald Schober, Florian Beck, Silvia Maiberger
Fotos (Umschlag): Silvia Maiberger, fotolia

Abonnieren Sie unseren kostenlosen Newsletter unter **www.dersportverlag.de**

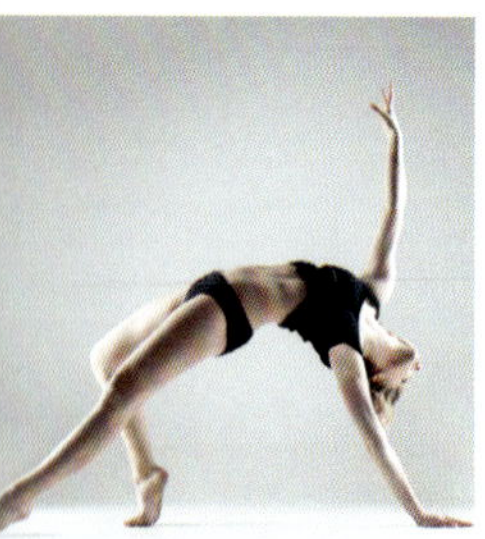

TANZSPORT: TRAINING & METHODIK

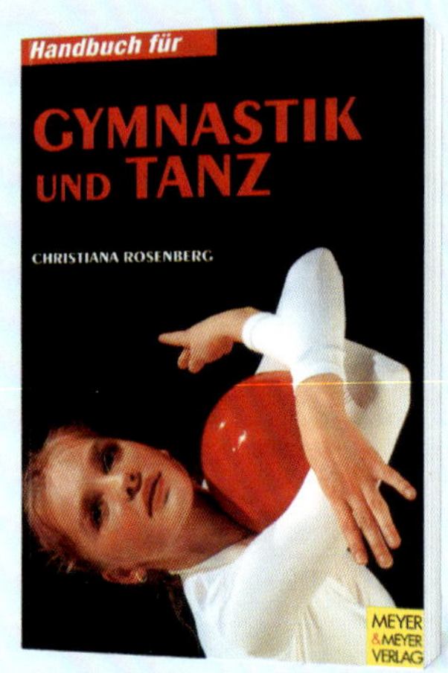

Christiana Rosenberg

HANDBUCH FÜR GYMNASTIK UND TANZ

3. Auflage

176 Seiten, 14,8 x 21 cm,
147 Fotos, gebunden
ISBN: 978-3-89124-193-6

€ [D] 18,90/€ [A] 19,50

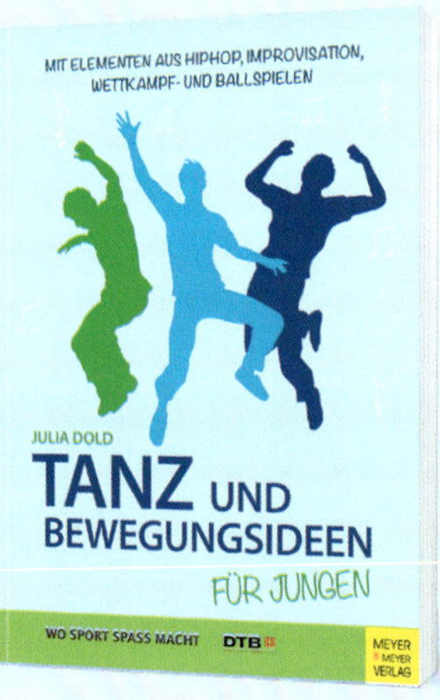

Julia Dold

TANZ- UND BEWEGUNGSIDEEN FÜR JUNGEN

Mit Elementen aus Hip-Hop, Improvisation, Wettkampf- und Ballspielen

1. Auflage 2017

ca. 200 Seiten, 16,5 x 24 cm, in Farbe,
ca. 80 Fotos, Klappenbroschur
ISBN: 978-3-8403-7529-3

ca. € [D] 19,95/€ [A] 20,60
Auch als E-Book erhältlich.

* Preisänderungen vorbehalten und Preisangaben ohne Gewähr! © AdobeStock/julenochek

TURNEN & TANZEN

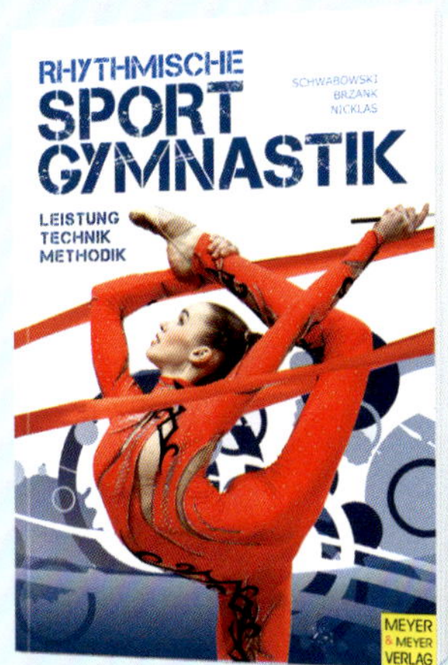

Renate Schwabowski, Regina Brzank & Ingrid Nicklas

RHYTHMISCHE SPORTGYMNASTIK

3., überarbeitete Auflage 2011

336 Seiten, 16,5 x 24 cm, in Farbe,
144 Fotos, 82 Abb., 52 Tab.
Klappenbroschur
ISBN: 978-3-89899-621-1

€ [D] 22,95/€ [A] 23,70
Auch als E-Book erhältlich.

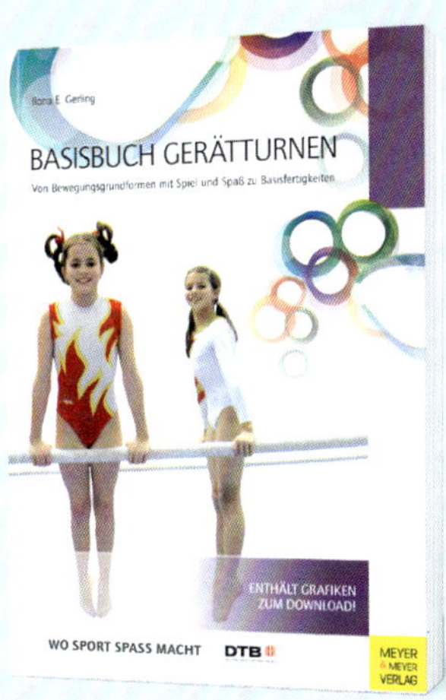

Ilona E. Gerling

BASISBUCH GERÄTTURNEN

Von Bewegungsgrundformen mit Spiel und Spaß zu Basisfertigkeiten

8., überarbeitete Auflage 2014

368 Seiten, 16,5 x 24 cm, in Farbe,
122 Fotos, 165 Abb., 9 Tab.
Klappenbroschur
ISBN: 978-3-89899-956-4

€ [D] 24,95/€ [A] 25,70
Auch als E-Book erhältlich.

MEYER & MEYER
Fachverlag GmbH
Von-Coels-Str. 390
52080 Aachen

Telefon	02 41 - 9 58 10 - 13
Fax	02 41 - 9 58 10 - 10
E-Mail	vertrieb@m-m-sports.com
Webseite	www.dersportverlag.de

Unsere Bücher erhalten Sie online oder bei Ihrem Buchhändler.

MEYER
& MEYER
VERLAG

Abonnieren Sie unseren kostenlosen Newsletter unter **www.dersportverlag.de**

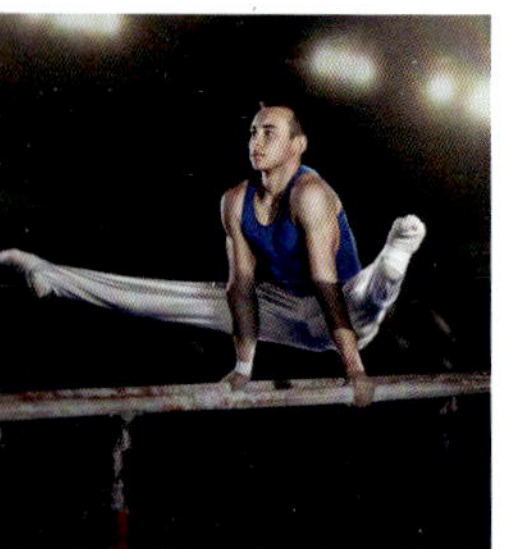

TURNEN: TRAINING & METHODIK

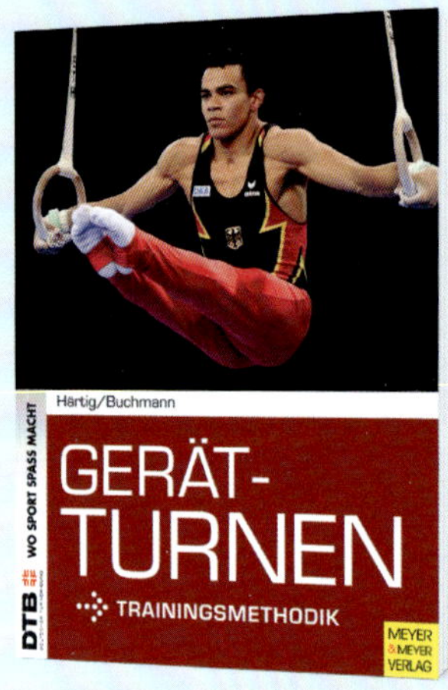

Roswita Härtig & Günter Buchmann

GERÄTTURNEN – TRAININGSMETHODIK

2., überarbeitete Auflage 2011

432 Seiten, 16,5 x 24 cm, in Farbe,
10 Fotos, 267 Abb., 20 Tab.
Klappenbroschur
ISBN: 978-3-89899-616-7

€ [D] 24,95/€ [A] 25,70
Auch als E-Book erhältlich.

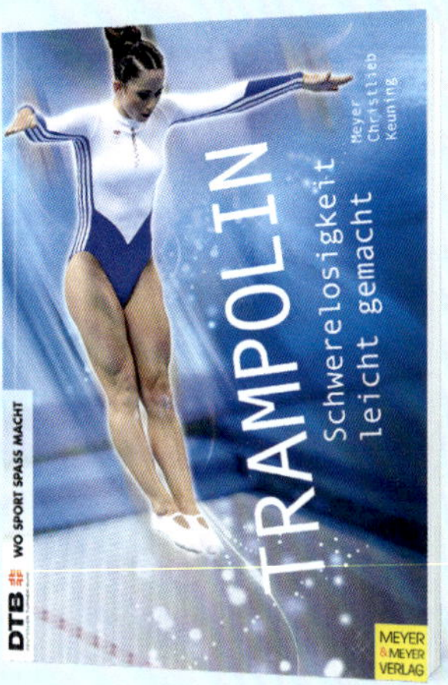

Marcel Meyer, Dorotheé Christlieb & Nicola Keuning

TRAMPOLIN – SCHWERELOSIGKEIT LEICHT GEMACHT

3., überarbeitete Auflage

272 Seiten, 16,5 x 24 cm, in Farbe,
16 Fotos, 30 Abb., 130 Tab.
Klappenbroschur
ISBN: 978-3-89899-516-0

€ [D] 19,95/€ [A] 20,60
Auch als E-Book erhältlich.

* Preisänderungen vorbehalten und Preisangaben ohne Gewähr! © AdobeStock/_italo_

MEYER & MEYER VERLAG

MEYER & MEYER Verlag
Von-Coels-Str. 390
52080 Aachen

Telefon	02 41 - 9 58 10 - 13
Fax	02 41 - 9 58 10 - 10
E-Mail	vertrieb@m-m-sports.com
Webseite	www.dersportverlag.de

Unsere Bücher erhalten Sie online oder bei Ihrem Buchhändler.